"聚焦破产"丛书

破产法
实务操作108问

主　编　张善斌

副主编　张亚琼

WUHAN UNIVERSITY PRESS
武汉大学出版社

图书在版编目(CIP)数据

破产法实务操作 108 问 / 张善斌主编；张亚琼副主编.
武汉：武汉大学出版社，2024.12(2024.12 重印). -- "聚焦
破产"丛书. -- ISBN 978-7-307-24793-2

Ⅰ. D922.291.925

中国国家版本馆 CIP 数据核字第 2024FP4880 号

责任编辑:陈　帆　　　责任校对:鄢春梅　　　版式设计:韩闻锦

出版发行:**武汉大学出版社**　　（430072　武昌　珞珈山）
　　　　（电子邮箱: cbs22@ whu.edu.cn　网址: www.wdp.com.cn）
印刷:武汉中科兴业印务有限公司
开本:720×1000　　1/16　　印张:29.5　　字数:481 千字　　插页:2
版次:2024 年 12 月第 1 版　　　2024 年 12 月第 2 次印刷
ISBN 978-7-307-24793-2　　　定价:98.00 元

张善斌

武汉大学法学院教授，博士生导师，民商法教研室主任，兼任中国法学会民法学研究会理事，湖北省法学会常务理事，湖北省法学会破产法学研究会会长，最高人民检察院民事行政案件咨询专家，上海市高级人民法院特聘教授，湖北省法官检察官遴选委员会委员，湖北省律师惩戒委员会委员。主要研究方向为民法基础理论、破产法等。出版著作10部，发表论文40余篇。主持国家社科基金项目2项、中国法学会部级法学研究课题1项、司法部项目1项以及湖北省发改委、湖北省司法厅、上海期货交易所等委托的课题多项。

在破产法领域，主持了国家社科基金项目"破产与担保制度协调的理论基础与实现路径研究"、司法部项目"个人破产制度构建的难点与对策研究"等；围绕着企业破产法的修订、个人破产制度的构建发表了系列论文；成功组织了2017—2023年七届"破产法珞珈论坛"；主编了《破产法研究综述》《破产法的"破"与"立"》《改革开放四十周年破产法热点透视》《民法典时代破产制度的革新》《破产法改革与破产法治环境优化》《破产法实务操作105问》等"聚焦破产"丛书著作。

作 者 简 介

作者简介

张亚琼

　　法学博士，现任全国律协破产与并购重组专委会副主任，湖北省破产法学研究会副会长兼秘书长，湖北山河律师事务所合伙人。长期专注于破产重组相关理论研究和法律实务。先后承办大型企业集团、上市公司等多类型困境企业债务重组及破产重整案件，多起获评全国及省市典型案例，取得良好的法律效果、社会效果。持续为多级政府部门提供破产重组相关法律咨询服务，对房地产、工业制造、商业等多领域的困境企业重整挽救有深刻理解。公开发表专业论文30余篇。

序

  党的二十届三中全会审议通过的《中共中央关于进一步全面深化改革、推进中国式现代化的决定》，明确提出要"健全企业破产机制，探索建立个人破产制度，推进企业注销配套改革，完善企业退出制度"，以期进一步完善市场经济基础制度，加快构建高水平社会主义市场经济体制。破产审判作为人民法院审判工作的重要组成部分，融清算退出与挽救再生功能于一体，是司法服务构建高水平社会主义市场经济体制，健全推动经济高质量发展体制机制，保障一流营商环境建设的主战场。

  近年来，湖北各级法院坚持以习近平新时代中国特色社会主义思想为指导，深入贯彻习近平法治思想，充分发挥破产审判清理"僵尸企业"和挽救危困企业的职能作用，最大限度去产能、去库存、去杠杆，保就业、保民生、保市场主体，为湖北经济社会高质量发展提供了有力的司法服务和保障。我们始终围绕以降低市场主体制度性交易成本为核心，不断优化破产审判机制化建设，构建破产案件简化审理机制，全面推行预重整机制，与辖区金融监管部门建立常态化破产联动工作机制，于13个地市州全面构建破产府院联动工作机制，大幅降低了破产企业债权人维权的时间成本、经济成本和机会成本；不断加强破产审判专业化建设，推动全省13家中院建立协调解决财产接管、异地查封、资产处置的破产协作体系，武汉破产法庭作为中部地区首个破产法庭于2022年9月揭牌成立，其办理的中安科破产重整案、当代明诚破产重整案荣获全国破产经典案例提名，在国家发改委发布的中国营商环境评价中，武汉法院牵头的"办理破产"指标连续两年被评为全国标杆；不断完善破产审判信息化建设，联合省数据局等九部门建立企业破产信息核查"一件事"平台，通过数字赋能解决了长期影响破产案件办理质效的痛点堵点问题。虽然我们的工作取得了一些进展，但在经济全球化遭遇逆流，贸易保护主义、单边主义抬头的国际形势下，在经济运行内生动力不够强劲的国内形势下，破产审判面临的任务和挑战更加艰巨，新情况、新问题层出不穷，亟待理论界和实务界共同研究解决。

武汉大学法学院是我国法学教育与研究的重镇。武汉大学法学院在理论研究上的优势，为湖北法院破产审判实践提供了强大的智力支持。湖北省高级人民法院与武汉大学法学院联合打造的破产法珞珈论坛，历经七载，筚路蓝缕，如今已发展成为中部地区乃至全国具有较大影响力的破产法理论实务交流平台。张善斌教授是破产法珞珈论坛的发起人之一，以张善斌教授为代表的专家团队长期关注破产实务，多次参与湖北法院重大疑难破产案件研讨，为湖北破产审判事业的发展作出了重要贡献。由他主编的《破产法实务操作 105 问》自 2020 年出版以来广受好评，已经成为很多破产审判法官的"案头卷""工具书"。近年来，张善斌教授团队笔耕不辍，持续发力，全面梳理和解读近年来破产实务中新出现的疑难问题，总结提炼成《破产法实务操作 108 问》一书，系《破产法实务操作 105 问》的升级版。

该书具有以下特点：一是突出问题导向。选取的 108 个问题大多是从湖北法院破产审判实践问题中梳理和提炼出来的具有代表性的问题。专家团队对这些问题进行系统研究，从理论和实务两方面进行详细解答，便于读者快速掌握核心内容，深入理解法条背后的法理逻辑和适用场景。二是突出实务回应。聚焦破产实务中常见的疑难问题，系统整理理论界最新观点，借鉴吸收实务界最前沿的实操经验，为法官、破产管理人和其他实务工作者提供宝贵参考。以"债权申报与审核"一章为例，该书对三十余种不同债权的性质认定、清偿顺位等问题进行全面梳理和深入阐述，尽可能将实务中出现的各个问题逐一抽丝剥茧，给予最合理的解答。三是突出理论评析。在分析和解答问题过程中，尽可能全面展现观点碰撞、评析理论争点、总结实务审判，力求引发读者思考，为司法审判提供借鉴，为法学研究提供启迪。

《破产法实务操作 108 问》是我们推进院校合作、深化法学理论和实务交流的又一见证。现在我将该书隆重推荐给大家，希望本书的问世能够进一步推动破产审判的高质量发展，也能够吸引更多的有志之士参与破产审判事业的建设。

是为序。

湖北省高级人民法院
党组书记、院长　游功荣

2024 年 11 月 15 日

目　　录

一、破产程序启动与进行

1.【破产申请】多个申请人同时向法院申请债务人重整、清算及和解的，法院应如何处理？

【回答】

多个申请人同时向法院申请债务人重整、清算及和解的，人民法院可根据债务人的资产状况、技术工艺、生产销售、行业前景等因素，优先进行重整价值识别。能够认定债务人具备重整价值及拯救可能性的，宜优先适用重整程序；经审查认定债务人明显不具备重整价值或拯救可能性，法院应审查债务人是否符合和解条件，能够认定和解协议草案符合法律规定且具备初步可行性，应裁定适用和解程序；若无和解可能的则应通过破产清算果断实现市场出清。

【理由】

破产重整、清算及和解程序是破产程序的不同类型，三者之间并不存在严格意义上的先后顺序，具体程序如何选择属于法官自由裁量范畴。依据《最高人民法院关于正确审理企业破产案件为维护市场经济秩序提供司法保障若干问题的意见》第6条，对于当事人同时申请债务人清算、重整、和解的，人民法院要根据债务人的实际情况和各方当事人的意愿，在组织各方当事人充分论证的基础上，根据债务人实际状况具体判断并引导当事人选择，在债务人具有挽救价值和挽救希望时，应优先适用重整、和解等程序，以助力债务人企业恢复生机，维护债权人共同利益。具体理由如下：

第一，破产程序只能择一进行，不能同时启动。域外各国普遍认为各破产程序之间不能同时启动，但可以在符合特定情形时进行程序之间的相互转化。美国、日本、德国等国家的破产法均专门针对程序转化作有详细规定。我国同样在破产法等相关法律规范性文件中针对破产程序转换作出了规定，最大限度地保障破产程序的顺利推进，保障债权人共同利益，避免因破产申请时程序选择不当造成损失。因此在出现多个债权人同时向法院分别申请重整、清算或债务人同时申请和解的情况时，法院应当根据债务人情况择一选择程序启动。

第二，破产清算、破产重整和破产和解三种程序中，法院考察适用顺序应为破产重整、破产和解、破产清算程序。首先，破产重整程序在程序转换、挽救措施等方面规定更为丰富。破产重整程序目的在于通过对债务人财务重组，最大可能维持债务人经营，从而给各方当事人带来更大的利益。[①] 破产和解程序虽也能实现债务人挽救目的，但该程序的推进完全依赖当事人意思自治，破产和解目的实现完全取决于债权人会议的表决结果，通过门槛较高且不存在司法强制的可能，因此，从现有资源高效配置、最大限度保证债务人企业继续运营角度，破产重整程序与破产和解程序相比具有显著优势。破产清算程序则旨在助力债务人迅速退出市场，在优先性上应劣后于前两种程序。其次，破产重整程序多承载公共政策目的，即通过破产重整程序保证企业继续营业，从而达到稳定就业、缓和社会矛盾等社会目的，取得更好的社会效果。因此与其他两种程序相比在适用上应更为优先。

人民法院在审查过程中应着重考察债务人企业是否具备重整价值。具体而言可以根据债务人的资产状况、技术工艺、生产销售、行业前景等因素综合判断债务人是否存在重整价值，必要时可采取听证、调查等方式进行，保障程序公正。若能够认定债务人具备重整价值及拯救可能性的，法院应当裁定优先适用重整程序；能够认定债务人明显不具备重整价值或拯救可能性的，法院应审查债务人是否满足和解条件，法院可以结合和解协议草案是否符合法律规定、是否具备初步可行性等因素进行考察，若满足和解条件应裁定适用和解程序；若不满足和解条件，法院应裁定受理当事人的破产清算申请，果断实现市场出清。在这个过程中法院应当积极引导各方当事人就破产程序选择进行平等协商，在法律允许的框架下，引导各方当事人选择更适合困难企业挽救的破产程序，

---

① 参见［美］查尔斯·J.泰步：《美国破产法新论》（第三版），韩长印、何欢译，中国政法大学出版社 2017 年版，第 1130~1132 页。

为困难企业挽救提供法律支持。

【参考依据】

《企业破产法》

第2条 企业法人不能清偿到期债务,并且资产不足以清偿全部债务或者明显缺乏清偿能力的,依照本法规定清理债务。

企业法人有前款规定情形,或者明显丧失清偿能力可能的,可以依照本法规定进行重整。

第7条 债务人有本法第二条规定的情形,可以向人民法院提出重整、和解或者破产清算申请。

债务人不能清偿到期债务,债权人可以向人民法院提出对债务人进行重整或者破产清算的申请。

企业法人已解散但未清算或者未清算完毕,资产不足以清偿债务的,依法负有清算责任的人应当向人民法院申请破产清算。

第95条 债务人可以依照本法规定,直接向人民法院申请和解;也可以在人民法院受理破产申请后、宣告债务人破产前,向人民法院申请和解。

债务人申请和解,应当提出和解协议草案。

《最高人民法院关于正确审理企业破产案件为维护市场经济秩序提供司法保障若干问题的意见》

6. 人民法院要充分发挥司法能动作用,注重做好当事人的释明和协调工作,合理适用破产重整和和解程序。对于当事人同时申请债务人清算、重整、和解的,人民法院要根据债务人的实际情况和各方当事人的意愿,在组织各方当事人充分论证的基础上,对于有重整或者和解可能的,应当依法受理重整或者和解申请。当事人申请重整,但因企业经营规模较小、虽有挽救必要但重整成本明显高于重整收益的困难企业,有关权利人不同意重整的,人民法院可引导当事人通过和解方式挽救企业。人民法院要加强破产程序中的调解工作,在法律允许的框架下,积极支持债务人、管理人和新出资人等为挽救企业所做的各项工作,为挽救困难企业创造良好的法律环境。

《最高人民法院关于在执行工作中进一步强化善意文明执行理念的意见》

13. 依法用好执行和解和破产重整等相关制度。要在依法采取执行措施的同时，妥善把握执行时机、讲究执行策略、注意执行方法。对资金链暂时断裂，但仍有发展潜力、存在救治可能的企业，可以通过和解分期履行、兼并重组、引入第三方资金等方式盘活企业资产。要加大破产保护理念宣传，通过强化释明等方式引导执行债权人或被执行人同意依法将案件转入破产程序。对具有营运价值的企业通过破产重整、破产和解解决债务危机，充分发挥破产制度的拯救功能，帮助企业走出困境，平衡债权人、债务人、出资人、员工等利害关系人的利益，通过市场实现资源配置优化和社会整体价值最大化。

中国台湾地区"公司法"

第 282 条(公司重整之申请)　公开发行股票或公司债之公司，因财务困难，暂停营业或有停业之虞，而有重建更生之可能者，得由公司或下列利害关系人之一向法院申请重整。

《日本会社更生法》

第 1 条　本法的目的是对处于困境而又有再建希望的股份公司，一方面调整其债权人、股东及其他利害关系人的利害关系，一方面谋求其事业的维持与更生。

《德国破产法》①

第 156 条(1)　在报告期日，破产管理人应当报告债务人的经济状况及其原因。破产管理人应当阐明，债务人的企业是否具有整体或部分维持的前景、重整计划具有何种可能以及它们各自对于向债权人进行清偿将产生何种影响。

【参考案例】

重庆伟豪实业有限公司破产清算案【重庆市第五中级人民法院(2019)渝 05 破申 64 号民事裁定书】

裁判要旨：对于当事人同时申请债务人清算、重整、和解的，人民法院要根据债务人的实际情况和各方当事人的意愿，在组织各方当事人充分论证的基础上，对于有重整或者和解可能的，应当依法受理重整或者和解申请。虽然申请破产是破产申请人的权利，但不可能有两个不同的破产程序同时进行。本院受理重整申请后，若重整不成功，伟豪实业公司将依法

① 李飞主编：《当代外国破产法》，中国法制出版社 2006 年版，第 66 页。

进行破产清算，当事人无需另行提出破产清算申请。

（作者：朱建桦）

2.【执行和解债权人破产申请资格】执行中达成和解协议，但约定的付款时间未到，现被执行人具备破产原因，申请执行人能否作为债权人申请破产清算？

【回答】

执行中达成和解协议，但约定的付款时间未到，被执行人具备破产原因时，申请执行人可以作为债权人申请破产清算。

【理由】

执行和解协议是执行程序中当事人在自愿协商的基础上就生效法律文书确定的权利义务关系达成的新协议。当事人之间达成执行和解协议实际是对生效法律文书内容的妥协让步，以期实现履行目的。当执行和解协议不履行或不能履行时，多数学者认为应当赋予债权人在履行原合同或和解协议之间的选择权，以防止债务人滥用执行和解协议制度，损害债权人利益。① 因不可抗力或者客观情势出现了重大变化，导致债务人不能履行和解协议，此种情况下也应当允许债权人自由选择，赋予其权利救济机会。上述观点在我国立法中也有所体现，《最高人民法院关于执行和解若干问题的规定》第9条规定，被执行人一方不履行执行和解协议的，申请执行人可以申请恢复执行原生效法律文书，也可以就履行执行和解协议向执行法院提起诉讼。

在被执行人具备破产原因时，相关权利人有权提出破产申请。此时，虽然和解协议约定的付款时间未到，但基于合理预测被执行人已经明显丧失履行和解协议的可能，应当允许申请执行人选择是否恢复执行原合同，以维护其合法权益。现被执行人具备破产原因，债权人当然有权提出破产申请。在此种情况下若不允许申请执行人申报债权则会严重影响其利益实现，与执行和解程序的设定目的相悖。在已有指导性案例中，执行和解协

---

① 参见王利明：《论和解协议与原合同之间的关系》，载《环球法律评论》2024年第3期。

议因客观原因无法履行的，最高人民法院裁判意见为执行法院不得继续等待双方自行落实和解协议，而应执行原生效法律文书并尽快采取执行措施。① 执行和解协议是申请执行人基于信任对债务履行作出的让步，在被执行人具备破产原因的情况下，执行和解协议缔结情况已经发生改变，若仍需等待执行和解协议约定的履行时间到期方可申请破产，既不利于原生效法律文书内容履行，损害申请执行人合法权益，也会延误被执行人进入破产程序的时机。因此债权人与债务人若达成执行和解协议，且没有明确表示放弃债权，则应当允许申请执行人作为债权人申请债务人破产。但实务中仍要对被执行人是否符合破产原因进行严格审查，以防止权利滥用损害被执行人和其他利害关系人合法利益。

【参考依据】

《企业破产法》

第 2 条 企业法人不能清偿到期债务，并且资产不足以清偿全部债务或者明显缺乏清偿能力的，依照本法规定清理债务。

企业法人有前款规定情形，或者有明显丧失清偿能力可能的，可以依照本法规定进行重整。

第 7 条 债务人有本法第二条规定的情形，可以向人民法院提出重整、和解或者破产清算申请。

债务人不能清偿到期债务，债权人可以向人民法院提出对债务人进行重整或者破产清算的申请。

企业法人已解散但未清算或者未清算完毕，资产不足以清偿债务的，依法负有清算责任的人应当向人民法院申请破产清算。

《最高人民法院关于执行和解若干问题的规定》

第 9 条 被执行人一方不履行执行和解协议的，申请执行人可以申请恢复执行原生效法律文书，也可以就履行执行和解协议向执行法院提起诉讼。

《最高人民法院关于执行案件移送破产审查若干问题的指导意见》

第 2 条 执行案件移送破产审查，应同时符合下列条件：（1）被执行人为企业法人；（2）被执行人或者有关被执行人的任何一个执行案件的申

---

① 参见最高人民法院（2017）最高法执监 344 号民事裁定书。

请执行人书面同意将执行案件移送破产审查；（3）被执行人不能清偿到期债务，并且资产不足以清偿全部债务或者明显缺乏清偿能力。

《德国民法典》

第779条 合同约定以互相让步的方式消除当事人对某一法律关系的争执或者不确定性的，在依合同内容作为确定依据的情节不符合实际事实，并且此争执或者不确定性在知悉事实情况时将不会发生的，合同不发生效力。

请求权的实现为不确定的，等同于对某一法律关系的不确定性。

【参考案例】

中国防卫科技学院与联合资源教育发展（燕郊）有限公司执行监督案

【最高人民法院（2017）最高法执监344号民事裁定书】

裁判要旨：申请执行人与被执行人对执行和解协议的内容产生争议，客观上已无法继续履行的，可以执行原生效法律文书。对执行和解协议中原执行依据未涉及的内容，以及履行过程中产生的争议，当事人可以通过其他救济程序解决。

（作者：朱建桦）

3.【管理人接管前破产企业签订合同的效力】破产案件受理后管理人接管前，破产企业对外签订合同的效力如何？

【回答】

破产受理后至管理人接管前，破产企业的法定代表人或有关人员以破产企业名义实施的民事法律行为构成无权代表或者无权代理，该行为效力待定。在不损害债权人利益的条件下，管理人可予以追认。未经人民法院许可或者未经管理人同意，且管理人事后也不予追认的，对破产企业不发生法律效力。

【理由】

《企业破产法》第13条规定："人民法院裁定受理破产申请的，应当同时指定管理人。"管理人被正式指定后，在其正式接管破产企业前，存在一段"接管前的间隙"。在此期间，破产企业实施的民事法律行为效力存在争议，而《企业破产法》及相关解释也并无相应规范。本书观点如下：

第一，破产企业的法定代表人或有关人员以破产企业名义实施的民事法律行为构成无权代表或者无权代理，该行为效力待定。一方面，破产受理后，破产企业的财产将由管理人接管，破产企业自行管理财产的行为即应停止；同时，依据《企业破产法》第 25 条的规定，管理人履行接管债务人的财产、印章和账簿、文书等资料的职责，在公章、合同专用章及营业执照等移交给管理人的情况下，破产企业的法定代表人或有关人员即丧失相应代表权或代理权，不再有权限处理与破产企业相关的事务，包括签订新的合同。另一方面，《民法典》第 72 条第 1 款及《公司法》第 236 条第 3 款规定法人在清算期间不得从事与清算无关的活动。法人民事权利能力与民事行为能力均受到限制，其行为能力仅限于清算目的的范围之内。① 由于破产中除清算程序外还存在重整与和解程序，在清算目的外还需考虑重整与和解的需要，因此该规定仅适用于法人清算过程中，无法作为一般规范适用，但也能为破产企业作出的民事法律行为效力的判断提供一定参考。据此，破产企业的行为能力应受一定限制，实施的民事法律行为由管理人予以追认为宜。

第二，在不损害债权人利益的条件下，管理人可对破产企业实施的效力待定民事法律行为予以追认，否则对破产企业不发生法律效力。理由在于：一方面，在管理人接管前，破产企业若继续从事经营活动而产生新的债权债务关系，势必会影响到原债权人的利益，同时也可能对相对人的权益造成侵害。② 因此，管理人为保证债权人的公平清偿，需通过不予追认的方式将不利于债权人利益的民事法律行为排除在外。另一方面，管理人对不损害债权人利益的行为予以追认也有利于债务人财产的保值增值。

【参考依据】
《民法典》
第 72 条 清算期间法人存续，但是不得从事与清算无关的活动。

---

① 参见王利明主编：《中国民法典释评·总则编》，中国人民大学出版社 2020 年版，第 173 页；最高人民法院民法典贯彻实施工作领导小组主编：《中华人民共和国民法典总则编理解与适用（上）》，人民法院出版社 2020 年版，第 366 页。

② 参见黄薇主编：《中华人民共和国民法典总则编释义》，法律出版社 2020 年版，第 177 页。

法人清算后的剩余财产，按照法人章程的规定或者法人权力机构的决议处理。法律另有规定的，依照其规定。

清算结束并完成法人注销登记时，法人终止；依法不需要办理法人登记的，清算结束时，法人终止。

第 171 条第 1 款　行为人没有代理权、超越代理权或者代理权终止后，仍然实施代理行为，未经被代理人追认的，对被代理人不发生效力。

《公司法》

第 236 条　清算组在清理公司财产、编制资产负债表和财产清单后，应当制订清算方案，并报股东会或者人民法院确认。

公司财产在分别支付清算费用、职工的工资、社会保险费用和法定补偿金，缴纳所欠税款，清偿公司债务后的剩余财产，有限责任公司按照股东的出资比例分配，股份有限公司按照股东持有的股份比例分配。

清算期间，公司存续，但不得开展与清算无关的经营活动。公司财产在未依照前款规定清偿前，不得分配给股东。

《企业破产法》

第 25 条　管理人履行下列职责：

（一）接管债务人的财产、印章和账簿、文书等资料；

......

中国台湾地区"民法"

第 40 条　清算人之职务如左：

......

法人至清算终结止，在清算之必要范围内，视为存续。

《德国民法典》①

第 49 条　清算人的职责

......

（2）到清算了结时为止，社团视为存续，但以清算目的要求这样做为限。

《日本公司法》②

第 476 条　依前条规定进行清算的股份有限公司，在清算目的范围

---

① 陈卫佐译注：《德国民法典》（第 5 版），法律出版社 2020 年版，第 18 页。

② 吴建斌编译：《日本公司法——附经典判例》，法律出版社 2017 年版，第 264 页。

内，视为在清算结束前仍存续的公司。

（作者：朱程涛）

4.【第一次债权人会议表决权的确定】依法申报的债权，经管理人初步审查拟全部不予确认，债权人是否有权参加债权人会议并享有表决权？在第一次债权人会议核查债权前，债权处于待定状态，如何确定债权人在第一次债权人会议上的表决权？可否全部赋予临时表决权？如何避免恶意申报债权进而影响程序顺利进行？

【回答】

经管理人初步审查拟不予确认的债权，其债权人可参加债权人会议，但不享有表决权。

第一次债权人会议召开前，人民法院根据管理人的申请，对管理人尚未确定的债权进行审核，对于能基本确定债权数额及性质的，可以临时确定债权额而授予临时表决权。不应以未经债权人会议核查为由在第一次债权人会议上对全部债权赋予临时表决权。可以采取签署诚信债权申报承诺书、严格审核债权证据材料、移送虚假诉讼线索等措施，防范恶意虚假申报债权的行为。

【理由】

一、不予确认债权人有条件参加债权人会议

我国破产程序中的债权人会议，由出席人员、列席人员共同组成，是实现债权人知情权、参与权并表达债权人意志的破产议事机构。其中，依法申报债权的债权人为债权人会议的成员，有权参加债权人会议，享有表决权。

在理论与实践中，存在债权人是否必须在其申报的债权得到确认之后才能作为债权人会议成员的观点分歧。有观点认为，会议成员资格应严格限定于已经过确认的债权人；还有观点认为，任何已申报的债权人都可以参与会议，无需债权得到确认，否则可能会出现所有债权人无权参加会议的局面；也有观点认为，应根据会议类型差异化界定参会资格，所有已申报债权的债权人均可参加第一次债权人会议，而对于以后的债权人会议，则只有债权得到确认者才有权参加并行使表决权。①

本书认为，经管理人初步审查拟不予确认的债权，其债权人可参加债权人会议，但不享有表决权。

管理人收到债权申报材料后，应当登记造册，对申报的债权进行审查，审查债权后应当分别作出债权确认、暂缓确认、不予确认的结论，并出具债权审查意见书，明确审查依据、理由及初步审查结果，并编制债权表提交第一次债权人会议核查。债务人、债权人对债权表记载债权无异议的，由人民法院裁定确认；债务人、债权人对债权表记载债权有异议的，可以向受理破产申请的人民法院提起诉讼。因此，已申报但不予确认的债权人可以参加债权人会议，尤其第一次债权人会议，这是对其知情权的尊重，部分异议人可以及时得知债权确认结果。在债权人会议上，管理人按程序还会向债权人宣读债权异议规则，经管理人初步审查拟全部不予确认的申报债权，仅仅是经管理人的初步审查，其后续有可能通过提出异议、破产债权确认诉讼的方式成为被确认的债权。在实践中，为保证相关利害关系人的知情权，推动后续破产工作的进行，管理人还可通知与破产案件有利害关系的人员、未申报的已知债权人等相关人员列席债权人会议，那么作为债权仍有被确认可能的债权人也可以参加会议。

根据我国《企业破产法》的规定，依法申报债权的债权人为债权人会议的成员，有权参加债权人会议，并享有表决权。债权人行使表决权应满足的前提是：(1)依法向管理人申报债权，成为债权人会议成员；(2)参加债权人会议，也可以委托代理人出席会议；(3)对债务人享有债权，有确定的债权额，或者法院为其行使表决权临时确定了债权额。

表决权的本质是为了保障债权受偿，如果管理人对债权人的债权不予确认，那么其在未经过其他程序被合法确认之前，就不是真正意义上的债权人，不具备受偿权，也无法根据债权享有表决权，否则其表决行为可能会造成对其他已确认债权的侵损。

二、临时表决权的确定

《企业破产法》第59条规定的临时债权额确认制度，其制度价值在于

---

① 参见王欣新：《论新破产立法中债权人会议制度的设置思路》，载《法学家》2005年第2期。

充分保障债权人权益，避免债权人因债权尚未确定而无法行使参会权、表决权。实践中，有的债权因年代较为久远、财务记录不完整等原因产生争议，管理人无法在债权人会议进行有关事项表决前完成债权审查工作。而债权人会议制度设立的本意是进行集体决策，对于债权暂时未能确定的债权人，如果否定其参与债权人会议表决程序的资格，则违背其本意。

对于破产程序中临时债权的问题，联合国国际贸易法委员会在《破产法立法指南（第二部分）》中指出，如果在应当申报债权时存在尚不能确定或尚未确定债权数额的情况，允许临时债权人在债权人会议上表决，包括对批准某项计划进行表决。① 德国破产法规定已申报的破产债权且破产管理人和享有表决权的债权人均未对之提出异议，无论如何赋予一票表决权，后顺序的债权人不享有表决权。但是，以管理人和在期日内到会的债权人都同意为限，对有争议的债权也可给予表决权，该规则适用于附延缓条件的债权人和别除权人。②《美国破产法》并没有直接规定临时表决权，但是与之相关的是其第 502 条规定的债权评估制度，即如果或然债权或未经决算的债权"不当拖延该案的进程"，则破产法院有权对该债权的数额进行预估，以暂时完成对该债权的确认。③

第一次债权人会议召开前，法院根据管理人或债权申报人的申请，对管理人债权进行审核，对于能基本确定债权数额及债权性质的，可以临时确定债权额而授予临时表决权。但是，对于临时表决权也必须加以限制：第一，不宜在第一次债权人会议上对全部债权赋予临时表决权。法院应该根据提交的证据进行审查，在此基础上结合利害关系人意见、给予临时表决权对破产程序的影响、管理人的审查报告等因素进行债权额的认定。第二，临时表决权仅在法院规定的会议和表决事项内行使。在实践中，法院会在裁定中表明"临时债权额仅用于本次债权人会议行使表决权。"因为临时表决权是不确定的、可变化的状态，取得临时债权不代表在以后的债权人会议上仍享有该项权利，其在之后的债权人会议中可能会转化为正式表

---

① 参见联合国国际贸易法委员会编著：《破产法立法指南（第二部分）》，2004年中文版，第 230~236 页。

② 参见[德]乌尔里希·福尔斯特：《德国破产法》（第七版），张宇晖译，中国法制出版社 2020 年版，第 42 页。

③ 参见李曙光审定，申林平译：《美国破产法典：中英文对照本》，法律出版社2021 年版，第 195 页。

决权或不再享有表决权。因此，债权人应该按照人民法院临时确定的债权性质和债权数额，在债权人会议上行使表决权。

对于临时债权可能出现被否定的情况，此时临时确认的债权额与最终确认的债权额之间出现差异，应当分别讨论：在清算程序中，制定清算分配方案时，有争议债权人暂时不能得到实际的分配，但应将存在争议且处于裁决过程中的债权份额按较高份额进行保留，待债权确认后依照分配方案再行分配；在重整程序中，表决通过重整计划是最重要的，因为重整计划表决是分组表决，而非采用简单多数决原则，某些债权人的债权份额调整不会影响重整计划的通过，也不会影响人民法院强裁。① 如果临时债权最终被确认不属于破产债权，则不得继续参加破产分配，已按临时债权额行使的表决权不再纠正；如果被确认属于破产债权，则按最终确定的债权性质和数额参加分配。虽然临时表决权所依附的债权数额与后续最终确认的债权金额存在出入，但这一差异并不足以推翻已进行的破产程序。因为若否定先前的表决结果，不仅会使得破产进程中已达成的不可逆转阶段变得无效，而且逆转这些阶段所需耗费的资源往往远超已完成程序的投入，同时还会削弱破产程序权威性、连续性与稳定性，所以已按临时债权额行使的表决权就不再纠正。

三、虚假、恶意申报债权的防范

恶意申报债权常见方式有：隐瞒债务清偿的事实进行申报；伪造、变造与债权债务相关的证据或材料；采取伪造证据、虚假陈述捏造民事法律关系，虚构民事纠纷，向人民法院提起民事诉讼，并以取得的公证债权文书或其他法律文书申报债权。

本书结合各地打击虚假、恶意申报债权的文件，② 提出如下措施以供参考：第一，通过线上、线下签署《诚信债权申报承诺书》实施诚信告知制度，列明进行虚假诉讼行为需承担的法律责任，加强警示。第二，管理人严格履行债权审查职责，审查债权人是否提供了足够的证据证明债权的真实性和合法性，对债权人提交的合同、转账记录、银行流水等证明文件

---

① 参见四川省高级人民法院《关于审理破产案件若干问题的解答》五。

② 如《浙江省高级人民法院关于进一步防范和打击虚假诉讼有关问题的解答》《成都市双流区人民法院破产审判工作提示》《苏州市中级人民法院破产审判工作报告（2020）》等。

进行审慎核实。第三，民刑并用，府院联动，规范债权申报。实践中可以加强法院与公安部门在办理破产案件中的衔接与联动，明确相关案件移送公安侦办的审查、流程和时间，并将检察机关纳入联动范围，保障债权公平有序受偿。①

【参考依据】

《企业破产法》

第 59 条 依法申报债权的债权人为债权人会议的成员，有权参加债权人会议，享有表决权。

债权尚未确定的债权人，除人民法院能够为其行使表决权而临时确定债权额的外，不得行使表决权。

……

《破产法解释（三）》

第 7 条 已经生效法律文书确定的债权，管理人应当予以确认。

管理人认为债权人据以申报债权的生效法律文书确定的债权错误，或者有证据证明债权人与债务人恶意通过诉讼、仲裁或者公证机关赋予强制执行力公证文书的形式虚构债权债务的，应当依法通过审判监督程序向作出该判决、裁定、调解书的人民法院或者上一级人民法院申请撤销生效法律文书，或者向受理破产申请的人民法院申请撤销或者不予执行仲裁裁决、不予执行公证债权文书后，重新确定债权。

《云南省高级人民法院破产案件审判指引（试行）》

第 92 条 尚未确认债权的债权申报人或管理人申请人民法院临时确定债权额的，应当提交基础证据。

人民法院经初步审查证据，再结合利害关系人意见及给予临时表决权对破产程序的影响等因素，能基本确定债权数额及债权性质的，可以作出临时确定债权额的决定书，向该债权申报人、债务人、管理人及异议人送达。

债权人按照人民法院临时确定的债权性质和债权数额，在债权人会议

---

① 全国人大常委会《对检查企业破产法实施情况报告的意见和建议》，中国人大网，http://www.npc.gov.cn/npc/c2/c30834/202109/t20210924_313735.html，访问日期：2024 年 7 月 15 日。

上行使表决权。如果最终被确认不属于破产债权，则不得继续参加破产分配，已按临时债权额行使的表决权不再纠正。如果被确认属于破产债权，则按最终确定的债权性质和数额参加分配。

《最高人民法院、最高人民检察院关于办理虚假诉讼刑事案件适用法律若干问题的解释》

第1条第1款第5项 采取伪造证据、虚假陈述等手段，实施下列行为之一，捏造民事法律关系，虚构民事纠纷，向人民法院提起民事诉讼的，应当认定为刑法第三百零七条之一第一款规定的"以捏造的事实提起民事诉讼"：

……（五）在破产案件审理过程中申报捏造的债权的；……

《破产法立法指南》①

41. 有的破产法允许对在破产程序中申报的某一债权，不管是对它的价值、优先权或依据提出异议，破产法宜规定哪些当事方有权提出此种质疑。有些破产法只允许由破产管理人质疑，而另一些破产法还允许其他利益方，包括其他债权人和债务人在内，对某一债权提出异议。视申报和确认债权的程序的不同，此种异议可向破产管理人提出，也可向法院申报，或在法院庭审或为审查债权而举行的债权人会议上申报。若举行此种会议或庭审，由法院或由破产管理人编制出一份确认债权的临时清单，在庭审或会议举行前将该清单提交给所有债权人，这将有助于对债权的审议。如果在破产程序期间发生对债权的争议，一种快速解决争议的机制十分重要，它可确保破产程序高效和有条不紊地进行。在解决争议之前临时确认这种债权可最大限度地减少对破产程序和债权处理程序的干扰，如果有争议的债权不能迅速和高效率地加以解决，那么，可以对某一债权提出争议的资格有可能被用来干扰破产程序并制造不必要的拖延。多数破产法规定由法院解决争议，以确保作出最后裁定。

《美国破产法》

第502条第3款 就本条中的债权确认而言，应对以下各项进行估算：

（1）若任何或然的或数额不确定的债权的确定或清算将不当延迟本案

---

① 参见联合国国际贸易法委员会编著：《破产法立法指南（第二部分）》，2004年中文版，第231页。

的实施时，应对该债权金额进行估算；或

（2）因违约而获得的衡平救济并可因此求偿的任何权利。①

【参考案例】

重庆市翔宇建筑工程 (集团) 有限公司破产清算案【重庆市第五中级人民法院 (2021) 渝 05 破 114 号之二决定书】

裁判要旨：人民法院在第一次债权人会议召开前根据管理人的申请，对管理人尚未确定的债权进行审核，对于能基本确定债权数额及债权性质的，可以临时确定债权额而授予临时表决权。

（作者：刘舒心）

5.【补充申报债权人参与分配及表决权】债权人会议表决通过破产财产分配方案后，在破产财产分配前补充申报债权，如果补充申报债权金额占债权总额比例较大，是否需要对已通过的破产财产分配方案进行重新表决？

【回答】

破产财产分配方案经债权人会议表决通过，并经人民法院裁定认可后，即使尚未实际分配，补充申报债权人主张参与此次分配的，不予支持。已裁定认可的破产财产分配方案无需重新表决。

【理由】

表决权是债权人参与债权人会议，行使债权人投票、审议、提请事项等权利的重要基础。债权人通过债权人会议，行使表决权将其意思反映到破产程序中，决定债务人财产的管理、变价、分配等重要事项。根据《企业破产法》第 59 条规定，不是所有依法申报债权的债权人都享有表决权，只有依法申报债权且债权已被确定或人民法院能够临时确定债权额的债权人才享有表决权，申报债权是权利人享有表决权的必要不充分条件。债权人在债权人会议上的决议，以参加会议表决的每一债权人的债权事先已经

---

① 参见李曙光审定，申林平译：《美国破产法典：中英文对照本》，法律出版社 2021 年版，第 197 页。

得到确认为前提。① 第一次债权人会议之后，破产财产分配完毕前补充申报的债权人，可以参加对其债权进行审查的债权人会议，若债权得到确认，则对之后的债权人会议的决议享有表决权，表决权不具有溯及既往的效力。

债权人会议的决议，是债权人团体为共同意思表示的结果，不仅对与会债权人中有表决权且同意债权人会议决议的人有约束力，而且对未申报债权的债权人、未与会债权人、无表决权或者放弃表决权的债权人、不同意债权人会议决议的债权人等，都有约束力。有学者认为，补充申报前所进行的表决对补充申报人不再溯及。具体而言，对于补充申报前所进行的表决事项，无须再征求补充申报人的意见。② 但若确有债权人非因自身原因未能按期申报债权或遗漏债权金额特别大的，这种观点不利于保护债权人利益。

第一次债权人会议表决通过破产财产分配方案后，方案还需法院裁定是否予以认可，在法院未裁定认可该分配方案之时尚有转圜空间。此时为保证比例较大的补充申报人的债权，管理人可以申请法院裁定确认补充申报债权人的债权后，由债权人会议进行再次表决，管理人作出说明，提请法院予以裁定确认通过最后分配方案。一旦法院在补充申报债权人申报债权前作出认可破产财产分配方案的裁定后，即具备法律效力。此时若推翻该分配方案进行再次分配难免有失法律的严肃性，且成本较大，包括管理人的审核确认债权的成本、重新拟定表决分配方案的成本和法院作出确认裁定的成本，会导致破产程序迟迟无法推进。

本书认为，债权人应当及时申报债权，补充申报债权人在尚未进行分配的财产中进行分配，此前已进行的分配，不再进行补充分配。补充申报债权金额较大，并且在人民法院对第一次债权人会议通过的方案作出裁定认可前，可以由管理人组织进行重新表决，但若在人民法院对第一次债权人会议通过方案作出裁定后，基于人民法院裁定书是具有强制执行力、公信力、执行力的法律文书，不宜对第一次债权人会议已裁定认可的破产财产分配方案进行重新表决。

---

① 参见王欣新：《论新破产立法中债权人会议制度的设置思路》，载《法学家》2005 年第 2 期。

② 参见王东敏：《新破产法疑难解读及实务操作》，法律出版社 2007 年版，第 81 页。

【参考依据】

《企业破产法》

第 56 条 在人民法院确定的债权申报期限内，债权人未申报债权的，可以在破产财产最后分配前补充申报；但是，此前已进行的分配，不再对其补充分配。为审查和确认补充申报债权的费用，由补充申报人承担。

债权人未依照本法规定申报债权的，不得依照本法规定的程序行使权利。

第 59 条 依法申报债权的债权人为债权人会议的成员，有权参加债权人会议，享有表决权。

债权尚未确定的债权人，除人民法院能够为其行使表决权而临时确定债权额的外，不得行使表决权。

对债务人的特定财产享有担保权的债权人，未放弃优先受偿权利的，对于本法第 61 条第 1 款第 7 项、第 10 项规定的事项不享有表决权。

债权人可以委托代理人出席债权人会议，行使表决权。代理人出席债权人会议，应当向人民法院或者债权人会议主席提交债权人的授权委托书。

债权人会议应当有债务人的职工和工会的代表参加，对有关事项发表意见。

第 64 条第 3 款 债权人会议的决议，对于全体债权人均有约束力。

《北京市高级人民法院企业破产案件审理规程》①

150. 人民法院受理破产申请时对债务人享有债权的债权人，应当在人民法院受理破产申请通知书和公告中确定的债权申报期限内向管理人申报债权。

在人民法院确定的债权申报期限内，债权人未申报债权的，可以在最后一次破产分配方案提交债权人会议表决之前，或者和解协议或重整计划草案提交债权人会议表决之前补充申报。但此前已进行的分配不再对其补充分配。为审查和确认补充申报债权的费用，由补充申报人承担。

债权人未依照企业破产法规定申报债权的，不得依照企业破产法规定的程序行使权利。

---

① 类似规范可参见《上海市高级人民法院破产审判工作规范指引(试行)》。

191. 债权人会议决议对在相关决议事项上有表决权的全体债权人均有约束力，包括出席债权人会议但投反对或者弃权票的债权人、未出席债权人会议的债权人和以后补充申报的债权人。

【参考案例】

杜晶莹、嘉兴达胜置业发展有限公司普通破产债权确认纠纷案【浙江省嘉兴市秀洲区人民法院（2022）浙 0411 民初 103 号民事裁定书】

裁判要旨：第二次债权人会议确定的分配方案，对于全体债权人均有约束力，包括第二次债权人会议后补充申报债权人。补充申报债权人对分配方案提出异议，于法无据，不予受理。

（作者：张俊茹）

6.【债权人会议分组】关于债权人会议对重整计划草案的表决分组中，除法律规定的大额债权组和小额债权组外，能否做其他分组？

【回答】

破产重整程序中，普通债权分组除了法律规定的小额债权组外，经管理人申请，人民法院还可以结合债权性质、清偿条件、对债权的调整方案或债权额等因素进行其他分组。

【理由】

《企业破产法》第 82 条规定了债权分组表决制度。债权人按照有财产担保债权组、职工债权组、税款债权组和普通债权组对重整计划进行表决，经法院同意可在普通债权组中设小额债权组。而在当前我国破产重整的实务操作中，虽然多数法院和案件都严格遵循立法规定进行分类，但仍有部分法院进行更为细致的分组，例如在某些房地产破产重整案件中，普通债权组被进一步细分为"拆迁安置债权组""消费者购房人债权组"及"认购金债权组"等。

对于是否可以在《企业破产法》第 82 条规定的组别外设立分组，学界存在分歧。有学者认为，分组属于不可随意变更的法定分类，分组表决制度的立法应当遵循不可随意变更的法定分类，不应超出此范围。① 部分学者认为应当遵守法律规定的六种法定性分组的基础上，不设立新的组别，而是根据具体情况的不同对分组进行细化。可以在保持强制性分组机制的基础上，将普通债权依据其特性进一步区分为不同的小组。② 还有学者认为我国《企业破产法》关于债权分组并非单纯法定性的。如果现有规定的分组无法满足各个债权人团体之间的不同利益需求、不能保证表决结果的公正性，那么法院完全可以额外设立其他组别。③

《德国破产法》规定法律明确列举的分组外，法院和当事人均不能再设置新的组别，即采取严格的法定性分组。《德国破产法》第 222 条明确规定了享有别除权的债权人、非后顺位破产债权人、各等级后顺位破产债权人等组别；而我国台湾地区现行"公司法"则规定，债权表决分组的依据是债权的性质，重整裁定之前成立的对公司的债权为重整债权，重整债权分为优先重整债权和无担保重整债权。④ 不同于前述严格的法定性分组，《美国破产法》采取更为灵活的分组模式，在重整程序中，任何具备不同特性的债权均可被独立划分为一类，同一类别的债权权益应该实质相似，而且在同类债权内部还可进一步细分。例如，在普通债权类别下，可根据债权金额的大小、债权人的特定属性等因素，进行更为详尽的分组。⑤

本书认为在我国的破产重整程序中，普通债权分组除了法律规定的小额债权组外，经管理人申请，人民法院还可以按照债权性质、清偿条件、对债权的调整方案或债权额等进行其他分组，将法律和经济利益相近者分

---

① 参见韩长印主编：《破产法学》，中国政法大学出版社 2016 年版，第 263 页；韩长印主编：《破产疑难案例研习报告（2020 年卷）》，中国政法大学出版社 2020 年版，第 359~360 页。

② 参见李成文：《中国上市公司重整的内在逻辑与制度选择》，中国法制出版社 2012 年版，第 174 页；邹海林：《破产法——程序理念与制度结构解析》，中国社会科学出版社 2016 年版，第 406~407 页。

③ 参见丁文联：《破产程序中的政策目标与利益平衡》，法律出版社 2008 年版，第 257 页。

④ 参见徐阳光、韩玥：《重整计划中的债权分组规制研究》，载《法治研究》2022 年第 4 期。

⑤ 参见徐阳光、韩玥：《重整计划中的债权分组规制研究》，载《法治研究》2022 年第 4 期。

为一组。例如，可以根据重整的实际情况分为经营类普通债权和金融类普通债权、带息类普通债权和非带息类普通债权、银行类和非银行类普通债权等分组。其理由如下：

第一，尊重普通债权组内部不同债权的特性，推进重整计划方案的顺利实施。破产重整的顺利推进除了企业本身必须具备重整价值和挽救可能外，更重要的是需要有一个各方债权人普遍认可的重整计划方案作为支撑。表决环节是重整计划获得法律认可的关键。表决制度在推动重整计划实施中占据着举足轻重的地位，在人民法院的引导下，各方通过分组表决的方式，促使各方寻找利益平衡点。而某些情况下，普通债权组内部利益群体存在不同的特殊性，不同的债权人有不同的特点和利益需求，如对于经营类普通债权和金融类普通债权、带息类普通债权和非带息类普通债权等分组，其不同的债权特性决定了其需要在清偿方式、清偿期限等方面进行差异化的清偿方案设计。

第二，并未违背现有的法律规定。现有法律规定人民法院在必要时可以决定在普通债权组中设小额债权组对重整计划草案进行表决，但是并未对表决中进行其他细化分组作禁止性规定。在重整程序的复杂利益交织中，不能仅凭"债权受偿顺位"机械地区分各债权人的主张，因为债权分组的有效性与分组标准相关，即便是处于相同受偿顺位的债权人，其利益诉求亦可能大相径庭，若强行归并至同一表决团体，就是削弱分组规则所蕴含的自治原则，也可能增加沟通障碍与协商成本。[1]

第三，实践中已经出现许多灵活分组的案例，[2] 各地法院的指导文件和规范也存在按照债权性质、清偿条件及债权金额的不同进行分组的规定。如四川省高级人民法院规定人民法院应将法律和经济利益相近者分为一组，关注小额债权、优先债权（包括工程价款优先权、担保债权、消费者购房户债权等）以及侵权债权人、供应商债权人、民间借贷及以房抵债

---

[1] 参见韩长印：《重整程序中灵活分组模式的法理检视与规则构建》，载《中国法律评论》2023 年第 5 期。

[2] 如在辽宁省沈阳市中级人民法院(2019)辽 01 破 18 号沈阳机床股份有限公司重整案中，其普通债权细分成了经营类普通债权和金融类普通债权分别进行清偿；吉林省辽源市中级人民法院(2020)吉 04 民破 10 号吉林利源精制股份有限公司重整案中，普通债权细分为带息类普通债权、非带息类普通债权。

等特殊债权人。① 广东省高级人民法院规定经管理人申请，人民法院可以决定对普通债权人按照债权性质、清偿条件或债权额等进行分组。广州市中级人民法院则规定管理人可以在《企业破产法》第 82 条第 1 款规定的组别之外，根据债权的不同性质、对债权的不同调整方案等实际情况设置表决组。

【参考依据】

《企业破产法》

第 82 条　下列各类债权的债权人参加讨论重整计划草案的债权人会议，依照下列债权分类，分组对重整计划草案进行表决：（一）对债务人的特定财产享有担保权的债权；（二）债务人所欠职工的工资和医疗、伤残补助、抚恤费用，所欠的应当划入职工个人账户的基本养老保险、基本医疗保险费用，以及法律、行政法规规定应当支付给职工的补偿金；(三)债务人所欠税款；（四）普通债权。

人民法院在必要时可以决定在普通债权组中设小额债权组对重整计划草案进行表决。

《广东省高级人民法院关于审理企业破产案件若干问题的指引》②

第 94 条　债权人依照企业破产法第八十二条第一款的规定，按照债权性质的不同进行分组表决。经管理人申请，人民法院可以决定对普通债权人按照债权性质、清偿条件或债权额等进行分组。

中国台湾地区"公司法"

第 298 条　重整监督人，于权利申报期间届满后，应依其初步审查之结果，分别制作优先重整债权人、有担保重整债权人、无担保重整债权人及股东清册，载明权利之性质、金额及表决权数额，于第二百八十九条第一项第二款期日之三日前，声报法院及备置于适当处所，并公告其开始备置日期及处所，以供重整债权人、股东及其他利害关系人查阅。重整债权人之表决权，以其债权之金额比例定之；股东表决权，依公司章程之规定。

---

① 参见四川省高级人民法院《关于审理破产案件若干问题的解答》六。

② 类似规范可参见《河北省企业破产管理人协会管理人承办破产重整案件工作指引(2019 版)》。

第 302 条　关系人会议，应分别按第二百九十八条第一项规定之权利人，分组行使其表决权，其决议以经各组表决权总额二分之一以上之同意行之。

公司无资本净值时，股东组不得行使表决权。

《德国破产法》①

第 222 条　建立债权人小组

（1）在重整计划中确定当事人的权利时，以所涉及的债权人具有不同法律地位为限，应当建立各种债权人小组。应当区分下列债权人：

1. 享有别除权的债权人，以重整计划干预其权利为限；

2. 非后顺位破产债权人；

3. 各等级后顺位破产债权人，以其债权未依本法第 225 条视为被免除为限。

（2）具有相同法律地位的债权人可以建立小组，将具有同类经济利益的债权人归于一组。各组之间必须恰当地相互区分。区分标准应当在重整计划中说明。

（3）雇员应当建立特别小组，但以其系作为拥有并非小额的债权的破产债权人参与破产程序为限。小额债权人可以建立特别小组。

《美国破产法》②

第 1122 条　债权或权益的分组

（a）除本条的附条（b）另有规定外，当且仅当某债权或权益与某特定小组的债权或权益基本相似时，重整计划才可将该债权或权益分入该小组。

（b）重整计划可单设仅含有其金额少于或被减少至法院出于管理方便而确认的合理且必要的金额的无担保债权的债权小组。

【参考案例】

河南中孚电力有限公司破产重整案【河南省郑州市中级人民法院（2020）豫 01 破 31 号之四民事裁定书】

裁判要旨：中孚电力在重整过程中将普通债权细分为非金融类有息债

---

① 李飞主编：《当代外国破产法》，中国法制出版社 2006 年版，第 86 页。

② 李曙光审定，申林平译：《美国破产法典：中英文对照本》，法律出版社 2021 年版，第 501 页。

权和非金融类无息债权，进行不同的清偿安排。普通债权 10 万元以下部分，以及非金融类无息债权中超过 10 万元部分采用现金清偿；非金融类有息债权超过 10 万元的除本金以外的利息、违约金等部分、非金融类无息债权超过 10 万元部分采用留债清偿。

（作者：刘舒心）

7.【债权受让人的表决权行使】破产程序中，债权人将其债权部分转让，或一位受让人受让多个债权人的债权的，应如何行使表决权？

【回答】

若债权人将其债权部分转让，各受让人的表决票数为其受让债权金额占转让前债权金额的比例，合计为一票；各受让人的表决金额为受让债权金额。若多个债权人将其债权转让给一位受让人的，受让人以其受让的债权总额行使表决权，且享有原债权人的表决票数。若转让时多个受让人对同一债权概括受让，受让人彼此之间不区分份额共享债权的，仍系同一主体，仅享有一个表决权。

【理由】

根据《民法典》第 547 条，受让人可取得与债权有关的从权利，享有与受让债权金额相应的表决权。

在一个债权人将其债权进行分割后转让给多个主体或者将自己的债权部分转让的情况下，债权人数增加，就需要对债权转让的表决权行使进行限制。否则，很可能出现利用债权交易操纵会议表决的情况，影响债权人会议决议结果。即使并非恶意，不限制表决票数也可能客观上给表决增加难度。

《美国破产法》并不禁止债权人处置和转让债权，但需要符合一些程序性规定。《美国联邦破产程序规则》第 3001（e）款规定，只有债权转让方有权在限定时间 20 日内针对交易提出异议，法院才会选择启动听审程序，并据此决定是否批准债权转让交易；如果债权转让方并未向法院提出反对意见，则法院将承认其转让效力，无需主动审查债权交易的条款以及对价的实体公平性问题。① 美国破产法协会认为，债权转让可能导致的表决权受影响，因为高位债权人可以通过转让条款影响重整计划的框架或控制计划的表决，进而影响对其他利害关系人的分配的价值。② 为了解决这一问题，美国法院在判例中明确了违反《美国破产法》第1126(e)款善意表决要求的行为可能会被取消表决资格：如果破产债权投资者或者债务人商业竞争对手在重整程序启动之后买入破产债权，是为了阻碍债务人所提出的重整计划获得通过和批准，并在之后提出竞争性的重整计划来实现对债务人企业的收购目的或摧毁债务人的持续运营能力，则极易被认定为恶意行使表决权从而被取消表决资格；但是若为了提升重整计划在特定组别批准通过的概率而买入破产债权并行使表决权，则通常不会被认定为违反善意原则。③

为消除债权转让对表决权的影响，防止个别利益主体通过债权转让的方式操控债权人会议，同时保证债权受让人的权益，本书结合地方人民法院已有的处理经验以及实务观点，将破产程序中债权转让分为拆分式债权转让、共享式债权转让、"多对一"式转让三种情况，并分类讨论不同情况下表决权如何行使。

第一，拆分式债权转让。若一个债权人将其债权进行分割后转让给多个主体或者将自己的债权部分转让，各受让人的表决票数为其受让债权金额占转让前债权金额的比例，合计为一票。因为一笔债权转让给多个债权人，其债权仍来自申报时的一笔债权，所以权利也不能超出原债权人享有的权利，即表决人数应该始终为申报时的一笔债权对应的一个表决权，即一票。一笔债权转让给不同的债权人不应改变原债权的表决权利，应与转让前的债权对应的表决权利相同。但是，这一票可以继续拆分，拆分后各个受让人票数等于受让债权金额占转让前债权金额的比例，受让人票数和

---

① 参见蔡嘉炜：《破产债权交易的理论构造及规制路径》，载《齐鲁学刊》2024年第1期。

② 参见［美］罗伯特·J. 基齐、阿尔伯特·托古特等：《美国破产法协会美国破产重整制度改革调研报告》，韩长印、何欢译，中国政法大学出版社2016年版，第303页。

③ 参见蔡嘉炜：《破产债权交易的理论构造及规制路径》，载《齐鲁学刊》2024年第1期。

转让人剩余的票数加起来等于一票。这样规定不增加有表决权债权人的人数，可防止通过拆分债权操纵债权人会议，同时也尊重了受让人的表决权利。

第二，共享式债权转让。若转让时多个主体对同一债权概括受让，新债权人彼此之间不区分份额，共同持有该债权，视为同一主体，享有表决权票数为一票。

第三，"多对一"式债权转让。若同一主体在破产程序中受让多个债权人的债权，则受让人以其受让的债权总额行使表决权，且享有原债权人享有的表决票。在分组表决时，如受让人受让的债权类型存在于多个表决组，则在各表决组分别享有原数个表决权。在分组表决的情况下，"多对一"式债权受让人如果仅获得一个表决票数，那么相当于变相剥夺了不同组别债权参与表决的权利，使其失去其原可能具备的对债权人会议的影响力。因此，在一个债权人受让多笔债权时，如受让人受让的债权类型存在于多个表决组，也应在各表决组分别享有原数个表决权。

【参考依据】

《企业破产法》

第 64 条 债权人会议的决议，由出席会议的有表决权的债权人过半数通过，并且其所代表的债权额占无财产担保债权总额的二分之一以上。但是，本法另有规定的除外。

债权人认为债权人会议的决议违反法律规定，损害其利益的，可以自债权人会议作出决议之日起十五日内，请求人民法院裁定撤销该决议，责令债权人会议依法重新作出决议。

债权人会议的决议，对于全体债权人均有约束力。

《民法典》

第 547 条 债权人转让债权的，受让人取得与债权有关的从权利，但是该从权利专属于债权人自身的除外。

受让人取得从权利不因该从权利未办理转移登记手续或者未转移占有而受到影响。

《四川省高级人民法院关于审理破产案件若干问题的解答》①

五、债权人会议

1. 破产程序中，债权人将一笔债权转让给多个主体，或者多个债权人将债权转让给同一主体，受让债权的主体如何行使表决权？

答：债权让与是以债权为标的，通过法律行为在不同主体之间进行移转。破产程序中不禁止债权转让，但为了避免个别债权人利用债权分割达到多受偿或者控制表决结果的目的，破产程序中的债权转让应当予以规范，不能因债权转让而改变原债权的表决权利，包括金额和表决票数。具体区分下列情形：(1)若一个债权人将其债权进行分割后转让给多个主体，各受让人的表决金额可按其受让债权金额分别统计，但表决票数应合计按一票统计，各受让人的表决票数为其受让债权金额占分割转让前债权金额的比例。同时，为避免债权人利用债权分割转让而获益，债权分割转让后的债权受偿总额不得高于转让前原债权的受偿金额。(2)若转让时多个主体对同一债权概括受让，新债权人彼此之间不区分份额，为共有关系，仍系同一主体，享有一个表决权。(3)若同一主体在破产程序中受让多个债权人的债权，则受让人以其受让的债权总额行使表决权，且仅享有一个表决权。在分组表决时，如受让人受让的债权类型存在于多个表决组，则在各表决组分别享有一个表决权。

《美国破产法》②

第1126条第5款 应利益相关方的请求，经过通知和听证后，法院可认定任何实体其接受或拒绝重整计划的意见并非出于善意，或者其意见并非在出于善意或在符合本篇规定的情况下而被征求或取得。

---

① 类似规范可参见成都市破产管理人协会《破产案件债权审核认定指引(试行)》、广东省深圳市中级人民法院《破产案件债权审核认定指引》、河北省企业破产管理人协会《破产债权申报登记与审查工作指引》、重庆市第五中级人民法院《重整案件审理指引(试行)》。

② 李曙光审定，申林平译：《美国破产法典：中英文对照本》，法律出版社2021年版，第511页。

【参考案例】

河北定州宝光实业有限公司破产重整案【河北省定州市人民法院(2023)冀 0682 破 1 号】

裁判要旨：实务中，破产重整时可规定企业的债权人同一人受让多个债权人的债权，或债权人将债权拆分转让给多人的，表决时按一人统计表决人数。

(作者：刘舒心)

8.【破产清算程序终结后的衍生诉讼】如果在破产终结之日起两年内发现破产人的财产，需要采用诉讼方式追回财产，在破产人已注销、管理人终止执行职务的情况下，原告如何确定？管理人如何恢复履职？

【回答】

破产终结后，因追回财产发生的衍生诉讼原告应为管理人。管理人已经停止执行本案职务的，由人民法院通知管理人恢复职务。因管理人已注销、清算组已解散等客观原因致使原管理人无法继续履行职务的，人民法院可以重新指定管理人。

【理由】

一、破产清算程序终结后衍生诉讼原告的确定

债权人不是破产清算程序终结后衍生诉讼的适格原告。理由如下：在破产程序中，根据集体清偿原则，债权人不得单独行使权利，只能由管理人代表全体债权人行使权利。[①] 虽然根据《企业破产法》第 123 条之规定，在破产程序终结之日起两年内，对于新发现的属于破产人且可用于破产分配的财产，破产人的债权人可以请求人民法院按照破产财产分配方案追加分配。但债权人并非《企业破产法》第 31 条、第 32 条、第 33 条、第 36 条等条文中追回破产人财产的行权主体，只能就已进入破产人"资金池"内的财产向法院主张追加分配。

管理人担任破产衍生诉讼的原告更具合理性。理由如下：首先，管理

---

① 参见王卫国：《破产法精义》(第三版)，法律出版社 2023 年版，第 123 页。

人接管破产企业后，因掌握财务会计报告等材料从而更具有内部信息优势，更易发现具有隐蔽性的偏颇清偿、破产欺诈及隐匿、侵占破产人财产的行为；其次，债务人进入破产程序后，由管理人全面接管债务人的财产并有权对个别清偿行为、未缴出资、董事高管侵占企业财产等进行追回；① 最后，从比较法角度出发，由管理人而非债权人在衍生诉讼中发挥重要作用为多数国家立法共识。《德国破产法》由于其追加分配的启动采多主体模式，故其第 205 条规定法院裁定实施追加分配之后，新财团财产变价和分配由支付不能管理人负责，破产管理人基于该目的必须"再次履行职务"，向法院提交账目。②《法国商法典》同样赋予了包括清算人、检察院以及任何具有利害关系的债权人追加分配申请权；日本对于追加分配的立法规定集中体现在《日本破产法》第 215 条，该条第 1 款是关于追加规定的一般性陈述，即发出分配额的通知后，分配异议除斥期间经过后，法院书记官许可后(同意分配之情形)，复有新的可供分配的相当财产时，破产管理人经法院许可，须进行追加分配。③

二、管理人已终止执行职务后履职的恢复

本书认为不能将债权人追加分配的请求权与衍生诉讼之诉权等同，由管理人担任衍生诉讼原告更为适宜。如果基于未决诉讼、仲裁，管理人尚未终止履职，其对于衍生诉讼可继续担任原告自不待言，如果管理人此时已经终止履职，应视情况恢复管理人履职，或重新指定管理人。

对于破产人已注销、管理人已终止执行职务的情况，《北京市高级人民法院企业破产案件审理规程(2013)》《上海市高级人民法院破产审判工作规范指引(2021)》等文件均提出：破产程序终结之日起 2 年内，债权人依据《企业破产法》第 123 条的规定向人民法院请求追加分配的，该破产案件原管理人应当恢复履行职务；原管理人因客观原因不能继续履职的，人民法院应当重新指定管理人。即在破产程序终结后发现还有可分配财产，符合《企业破产法》第 123 条追回财产、追加分配的情形时，经有关

① 参见俞巍、吴泽均、王亚萌：《破产衍生诉讼主体之错位与调适》，载《人民司法》2023 年第 7 期。

② 参见[德]乌尔里希·福尔斯特：《德国破产法》，张宇晖译，中国法制出版社 2020 年版，第 253 页。

③ [日]伊藤真、须藤英章、多比罗诚：《倒产·再生再编六法》，民事法研究会 2014 年版，第 178 页。

权利人提出申请，由人民法院审查后认为确有必要的，可以决定恢复管理人职权，由管理人开展相关工作。若因管理人已经注销或清算组已经解散等客观原因确无法恢复，则由法院重新指定管理人。① 综上，破产衍生诉讼原告为恢复履职的管理人或由法院重新指定的管理人。

【参考依据】

《企业破产法》

第 121 条 管理人应当自破产程序终结之日起十日内，持人民法院终结破产程序的裁定，向破产人的原登记机关办理注销登记。

第 122 条 管理人于办理注销登记完毕的次日终止执行职务。但是，存在诉讼或者仲裁未决情况的除外。

第 123 条 自破产程序依照本法第四十三条第四款或者第一百二十条的规定终结之日起二年内，有下列情形之一的，债权人可以请求人民法院按照破产财产分配方案进行追加分配：（一）发现有依照本法第三十一条、第三十二条、第三十三条、第三十六条规定应当追回的财产的；（二）发现破产人有应当供分配的其他财产的。

有前款规定情形，但财产数量不足以支付分配费用的，不再进行追加分配，由人民法院将其上交国库。

《民法典》

第 73 条 法人被宣告破产的，依法进行破产清算并完成法人注销登记时，法人终止。

《审理破产案件规定》

第 97 条 破产程序终结后，由清算组向破产企业原登记机关办理企业注销登记。破产程序终结后仍有可以追收的破产财产、追加分配等善后事宜需要处理的，经人民法院同意，可以保留清算组或者保留部分清算组成员。

《上海市高级人民法院破产审判工作规范指引（2021）》②

68. 追加分配时管理人的确定

破产程序终结之日起二年内，债权人依据《企业破产法》第一百二十

---

① 参见王邦习：《破产程序终结后民事权利救济的现实考量与破解路径——基于 222 个案例的实证分析》，载《政法论坛》2018 年第 6 期。

② 类似规范可见《云南高院破产案件审判指引（试行）》（2019）第 160 条、《北京市高级人民法院企业破产案件审理规程》（2013）第 284 条。

三条的规定向人民法院请求追加分配的，该破产案件原管理人应当恢复履行职务；原管理人因客观原因不能继续履职的，人民法院应当重新指定管理人。

《德国破产法》

第 205 条 在命令实施追加分配之后，破产管理人应当根据分配表对可供处分的金额或对所查明财产的变价收入进行分配。破产管理人应当向破产法院提出账目。

《法国商法典》

第 L643-13 条 如果因资产不足宣布终止司法清算程序，但事后看来尚有部分资产并未变现，或者在程序进行的过程中没有为债权人的利益提起诉讼，清算程序得恢复进行。

法庭应此前指定的清算人、检察院或者任何有利益关系的债权人的请求受理诉讼。法院也可以依职权受理诉讼。如果法院是经债权人之一提出的请求受理诉讼，该债权人应证明为进行清算活动所必需的经费已寄存至法院书记室。寄存的费用数额从恢复清算程序后收取的款项中优先偿还寄存经费的债权人。恢复实施的程序，对清算人在司法清算程序终结之前本应变现(但并未变现)的债务人的全部资产均产生效力。

如果债务人的资产是金钱，当然适用本编第四章规定的程序。

《日本破产法》

第 215 条 发出分配额的通知后(最终分配之情形)，分配异议除斥期间经过后(简易分配之情形)，法院书记官许可后(同意分配之情形)，复有新的可供分配的相当财产时，破产管理人经法院许可，须进行追加分配。即使已经作出破产程序终结裁定，亦然。

(作者：王硕)

9.【债务人继续营业方案】第一次债权人会议前，法院已许可债务人继续营业的，债权人会议是否应对债务人继续营业事项再作出决议？

【回答】

债务人在第一次债权人会议召开之前经管理人报请人民法院许可决定

继续营业的，债权人会议仍有权审查债务人继续营业方案并决定正在进行的营业是否继续。

【理由】

第一，根据《企业破产法》第 61 条第 5 项的规定，决定继续或停止债务人的营业，是债权人会议的职权。该项规定是指在债权人会议召开后，有权依据具体情况决定企业的经营是否继续进行。这里包括两种情况：一是在会议之前管理人已经决定继续营业的，债权人会议有权决定进行中的营业是否继续；二是在会议之前管理人未决定继续营业的，债权人会议有权决定是否开展继续营业。

第二，根据《企业破产法》第 25 条第 1 款第 5 项的规定，管理人在第一次债权人会议召开之前，决定继续或者停止债务人的营业。该法第 26 条进一步明确规定，管理人决定继续或停止营业，应当经人民法院许可。因此，管理人决定、法院许可的制度设计实质上是一种临时性措施，以填补债权人会议之空缺，不能限制更不能剥夺债权人会议对债务人是否继续营业问题上的独立决定权。债权人会议对是否继续营业享有最终决定权。这一最终决定权确保了债权人会议在破产程序中的核心地位，以及债权人对破产企业未来经营方向的控制权。

综上所述，管理人在第一次债权人会议召开之前有权决定债务人是否继续营业，但这一决定需要得到人民法院的许可。债权人会议则拥有最终决定权，其表决结果将指导管理人的具体行动。这一机制旨在平衡各方利益，确保破产程序的公正和效率。

【参考依据】

《企业破产法》

第 25 条 管理人履行下列职责：（一）接管债务人的财产、印章和账簿、文书等资料；（二）调查债务人财产状况，制作财产状况报告；（三）决定债务人的内部管理事务；（四）决定债务人的日常开支和其他必要开支；（五）在第一次债权人会议召开之前，决定继续或者停止债务人的营业；（六）管理和处分债务人的财产；（七）代表债务人参加诉讼、仲裁或者其他法律程序；（八）提议召开债权人会议；（九）人民法院认为管理人应当履行的其他职责。

本法对管理人的职责另有规定的，适用其规定。

第 26 条　在第一次债权人会议召开之前，管理人决定继续或者停止债务人的营业或者有本法第六十九条规定行为之一的，应当经人民法院许可。

第 61 条　债权人会议行使下列职权：（一）核查债权；（二）申请人民法院更换管理人，审查管理人的费用和报酬；（三）监督管理人；（四）选任和更换债权人委员会成员；（五）决定继续或者停止债务人的营业；（六）通过重整计划；（七）通过和解协议；（八）通过债务人财产的管理方案；（九）通过破产财产的变价方案；（十）通过破产财产的分配方案；（十一）人民法院认为应当由债权人会议行使的其他职权。

债权人会议应当对所议事项的决议作成会议记录。

第 69 条　管理人实施下列行为，应当及时报告债权人委员会：（一）涉及土地、房屋等不动产权益的转让；（二）探矿权、采矿权、知识产权等财产权的转让；（三）全部库存或者营业的转让；（四）借款；（五）设定财产担保；（六）债权和有价证券的转让；（七）履行债务人和对方当事人均未履行完毕的合同；（八）放弃权利；（九）担保物的取回；（十）对债权人利益有重大影响的其他财产处分行为。

未设立债权人委员会的，管理人实施前款规定的行为应当及时报告人民法院。

（作者：刘秋奕）

10.【破产衍生诉讼中的调解与撤诉】在破产衍生诉讼中，管理人是否有权接受调解或主张撤诉？

【回答】

管理人具有代表债务人参加诉讼、仲裁及其他法律程序的职权，在诉讼程序中有权代表债务人进行调解、和解或撤诉。管理人进行调解或撤诉涉及《企业破产法》第 69 条规定的财产处分行为的，应当提交债权人会议表决通过，债权人会议表决未通过的，管理人不得处分。

【理由】

《企业破产法》第 25 条规定，管理人的职责包括代表债务人参加诉讼、仲裁或者其他法律程序。《破产法解释(二)》第 20 条规定,在破产衍生诉讼中,"管理人代表债务人提起诉讼"。据此,破产程序中,管理人是诉讼代表人,有权代表债务人参加诉讼。依据《民事诉讼法》第 56 条,"代表人的诉讼行为对其所代表的当事人发生效力,但代表人变更、放弃诉讼请求或者承认对方当事人的诉讼请求,进行和解,必须经被代表的当事人同意"。基于此,如果管理人在诉讼中代表债务人,那么管理人在参与诉讼时接受调解或主张撤诉应经债务人同意。

但是,将管理人在诉讼中的地位定为诉讼代表人,与破产法的基本理论不符。一方面,在破产程序中,债务人的财产、印章全部被管理人接管,其自身不具有实施诉讼的能力。另一方面,管理人在破产进程中具有相对的独立性和利益上的中立性,其身份超脱于任一方当事人。① 因此,学者认为,破产管理人在诉讼中的地位存在错位,依据诉讼担当原理,管理人在实体利益归属于债务人的破产衍生诉讼中应以自己的名义进行诉讼。② 在实践中也出现了管理人在破产衍生诉讼中作为原告的案例。③ 据此,本书认为,在《企业破产法》及相关司法解释未作修订之前,管理人按照法律规定在诉讼中作为诉讼代表人是合理的;但不能直接套用《民事诉讼法》关于诉讼代表人的规定去判断管理人是否有权接受调解或主张撤诉,而应结合管理人接受调解或主张撤诉的实质影响来考虑。

以破产衍生诉讼为例,管理人接受调解或主张撤诉,特定情况下意味着放弃债务人的债权,是对债务人财产的处分行为。依据《破产法解释(三)》第 15 条第 1 款规定,"管理人处分企业破产法第六十九条规定的债务人重大财产的,应当事先制作财产管理或者变价方案并提交债权人会议进行表决,债权人会议表决未通过的,管理人不得处分"。因此,在破产衍生诉讼中,管理人接受调解和主张撤诉涉及《企业破产法》第 69 条规定的财产处分行为的,应当提交债权人会议表决通过。若管理人擅自接受调

---

① 参见许德风:《破产法论:解释与功能比较的视角》,北京大学出版社 2015 年版,第 260 页。

② 参见冀宗儒、钮杨:《破产管理人民事诉讼地位错位之分析》,载《河北法学》2016 年第 4 期。

③ 参见江苏省淮安市洪泽区人民法院(2018)苏 0813 民初 810 号民事裁定书。

解或主张撤诉损害债权人利益的，应承担相应的民事责任。

【参考依据】

《企业破产法》

第 61 条 债权人会议行使下列职权：（一）核查债权；（二）申请人民法院更换管理人，审查管理人的费用和报酬；（三）监督管理人；（四）选任和更换债权人委员会成员；（五）决定继续或者停止债务人的营业；（六）通过重整计划；（七）通过和解协议；（八）通过债务人财产的管理方案；（九）通过破产财产的变价方案；（十）通过破产财产的分配方案；（十一）人民法院认为应当由债权人会议行使的其他职权。

债权人会议应当对所议事项的决议作成会议记录。

第 69 条 管理人实施下列行为，应当及时报告债权人委员会：（一）涉及土地、房屋等不动产权益的转让；（二）探矿权、采矿权、知识产权等财产权的转让；（三）全部库存或者营业的转让；（四）借款；（五）设定财产担保；（六）债权和有价证券的转让；（七）履行债务人和对方当事人均未履行完毕的合同；（八）放弃权利；（九）担保物的取回；（十）对债权人利益有重大影响的其他财产处分行为。

未设立债权人委员会的，管理人实施前款规定的行为应当及时报告人民法院。

《破产法解释（三）》

第 15 条 管理人处分企业破产法第六十九条规定的债务人重大财产的，应当事先制作财产管理或者变价方案并提交债权人会议进行表决，债权人会议表决未通过的，管理人不得处分。

管理人实施处分前，应当根据企业破产法第六十九条的规定，提前十日书面报告债权人委员会或者人民法院。债权人委员会可以依照企业破产法第六十八条第二款的规定，要求管理人对处分行为作出相应说明或者提供有关文件依据。

债权人委员会认为管理人实施的处分行为不符合债权人会议通过的财产管理或变价方案的，有权要求管理人纠正。管理人拒绝纠正的，债权人委员会可以请求人民法院作出决定。

人民法院认为管理人实施的处分行为不符合债权人会议通过的财产管理或变价方案的，应当责令管理人停止处分行为。管理人应当予以纠正，或者提交债权人会议重新表决通过后实施。

《北京破产法庭破产案件管理人工作指引（试行）》①

第 147 条（诉讼事项决定）　管理人应当以破产财产价值最大化为原则，向债权人会议或债权人委员会充分披露财产调查、财产追索中可能需要提起的诉讼，或者需要申请的仲裁、执行程序。

管理人决定部分或者全部放弃权利的，应当征得债权人会议同意。

香港特别行政区《破产条例》

61. 受托人在债权人委员会准许下可行使的权力

在债权人委员会准许下，受托人可作出以下所有或其中任何事情——（由 1996 年第 76 号第 74 条修订）……（b）提出或提起与该破产人的财产有关的任何诉讼或其他法律程序，或在该等诉讼或法律程序中答辩；……

61A. 法院对受托人的控制

受托人行使第 60 及 61 条授予的权力，须受法院的控制；而任何债权人可就行使或拟行使任何该等权力向法院提出申请。

《德国破产法》②

第 85 条【积极诉讼的实施】

（1）关于属于支付不能财团的财产的诉讼，以其在支付不能程序开始时对于债务人为系属为限，可以以其本身所处的状况而由支付不能管理人实施。迟延实施的，准用《民事诉讼法典》第 239 条第 2 款至第 4 款的规定。

【参考案例】

浙江某公司与刘某等追收未缴出资纠纷案【浙江省杭州市中级人民法院（2023）浙 01 民初 2038 号民事裁定书】

裁判要旨：原告为浙江某公司，诉讼代表人为管理人负责人。原告向法院提出撤诉申请。法院认为，原告申请撤诉系处分自己的诉讼权利，不

---

①　类似规范可参见《深圳市中级人民法院破产案件管理人工作规范》第 40 条："管理人决定提起诉讼，诉讼过程中决定撤诉、和解，或者承认、放弃诉讼请求的，应当事前报本院审查，必要时应征得债权人会议或者债权人委员会同意。"

②　杜景林、卢谌译：《德国支付不能法》，法律出版社 2002 年版，第 46 页。

违反法律规定，且不损害他人利益，应予准许。

（作者：覃莉雯）

11.【追收未缴出资诉讼对破产程序终结的影响】在追缴股东出资诉讼未完结的情况下，破产案件是否可以终结？结案后，如果后期追回的资产大于负债如何处理？

【回答】

破产申请受理后，符合债务人财产不足以清偿破产费用且无人代为清偿或垫付的条件，且经裁定认可的破产财产分配方案对该尚未追回财产的分配有明确规定的情况下，人民法院可依管理人申请宣告破产并裁定终结破产清算程序。人民法院裁定提前终结破产程序时，债务人清收财产的诉讼或仲裁尚未终结的，最终追回的财产不论是否大于负债，都应按照破产财产分配方案的规定，向债权人补充分配，且不受破产清算程序终结后二年期限的限制。

【理由】

一、追收未缴出资诉讼未完结情形下的破产程序终结

本书认为，在财产不足以清偿破产费用且无人代为清偿垫付的情况下，若破产财产分配方案对尚未追回财产的分配有明确规定且经过法院裁定认可，基于时间成本和费用成本，人民法院可以宣告破产并裁定终结破产清算程序。理由如下：

第一，符合法律规定的宣告破产并终结破产程序的原因。一方面符合《企业破产法》第2条第1款规定，本身构成破产的原因；另一方面，根据《企业破产法》第43条第4款、第120条第1款、《管理人报酬规定》第12条第2款规定，无产可破情形中，若没有债权人、管理人、债务人的出资人或者其他利害关系人愿意垫付上述报酬和费用的，破产程序应当终结。

第二，特殊情况下可以提前终结破产程序。根据《破产审判会议纪要》关于"终结破产清算程序应当以查明债务人财产状况、明确债务人财产的分配方案、确保破产债权获得依法清偿为基础"的规定，破产程序的功能定位是一揽子解决纠纷，程序具有不可逆性，故原则上应当在破产程

序中完成相关衍生诉讼的清理。但是特殊情况下，也可以允许先行终结破产程序。破产管理人面临无人支付破产费用的困境，同时对于应当追回的出资债权，能否追回、追回多少尚未可知，允许先行终结破产程序，实现破产程序和衍生诉讼程序相对分离，大幅缩短破产程序的审理期限，节约时间成本和费用成本，有利于司法效率提升。

二、终结破产案件后追回资产大于负债的处理

提前终结破产程序时，债务人清收财产的诉讼或仲裁尚未终结的，最后追回的财产不论是否大于负债，都应按照破产财产分配方案的规定，向债权人补充分配。首先，对于追回的财产，应按照破产财产分配方案的规定，向债权人分配。该追回的财产不属于《企业破产法》第 123 条规定的财产，不受破产清算程序终结后二年期限的限制。此举在《北京市高级人民法院企业破产案件审理规程》第 285 条以及《江西省高级人民法院企业破产案件审理规程(试行)》第 174 条亦有所体现。其次，对于按破产财产分配方案分配完结后的剩余部分，可以向劣后债权及股东分配。

【参考依据】

《企业破产法》

第 120 条 破产人无财产可供分配的，管理人应当请求人民法院裁定终结破产程序。

管理人在最后分配完结后，应当及时向人民法院提交破产财产分配报告，并提请人民法院裁定终结破产程序。

人民法院应当自收到管理人终结破产程序的请求之日起十五日内作出是否终结破产程序的裁定。裁定终结的，应当予以公告。

第 123 条 自破产程序依照本法第四十三条第四款或者第一百二十条的规定终结之日起二年内，有下列情形之一的，债权人可以请求人民法院按照破产财产分配方案进行追加分配：(一)发现有依照本法第三十一条、第三十二条、第三十三条、第三十六条规定应当追回的财产的；(二)发现破产人有应当供分配的其他财产的。

有前款规定情形，但财产数量不足以支付分配费用的，不再进行追加分配，由人民法院将其上交国库。

《破产审判会议纪要》

30. 破产清算程序的终结。人民法院终结破产清算程序应当以查明债

务人财产状况、明确债务人财产的分配方案、确保破产债权获得依法清偿为基础。破产申请受理后，经管理人调查，债务人财产不足以清偿破产费用且无人代为清偿或垫付的，人民法院应当依管理人申请宣告破产并裁定终结破产清算程序。

《北京市高级人民法院企业破产案件审理规程》

285.（提前终结破产程序）同时符合下列条件的，管理人可以申请人民法院提前终结破产清算程序：（1）对债务人占有的财产已经处分完毕，并已向债权人分配完毕；（2）尚有小额财产未追回，但债务人为此已经提起诉讼或者申请仲裁；（3）人民法院已经裁定认可的破产财产分配方案对该尚未追回财产的分配有明确规定。

人民法院应当严格把握前款提前终结破产清算程序的条件。

人民法院裁定提前终结破产程序时，债务人清收财产的诉讼或仲裁尚未终结的，最终追回的财产不属于本规程第 283 条规定的财产，应按照破产财产分配方案的规定，向债权人补充分配，不受破产清算程序终结后二年期限的限制。

【参考案例】

河北教航企业管理咨询有限公司与李立军、朱珊、崔宝安、马婷追收未缴出资纠纷案【河北省石家庄市裕华区人民法院（2023）冀 0108 破 4 号民事裁定书】

裁判要旨：目前债务人公司无破产财产可供分配。债务人公司与被告追收未缴出资纠纷一案目前正在审理中，债务人公司破产财产分配方案已提交债权人会议表决通过，人民法院已裁定予以认可。鉴于本案尚遗留其他清算工作，为提高审判效率，节约司法资源，本案可先行终结破产程序。

（作者：周雨词）

二、管 理 人

12. 【债务人企业接管不能的处理】债务人有关人员拒不移交、故意拖延移交或部分移交，以及实施其他阻挠行为不配合接管的，管理人应如何处理？

【回答】

管理人应当及时接管债务人的财产、印章和账簿、文书等资料。债务人拒不移交的，管理人可申请人民法院对直接责任人员处以罚款，明确债务人应当移交的内容和期限。债务人不履行裁定确定的义务的，管理人可申请人民法院依照民事诉讼法执行程序相关规定强制执行。

【理由】

根据《企业破产法》第25条第1项的规定，人民法院指定破产管理人后，管理人应当接管破产企业。该等接管是管理人对破产企业的全面接手，包括企业资产、印章证照、账簿、文书等。

管理人接管是破产程序启动后管理人实质履职的重要标志。根据《企业破产法》第127条之规定，"债务人违反本法规定，拒不向人民法院提交或者提交不真实的财产状况说明、债务清册、债权清册、有关财务会计报告以及职工工资的支付情况和社会保险费用的缴纳情况的，人民法院可以对直接责任人员依法处以罚款。债务人违反本法规定，拒不向管理人移交财产、印章和账簿、文书等资料的，或者伪造、销毁有关财产证据材料而使财产状况不明的，人民法院可以对直接责任人员依法处以罚款"。《企业破产法》虽对管理人接管的职责、接管的范围以及债务人相关人员的配合义务进行了规定，但实践中，因管理人接管强制力的缺失，"接管难"状况频发，严重阻碍管理人依法高效履职。现阶段，从高位阶的法律至各地法院发布的指导意见，关于应对"接管难"的规定都较为原则抽象，且无具体的配套程序，实务中关于此类问题多通过"特案特办"的方式予以解决，未能形成体系化、制度化的保障机制。

管理人的接管职责具有法定性。但是，管理人在接受法院指定后，只能通过与债务人沟通，以及通过调查、走访、谈话、通知、释明、公告等方式对债务人进行接管，这些行为均不具备强制力。

管理人通过上述方式仍然不能顺利接管时，需要采取民事诉讼途径来完成对债务人的全面接管并追究相关人员责任。有学者认为此种迂回的方式不仅耗时长、成本高，很可能在诉讼完结后仍无法执行，最后也无法完成接管。导致此种情形最根本的原因在于管理人接管无强制力保障，对于义务人而言，其不配合管理人接管的违法成本过低。因此可设立强制接管机制，使强制接管程序化、规范化，人民法院可以在管理人接管不能时，以灵活的司法手段推进破产程序顺利进行，为管理人全面接管破产企业提供制度保障，最大程度维护破产程序各方主体利益。①

【参考依据】

《企业破产法》

第25条 管理人履行下列职责：（一）接管债务人的财产、印章和账簿、文书等资料；（二）调查债务人财产状况，制作财产状况报告；（三）决定债务人的内部管理事务；（四）决定债务人的日常开支和其他必要开支；（五）在第一次债权人会议召开之前，决定继续或者停止债务人的营业；（六）管理和处分债务人的财产；（七）代表债务人参加诉讼、仲裁或者其他法律程序；（八）提议召开债权人会议；（九）人民法院认为管理人应当履行的其他职责。

本法对管理人的职责另有规定的，适用其规定。

《九民纪要》

118.【无法清算案件的审理与责任承担】上述批复第3款规定的"其行为导致无法清算或者造成损失"，系指债务人的有关人员不配合清算的行为导致债务人财产状况不明，或者依法负有清算责任的人未依照《企业破产法》第7条第3款的规定及时履行破产申请义务，导致债务人主要财产、

---

① 参见朱绚凌：《破产强制接管制度的构建与路径优化——以强化管理人履职保障为视角》，载《法律适用》2022年第9期。

账册、重要文件等灭失，致使管理人无法执行清算职务，给债权人利益造成损害。"有关权利人起诉请求其承担相应民事责任"，系指管理人请求上述主体承担相应损害赔偿责任并将因此获得的赔偿归入债务人财产……

《破产案件高效审理意见》[①]

第8条第1款 管理人应当及时接管债务人的财产、印章和账簿、文书等资料。债务人拒不移交的，人民法院可以根据管理人的申请或者依职权对直接责任人员处以罚款，并可以就债务人应当移交的内容和期限作出裁定。债务人不履行裁定确定的义务的，人民法院可以依照民事诉讼法执行程序的有关规定采取搜查、强制交付等必要措施予以强制执行。

《最高人民法院关于正确审理企业破产案件为维护市场经济秩序提供司法保障若干问题的意见》

第16条 人民法院在审理债务人人员下落不明或财产状况不清的破产案件时，要从充分保障债权人合法利益的角度出发，在对债务人的法定代表人、财务管理人员、其他经营管理人员，以及出资人等进行释明，或者采取相应罚款、训诫、拘留等强制措施后，债务人仍不向人民法院提交有关材料或者不提交全部材料，影响清算顺利进行的，人民法院就现有财产对已知债权进行公平清偿并裁定终结清算程序后，应当告知债权人可以另行提起诉讼要求有责任的有限责任公司股东、股份有限公司董事、控股股东，以及实际控制人等清算义务人对债务人的债务承担清偿责任。

《日本破产法》[②]

第79条（破产财团的管理） 破产财产管理人在就职后必须立即着手管理破产财团财产。

第84条（确保破产财产管理人执行职务） 破产财产管理人执行职务时受到抵抗的，为排除该抵抗，在取得法院的许可后，可以请求警察的协助。

---

① 类似规范可参见《北京破产法庭破产案件管理人工作指引（试行）》第38条、《北京市高级人民法院关于加强破产审判与执行工作协调运行的通知》第二点等。

② 李飞主编：《当代外国破产法》，中国法制出版社2006年版，第748、749页。

【参考案例】

镇江商业大厦破产清算案【江苏省镇江市中级人民法院（2018）苏11破2号民事裁定书】

裁判要旨：在镇江市中级人民法院受理的案号为（2018）苏11破2号镇江商业大厦破产清算一案中，由于债务人法定代表人不予配合，拒绝移交相关资料，造成管理人工作无法开展的困难。对此，破产合议庭在与市国资委沟通，在市政府统一协调下，市中院与公安局、大市口街道、消防、公证处、人社部门组成联合行动小组并通知原镇江商业大厦职工代表到场见证，对镇江商业大厦进行强制接管。

（作者：刘秋奕）

13.【待履行合同解除的通知】《企业破产法》第18条第1款中的"视为解除"应如何理解？管理人决定解除合同的，是否需要通知合同相对人并发送解除函？破产受理裁定与指定管理人时间不一致的，如何确定"二个月"的起算时点？

【回答】

《企业破产法》第18条中的"视为解除"应理解为合同丧失约束力，但不能直接推定合同已经解除，合同是否可以继续履行，涉及双方新的合意，应根据具体情况进行判断。若合同能够继续履行，即相当于恢复已丧失约束力的合同。若管理人在期限内决定解除合同，应当通知相对人，可以采取发送解除函或其他能够使相对方知晓的通知方式。人民法院裁定受理破产申请与指定管理人的时间不一致的，管理人有权自被指定之日起二个月内决定解除或者继续履行合同，并通知对方当事人。

【理由】

一、"视为解除"应理解为合同丧失约束力

理解"视为解除"，须先剖析"视为"二字的法学含义。民法中的"视为"属于立法技术中法律拟制的类型之一，主要包括两种：一种是对主体地位的法律认定，另一种是对行为人意思的法律认定。"视为"是对一个没有显现"但有可能存在"的法律行为作出推断、认定、归责等规定，是弥补立法的文字无法详尽相关情形，甚至是不缜密之缺漏，实现"保护公共利益"的立法目的的一项立法技术。①

《企业破产法》第 18 条的规范意旨在于保护合同相对方的正当权利，限制管理人单方的合同选择履行权，避免管理人长期不对合同是否继续履行作出决定，使合同处于不确定状态，损害合同相对方利益。例如，合同相对方为继续履行合同而购买原材料、开工生产，但此后管理人如果选择解除合同，则会遭受经济损失；如合同相对方不做继续履行合同工作，管理人在合同到期时要求履行合同交货等义务，又可能面临承担违约责任的损失。所以，必须限制管理人单方享有的合同选择履行权的合理行使期限。"视为解除"的规定明确了管理人超出解除权行使期限后的法律后果，目的是确保在管理人不主动行使待履行合同解除权时，用以推定其不愿继续履行合同的意思表示以及保护相对人合法的正当权利。

"视为解除"体现了对管理人选择解除权的效率性要求。破产法对破产财产价值最大化以保护全体债权人的要求使得法律为实现破产财产"质"的最大化，在管理人"未通知或未答复"时，视为选择解除。进而通过"视为解除"规则加快破产程序，在最终意义上有利于债权人的清偿和分配。从破产法的总目标来看，时间性符合"及时切断债务膨胀"的要求，避免破产程序期限拖延，破产财产长期无法得到确认，并因拖延导致货币化处置困难，陷入无法分配的僵局。因此，《企业破产法》第 18 条第 1 款与第 2 款才规定在一定期限经过后就"视为解除"合同，本质上是对时间性要求的体现。②

"视为解除"不能直接推定合同解除，而是使合同丧失约束力。所谓合同的约束力，即强制合同当事人履行合同义务的效力，在当事人违反合同义务时对当事人课以合同上的责任。合同的约束力包括"当事人不得擅自变更或者解除合同"。③ 当管理人在二个月的期限内未行使选择继续履

---

① 参见占善刚、王译：《民事法律规范中"视为"的正确表达——兼对〈民法总则〉"视为"表达之初步检讨》，载《河北法学》2018 年第 12 期。

② 参见石一峰：《〈民法典〉下破产管理人待履行合同选择权的双重限制》，载《法学家》2023 年第 2 期。

③ 参见赵旭东：《论合同的法律约束力与效力及合同的成立与生效》，载《中国法学》2000 年第 1 期。

行合同的权利，应推定其不愿再受合同约束，最初的意思表示不得再对当事人产生强制力。若管理人仍希望继续履行合同，属于作出了新的具有约束力的意思表示，应当根据相对方的意思等具体因素判断是否继续履行合同。立法规定的目的并不是禁止合同在法定期限后继续履行。如果在法定期限内管理人未通知或未答复对方，但双方经自愿协商或以实际行为达成一致，当然可以继续履行合同。①

二、管理人行使解除权需通知相对方

教义学上，合同解除须遵循《民法典》关于合同解除程序的一般规定。根据《民法典》第 565 条，当事人一方依法主张解除合同的，应当通知对方。合同自通知到达对方时解除；通知载明债务人在一定期限内不履行债务则合同自动解除。债务人在该期限内未履行债务的，合同自通知载明的期限届满时解除。对方对解除合同有异议的，任何一方当事人均可以请求人民法院或者仲裁机构确认解除行为的效力。当事人一方未通知对方，直接以提起诉讼或者申请仲裁的方式依法主张解除合同。人民法院或者仲裁机构确认该主张的，合同自起诉状副本或者仲裁申请书副本送达对方时解除。

所谓破产程序中待履行合同的管理人选择权，是指人民法院受理破产申请后，管理人以单方面意思表示决定合同解除或者继续履行的权利。在管理人选择解除合同时，即相当于行使解除权，该解除权的行使行为属于需要受领的单方法律行为。② 同时其亦属于形成权的一种，法理基础在于立法者的价值判断，形成权的行使行为属于需要受领的意思表示，只能针对形成相对人作出。③ 据此，该选择权的行使无须相对方同意，只要管理人的意思通知到达相对人，即可产生合同解除或者确定继续履行的效果。选择权行使的方式是意思通知，即管理人将合同解除的决定告知相对人。在一般情况下，通知应采用书面形式。④

三、待履行合同解除权的起算时点

---

① 参见王欣新：《管理人合同选择履行权规定中"视为解除合同"的剖析》，载《人民法院报》2023 年 3 月 30 日第 7 版。

② 参见朱庆育：《民法总论》(第二版)，北京大学出版社 2016 年版，第 136 页。

③ 参见朱庆育：《民法总论》(第二版)，北京大学出版社 2016 年版，第 519 页。

④ 参见王卫国：《破产法精义》(第三版)，法律出版社 2023 年版，第 81 页。

人民法院裁定受理破产申请与指定管理人时间不一致的，管理人有权自被指定之日起二个月内决定解除或继续履行合同。实践中饱受争议的是"视为解除"合同的情形，即法院裁定受理破产申请与指定管理人之间的真空期，由于筛选和确定管理人在程序上需要一定的时间，相对人往往以《企业破产法》第18条规定的法院破产申请受理之日起为起点进行计算，在两个月期限届满时认为待履行合同已自动解除。这种做法往往不为管理人所认可，后续容易产生纠纷。因此，针对在指定管理人前待履行合同已满足解除条件的情形，不能简单地从法条的字面意思出发。

由于破产管理人尚未指定，因此本问题中所谓"满足合同解除条件"，限于两种情形，一种为满足当事人之间事先约定的解除权发生的条件，另一种则为满足《企业破产法》第18条"视为解除"的条件。

第一种情形中所谓约定解除，是当事人在解除事由发生前作出了基于某一事实发生而享有解除权的意思表示，并在解除事由发生时由权利人行使解除权以终止合同，以解除权的存在为必要。① 在破产受理后，管理人被指定前，即便发生了当事人之间约定的能够使一方产生解除权的事实，享有解除权的一方亦不得实际行权。无论是由破产债务人还是破产债权人享有约定解除权，实际行权均有可能导致债务人财产的贬值，进而损害全体债权人的利益。毋庸讳言，《企业破产法》赋予管理人对待履行合同的选择权是一种法定权利，目的在于保护多数债权人的利益，实现公共政策和破产目标。与保障个别债权人的合同解除权相比，当继续履行有利于实现债权人整体利益最大化和破产法的政策目标时，后者显然属于处于优位的法益，具有优先保护的必要性。② 因此，对于破产法第18条中的待履行合同，基于双方当事人约定而产生的合同解除权，不得在破产程序中实际行权，合同是否解除，仍需待破产管理人确定后，由破产管理人根据具体情况定夺。

后一种情形下，满足"视为解除"的条件，亦不会发生合同解除的效果。此种情形下问题的产生源自对《企业破产法》第18条适用前提的误

① 参见韩世远：《合同法总论》（第四版），法律出版社2018年版，第644~645页。

② 参见贺小荣：《最高人民法院第二巡回法庭法官会议纪要（第二辑）》，人民法院出版社2021年版，第11~12页。

解。《企业破产法》第 18 条的规定是以第 13 条为基础，默认法院在裁定受理破产申请的同时指定了管理人，即第 18 条中"视为解除"的前提是管理人的履职瑕疵，在管理人尚未确定时，履行职务的主体尚未产生，第 18 条所规定的"视为解除"的法律后果也无法实现。

【参考依据】

《企业破产法》

第 13 条　人民法院裁定受理破产申请的，应当同时指定管理人。

第 18 条　人民法院受理破产申请后，管理人对破产申请受理前成立而债务人和对方当事人均未履行完毕的合同有权决定解除或者继续履行，并通知对方当事人。管理人自破产申请受理之日起二个月内未通知对方当事人，或者自收到对方当事人催告之日起三十日内未答复的，视为解除合同。

管理人决定继续履行合同的，对方当事人应当履行；但是，对方当事人有权要求管理人提供担保。管理人不提供担保的，视为解除合同。

《民法典》

第 562 条　当事人协商一致，可以解除合同。

当事人可以约定一方解除合同的事由。解除合同的事由发生时，解除权人可以解除合同。

第 565 条　当事人一方依法主张解除合同的，应当通知对方。合同自通知到达对方时解除；通知载明债务人在一定期限内不履行债务则合同自动解除，债务人在该期限内未履行债务的，合同自通知载明的期限届满时解除。对方对解除合同有异议的，任何一方当事人均可以请求人民法院或者仲裁机构确认解除行为的效力。

当事人一方未通知对方，直接以提起诉讼或者申请仲裁的方式依法主张解除合同，人民法院或者仲裁机构确认该主张的，合同自起诉状副本或者仲裁申请书副本送达对方时解除。

《破产法解释（二）》

第 34 条　买卖合同双方当事人在合同中约定标的物所有权保留，在标的物所有权未依法转移给买受人前，一方当事人破产的，该买卖合同属于双方均未履行完毕的合同，管理人有权依据企业破产法第十八条的规定决定解除或者继续履行合同。

《北京市第一中级人民法院关联企业实质合并重整工作办法(试行)》

第36条【解除权和撤销权起算】 管理人依照企业破产法第十八条行使解除或者继续履行合同的决定权,以及依照该法第三十一条、第三十二条行使不当行为撤销权的期限,自对相应关联企业成员的破产申请受理之日起计算。

《江苏省高级人民法院破产案件审理指南》(2017年修订)

(六)与受理破产申请有关的事项

2. 未履行完毕合同的处理。破产申请受理前债务人订立的合同,应区分情况处理:一是债务人已履行完毕而相对方尚未履行完毕的合同,管理人无权依照企业破产法的规定解除,债务人享有的债权属于债务人财产。二是相对方已履行完毕而债务人尚未履行完毕的合同,因继续履行构成对个别债权人的违法清偿,管理人有权解除合同,但继续履行不构成个别违法清偿的除外。三是债务人和相对方均未履行完毕的合同,管理人有权依据企业破产法第十八条第一款的规定选择解除或继续履行。管理人决定继续履行合同的,相对方有权要求管理人提供担保,管理人不提供担保的,视为解除合同。破产申请受理后,因管理人或债务人请求相对方履行双方均未履行完毕合同产生的债务,属于共益债务。

前款二、三项情形,管理人选择解除合同,造成相对方损失,相对方主张债务人损害赔偿的,应予支持。

《厦门市中级人民法院关于企业破产案件审理工作规范(试行)》

第32条 合议庭对管理人根据《中华人民共和国企业破产法》第十八条的规定作出的解除或者继续履行合同的决定,应当进行审查,并报庭长审批。

《最高人民法院关于〈中华人民共和国企业破产法〉施行时尚未审结的企业破产案件适用法律若干问题的规定》

第2条 清算组在企业破产法施行前未通知或者答复未履行完毕合同的对方当事人解除或者继续履行合同的,从企业破产法施行之日起计算,在该法第十八条第一款规定的期限内未通知或者答复的,视为解除合同。

《美国破产法》

第365条【待履行合同和未到期的租约】 (a)除本编第765、第766

条和本条第(b)、(c)和(d)款另有规定外，受托人根据法院的正式批准，可以接受或拒绝债务人的任何待履行合同和未到期的租约。

《德国破产法》

第 103 条 在支付不能程序开始时，双务合同未为债务人和另一方当事人履行，或者未为其完全履行的，支付不能管理人可以替代债务人履行合同，并向另一方当事人请求履行。管理人拒绝履行的，另一方当事人只能作为支付不能债权人主张不履行的债权。另一方当事人催告管理人行使其选择权的，对于自己是否打算请求履行这个问题，管理人应当毫不迟疑地作出表示。管理人不作出表示的，其不得坚持要求履行。

【参考案例】

（一）欧阳后进等与水城县都格河边煤矿普通破产债权确认纠纷案【最高人民法院(2022)最高法民再 55 号民事判决书】①

裁判要旨：本案破产申请受理时间为 2016 年 11 月 29 日，此后二个月管理人虽未通知欧阳后进等人解除或者继续履行合同，但根据法律规定和本案具体情况不能认定案涉合同已经解除。《破产法》第 18 条的规定意在保护合同相对方的正当权利，避免管理人长期不对合同是否继续履行作出决定，使合同处于不确定状态，损害合同相对方利益。故该条规定限制的是管理人的合同履行选择权，即管理人未在法定期限内通知或答复合同相对方，管理人便丧失要求对方继续履行合同的选择权，但不能直接推定解除合同，合同是否解除仍需视具体情况而定。

（二）刘平、大理漾濞雪山河发电有限公司股权转让纠纷案【最高人民法院(2018)最高法民申 1646 号民事裁定书】

裁判要旨：据此，雪山河公司的破产管理人对未履行完毕的股权转让协议有权选择解除或者继续履行。该条虽然规定，管理人自破产申请受理之日起二个月内未通知对方当事人，或者自收到对方当事人催告之日起三十日内未答复的，视为解除合同。但管理人自破产申请受理之日起两个月

---

① 类似裁判可参见最高人民法院(2018)最高法民申 1646 号民事判决书、最高人民法院(2012)民提字第 73 号民事判决书、最高人民法院(2018)最高法民申 1646 号民事裁定书等。另有观点认为"视为解除"可直接推定合同解除，具体可参见最高人民法院(2023)最高法民再 250 号民事判决书。

未通知相对人解除或继续履行合同，并不当然产生合同解除的法律后果，仅视为管理人选择解除合同。故刘平关于股权转让协议已在雪山河公司破产申请受理后两个月的 2013 年 6 月 12 日解除的再审申请理由，不能成立。

（三）福建省利凯科技有限公司、洪志雄等合同纠纷案【福建省三明市中级人民法院（2022）闽 04 民终 81 号民事判决书】①

裁判要旨：利凯公司于 2020 年 8 月 5 日作出解除《承包经营书》的股东会决议，后于 2020 年 8 月 25 日向洪志雄、吴荣鑫发送解除合同的律师函，对此洪志雄、吴荣鑫表示其现场管理人员在 2020 年 8 月 5 日当日就已经被口头告知解除合同，合同解除之日应为 2020 年 8 月 5 日，但对此利凯公司否认于 2020 年 8 月 5 日曾口头告知过解除合同，且洪志雄、吴荣鑫亦无举证证明，故一审法院不予采信。……洪志雄、吴荣鑫于 2020 年 8 月 25 日收到利凯公司发出的解除合同的律师函，则洪志雄、吴荣鑫与利凯公司签订的《承包经营书》于此时解除。

（作者：黎源）

14. 【待履行合同解除权行使的判断标准】对尚未履行完毕的合同是继续履行还是解除，判断标准是什么？

【回答】

管理人对破产申请受理前成立而债务人和对方当事人均未履行完毕的合同决定解除或者继续履行，原则性标准是"是否有利于债务人财产的保值增值"，同时结合利益平衡、公共利益、合同性质、程序推进等因素，审慎行使合同解除权。同时根据《企业破产法》第 69 条的规定，管理人应及时报告债权人委员会或人民法院。

【理由】

第一，管理人待履行合同解除权的行使，首先应遵循"是否有利于债务人财产的保值增值"的原则性标准。债务人财产价值的最大化，是实现对债务人、债权人利益保护的基础。管理人应尽可能增加债务人重生的希

---

① 类似裁判可参见安徽省高级人民法院（2014）皖民一终字第 00054 号民事判决书。

望，或者实现对债权人的最大化清偿。债务人财产价值最大化要求管理人的行为不仅要保全债务人财产，还要尽可能实现债务人财产的增值。美国法上亦规定，"承担或拒绝应表明的唯一理由是承担或拒绝对破产财团最为有利"。①

从我国《企业破产法》来看，管理人对双方均未履行完毕的合同行使解除权的行使标准并无明文规定，但我国《企业破产法》第 27 条规定了管理人的忠实义务与勤勉尽责义务，可视为限制管理人行使待履行合同解除权的间接规定。忠实义务，即最大限度维护债权人整体利益，并使债务人财产免受侵害；勤勉尽责义务，即管理人应积极履职，切实保护债权人、债务人利益，实现债务人财产价值最大化。此外，我国《企业破产法》第 130 条还明确规定了法律责任，对管理人不适当履行忠实义务和勤勉尽责义务予以惩处，促使管理人更好地履行自身义务，进而有效实现债务人财产价值最大化的目标。

依据债务人财产保值增值原则，管理人在行使待履行合同解除权时必须有利于减少债务人的财产损失、债务人财产的保值与增值以及降低债务人财产毁损、灭失的风险。② 在某案中，③ 最高人民法院提道：管理人对破产申请受理前成立而债务人和对方当事人均未履行完毕的合同，应当按照有利于使债务人财产最大化的原则，行使决定继续履行或者解除合同的选择权，从而延续对债务人有利的合同，解除对债务人不利的合同。由此而对《企业破产法》第 18 条所涉的情形提出了实质性的判断标准。法院在利用《企业破产法》第 18 条认定合同是否解除时，不能仅对照法条的文义而机械适用，应抓住"有利于使债务人财产最大化"的主旨，进行实质上的价值判断。换句话说，即便破产管理人未在期限内予以通知或回复，也不得直接认定合同已经解除。在此种情况下，若维持合同的效力对于债务人而言更有利或者能够增强债务人的清偿能力，再或者对债务人的清偿能力并无较大影响且不会产生不公平的现象时，应承认合同效力的存续。

---

① 沈达明、郑淑君编著：《比较破产法初论》，对外经济贸易大学出版社 2015 年版，第 50 页。

② 参见余冬生：《论破产法中待履行合同的解除权》，载《北方法学》2023 年第 1 期。

③ 参见最高人民法院(2020)最高法民申 2255 号民事判决书。

第二，利益衡平原则，即管理人在行权或法院在审查时应当善意地考虑合同相对方的利益，① 防止债务人财产所获利益和合同相对方所受有之不利益显著不成比例，而构成法经济学上的不效率。② 该原则起源于美国法，在 1982 年的 In re Chi-Feng Huang 一案中，第九巡回上诉法院即指出法院可以基于利益衡平，不批准管理人关于拒绝合同的动议。

最高人民法院在（2022）最高法民再 55 号判例中曾提出"《企业破产法》第 18 条的规定意在保护合同相对方的正当权利，避免管理人长期不对合同是否继续履行作出决定，使合同处于不确定状态，损害合同相对方利益。故该条规定限制的是管理人的合同履行选择权"。③ 但并未对管理人的合同解除选择权加以约束。上海破产法庭审理一案或可提供借鉴，管理人选择行使合同解除权、涤清土地上合同关系后，允许合同相对方以支付占用费的方式继续使用土地直到农作物成熟，其实质是管理人行使附义务的合同解除权，为《企业破产法》第 18 条提供缓释机制，平衡合同双方当事人利益。④

通过解除权打破合同僵局的正当性在于同时解放合同双方当事人，有利于一方当事人的同时不至于给相对方造成不应有的损害，也不至于损害市场整体信赖。⑤

第三，公共利益原则，即管理人行权或法院在审查时应尽可能避免对公共利益造成巨大、不可容忍或难以弥补的损失，此系破产法之社会法属

---

① 根据"权利必须被正当行使"基本法理，管理人必须在合理范围内、以正当的方式行使挑拣履行权，不能滥用甚至故意造成合同相对人的损失。参见徐朋、李华玉：《管理人合同解除权的法理分析》，载《人民司法》2010 年第 12 期。

② 参见［美］查尔斯·J. 泰步：《美国破产法新论》，韩长印、何欢、王之州译，中国政法大学出版社 2017 年版，第 918 页。

③ 参见最高人民法院（2022）最高法民再 55 号民事判决书。

④ 参见上海市第三中级人民法院 2023 年 4 月 12 日发布"上海破产法庭 2022 年度典型案例之六：上海种都种业科技有限公司破产清算案——善用破产解除权盘活农用地运用检察监督程序撤销虚假债权"。

⑤ 参见石一峰：《〈民法典〉下破产管理人待履行合同选择权的双重限制》，载《法学家》2023 年第 2 期。

性的必然要求,① 其往往涉及特别法上之规定,且这些规定不能为破产法所对抗。

我国法上主要以《劳动合同法》(2012 年修正)第 42 条、《保险法》(2015 年修正)第 92 条限制了管理人在破产程序中对劳动合同和人寿保险合同的解除权。依立法目的,供水、电、气、暖合同及提供公共交通和网络服务的合同亦应参照适用,管理人对该数种合同不得随意解除。② 再如债务人用于开设幼儿园的投资,系从事具有公益事业性质的经营活动,此时不宜解除合同,以免衍生社会民生难题。③

第四,合同的性质和种类。在比较法上,《日本破产法》根据合同类型的不同分别作出了特别处理的规定,主要包括以持续支付为目的的双务合同、租赁合同、委托合同、存在市场行情的商品交易所涉及的合同等。《美国破产法》第 365 条除规定待履行合同的一般处理原则外,也以列举方式规定了特殊类型合同,包括租赁合同、知识产权许可合同以及贷款合同等的特殊处理规则。我国在后续的立法上可借鉴此种做法,将各项合同类型化并作出特殊规定,如租赁合同、知识产权许可合同、贷款合同等。④ 最高人民法院在 2019 年发布的《最高人民法院关于政协十三届全国委员会第二次会议第 3120 号(政治法律类 279 号)提案的答复》中提到了对"不动产租赁合同"这一特殊合同的重视,值得肯定。

在特定种类的合同中,管理人行使合同解除权需要更为谨慎。如在商品房买卖合同中,应当区分居住型商品房购买合同和非居住型商品房

---

① 参见齐藤常三郎:《破产法及和议法研究》第十一卷(弘文堂·昭和 13 年),第 42 页。转引自佐藤铁男、陈银发:《日中比较破产法概论》,载《环球法律评论》1993 年第 3 期。

② 参见陈超然:《管理人的合同解除权限制问题之探讨》,载张善斌主编:《破产法的"破"与"立"——〈企业破产法〉施行十周年纪念文集》,武汉大学出版社 2017 年版,第 380 页。

③ 参见河南自由贸易试验区郑州片区人民法院(2019)豫 15 民初 151 号民事判决书。

④ 参见申林平:《中国〈企业破产法〉修改建议稿与理由(管理人建议稿)(二)》,载微信公众号"中国破产法论坛",2024 年 9 月 26 日。

购买合同。① 对于居住型商品房购买合同，应当平衡破产财产增值保值和购房人的基本生存权，谨慎解除合同。在实务中，应依据《关于人民法院办理执行异议和复议案件若干问题的规定》和《最高人民法院关于商品房消费者权利保护问题的批复》来认定商品房买受人的物权期待权足以排除管理人解除权的情形。②

第五，合同是否适宜继续履行。当合同无法实际履行时，如资金链断裂、项目烂尾、房屋未完工未办理产权登记等情况，管理人应当选择解除合同。③ 关于合同无法实际履行的认定，可参考《民法典》第 580 条的相关规定。

第六，是否有利于破产程序顺利进行。管理人应考虑破产程序类型，选择有利于该种破产程序顺利进行的行权方式。例如，在破产重整程序中存在"可替代性检验"规则，即在破产重整程序中，管理人应当考虑解除合同后是否有可替代第三方，是否可能影响重整程序的顺利进行。对于为破产程序顺利进行所必需的合同，管理人可以决定继续履行。例如管理人在债务人住所办公的，其对该部分供水电气合同可以决定继续履行。如果破产程序即将结束，或者破产财产已经分配完毕，此时继续履行合同无益于破产财产增值保值，管理人可以选择解除合同。

【参考依据】

《企业破产法》

第 18 条 人民法院受理破产申请后，管理人对破产申请受理前成立而债务人和对方当事人均未履行完毕的合同有权决定解除或者继续履行，

---

① 关于居住型和非居住型的区分，可以参照《中华人民共和国城镇国有土地使用权出让和转让暂行条例》第 12 条："土地使用权出让最高年限按下列用途确定：(一)居住用地七十年；(二)工业用地五十年；(三)教育、科技、文化、卫生、体育用地五十年；(四)商业、旅游、娱乐用地四十年；(五)综合或者其他用地五十年。"

② 参见最高人民法院(2022)最高法民申 7497 号民事判决书。

③ 参见云南省盐津县人民法院(2022)云 0623 民初 231 号民事判决书、云南省盐津县人民法院(2022)云 0623 民初 239 号民事判决书、云南省盐津县人民法院(2022)云 0623 民初 210 号民事判决书、云南省盐津县人民法院(2022)云 0623 民初 209 号民事判决书。

并通知对方当事人。管理人自破产申请受理之日起二个月内未通知对方当事人，或者自收到对方当事人催告之日起三十日内未答复的，视为解除合同。

管理人决定继续履行合同的，对方当事人应当履行；但是，对方当事人有权要求管理人提供担保。管理人不提供担保的，视为解除合同。

第 26 条 在第一次债权人会议召开之前，管理人决定继续或者停止债务人的营业或者有本法第六十九条规定行为之一的，应当经人民法院许可。

第 69 条 管理人实施下列行为，应当及时报告债权人委员会：（一）涉及土地、房屋等不动产权益的转让；（二）探矿权、采矿权、知识产权等财产权的转让；（三）全部库存或者营业的转让；（四）借款；（五）设定财产担保；（六）债权和有价证券的转让；（七）履行债务人和对方当事人均未履行完毕的合同；（八）放弃权利；（九）担保物的取回；（十）对债权人利益有重大影响的其他财产处分行为。

未设立债权人委员会的，管理人实施前款规定的行为应当及时报告人民法院。

第 130 条 管理人未依照本法规定勤勉尽责，忠实执行职务的，人民法院可以依法处以罚款；给债权人、债务人或者第三人造成损失的，依法承担赔偿责任。

《民法典》

第 580 条第 1 款 当事人一方不履行非金钱债务或者履行非金钱债务不符合约定的，对方可以请求履行，但是有下列情形之一的除外：（一）法律上或者事实上不能履行；（二）债务的标的不适于强制履行或者履行费用过高；（三）债权人在合理期限内未请求履行。

《破产法解释(三)》

第 15 条 管理人处分企业破产法第六十九条规定的债务人重大财产的，应当事先制作财产管理或者变价方案并提交债权人会议进行表决，债权人会议表决未通过的，管理人不得处分。

管理人实施处分前，应当根据企业破产法第六十九条的规定，提前十日书面报告债权人委员会或者人民法院。债权人委员会可以依照企业破产法第六十八条第二款的规定，要求管理人对处分行为作出相应说明或者提供有关文件依据。

债权人委员会认为管理人实施的处分行为不符合债权人会议通过的财产管理或变价方案的，有权要求管理人纠正。管理人拒绝纠正的，债权人委员会可以请求人民法院作出决定。

人民法院认为管理人实施的处分行为不符合债权人会议通过的财产管理或变价方案的，应当责令管理人停止处分行为。管理人应当予以纠正，或者提交债权人会议重新表决通过后实施。

《证券公司风险处置条例》

第 31 条　行政清理组不得对债务进行个别清偿，但为保护客户和债权人利益的下列情形除外：（一）因行政清理组请求对方当事人履行双方均未履行完毕的合同所产生的债务；（二）为维持业务正常进行而应当支付的职工劳动报酬和社会保险费用等正常支出；（三）行政清理组履行职责所产生的其他费用。

《最高人民法院关于政协十三届全国委员会第二次会议第 3120 号（政治法律类 279 号）提案的答复》

根据我国企业破产法第十八条的规定，管理人有权决定是否解除租赁合同。不动产租赁合同，特别是履行期限较长的不动产租赁合同确有其特殊性，但是我国现行法并未对破产中未到期的租赁合同包括不动产租赁合同管理人的解除权作出特别规定。您在提案中谈及，租赁工商业厂房等建筑屋顶从事分布式光伏电站的承租人前期投入巨大，投资回收期长。目前立法未考虑到这类租赁合同的特殊性，确实可能会损害承租人的利益，进而影响整个行业的发展，甚至会对我国清洁能源及环保事业产生不利影响。对此问题，应予以足够的重视。

《破产法立法指南》

第 109 条　使破产财产的价值达到最大化和减少负债，以及在重整的情况下，使债务人能够尽可能不中断地继续生存和营业下去，这些目标如果要实现，将可能涉及利用那些有利于和有助于提高破产财产的价值的合同（包括有利于继续使用可由第三方拥有的关键财产的合同），而拒绝那些造成负担的合同或持续履约成本超过可从合同取得的收益的合同。

第 133 条 由于延续一项与受破产程序限制的当事方订立的合同，可能给对方带来本来并不存在的风险因素，例如不偿付问题，破产法似应考虑是否应为对方提供某些保护措施。有必要对一些因素加以权衡，包括合同对于程序的重要性；提供必要的保护给程序造成的费用；债务人或破产财产是否有能力履行经延续合同规定的义务；以及迫使对方承担不偿付的风险对商业订约的影响。……

《美国破产法》

第 365 条 f(3) 尽管债务人的待履行合同或未到期租约或适用的法律允许终止或修改，或允许债务人以外的一方，由于该合同或租约的转让，而终止或修改该合同或租约，或终止或修改该合同或租约中的权利或义务，受托人不得因承担或转让该等合同或租约而根据该等规定终止或修改该合同、租约、权利或义务。

【参考案例】

（一）陈锦升与杭州大富房地产开发有限公司与破产有关的纠纷案【最高人民法院(2020)最高法民申 2256 号民事判决书】①

裁判要旨：解除权的一般行使原则，是管理人对破产申请受理前成立而债务人和对方当事人均未履行完毕的合同，应当按照有利于使债务人财产最大化的原则，行使决定继续履行或者解除合同的选择权，从而延续对债务人有利的合同，解除对债务人不利的合同，如果管理人决定继续履行合同，双方当事人都应当履行合同，如果管理人决定解除合同，对方当事人仅得以合同不履行向管理人申报债权。

（二）殷晓川、重庆宝狮置业有限公司与破产有关的纠纷案【最高人民法院(2022)最高法民申 7497 号民事判决书】

裁判要旨：根据《企业破产法》第 18 条第 1 款规定，对于双方均未履行完毕的合同，是否继续履行由管理人决定。对于其中一方已经履行完毕

---

① 类似裁判可参见最高人民法院(2022)最高法民再 55 号民事判决书等。

的合同，管理人应否继续履行，《企业破产法》没有明确规定。殷晓川主张其已通过抵债的方式支付了全部购房款，已履行完毕合同义务，即使该主张成立，由于殷晓川诉争的 15 套房屋不符合以居住为目的的消费者购买房屋的特征，其不属于消费性购房人，其基于商品房买卖合同享有的债权在破产程序中并无优先事由。若宝狮置业公司继续履行商品房买卖合同交付房屋的义务，将构成对个别债权人的清偿，从而损害其他债权人利益。

（三）上海市第三中级人民法院上海种都种业科技有限公司破产清算案【上海市第三中级人民法院（2019）沪 03 破 35 号民事裁定书】

裁判要旨：针对次承租人要求继续履行合同与土地管理方主张清退之间的矛盾，管理人在合议庭指导下，依据《企业破产法》第十八条规定行使合同解除权，解除债务人与次承租人之间的转租合同，涤清涉案农用地上的合同关系。同时，引导次承租人和土地管理方协商达成共识，允许无长期租赁意向的次承租人以支付占用费方式继续使用土地至农作物成熟完成采收；将有长租意愿的次承租人和相应土地交由土地管理方进行直接管理，一揽子解决转租合同清理和农用地退还问题，同时保障了部分次承租人的持续稳定经营。

（作者：黎源）

15.【破产档案管理】破产案件中，管理人接管的破产企业档案文件及财务资料，以及管理人履职中产生的工作档案等资料，破产程序终结后应如何妥善保管？

【回答】

破产案件终结后，案件档案可由管理人自行保管、移交档案馆保管、委托档案服务企业保管或者提交数字化档案交由人民法院保管。因档案保管产生的费用可以列入破产费用，若破产财产不足以支付破产费用的，管理人可以申请使用破产援助资金。

【理由】

第一，破产案件终结后，案件档案可由管理人自行保管、移交档案馆保管、委托档案服务企业保管或者提交数字化档案交由人民法院保管。实践中，关于破产企业档案的保管，国有破产企业和民营破产企业情况有所不同。国有破产企业档案原则上属于国家财产，在处置上一般遵循法律及政策规定。《国有企业资产与产权变动档案处置办法》规定了国有企业破产后档案处置工作的主体、处置费用的来源、处置的流向，明确破产档案按类别归属于原企业控股方、同级国家综合档案馆等。另外，《审理破产案件规定》第99条也提到国有企业档案应"移交破产企业上级主管机关保存"，如冲突应优先适用《国有企业资产与产权变动档案处置办法》。而在民营破产企业的档案归属方面，《审理破产案件规定》第99条规定"无上级主管机关的，由破产企业的开办人或者股东保存"，但实践中，股东往往会拒绝接收。《档案法》第22条规定，非国有企业、社会服务机构等单位和个人形成的档案，对国家和社会具有重要保存价值或者应当保密的，可以经协商由指定档案馆代为保管。部分地方明确了向档案馆移交档案的安排，如《苏州市档案条例》第17条规定向档案行政管理部门指定的档案机构移交档案，《海南自由贸易港企业破产程序条例》第56条规定可将档案移交档案馆，《宿迁市政府办公室关于构建协调联动机制稳妥推进企业破产处置工作的通知》规定管理人可将档案移交至市、县（区）档案馆保管等。除移交档案馆外，实践中还存在管理人自行保管、委托档案服务企业保管或者提交数字化档案交由人民法院保管等方式。

第二，因档案保管产生的费用可以列入破产费用。关于档案保管费用，《国有企业资产与产权变动档案处置办法》规定其纳入破产费用，《最高人民法院关于印发〈管理人破产程序工作文书样式（试行）〉的通知》明确未发生但需预留的破产费用包括破产程序终结后的档案保管费用。在无产可破或破产财产不足以支付档案保管费用的情形下，档案保管费用的来源主要有两种方式：一是由破产费用援助资金或专项基金出资，如《北京市高级人民法院破产费用援助资金使用办法（试行）》第3条规定将档案保管费纳入援助资金支付的范围；二是对保管费用予以免收，如《宿迁市政府办公室关于构建协调联动机制稳妥推进企业破产处置工作的通知》的第15条规定。①

---

① 参见陈科林、郭若涵：《破产企业档案处置的困境与对策》，载《档案学研究》2021年第5期。

【参考依据】

《档案法》

第 16 条 机关、团体、企业事业单位和其他组织发生机构变动或者撤销、合并等情形时，应当按照规定向有关单位或者档案馆移交档案。

《国有企业资产与产权变动档案处置办法》

第 8 条第 2 款 国有企业破产的，由破产管理人（清算组）负责档案处置工作。

第 13 条 国有企业资产与产权变动过程中，档案的整理、鉴定、销毁、保管、移交、数字化、数据迁移等工作所需费用，应当在资产与产权变动经费或破产经费中列支，保障档案处置工作有序开展。

第 16 条 国有企业终止的，其档案的处置按照以下原则分类进行：（一）管理类档案依次归属原企业控股方、同级国家综合档案馆。（二）基建档案、设备仪器档案随其实体归属；其实体已报废、拆除的，随企业管理类档案归属。（三）需继续经营的产品生产和服务业务档案，归属产品和业务承接方；其他产品生产和服务业务档案由参与资产与产权变动的各方协商确定归属。（四）科学技术研究档案（含专利、商标、专有技术等档案）按照有关法律、行政法规办理；没有规定的，由参与资产与产权变动的各方协商确定。（五）已结清的会计档案应当同企业管理类档案归属，未结清的会计档案应当抽出移交给承接业务的单位。法律、行政法规另有规定的，依照法律、行政法规的规定办理。（六）干部职工档案按照有关规定确定归属。（七）无法归入以上类别的档案同企业管理类档案归属。

《宿迁市政府办公室关于构建协调联动机制稳妥推进企业破产处置工作的通知》①

15. 解决破产企业档案保管问题。管理人可将经整理归档的破产案卷材料包括破产企业档案资料移交至市、县（区）档案馆保管；对于无产可破或者破产财产不足以支付破产费用的案件保管费用予以免收。（责任单位：市档案馆）

《审理破产案件规定》

第 99 条 破产程序终结后，破产企业的账册、文书等卷宗材料由清

---

① 类似规范可参见《苏州市档案条例》《海南自由贸易港企业破产程序条例》等。

算组移交破产企业上级主管机关保存；无上级主管机关的，由破产企业的开办人或者股东保存。

香港特别行政区《破产规则》

194. 受托人辞职等方面的程序

当受托人辞职或获免除职务或被免任时，他须将所有由他备存的簿册，及所有其他与受托人职务有关而又由其管有的簿册、文据、文件及账目，交付破产管理署署长或新受托人（视属何情况而定）。

202. 对簿册等的处置

法院可在破产令日期后的任何时间，应破产管理署署长或受托人的申请，指示将破产人或破产管理署署长或受托人的簿册、文据及文件出售、销毁或以其他方式处置。

香港特别行政区《公司（清盘）规则》

14. 将法律程序文件在司法常务官办事处存档

在任何清盘事宜中的所有呈请书、誓章、传票、命令、债权证明表、通知书、供词、讼费单及法院中的其他法律程序文件，均须在司法常务官办事处备存及留有纪录，并且除法院另有指示外，须存放于一个连续的档案内。

190. 簿册及文据的处置

（1）法院可下令已清盘公司的簿册及文据，在法院认为恰当的期间（由公司解散起计不超过 5 年）内，不得予以销毁。

（2）任何债权人或分担人均可就该等簿册及文据的销毁事宜向法院提出申述。

（3）凡有决议议决在上述 5 年期间内或在决议日期生效的法院命令所编定的任何较短期间内，将该公司的簿册及文据销毁，该决议不得在该段 5 年的期间或该段较短的期间届满前生效，但法院另有指示者除外。

（4）如向法院申请，要求下令在该段 5 年的期间或该段较短的期间届满前将公司的簿册及文据销毁，则须向破产管理署署长发出为期最少 1 个星期的通知。

【参考案例】

陈焕芝与九冶建设有限公司第一工程公司劳动争议案【陕西省高级人民法院（2019）陕民申 3104 号民事判决书】

裁判要旨：劳动者所在的用人单位破产注销后，如劳动者能够证明另一用人单位为劳动者安置义务的承继者，其档案由另一单位接收和保管的，则该单位负有保管其人事档案的义务。劳动者主张其人事档案丢失，该单位不能证明未丢失的，应承担不利后果。

（作者：覃莉雯）

16.【撤销权行使期限】管理人行使破产撤销权，是否适用一般撤销权的除斥期间规定？

【回答】

行使破产撤销权系管理人的法定职责。自破产受理后至破产程序终结之日起二年内，发现符合《企业破产法》第 31 条、第 32 条规定的情形，管理人均有权行使撤销权。破产撤销权的行使不适用《民法典》关于债权人撤销权除斥期间的规定。

【理由】

第一，针对以债权人主观状态确定起算点的 1 年除斥期间，无法在破产撤销权中适用。《民法典》中 1 年除斥期间以债权人"知道或应当知道"为起算点，而破产撤销权的行权主体是管理人，债权人无法直接行使，主体不具有对应性。

以"知道或应当知道"来约束管理人并不合理。在破产程序进行中，管理人只要发现存在诈害行为、偏颇清偿行为，都可行使撤销权。如果以知道或应该知道限制管理人行使破产撤销权，可能导致因期间经过而遗漏应当撤销的行为，既不当加重了管理人责任，又易损害债权人利益。

破产撤销权行使期限随破产程序的推进而确定。① 从体系解释角度出发，根据《企业破产法》规定，破产撤销权在破产程序开始后方可由管理人行使，且在破产程序终结后 2 年内发现可追回财产的，仍可启动追加分配程序，行使破产撤销权。

此外，司法实践对于破产撤销权不适用一年除斥期间基本均持肯定态度。如：中国建设银行股份有限公司乐清支行等诉温州道盛会计师事务所

---

① 参见唐军：《论破产撤销权》，载《社会科学研究》2013 年第 1 期。

有限公司公司管理人破产撤销权纠纷案①，四川元丰化工股份有限公司管理人与许堃、长城华西银行股份有限公司、长城华西银行股份有限公司德阳旌阳支行破产撤销权纠纷案②，等等。

第二，《民法典》中"自债务人的行为发生之日起五年"客观除斥期间同样不适用。以《企业破产法》第31条为例，其规定的可撤销行为临界期为破产申请受理前一年内。司法实践中，破产案件审理周期通常在2～3年，一些复杂破产案件的审理往往旷日持久。加之破产程序终结之日起2年内可能启动的追加分配程序，以行为发生为起算点的客观除斥期间并不合理。

第三，考察域外立法，关于破产撤销权行使期限的性质及期间长度，各国规定不一。根据《美国破产法》的规定，撤销权行使期限自破产程序开始之日起算，以破产救济裁定作出后满2年或首位托管人被指定或选任后满1年这两个时点中较晚者为截止时点；③《德国破产法》明确规定破产撤销权适用于民法关于消灭时效的规定，其行使期限为破产程序开始后管理人发现可撤销行为之日起3年。④《日本破产法》则为撤销权的行使设置了双重时效期间，任何一个期间经过都会导致破产撤销权消灭。⑤ 不管是《美国破产法》主张撤销权行使期限属除斥期间，还是德国和日本将其认定为消灭时效，均规定为明确期间，值得借鉴。

综上，在破产程序中，无论程序持续时间多长，均不存在破产撤销权的除斥问题。⑥

【参考依据】

《企业破产法》

第31条 人民法院受理破产申请前一年内，涉及债务人财产的下列行为，管理人有权请求人民法院予以撤销：（一）无偿转让财产的；

---

① 参见浙江省温州市中级人民法院(2018)浙03民终1220号民事判决书。

② 参见四川省高级人民法院(2020)川民终154号民事判决书、最高人民法院(2021)最高法民申2580号民事判决书。

③ 11 U. S. Code §546(a)(2005).

④ 《德国破产法》第146条。

⑤ 《日本破产法》第176条。

⑥ 参见王欣新：《破产法前沿问题思辨》，法律出版社2017年版，第438页。

（二）以明显不合理的价格进行交易的；（三）对没有财产担保的债务提供财产担保的；（四）对未到期的债务提前清偿的；（五）放弃债权的。

第 32 条 人民法院受理破产申请前六个月内，债务人有本法第二条第一款规定的情形，仍对个别债权人进行清偿的，管理人有权请求人民法院予以撤销。但是，个别清偿使债务人财产受益的除外。

第 123 条 自破产程序依照本法第 43 条第 4 款或者第 120 条的规定终结之日起二年内，有下列情形之一的，债权人可以请求人民法院按照破产财产分配方案进行追加分配：（一）发现有依照本法第 31 条、第 32 条、第 33 条、第 36 条规定应当追回的财产的；（二）发现破产人有应当供分配的其他财产的。

有前款规定情形，但财产数量不足以支付分配费用的，不再进行追加分配，由人民法院将其上交国库。

《民法典》

第 541 条 撤销权自债权人知道或者应当知道撤销事由之日起一年内行使。自债务人的行为发生之日起五年内没有行使撤销权的，该撤销权消灭。

《德国破产法》

第 146 条 对于所有撤销原因，返还交付请求权均遵循《民法典》第 194 条以下一般规则中的消灭时效。

《日本破产法》

第 176 条 否认权自破产程序开始之日起两年内不行使即告消灭；自行为之日起经过二十年时，亦同。

《美国破产法》

第 546 条 撤销权行使期限自破产程序开始之日起算，以破产救济裁定作出后满 2 年或首位托管人被指定或选任后满 1 年这两个时点中较晚者为截止时点。

【参考案例】

许堃、四川元丰化工股份有限公司管理人等破产撤销权纠纷案【最高人民法院（2021）最高法民申 2580 号民事裁定书】

裁判要旨：破产管理人行使撤销权不适用一年除斥期间的规定。破产管理人提起破产撤销权之诉系破产管理人根据《企业破产法》第 25 条的规定应当履行的法定职责之一，破产管理人在破产程序终结前均有权对符合企业破产法规定的应予撤销的行为行使撤销权，不以知道或者应当知道权利被侵害时起算其行使撤销权的期间，亦不应适用《民法典》关于民法上撤销权除斥期间的规定。

（作者：王硕）

17.【承包人管理人撤销权行使】建设工程承包人破产的，经生效文书判决发包人承担连带责任，发包人能否对施工人直接清偿？承包人的管理人是否可以个别清偿为由，主张撤销发包人的清偿？

【回答】

承包人破产，生效文书判决发包人承担连带责任，发包人可对实际施工人直接清偿的，不属于《企业破产法》规定管理人请求人民法院予以撤销的行为。

【理由】

《民法典》第 465 条第 2 款规定了合同的相对性，即依法成立的合同，仅对当事人具有法律约束力，但是法律另有规定的除外。根据合同相对性原则，一般情况下，依法成立的合同仅能约束合同当事人，只有合同一方当事人能够向合同的另一方当事人基于合同提出请求或者提起诉讼，对于合同之外的第三人不具有法律约束力。根据合同相对性原则，实际施工人仅能向承包人主张权利。

但是，建设工程领域具有特殊性，为了保护实际施工人的利益，出现了合同相对性原则适用的例外情形。在转包、违法分包和挂靠施工等情形下，建设工程由实际施工人施工，承包人未对建设工程投入人力、物力资源，通常仅出借或者出租企业资质，配合实际施工人办理相关手续，建设工程施工合同的义务履行主体是实际施工人。同时，建筑业是劳动密集型产业，建筑工人大多是农民工，若实际施工人无法获得工程款项，必然会影响到广大建筑工人工资的发放，影响建筑工人及其家庭成员的生存权益，极易造成群体性事件等风险。在承包人不支付工程款项的情形下，若仍坚守合同相对性原则，要求实际施工人只能向承包人主张权利，对实际施工人明显不公，还会造成实际施工人工程款的收取迟延，最终导致建设工程停工、烂尾，工程质量也将难以保证。从平衡各种利益关系、保护社会中弱势群体的利益的角度出发，应当赋予实际施工人可以向发包人主张支付工程价款的权利。《建工合同解释（一）》第 43 条的规定也突破了合同相对性，赋予实际施工人可以向发包人主张支付工程价款的权利，体现了法律从保护合同当事人利益为中心到以保护社会利益为中心的转变，也体现了合同自由原则的限制。因此，法院经生效文书判决发包人承担连带责任的，实际施工人可以在承包人的破产程序中向承包人的管理人申报债权，也可以请求承担连带责任的发包人承担责任，发包人可以对施工人直接清偿。

发包人对施工人直接清偿后，承包人的管理人不得以个别清偿为由，主张撤销发包人的清偿。一方面，工程款不应纳入承包人破产财产。在转包、违法分包和挂靠施工等情形下，建设工程由实际施工人施工，承包人仅出借或者出租企业资质，配合实际施工人办理相关手续。承包人对工程没有付出建设成本，承包人破产后，若将工程款纳入承包人的破产财产，不仅会稀释实际施工人的应收工程款金额，而且通常还会造成实际施工人工程款的收取迟延，最终导致建设工程停工、烂尾，工程质量也将难以保证。并且，工程款通常金额较大，建设工程涉及发包人、承包人、实际施工人、监理、材料供应商、建筑构件租赁方等多方利益主体，牵涉法律关系复杂，若将工程款纳入承包人破产财产，将不利于破产程序的顺利推进。另一方面，发包人向实际施工人支付工程款不属于个别清偿。《企业破产法》禁止个别清偿的原因在于，人民法院受理破产申请后，应依法对债务人的全体债权人公平清偿，对任一债权人的个别清偿，都将减少债务人的责任财产，进而稀释其他债权人的清偿比例，损害其他债权人的利益。《企业破产法》第 16 条所调整的是破产债务人的个别清偿行为，若负有清偿义务的主体不是破产债务人，则根本不存在个别清偿的问题。工程款不属于承包人的财产，支付主体是发包人，收取主体是实际施工人，发包人向实际施工人支付该工程款，没有减损承包人的破产财产，更没有加重承包人的责任，因而不构成个别清偿。

【参考依据】

《企业破产法》

第16条　人民法院受理破产申请后，债务人对个别债权人的债务清偿无效。

第17条　人民法院受理破产申请后，债务人的债务人或者财产持有人应当向管理人清偿债务或者交付财产。

债务人的债务人或者财产持有人故意违反前款规定向债务人清偿债务或者交付财产，使债权人受到损失的，不免除其清偿债务或者交付财产的义务。

《建工合同解释（一）》

第43条　实际施工人以转包人、违法分包人为被告起诉的，人民法院应当依法受理。

实际施工人以发包人为被告主张权利的，人民法院应当追加转包人或者违法分包人为本案第三人，在查明发包人欠付转包人或者违法分包人建设工程价款的数额后，判决发包人在欠付建设工程价款范围内对实际施工人承担责任。

《河北省高级人民法院建设工程施工合同案件审理指南》

23. 实际施工人向与其没有合同关系的转包人、分包人、总承包人、发包人提起的诉讼，发包人与承包人就工程款问题尚未结算的，原则上仍应坚持合同相对性，由与实际施工人有合同关系的前手承包人给付工程款。

如果发包人与承包人已就工程款进行结算或虽尚未结算，但欠款范围明确，可以确定发包人欠付承包人的工程款数额大于承包人欠付实际施工人的工程款数额，可以直接判决发包人对实际施工人在承包人欠付实际施工人的工程款数额范围内承担连带给付责任。

欠付工程款范围明确是指判决中必须明确发包人承担连带责任的范围和数额，不能简单表述为发包人在欠付工程款范围内承担连带责任。

【参考案例】

（一）苏州创绿园林景观工程有限公司、苏州市园林和绿化管理局等建设工程施工合同纠纷案【江苏省高级人民法院（2021）苏民再139号民事判决书】

裁判要旨：在人民法院已受理关于承包人的破产申请的情况下，实际施工人仍可以请求发包人在欠付范围内支付工程款，理由如下：第一，实际施工人对发包人的工程款请求权具有独立性，区别于转包人的请求权。第二，发包人在欠付范围内向实际施工人支付工程款并非对转包人债务的个别清偿，不违反债权平等原则。第三，转包人破产情况下，实际施工人请求发包人支付工程款符合司法解释的规范目的。

（二）朱某某诉四川中顶建设工程有限公司、乌兰县自然资源局建设工程施工合同纠纷案【最高人民法院（2019）最高法民再 329 号民事判决书】

裁判要旨：实际施工人借用被挂靠方的资质与发包人签订建设工程施工合同，因被挂靠方与发包人之间无订立合同的真实意思表示，双方之间不存在实质性的法律关系，故实际施工人依据《建工合同解释（一）》第 43 条要求被挂靠方承担支付工程款的责任，人民法院不应支持。但实际施工人与发包人在订立和履行施工合同的过程中，形成事实上的法律关系，实际施工人有权直接向发包人主张工程款。

（作者：翟宇翔）

18.【可撤销担保行为的时点判断】在人民法院受理破产申请一年前，债务人与债权人签订借款及抵押合同，受理破产申请一年内办理了不动产抵押登记。此种情形是否属于《企业破产法》第 31 条规定的"对没有财产担保的债务提供财产担保的"行为？是否应当予以撤销？

【回答】

在人民法院受理破产申请前一年内办理不动产抵押登记的，属于"对没有财产担保的债务提供财产担保的"行为，应予以撤销。

【理由】

破产撤销权制度是预防和遏制偏颇行为、欺诈行为等"破产逃债行为"的核心制度。其功能在于通过否定此类行为的效力，追回债务人财产，从而在破产程序中合理配置债权人和债务人的利益，一方面使得无担保的债权人获得公平受偿；另一方面防止债务人加速陷入破产清算境地。①

《企业破产法》第 31 条规定，"对没有财产担保的债务提供财产担保的"，管理人有权请求人民法院予以撤销。有学者将其称为"事后担保的撤销"②。由于财产担保行为具有较强隐蔽性，内部交易之外的第三人难以探知债权债务人双方担保意图是否真实，这为债务人逃避破产债务提供了便利。③

对于不动产而言，抵押权设立遵循登记生效主义，约定为主债权设立担保的从合同生效，并不意味着抵押权当然成立，二者之间大概率存在时间差——债务人的因素、登记机构的因素等均可能造成抵押权延迟登记，若在破产临界期前已经签订抵押合同，双方已达成合意，在破产临界期才去办理抵押登记手续，在主合同成立的时间点易确定的前提下，问题即在于："提供财产担保"的时间点应以何者为准。

第一，不能以担保合同签订时作为提供财产担保的判断标准。合同具有不公开性，如果以担保合同签订时间作为判断标准，可能反向激励合同当事人倒签合同订立时间，不当提升清偿顺位，损害他人合法权益。

避免不动产登记的长期拖延是各国破产立法共识。《日本破产法》第 164 条规定：在已发生停止支付等后，作出以权利的设定、转移或者变更来对抗第三人所必需的行为（包括临时登记、临时注册）的情况下，其行为属于自权利的设定、移转或者变更之日起经过十五日后才得知发生停止支付等的，在破产程序开始后，为破产财团可以否认；④ 埃及《重整、破产拯救和解及破产法》规定不得以债务人自中止支付日期后至宣告破产裁定日期前所实施的"所有抵押或其他约定方式的保证金，以及在该保证金之前设定在债务人特定资产上的优先受偿权"对抗全体债权人；《法国商法典》第 L622-30 条亦有类似规定。⑤

第二，依据不动产办理抵押登记时间有其合理性。担保行为不论何时

---

① 参见孙兆晖：《破产撤销权制度研究——制度功能视角下的一种比较法进路》，中国政法大学出版社 2019 年版，第 4 页。

② 参见许德风：《论破产中无偿行为的撤销》，载《法商研究》2012 年第 1 期。

③ 参见任一民：《既存债务追加物保的破产撤销问题》，载《法学》2015 年第 10 期。

④ 参见李飞主编：《当代外国破产法》，中国法制出版社 2006 年版，第 785 页。

⑤ 罗结珍译：《法国商法典》，北京大学出版社 2015 年版，第 753 页。

成立，其功能都在于担保债权的实现，"事后登记"可能提升其清偿顺位，其损害对象不仅包括一般债权人，亦包括该不动产的其他担保权人。以抵押登记办理时间为标准最大限度防止了利用担保物权行逃废债之实的行为。这一观点同样得到了司法实践认可，如浙江中圣律师事务所诉中国建设银行绍兴分行破产撤销权纠纷案等。

综上，对此问题法律规定应当予以明确，对于先前没有公示的、在破产裁定受理日 1 年内才进行登记的不动产抵押权，允许管理人对其行使破产撤销权。

【参考依据】

《企业破产法》

第 31 条 人民法院受理破产申请前一年内，涉及债务人财产的下列行为，管理人有权请求人民法院予以撤销：（一）无偿转让财产的；（二）以明显不合理的价格进行交易的；（三）对没有财产担保的债务提供财产担保的；（四）对未到期的债务提前清偿的；（五）放弃债权的。

《日本破产法》

第 164 条第 1 款 在已发生停止支付等后，作出以权利的设定、转移或者变更来对抗第三人所必需的行为（包括临时登记、临时注册）的情况下，其行为属于自权利的设定、移转或者变更之日起经过十五日后才得知发生停止支付等的，在破产程序开始后，为破产财团而可以否认。但是，基于在该临时登记或者临时注册之外出现的临时登记或者临时注册，已进行正式登记或者正式注册的，不在此限。

《埃及重整、破产拯救和解及破产法》

第 121 条 兼顾本法第 118 条规定，不得以宣告破产裁定后作出的生效裁判判定的债权对抗全体债权人；同时不得以债务人自中止支付日期后至宣告破产裁定日期前所实施的以下处分行为对抗全体债权人：（1）除按习俗提供的小礼物之外的各种类型的捐赠；（2）提前偿还的未到期债务，不论何种偿还方式；结算未到付款日期的商业票据也视为提前偿还未到期债务；（3）以非约定客体偿还到期债务的；通过商业票据或银行转账方式还款的视为按现金方式还款；（4）所有抵押或其他方式约定的保证金，以及在该保证金之前设定在债务人特定资产上的优先受偿权。

《法国商法典》

第 L622-30 条　在开始实行程序的判决作出之后，不得再登记抵押权、(2005 年 7 月 26 日第 2005-845 号法律第 41 条)"有体动产质权"、无形动产质权和优先权，也不得登记转让或设置物权的文书或此种司法判决，但是，在开始程序的判决作出之前这些文书已经取得确定日期或者已经产生执行力的情况除外。

国库，对于其在债务人开始实行程序的判决作出之日无须登记的债权，以及对于已经按照第 L622-24 条规定的条件进行了申报、在判决作出之日后即已进行追收的债权，仍然保留优先权。

作为对本条第 1 款规定的例外，营业资产的出卖人仍可登记其优先权。

《美国破产法》

第 547 条(e)(2)　就本条而言，除本附条的第(3)款另有规定外，转让系在以下时点被作出：(A)除附条(c)(3)(B)另有规定外，若该转让在其生效时或生效后 30 日内得到公示，则该转让在转让人和受让人间生效的时间即被视为该转让被作出的时间；(B)若该转让在其生效后 30 日以后才得到公示，则该转让被公示的时间即被视为该转让被作出的时间；或(C)若该转让在以下时点中较晚者时仍未被公示，则该转让将被视为在破产申请被提交前所作：(i)破产案件启动时；或(ii)该转让在转让人和受让人间生效后 30 日。

【参考案例】

浙江中圣律师事务所诉中国建设银行股份有限公司绍兴分行破产撤销权纠纷案【浙江省绍兴市中级人民法院(2013)浙绍商终字第 360 号民事判决书】

裁判要旨：鉴于"提供担保"的本质是权益的让渡和取得，故应以权益实际转移时间作为判断的依据。根据我国《物权法》第 187 条的规定，抵押权人经抵押登记后才实际取得抵押权，因此提供抵押担保的时间应以抵押登记时间为准，而不宜以双方形成抵押合意的时间为准，故即使某甲银行股份有限公司绍兴分行关于其与长三角公司的抵押合意形成于本案债务形成之前的抗辩为真，也不能认定本案所涉的债务系成立之时已有财产担保的债务。

（作者：王硕）

19. 【经生效判决确认担保行为的撤销】债务人在人民法院受理破产申请前一年内实施了对没有财产担保的债务提供抵押担保行为，且该抵押担保已由生效判决确认有效。破产受理后，管理人能否直接向破产受理法院起诉行使撤销权，申请撤销该抵押担保行为？

【回答】

对于债务人在人民法院受理破产申请前一年内实施的对没有财产担保的债务提供抵押担保，且该抵押担保已由生效判决确认有效的行为，管理人有权请求人民法院予以撤销。

【理由】

第一，从破产立法的原则角度出发，如果临界期间内的可撤销行为通过生效判决就可以合法化而免于被撤销的话，债权人都会积极地对可撤销行为提起诉讼以求在清算中获得优势，引发对债务人资产的挤兑，长久将架空破产撤销权，违背了破产法公平清偿的基本原则，允许撤销反而是破产领域实质正义的彰显。

第二，原生效判决对于担保行为的效力进行认定是根据当时的实际情况作出的判断，但债务人进入破产程序后，新的法律事实的出现产生了新的法律上的价值判断。按照特别法优先于一般法的原则，当债务人进入破产程序后，在符合《企业破产法》可撤销行为构成要件的情形下，管理人基于新的事实依法直接行使破产撤销权具有正当性。

第三，撤销权的实质是对债务人违法财产处分行为的撤销，撤销的是债务人的行为，而非生效判决，破产撤销权行使只是对偏颇清偿的阻却，并未从根本上动摇债权债务关系，因此也就不会削弱司法裁判的权威性和终局性。

第四，考察域外立法，肯定生效判决可撤销的占据主流。《德国破产法》第 141 条"执行名义"规定："对法律行为已经取得具有执行力的债务名义……不因此而排斥撤销权"，即撤销权不因已在法院得到生效判决或由于强制执行而排除；《日本破产法》第 75 条"执行行为的否认"也规定：就欲否认行为虽有执行力的债务名义……亦不妨碍否认权的行使。如前文所述，撤销权行使所针对的是偏颇行为，并非对判决本身的否认，只是基于对行为的否认使得生效判决丧失了执行的基础。因此，即使存在生效判决，无碍于撤销权的行使。

【参考依据】

《企业破产法》

第 31 条　人民法院受理破产申请前一年内，涉及债务人财产的下列行为，管理人有权请求人民法院予以撤销：（一）无偿转让财产的；（二）以明显不合理的价格进行交易的；（三）对没有财产担保的债务提供财产担保的；（四）对未到期的债务提前清偿的；（五）放弃债权的。

《破产法解释（二）》

第 15 条　债务人经诉讼、仲裁、执行程序对债权人进行的个别清偿，管理人依据企业破产法第三十二条的规定请求撤销的，人民法院不予支持。但是，债务人与债权人恶意串通损害其他债权人利益的除外。

《破产法解释（三）》

第 7 条　已经生效法律文书确定的债权，管理人应当予以确认。

管理人认为债权人据以申报债权的生效法律文书确定的债权错误，或者有证据证明债权人与债务人恶意通过诉讼、仲裁或者公证机关赋予强制执行力公证文书的形式虚构债权债务的，应当依法通过审判监督程序向作出该判决、裁定、调解书的人民法院或者上一级人民法院申请撤销生效法律文书，或者向受理破产申请的人民法院申请撤销或者不予执行仲裁裁决、不予执行公证债权文书后，重新确定债权。

《日本破产法》①

第 75 条　就欲否认的行为，虽有有执行力的债务名义，或其行为系基于执行行为者，亦不能妨碍否认权的行使。

《德国破产法》

第 141 条　对法律行为已经取得具有执行能力的债务名义或行为系因

---

①　[日]石川明：《日本破产法》，何勤华、周桂秋译，中国法制出版社 2000 年版，第 263 页。

强制执行所取得的，不因此排斥撤销权。

【参考案例】

深圳市金三鼎科技有限公司、深圳市福昌电子技术有限公司管理人破产撤销权纠纷案【广东省高级人民法院（2018）粤民终 826 号民事判决书】

裁判要旨：对破产案件受理前一年内出现的破产财产不正当减少或改变债权人受偿顺序的行为，管理人可以行使撤销权。根据《企业破产法》第 31 条的规定，只要在法定期限内出现对没有财产担保的债务提供财产担保的行为，管理人即可以行使撤销权，而并无要求当事人是否存在过错。

（作者：王硕）

20.【增加担保行为的撤销】人民法院受理破产申请前 1 年内，债务人对已设有抵押担保的债权，将价值较小的抵押物更换为价值更大的抵押物。破产受理后，管理人对此行为是否应予撤销？

【回答】

人民法院受理破产申请前一年内，债务人对已设有抵押担保的债权变更抵押物，导致增加担保财产价值的，属于"对没有财产担保的债务提供财产担保的"行为，管理人有权请求人民法院予以撤销。

【理由】

债务人对已设有抵押担保的债权，将价值较小的抵押物更换为价值更大的抵押物，即提升抵押物价值的行为，本质上是对未足额担保债权进行追加担保。能否撤销该追加担保行为涉及对事后财产担保行为中"没有财产担保"的理解。申言之，《企业破产法》第 31 条"没有财产担保"究竟是指破产债务人未对该笔债务提供任何财产担保还是只要求未提供足额担保。

本书认为，《企业破产法》第 31 条规定的"没有财产担保"既包括对没有财产担保的债权提供财产担保，也包括对已有财产担保债权中未足额担保部分进行追加担保。因此将价值较小的抵押物更换为价值更大的抵押物，本质上是追加担保行为，应予撤销。

第一，未足额担保的追加担保行为具有偏颇清偿隐患。从破产撤销制度目的来看,撤销事后财产担保目的是防止破产债务人恶意转移财产,损害其他债权人利益。从公平保护破产债权人利益角度出发,在不足额担保的情况下,债权人无财产担保的部分债权只能作为普通破产债权受偿,一旦债务人在临界期内为该部分追加财产担保,将使该部分的债权对特定财产享有优先受偿权,得到个别优惠性清偿,无疑将损害其他普通债权人的利益,应该予以撤销。

第二,对不足额担保债权追加担保的行为实务中法院多支持予以撤销。江苏省高级人民法院、上海市高级人民法院以及四川省高级人民法院就该问题相继出台了类似的规范性文件。如《四川省高级人民法院关于印发〈关于审理破产案件若干问题的解答〉的通知》(川高法〔2019〕90 号)规定:在可撤销期间内,债务人对已有财产担保的债务补充增加担保,管理人可以适用《企业破产法》第 31 条第 3 项关于"对没有财产担保的债务提供财产担保"的规定对增加的担保主张撤销。

第三,域外立法值得借鉴。如《日本破产法》第 162 条就将为特定债权人追加物权担保的行为划定在可撤销行为的范围内,以防以直接或间接的方式减少破产债务人的财产不利于其他破产债权人的公平分配。

此外,从当然解释的角度出发,对于已经具有足额担保的债权,通过价值较小的抵押物更换为价值较大的抵押物而进一步追加担保的行为,当然可以进行撤销。该行为意味着本应用于集体清偿的财产变成了财产担保债权人优先受偿的标的,进一步保障了该部分债权人利益,从而使普通债权人通过破产程序所能够获得的清偿的财产基础进一步缩减、无法清偿的风险进一步加大,这显然不符合通过破产程序实现公平清偿的目标。

综上,对于"没有财产担保的债务"的认定应适当放宽,以"事后性"加以限制即可,该笔债务之上设立事后的财产追加担保行为均可以成为破产撤销制度中的可撤销行为。①

【参考依据】
《企业破产法》
第 31 条 人民法院受理破产申请前一年内,涉及债务人财产的下列

---

① 参见黄忠顺:《论有财产担保的债权之强制执行——以有抵押物担保的债权之强制执行为中心》,载《法律适用》2018 年第 15 期。

行为，管理人有权请求人民法院予以撤销：（一）无偿转让财产的；（二）以明显不合理的价格进行交易的；（三）对没有财产担保的债务提供财产担保的；（四）对未到期的债务提前清偿的；（五）放弃债权的。

《上海市高级人民法院破产审判工作规范指引（试行）》

四、债务人财产

9. 对没有财产担保的债务提供财产担保的认定。根据《企业破产法》第 31 条第 2 项规定，债务人的该种行为应予撤销。该行为的构成要件为：（1）可撤销的担保是指为债务人自有债务提供财产担保，不包括为他人债务提供的担保；（2）可撤销的担保是为已有债务提供担保，包括对已有的不足额担保追加担保的部分，而非为新设债务提供担保；

《四川省高级人民法院关于审理破产案件若干问题的解答》

三、债务人财产

6. 在可撤销期间内，债务人对已有财产担保的债务补充增加担保，管理人能否依据《企业破产法》第 31 条的规定请求予以撤销？

答：可以适用《企业破产法》第 31 条第 3 项关于"对没有财产担保的债务提供财产担保"的规定对增加的担保主张撤销。

《日本破产法》

第 162 条（对特定债权人提供担保的否认）　（一）破产程序开始后，对以下提供担保或清偿债务行为，可为破产财团利益而否认之：（1）破产人支付不能或破产申请后的行为；但仅限于债权人依以下区分，知道相应事实的情况下；（2）不属于破产人义务、或至少在该时期不属于其义务的、在陷入支付不能前三十日内作出的行为。但是，债权人在行为当时不知该行为有害于其他破产债权人的，不在此限。

（二）关于前项第（1）号的适用，在以下情形下，相应推定为债权人知道所言之事实：（1）债权人属于前条第（二）项各号规定情形之一；（2）前项第（1）号所言行为不属于破产人义务，或该方法或时期与破产人义务无关。

（三）关于第（一）项各号规定的适用，在破产申请前一年内出现支付停止，即推定为支付不能。

【参考案例】

大连银行股份有限公司天津分行、天津新高地科技发展有限公司管理人破产撤销权纠纷案【天津市第二中级人民法院（2016）津 02 民终 5786 号

民事判决书】

裁判要旨："没有财产担保的"不能理解为只要这笔债务有财产担保，也无论财产担保是否足额都不符合该条规定，而应当理解为只要该笔债务无任何财产担保，或者该笔债务即使有财产担保，但设定在该笔债务的财产担保未足额，人民法院受理破产申请前一年内，涉及债务人又为该笔债务余下尚未足额担保的债务提供财产担保的行为都符合《企业破产法》第31条第3项规定的可撤销行为。

（作者：王硕）

21.【破产财产分配方案的制定与执行】破产清算程序中，破产财产变价之后，管理人拖延不制定分配方案或未按照分配方案及时分配，给债权人造成重大不利影响，债权人应如何进行救济？

【回答】

管理人是破产财产分配方案的制定和执行主体。如果拖延制定方案或不及时执行影响债权人权益实现的，债权人可以提请债权人委员会或人民法院予以监督。因不按方案执行，给债权人造成损失的，管理人应当依法承担赔偿责任。债权人为此提起管理人责任诉讼的，一般将管理人列为被告。

【理由】

管理人是破产事务的执行者。在破产清算程序中，管理人应当及时拟定破产财产变价和分配方案，经法定程序通过后，及时变价出售财产，并按照分配方案和法定的破产清偿顺位向各债权人公平分配财产。这是管理人勤勉忠实义务的内容之一。若管理人怠于制定方案或分配财产，可能会给债权人造成不利影响，如财产管理费用增加导致可分配财产总额减少、债权人机会成本损失等。这涉及债权人对管理人的监督权和赔偿请求权。

如果拖延制定分配方案或不及时执行，影响债权人权益实现的，债权人可以提请债权人委员会或人民法院予以监督。作为常设监督机构，债权人委员会的主要职责包括监督破产财产分配。债权人委员会认为管理人不能依法公正履职并申请更换的，经人民法院审查发现管理人确有此情形，可以更换管理人。同时，人民法院对破产管理人的监督覆盖破产案件的各个环节。具体的监督方式包括定期报告、管理人职责终止时的职务执行报告，以及由法院许可管理人的部分行为等。① 管理人有不履职或怠于履职行为的，如拖延分配财产，则由人民法院进行提示并督促纠正，使管理人及时依法制定、执行财产分配方案。例如，河南省新乡市中级人民法院制定的《破产案件管理人监督管理和考核办法》规定了破产案件的办理期限，要求管理人对未按时完成的工作进行说明、制定下一步工作方案。

《企业破产法》规定，管理人给债权人造成损失的，依法承担赔偿责任。最高人民法院第五巡回法庭法官会议意见中指出，债权人会议和债权人委员会的监督权并不排斥债权人的赔偿请求权，两者互为补充。因此债权人以管理人执行职务不当导致债务人财产不当减损给其造成损失为由提起诉讼，主张管理人承担赔偿责任的，人民法院应予受理。② 也就是说，管理人不及时制定财产分配方案，或不按方案进行兑付或逾期兑付，给债权人造成损失的，债权人的救济途径还包括采取司法手段，如向法院提起管理人责任纠纷诉讼。

管理人责任纠纷是指管理人违反勤勉忠实义务，不当履行职责，导致债权人、债务人或者第三人受损的，受害人要求管理人承担民事赔偿责任而引发的纠纷。③ 这涉及个别债权人能否代表全体债权人起诉的问题。有学者认为，债权人整体利益受损不能成为单个债权人主张赔偿个人损失的理由，唯有管理人职务行为与单个债权人利益损失之间存在直接因果关系时，法院才能受理案件。④ 对此，最高人民法院在(2019)最高法民再 198 号一案中明确应当视为个别债权人能够代表全体债权人向管理人请求赔偿，赔偿所得纳入破产财产。根据《破产法解释(二)》第 9 条、第 33 条和第 23 条，管理人失职时，个别债权人可作代表积极维护全体债权人利益。⑤ 管

---

① 参见郁琳：《破产程序中管理人职责履行的强化与监督完善——以管理人的法律地位和制度架构为视角》，载《法律适用》2017 年第 15 期。

② 参见李少平主编：《最高人民法院第五巡回法庭法官会议纪要》，人民法院出版社 2021 年版，第 53~54 页。

③ 参见杨万明主编：《最高人民法院新民事案件案由规定理解与适用》，人民法院出版社 2021 年版，第 832~833 页。

④ 参见李江鸿：《论破产管理人的民事责任——以英美法之借鉴为视角》，载《政治与法律》2010 年第 9 期。

⑤ 参见最高人民法院(2019)最高法民再 198 号民事裁定书。

理人不制定分配方案、迟延分配或不按分配方案分配财产的行为同其他违反勤勉尽责、忠实执行义务的行为没有分别，此类行为造成债权人损失的，债权人有权通过诉讼获得经济赔偿。

管理人的民事赔偿责任本质上是一种侵权责任。该侵权责任的构成要件包括：管理人实施了违反勤勉尽责义务和忠实义务的客观行为，该行为对债权人、债务人或第三人造成损失，该行为与该损失之间存在一定范围的因果关系和管理人在主观上存在过错。① 管理人未勤勉尽责，忠实执行职务的判断标准应当限定于管理人有故意或者重大过失的范围内。② 针对管理人不分配财产的行为，债权人不仅应当证明管理人拖延制定破产财产分配方案，或者在方案执行过程中不兑付或逾期兑付，以及损失的具体数额，还必须有充分证据证明损失是因管理人故意或重大过失而造成的，才能够主张管理人对此承担赔偿责任。③

总之，破产财产分配方案的及时制定、执行，事关全体债权人的利益实现，必须对债权人权益受损的救济途径予以高度重视。债权人委员会可以发挥事前与事中的监督与纠错作用，而债权人的赔偿请求权则是事后弥补监督机制失效的救济途径。④ 监督权的行使能够促使管理人依法履职实施分配，赔偿请求权的行使也为债权人利益增加一层司法保障。

【参考依据】

《企业破产法》

第 22 条第 2 款 债权人会议认为管理人不能依法、公正执行职务或

---

① 参见广东省中山市第一人民法院(2021)粤 2071 民初 1306 号民事判决书；重庆市第三中级人民法院(2021)渝 03 民终 48 号民事判决书；陕西省高级人民法院(2021)陕民申 1000 号民事裁定书。

② 参见最高人民法院(2014)民申字第 827 号民事裁定书。

③ 类似裁判可参见安徽省蚌埠市中级人民法院(2020)皖 03 民终 1294 号二审民事判决书，法院认为债权人主张管理人逾期分配财产造成损失的，应当提供相应证据。"根据法律规定当事人对自己提出的诉讼请求所依据的事实应当提供证据加以证明，而本案中原告主张被告赔偿因逾期分配债权款项的经济损失 205.18 万元缺乏证据予以证实，被告亦不认可该主张，原告应当承担相应的不利后果，对原告的该诉讼请求不予支持。"

④ 参见李少平主编：《最高人民法院第五巡回法庭法官会议纪要》，人民法院出版社 2021 年版，第 54 页。

者有其他不能胜任职务情形的，可以申请人民法院予以更换。

第 27 条 管理人应当勤勉尽责，忠实执行职务。

第 115 条第 1 款 管理人应当及时拟订破产财产分配方案，提交债权人会议讨论。

第 116 条第 1 款 破产财产分配方案经人民法院裁定认可后，由管理人执行。

第 130 条 管理人未依照本法规定勤勉尽责，忠实执行职务的，人民法院可以依法处以罚款；给债权人、债务人或者第三人造成损失的，依法承担赔偿责任。

《破产法解释（二）》

第 9 条第 2 款 管理人因过错未依法行使撤销权导致债务人财产不当减损，债权人提起诉讼主张管理人对其损失承担相应赔偿责任的，人民法院应予支持。

第 23 条第 3 款 管理人不予追收，个别债权人代表全体债权人提起相关诉讼，主张次债务人或者债务人的出资人等向债务人清偿或者返还债务人财产，或者依法申请合并破产的，人民法院应予受理。

第 33 条第 2 款 上述债务作为共益债务由债务人财产随时清偿后，债权人以管理人或者相关人员执行职务不当导致债务人财产减少给其造成损失为由提起诉讼，主张管理人或者相关人员承担相应赔偿责任的，人民法院应予支持。

《新乡市中级人民法院破产案件管理人监督管理和考核办法》

四、管理人应当加快案件办理进度，严格按照"无产可破"案件 3 个月内，其他简单案件 6 个月内，普通案件一般 12 个月内，重大复杂案件一般 24 个月内办理完毕。

破产案件合议庭对管理人工作进行全程监督，督促管理人按照破产程序节点及时推进各项工作。对于管理人未能按时完成的工作，要求管理人及时说明原因，制定下一步工作方案。

《德国破产法》①

第 60 条第 1 款 支付不能管理人因过失而违背自己依本法所负担的

---

① 参见杜景林、卢谌译：《德国支付不能法》，法律出版社 2002 年版，第 33 页。

义务的，其对全体当事人负有损害赔偿的义务。……

《日本破产法》①

第 164 条（注意义务）

（一）破产管理人应以善良管理人的注意，执行其职务。

（二）破产管理人怠为前款注意时，该破产管理人对利害关系人负连带损害赔偿责任。

【参考案例】

德宏隆川物资有限责任公司、祥云县跃峰物资有限公司管理人责任纠纷再审案【最高人民法院(2019)最高法民再 198 号民事裁定书】

裁判要旨：关于四名再审申请人能否代表全体债权人请求赔偿或请求管理人向债务人赔偿的问题。……法律和司法解释虽然对个别债权人能否代表全体债权人向管理人提起赔偿请求没有明确规定，但根据上述司法解释的原理，应当视为个别债权人能够代表全体债权人向管理人请求赔偿，赔偿所得纳入破产财产。

（作者：吕永誉）

---

① ［日］石川明：《日本破产法》，何勤华、周桂秋译，中国法制出版社 2000 年版，第 275 页。

三、债务人财产

22.【装修添附资产的处置】租户在租赁期间对租赁标的物进行装饰装修，在破产程序中对该破产财产进行拍卖时应当如何处理？是否应对添附部分残值单独评估？

【回答】

有约定的按照其约定，没有约定或者约定不明确的，如装修添附资产与债务人财产可以分离，承租人主张行使取回权的，应予支持。如装修添附资产与债务人财产不能分离，则视装修添附行为是否经出租人同意而分别处理。已经出租人同意，承租人主张折价补偿的，按普通债权予以认定；评估时需对添附部分残值单独评估。未经出租人同意，承租人主张行使取回权或者折价补偿的，不予支持；评估时无需对添附部分残值单独评估。

【理由】

出租人破产程序中，对于未履行完毕的租赁合同，管理人有权决定继续履行或者解除合同。当管理人选择解除租赁合同并在破产程序中对该破产财产进行拍卖时，而租户在租赁期间已经对租赁标的物进行装饰装修，对于装修添附资产该如何处理这个问题，须根据装修添附资产与债务人财产是否可以分离以及租户的装修添附行为是否经出租人同意而分别处理。而对于在评估时是否应当对添附部分残值单独评估，如果出租人需要赔偿或补偿租客剩余租赁期内装饰装修残值损失，就需要在评估时对添附部分残值单独评估，反之，则不需要。

无论装修添附资产与债务人财产是否可以分离，对于该装修添附资产的归属和处理方法，都应当依据当事人之间的约定。而当租户和出租人没有约定或者约定不明确时，对于与债务人财产可以分离的装修添附资产的归属和处理方法，根据《最高人民法院关于审理城镇房屋租赁合同纠纷案件具体应用法律若干问题的解释》第 10 条："承租人经出租人同意装饰装修，租赁期间届满或者合同解除时，除当事人另有约定外，未形成附合的装饰装修物，可由承租人拆除。因拆除造成房屋毁损的，承租人应当恢复原状。"当双方未形成约定时，此时未形成附合的装饰装修物，其所有权仍属于承租人，且应当由承租人负责拆除带走，因此承租人主张行使取回权的，人民法院应当予以支持。① 同时承租人在拆除时应当注意不得对房屋造成毁损，否则就要承担相应责任。此时，对于未形成附合的装饰装修物，属于承租人所有，并且已经由承租人拆除带走，因此在评估时无需对添附部分残值单独评估。

当装修添附资产与债务人财产不能分离时，该装修添附资产属于形成附合的装饰装修物。对于形成附合的装饰装修物，租户的装修添附行为经出租人同意的，合同解除时形成附合的装饰装修物归出租人所有，并在破产程序中对该破产财产进行拍卖时随租赁标的物一并拍卖。所谓形成附合的装饰装修物是指当装饰装修与房屋紧密结合，依物理和社会经济观念判断其具有固定性和继续性，并构成房屋的重要组成部分时，形成附合装饰装修。② 装饰装修因附合成为租赁房屋的重要组成部分，依照添附规则由出租人取得其所有权，因此在出租人进入破产程序对租赁物进行拍卖时，该形成附合的装饰装修物应当随租赁物一同拍卖。同时根据《最高人民法院关于审理城镇房屋租赁合同纠纷案件具体应用法律若干问题的解释》第 11 条第 1 款："承租人经出租人同意装饰装修，合同解除时，双方对已形成附合的装饰装修物的处理没有约定的，人民法院按照下列情形分别处理：（一）因出租人违约导致合同解除，承租人请求出租人赔偿剩余租赁期内装饰装修残值损失的，应予支持"，合同解除是出租人破产导致的，应当赔偿承租人剩余租赁期内装饰装修残值损失，此时承租人主张折价补偿的，按普通债权予以认定，因此在拍卖评估时需要对添附部分残值单独评估。

对于形成附合的装饰装修物，当租户的装修添附行为未经出租人同意

---

① 参见王欣新、乔博娟：《论破产程序中未到期不动产租赁合同的处理方式》，载《法学杂志》2015 年第 3 期。

② 参见王泽鉴：《民法物权》，北京大学出版社 2009 年版，第 200 页。

时，根据《最高人民法院关于审理城镇房屋租赁合同纠纷案件具体应用法律若干问题的解释》第 13 条："承租人未经出租人同意装饰装修或者扩建发生的费用，由承租人负担。出租人请求承租人恢复原状或者赔偿损失的，人民法院应予支持。"此时出租人无需承担租客未经出租人同意装饰装修的费用，并且既可以要求承租人将租赁房屋恢复原状而拆除装饰装修，并对其损害进行赔偿，也可以选择根据自己的利益取得其所有权，而不要求租客恢复原状。管理人选择取得其所有权，破产程序中对该破产财产进行拍卖时应当将其与租赁标的物一并拍卖。此时承租人主张行使取回权或者折价补偿的，人民法院不予支持，因此出租人不需要赔偿租客剩余租赁期内装饰装修残值损失，也不需要在评估时对添附部分残值单独评估。

【参考依据】

《民法典》

第 715 条　承租人经出租人同意，可以对租赁物进行改善或者增设他物。

承租人未经出租人同意，对租赁物进行改善或者增设他物的，出租人可以请求承租人恢复原状或者赔偿损失。

第 733 条　租赁期限届满，承租人应当返还租赁物。返还的租赁物应当符合按照约定或者根据租赁物的性质使用后的状态。

《最高人民法院关于审理城镇房屋租赁合同纠纷案件具体应用法律若干问题的解释》

第 8 条　承租人经出租人同意装饰装修，租赁期间届满或者合同解除时，除当事人另有约定外，未形成附合的装饰装修物，可由承租人拆除。因拆除造成房屋毁损的，承租人应当恢复原状。

第 9 条　承租人经出租人同意装饰装修，合同解除时，双方对已形成附合的装饰装修物的处理没有约定的，人民法院按照下列情形分别处理：(一)因出租人违约导致合同解除，承租人请求出租人赔偿剩余租赁期内装饰装修残值损失的，应予支持；(二)因承租人违约导致合同解除，承租人请求出租人赔偿剩余租赁期内装饰装修残值损失的，不予支持。但出租人同意利用的，应在利用价值范围内予以适当补偿；(三)因双方违约导致合同解除，剩余租赁期内的装饰装修残值损失，由双方根据各自的过错承担相应的责任；（四）因不可归责于双方的事由导致合同解除的，剩余租赁期内的装饰装修残值损失，由双方按照公平原则分担。法律另有规定的，适用其规定。

第 10 条 承租人经出租人同意装饰装修，租赁期间届满时，承租人请求出租人补偿附合装饰装修费用的，不予支持。但当事人另有约定的除外。

第 11 条 承租人未经出租人同意装饰装修或者扩建发生的费用，由承租人负担。出租人请求承租人恢复原状或者赔偿损失的，人民法院应予支持。

《日本破产法》[1]

第 63 条 （1）于出租人受破产宣告情形，租金的预付及租金债权的处分，除有关破产宣告时的当期及次期者外，不得以此对抗破产债权人。

（2）因依前款规定不得对抗破产债权人而受损害者，可以就其损害赔偿，作为破产债权人行使其权利。

（3）前二款规定，准用于地上权及永佃权。

【参考案例】

驻马店市龙山包装有限公司诉驻马店市国有资产经营管理有限公司房屋租赁合同纠纷再审案【最高人民法院（2017）最高法民申 3279 号民事裁定书】[2]

裁判要旨：龙山公司与驻马店市龙山水泥厂签订房屋租赁协议后，为了生产经营建造了一些房屋和构筑物，虽无证据证明龙山公司的建造行为经过了龙山水泥厂的允许，但龙山水泥厂并未阻止建造建筑物，应视为龙山水泥厂准许建造。租赁协议到期之后，添附财产无法搬走，对于这些房屋和构筑物在租赁协议到期之后的归属问题，双方事先也并没有约定。双方对扩建的建筑物在合同解除后的归属问题没有约定，国资公司提前解除租赁合同，侵害了龙山公司在剩余租赁期间的使用权，应赔偿龙山公司的损失，且国资公司接收的财产具有一定价值，也应对龙山公司进行补偿。

（作者：邓健祺）

---

[1] ［日］石川明：《日本破产法》，何勤华、周桂秋译，中国法制出版社 2000 年版，第 260 页。

[2] 类似裁判可参见最高人民法院（2015）民申字第 3618 号民事裁定书。

23.【执转破程序中已执行财产的处理】在执行转破产案件受理前，人民法院执行部门对债务人的部分土地及地上建筑物进行拍卖处置，并已办理产权过户手续，但对土地、房屋承租人的腾退工作尚未执行完毕。破产受理后，土地、房屋腾退工作是否应纳入破产程序中处理？受让方因承租人未及时腾退未能接收资产，债务人是否应当承担由此造成的损失？

【回答】

执转破程序中，破产申请受理前已拍卖并办理过户手续的土地、房屋不属于债务人财产。破产受理后，土地、房屋腾退工作不纳入破产程序。执行拍卖财产上附随的用益物权及租赁权，不因拍卖而消灭，债务人无需向资产受让方承担承租人未及时腾退造成的损失。

【理由】

法院执行部门对债务人的部分土地及地上建筑物进行拍卖处置，并已办理产权过户手续，鉴于财产已经拍卖变卖且权属关系发生变动，财产所有权已经发生变动，不再属于被执行人也即债务人的财产，不再移交。这属于下文提到的执转破程序中已执行财产处理的第一种情况。因此，执转破程序中，破产申请受理前已拍卖并办理过户手续的土地、房屋不属于债务人财产，不纳入破产财产。土地、房屋腾退工作不纳入破产程序。

第一，从规则制定的角度来看，当债务人陷入破产境地时，其所有处于执行阶段的财产均需转入破产程序进行分配。然而，在实际操作中，这一制度并非完美的，特别是在执行与破产程序的交汇点，存在一些漏洞。特别是对于那些执行程序已推进到一定阶段且已采取一定处置措施的财产，甚至那些已处置完毕但尚未向特定债权人支付款项的财产，是否应转入破产程序，在实践中成为一个需要深思熟虑的问题。当执行法院采取拍卖、变卖等执行手段时，关于执行标的物何时归属于债务人，以及何时其权属已发生变化而不再属于债务人财产的问题，实务界一直存在争议。目前，在判断执行标的物权属变动的问题上，主要依据为《民法典》及其相关司法解释。具体而言，不动产的权属变动以登记为准，而动产则以交付为判断标准，除非法律或司法解释另有特别规定。对于通过司法拍卖或以物抵债方式清偿债务的，标的物的所有权在拍卖成交裁定或抵债裁定送达买受人或接受抵债物的债权人时发生转移。《执转破意见》第17条将不需移交的财产限定为已经完成"权属变动"的财产。至于什么算是"权属发生变动"，首先，如果财产已经拍卖变卖以物抵债的，权属发生变动的标准与《民法典》第229条规定相一致，只要裁定送达受让人，即视为权属发生变动。其次，按照《执转破意见》第16条的规定，对于现金等不需要变价的财产，即使已经扣划到执行法院的账户，只要没有向申请执行人发放，即视为没有完成权属变动，仍然属于债务人的破产财产，执行法院收到破产法院的受理裁定后，应当于7日内将已经扣划到账的银行存款、实际扣押的动产、有价证券等被执行人财产移交给受理破产案件的法院或管理人。

第二，拍卖财产上原有的租赁权及其他用益物权，不因拍卖而消灭，体现了法律对于租赁权及其他用益物权的保护，确保这些权利不会因为财产的拍卖而自动失效。然而，这并非无条件适用，而是在特定条件下有所限制。具体来说，如果这些权利继续存在于拍卖财产上，并且对在先的担保物权或者其他优先受偿权的实现有影响的，人民法院应当依法将其除去后进行拍卖。这一规定旨在平衡各方利益，确保拍卖过程的公正和高效。

在实际操作中，法院在处理这类案件时，会依据相关法律规定进行审查，确保拍卖过程的合法性和公正性。例如，如果承租人请求在租赁期内阻止向受让人移交占有被执行的不动产，只要满足一定条件，人民法院应当支持这种请求。综上所述，虽然拍卖财产上的租赁权及其他用益物权不会因拍卖而自动消灭，但在特定情况下，为了保护在先的担保物权或其他优先受偿权，人民法院有权决定在拍卖前将这些权利除去，以确保拍卖过程的顺利进行和各方利益的平衡。

第三，对于资产受让方因承租人未及时腾退未能接收资产，债务人无需向资产受让方承担由此造成的损失。执行法院拍卖带租约且承租人仍居住的房屋，并非对"买卖不破租赁"的认可，执行法院具有腾退法拍房的程序性义务。因此，法院对拍卖所得不动产具有对于排除物权人的腾退义务，且被执行人因财产被依法拍卖很大程度上已经脱离该财产，不必承担相应损失。

【参考依据】

《企业破产法》

第 19 条 人民法院受理破产申请后，有关债务人财产的保全措施应当解除，执行程序应当中止。

第 30 条 破产申请受理时属于债务人的全部财产，以及破产申请受理后至破产程序终结前债务人取得的财产，为债务人财产。

《民法典》

第 229 条 因人民法院、仲裁机构的法律文书或者人民政府的征收决定等，导致物权设立、变更、转让或者消灭的，自法律文书或者征收决定等生效时发生效力。

第 405 条 抵押权设立前，抵押财产已经出租并转移占有的，原租赁关系不受该抵押权的影响。

《民事诉讼法》

第 255 条 被执行人未按执行通知履行法律文书确定的义务，人民法院有权查封、扣押、冻结、拍卖、变卖被执行人应当履行义务部分的财产。……

《民事诉讼法解释》

第 511 条 在执行中，作为被执行人的企业法人符合企业破产法第二条第一款规定情形的，执行法院经申请执行人之一或者被执行人同意，应当裁定中止对该被执行人的执行，将执行案件相关材料移送被执行人住所地人民法院。

第 512 条 被执行人住所地人民法院应当自收到执行案件相关材料之日起三十日内，将是否受理破产案件的裁定告知执行法院。不予受理的，应当将相关案件材料退回执行法院。

第 513 条第 1 款 被执行人住所地人民法院裁定受理破产案件的，执行法院应当解除对被执行人财产的保全措施。被执行人住所地人民法院裁定宣告被执行人破产的，执行法院应当裁定终结对该被执行人的执行。

第 514 条 当事人不同意移送破产或者被执行人住所地人民法院不受理破产案件的，执行法院就执行变价所得财产，在扣除执行费用及清偿优先受偿的债权后，对于普通债权，按照财产保全和执行中查封、扣押、冻结财产的先后顺序清偿。

《执转破意见》

16. 执行法院收到受移送法院受理裁定后，应当于七日内将已经扣划到账的银行存款、实际扣押的动产、有价证券等被执行人财产移交给受理破产案件的法院或管理人。

17. 执行法院收到受移送法院受理裁定时，已通过拍卖程序处置且成交裁定已送达买受人的拍卖财产，通过以物抵债偿还债务且抵债裁定已送达债权人的抵债财产，已完成转账、汇款、现金交付的执行款，因财产所有权已经发生变动，不属于被执行人的财产，不再移交。

《破产法解释（二）》

第 5 条 破产申请受理后，有关债务人财产的执行程序未依照企业破产法第十九条的规定中止的，采取执行措施的相关单位应当依法予以纠正。依法执行回转的财产，人民法院应当认定为债务人财产。

《最高人民法院关于人民法院民事执行中拍卖、变卖财产的规定》

第 28 条 拍卖财产上原有的担保物权及其他优先受偿权，因拍卖而消灭，拍卖所得价款，应当优先清偿担保物权人及其他优先受偿权人的债权，但当事人另有约定的除外。

拍卖财产上原有的租赁权及其他用益物权，不因拍卖而消灭，但该权利继续存在于拍卖财产上，对在先的担保物权或者其他优先受偿权的实现有影响的，人民法院应当依法将其除去后进行拍卖。

《最高人民法院关于人民法院民事执行中查封、扣押、冻结财产的规定》

第 24 条 被执行人就已经查封、扣押、冻结的财产所作的移转、设定权利负担或者其他有碍执行的行为，不得对抗申请执行人。

第三人未经人民法院准许占有查封、扣押、冻结的财产或者实施其他有碍执行的行为的，人民法院可以依据申请执行人的申请或者依职权解除其占有或者排除其妨害。

人民法院的查封、扣押、冻结没有公示的，其效力不得对抗善意第三人。

【参考案例】

上海某仓储有限公司、某银行股份有限公司宁波分行等案外人执行异议之诉案【浙江省温州市中级人民法院（2024）浙民终 396 号民事判决书】

裁判要旨：即使某仓储公司提交的租赁合同真实，其与某实业公司形成租赁关系的时间亦晚于某银行的抵押权设立时间，某仓储公司主张的基于租赁关系享有的民事权益不能排除在前设立的抵押权的强制执行。

（作者：胡敏）

24.【破产企业股东转让未届出资期限股权的追缴】有限责任公司被裁定破产受理前，其股东将其未届出资期限的股权转让给第三人。破产受理后，对于该笔未实缴出资股权，管理人应如何处置？

【回答】

人民法院受理破产申请后，债务人的出资人尚未完全履行出资义务的，管理人应当要求该出资人缴纳所认缴的出资，且不受出资期限的限制。有限责任公司的股东转让已认缴出资但未届出资期限股权的，在破产受理时受让人仍未足额缴纳出资的，管理人应当催告受让人缴纳未实缴出资，并要求转让人对受让人未按期缴纳的出资承担补充责任。

【理由】

2023 年新修订的《公司法》极大增强了对股东出资的监管力度，其中第 47 条规定，全体股东认缴的出资额由股东按照公司章程的规定自公司成立之日起五年内缴足。《公司法》第 54 条规定，公司不能清偿到期债务的，公司或者已到期债权的债权人有权要求已认缴出资但未届出资期限的股东提前缴纳出资。由此可见，企业股东在认缴出资期限届满之前享有期限利益，但既然享有期限利益之特权，自然也应当背负相应的义务。有观点认为，股东要享受期限利益应当以满足两项默示承诺为前提：其一，在章程所载出资期限届满时及时足额实缴出资；其二，保证公司在股东实缴出资之前始终具备偿债能力，进而处于可持续经营状态。① 当公司破产，第二项默示承诺已经不再满足，故而股东将立即丧失该期限利益，须全面履行出资义务，未履行或未全面履行出资义务的股东需要对债权人在其未履行出资的范围内承担连带责任。如果在出资期限届满之前，股东将已认缴但尚未实缴的股份转让给他人，破产受理时，受让人仍未如实缴纳出资

---

① 刘俊海：《论注册资本认缴制的兴利除弊：兼论期限利益与交易安全的动态平衡》，载《学术论坛》2024 年第 1 期。

额的，依照《公司法》第88条的规定，管理人有权要求转让人对受让人未如实缴纳的部分承担补充责任。易言之，股东转让未实缴的股份并不能当然免除其出资义务，此后受让人在出资期限届满时不能足额缴纳的，转让人需要对此承担补充责任。未届出资期限股权并不属于瑕疵出资股权，因其出资期限尚未届满，股东仍然享有期限利益，故股东转让未届出资期限的股权不存在法理上的可归责性，在私法自治领域本不应当对其进行干涉。但涉及股权自由流转、公司资本充实以及债权人利益保护的权衡，特别是在某些情形下，股东可能存在为了逃避债务而转让股权的主观恶意，如果允许其概括转移所有股东权利义务后完全退出，不用再承担任何责任，可能会严重影响到债权人债权的实现。

新《公司法》第88条是对旧《公司法》规定的空白领域作出的新规定，在此之前，《公司法解释(三)》第19条曾经试图对股权转让情形下的责任承担作出规定，但是由于行文中"未履行或者未全面履行出资义务即转让股权"的表述，通常被认为是关乎股东出资期限届满之后转让股权的责任承担，至于实务中股东出资期限尚未届满即转让股权时转让人与受让人的责任分配，仍然存在规则缺位。新规定出台后，必然面临对于新法实施前的股权转让纠纷如何适用的问题。我国以法不溯及既往为原则，但旧法没有规定而新法有规定的情况下，如果没有明显减损当事人合法利益、增加当事人法定义务或者背离当事人合理预期，可以参照适用新法，也即存在"空白溯及"的例外。有观点认为，对于"空白溯及"，更侧重于考量新《公司法》溯及适用是否与原《公司法》无规定情况下填补法律漏洞具有同样的正当性，或同样没有减损民事主体预期利益。[①] 就未届出资期限的股东转让股权这一具体问题而言，以往的司法实践中裁判观点不一，理论界和实务界都争执不下，当事人不存在合理预期，因此新《公司法》第88条当然可以适用于实施之前的相关纠纷，《最高人民法院关于适用〈中华人民共和国公司法〉时间效力的若干规定》中也明确了这一点。

【参考依据】

《公司法》

第54条 公司不能清偿到期债务的，公司或者已到期债权的债权人

---

① 参见刘贵祥：《关于新公司法适用中的若干问题》，载《法律适用》2024年第6期。

有权要求已认缴出资但未届出资期限的股东提前缴纳出资。

第 88 条 股东转让已认缴出资但未届出资期限的股权的，由受让人承担缴纳该出资的义务；受让人未按期足额缴纳出资的，转让人对受让人未按期缴纳的出资承担补充责任。

未按照公司章程规定的出资日期缴纳出资或者作为出资的非货币财产的实际价额显著低于所认缴的出资额的股东转让股权的，转让人与受让人在出资不足的范围内承担连带责任；受让人不知道且不应当知道存在上述情形的，由转让人承担责任。

《企业破产法》

第 35 条 人民法院受理破产申请后，债务人的出资人尚未完全履行出资义务的，管理人应当要求该出资人缴纳所认缴的出资，而不受出资期限的限制。

《最高人民法院关于民事执行中变更、追加当事人若干问题的规定》

第 19 条 作为被执行人的公司，财产不足以清偿生效法律文书确定的债务，其股东未依法履行出资义务即转让股权，申请执行人申请变更、追加该原股东或依公司法规定对该出资承担连带责任的发起人为被执行人，在未依法出资的范围内承担责任的，人民法院应予支持。

《最高人民法院关于适用〈中华人民共和国公司法〉时间效力的若干规定》

第 4 条 公司法施行前的法律事实引起的民事纠纷案件，当时的法律、司法解释没有规定而公司法作出规定的下列情形，适用公司法的规定：

（一）股东转让未届出资期限的股权，受让人未按期足额缴纳出资的，关于转让人、受让人出资责任的认定，适用公司法第八十八条第一款的规定；

......

《德国有限责任公司法》

第 16 条 （一）股份转让时，受让人将其受让的事实通知公司并向公司出示其转让证明书后，其转让对公司始能生效。

（二）公司对出让人或出让人对公司在通知前所为关于公司方面的法律行为，对受让人有拘束力。

（三）股份的未了债务，由受让人与出让人共同负责。

《英国 2006 年公司法》

588 后继股份持有人的责任

（1）如果一个人在成为股份持有人的过程中存在以下情形——

（a）违反了本章的任何条款，并且

（b）由于该违反，其他人根据被违反的条款负有责任缴付任何数额，

受限于下述条款，那个人也负有责任缴付该数额（与负有该责任的任何其他人共同连带承担）。

（2）根据第（1）款须负法律责任的人，被免除该责任，如果——

（a）他是有偿的购买人，并且在购买时，他实际并不知道所牵涉的违反，或者

（b）他从违反后成为股份持有人并根据第（1）款不负有责任的人处（直接或间接）继受股份所有权。

【参考案例】

中房联合置业集团有限公司等与内蒙古奥翔矿业有限责任公司等借款合同纠纷案【北京市高级人民法院（2018）京民终 403 号民事判决书】

裁判要旨：虽然中房联合公司已将其持有的中房金控公司的股权转让，但公司股权转让并不能免除股东本身对公司的出资义务。故在中房联合公司出资义务期限届满时，其应当实缴出资，到期未履行或未全面出资履行出资义务时，债权人苏州隆鼎创投有权要求中房联合公司在其未出资本息范围内，对中房金控公司债务不能清偿的部分承担补充赔偿责任。

（作者：张子慧）

25.【破产财产网络拍卖处置中的披露义务】破产债务人财产处置变价中，通过网络拍卖变价的，债务人及管理人应如何履行瑕疵披露义务？

【回答】

管理人通过网络拍卖处置破产财产的，应参照网络司法拍卖规则对拍卖财产的权属、权利负担、质量瑕疵、欠缴税费、占有使用等现状予以说明，勤勉尽责、忠实执行职务。

【理由】

《企业破产法》仅对破产财产处置作出了原则性规定，其第 112 条指出："变价出售破产财产应当通过拍卖进行。但是，债权人会议另有决议的除外。"鉴于近年来民事强制执行程序中司法网络拍卖改革成效显著，破产财产拍卖也逐渐参照执行程序中的网络拍卖模式，① 而就破产财产网络拍卖的具体程序及操作细节等最高人民法院尚未作出统一规定。因此，对于破产财产网络拍卖的法律性质认定目前实务中形成了两种代表性学说，不同学说之下破产财产网络拍卖的法律适用问题亦存在一定差异。

一是商事拍卖说。该学说认为破产程序中破产财产网络拍卖是管理人通过网络平台进行拍卖的私法行为，破产法院仅对管理人管理、处分破产财产的私法行为进行指导与监督。债务人企业已进入破产程序，相关执行程序已依法中止，因此讼争拍卖不应当系民事执行中的拍卖行为而属于人民法院受理民事诉讼范围。②

二是司法拍卖说。该学说认为管理人以营利为目的的接受破产法院指定，尽管系以自己的名义管理处分破产财产，但其拍卖破产财产的行为仍应当界定为司法强制拍卖。③ 拍卖行为系因处理债务人企业破产财产需要，由法院在网络平台上实施的司法拍卖，当然属于民事执行的范畴，适用《最高人民法院关于人民法院网络司法拍卖若干问题的规定》（以下简称《网拍规定》）中的相关规定。④

从《企业破产法》公平清理债权债务、保护债权人和债务人的合法权益、维护社会主义市场经济秩序的立法宗旨出发，破产财产处置中须兼顾公平与效率原则，管理人应当勤勉尽责、忠实执行职务。不论是私法上的拍卖，还是司法强制拍卖，对拍卖标的瑕疵之展示与说明是否充分均是判断应否承担瑕疵担保责任的重要条件。⑤ 鉴于此，在拍卖破产财产时，债

---

① 参见黄忠顺：《破产财产网络拍卖的深度透析》，载《法治研究》2022 年第 2 期。

② 参见余建华、胡剑飞：《绍兴判决首例破产拍卖多人悔拍纠纷案》，载《人民法院报》2018 年 8 月 16 日第 3 版。

③ 参见黄忠顺：《破产财产网络拍卖的深度透析》，载《法治研究》2022 年第 2 期。

④ 参见江苏省高级人民法院（2020）苏民申 4514 号民事裁定书。

⑤ 参见江必新、刘贵祥主编：《最高人民法院〈关于人民法院网络司法拍卖若干问题的规定理解与适用〉》，中国法制出版社 2017 年版，第 197 页。

务人及管理人对于所拍卖资产的已知瑕疵应予以特别提示，严格履行瑕疵披露义务以减少争讼事务，保障破产程序的有序高效推进。

至于债务人及管理人在破产财产网络拍卖中如何严格履行瑕疵披露义务，虽然目前尚无统一性规定，但各地法院已相继出台了相关规范性文件，如《北京市高级人民法院关于破产程序中财产网络拍卖的实施办法（试行）》等，其中对管理人瑕疵披露义务的说明基本与《网拍规定》一致，同时亦明确指出管理人通过网络拍卖方式处置债务人财产的，可参照适用《网拍规定》。根据《网拍规定》第 12 条、第 14 条之规定，网络司法拍卖应当先期公告，拍卖公告应当包括拍卖财产、价格、保证金、竞买人条件、拍卖财产已知瑕疵、相关权利义务、法律责任、拍卖时间、网络平台和拍卖法院等信息。实施网络司法拍卖的，人民法院应当在拍卖公告发布当日通过网络司法拍卖平台对拍卖财产已知瑕疵和权利负担等事项予以特别提示。

综上，本书认为管理人通过网络拍卖处置破产财产的，应参照《网拍规定》对拍卖财产的权属、权利负担、质量瑕疵、欠缴税费、占有使用等现状予以说明，详细制定《拍卖公告》《拍卖须知》《拍卖标的物调查情况表》等公示材料，并特别提示拍卖标的的已知瑕疵。同时，建议在地区法院已出台针对破产财产网络拍卖的相关文件时，参照具体文件要求充分履行瑕疵披露义务。

【参考依据】

《最高人民法院关于人民法院网络司法拍卖若干问题的规定》

第 12 条第 2 款　拍卖公告应当包括拍卖财产、价格、保证金、竞买人条件、拍卖财产已知瑕疵、相关权利义务、法律责任、拍卖时间、网络平台和拍卖法院等信息。

第 14 条　实施网络司法拍卖的，人民法院应当在拍卖公告发布当日通过网络司法拍卖平台对下列事项予以特别提示：……（三）拍卖财产已知瑕疵和权利负担；（四）拍卖财产以实物现状为准，竞买人可以申请实地看样；（五）竞买人决定参与竞买的，视为对拍卖财产完全了解，并接受拍卖财产一切已知和未知瑕疵；……

第 15 条　被执行人应当提供拍卖财产品质的有关资料和说明。

人民法院已按本规定第十三条、第十四条的要求予以公示和特别提示，且在拍卖公告中声明不能保证拍卖财产真伪或者品质的，不承担瑕疵担保责任。

第 31 条 当事人、利害关系人提出异议请求撤销网络司法拍卖，符合下列情形之一的，人民法院应当支持：

（一）由于拍卖财产的文字说明、视频或者照片展示以及瑕疵说明严重失实，致使买受人产生重大误解，购买目的无法实现的，但拍卖时的技术水平不能发现或者已经就相关瑕疵以及责任承担予以公示说明的除外；

......

《北京市高级人民法院关于破产程序中财产网络拍卖的实施办法（试行）》①

第 7 条 实施债务人财产网络拍卖的，管理人应当履行下列职责：

（一）查明拍卖财产的权属、权利负担、质量瑕疵、欠缴税费、占有使用等现状并予以说明；

......

第 9 条第 2 款 拍卖公告应当包括拍卖财产、起拍价、保证金、竞买人条件、拍卖财产已知瑕疵、相关权利义务、法律责任、拍卖时间、网络平台、破产案件审理法院、管理人名称及联系方式等信息。

第 10 条 管理人应当在拍卖公告发布当日通过选择的网络拍卖平台公示下列信息：

（一）拍卖公告；（二）拍卖财产现状的文字说明、照片或视频等；

......

第 23 条 管理人未勤勉尽责、忠实执行职务，在处置债务人财产过程中给债权人、债务人或者第三人造成损失的，依法承担赔偿责任。

第 24 条 管理人通过网络拍卖方式处置债务人财产，本办法没有规定的，可参照适用《最高人民法院关于人民法院网络司法拍卖若干问题的规定》。

---

① 重庆市高级人民法院、上海市高级人民法院、黑龙江省哈尔滨市中级人民法院以及山东省济南市中级人民法院等相继出台了《关于破产程序中财产网络拍卖的实施办法/工作指引》类似规范性文件。

《**法国商法典**》①

第 622-16 条第 3 款　在同样条件下，财产主要成分，所处的位置或者已收到的购买要约，有可能实现现在最佳条件下进行协商转让的，特派法官可以准许变卖，按其确定的开拍价格以协商拍卖方式进行，或者按其确定的价格与条件以自愿协商的方式进行。以协商拍卖方式进行的，变卖可始终以竞价方式进行。

《**日本破产法**》②

第 78 条第 2 款　破产财产管理人在进行下列行为时，必须取得法院的许可：

1. 关于不动产的物权、应当登记的日本船舶或外国船舶的自主出售；

2. 矿业权、渔业权、专利权、实用新型权、外观设计专利权、商标权、线路配置利用权、培育未成年残疾人的权利、著作权或著作相邻权的自主出售；

3. 营业或者事业的转让；

4. 商品的整体出售；

……

第 184 条第 1 款　关于第七十八条第二款第一项以及第二项中所列的财产的变现，除依据该规定进行的变卖之外，必须依照民事执行法及其他关于强制执行程序的法律规定进行。

（作者：马雅俐）

26.【破产财产变价处置僵局的处理】破产财产处置中，如果出现拍卖降价与资产抵债的冲突僵局如何化解？能否直接采取实物分配方式清偿债权？

【回答】

破产财产处置应积极探索更为有效的处置方式和渠道。拍卖不成的，

---

①　参见李飞主编：《当代外国破产法》，中国法制出版社 2006 年版，第 412 页。

②　参见李飞主编：《当代外国破产法》，中国法制出版社 2006 年版，第 746 页、第 793 页。

经债权人会议决议，可采取作价变卖、债权分配、实物分配、设立信托等方式。变卖或分配方案经债权人会议两次表决仍未通过的，由人民法院裁定处理。采取实物分配方式处置的，按照破产债权清偿顺位确定参与分配的债权人主体；在同一顺位中不足以清偿全部债权的，按比例分别进行分配。

【理由】

破产财产处置方式主要包括公开拍卖、作价变卖以及实物分配等。在最高人民法院的指引下，各地法院亦积极创新处置方式，释放市场活力。当破产财产处置出现僵局时，除通过作价变卖、实物分配化解僵局，还可以采取整体出售、债权分配、设立信托等多元化方式处置破产财产。[①]

鉴于拍卖具有公开透明度高、交易成本低、信息覆盖面广等优势，在破产财产处置中能够快捷实现拍卖标的的价值，充分保障债权人及债务人的合法权益，[②]《企业破产法》第 112 条要求优先通过拍卖方式变价出售破产财产。然而，部分债务人企业购置的资产设备年限久远、陈旧老化、生产效率低，已难以契合快速发展的现代企业之需求，出售时往往面临被压价或潜在购买商稀少的困境。在拍卖过程中，经常遇到流拍、降价拍卖等情形，导致资产处置变现率低。[③] 破产财产处置应当兼顾价值最大化与效率原则，但在时间有限的情境下，实际难以在市场中取得最优价格，故不应单纯以价格为依据评判管理人变现义务的履行。[④] 一些适用于执行程序网络拍卖的规则不尽符合破产程序的网络拍卖，如拍卖次数、降价幅度、起拍价设定的限制等，[⑤] 若参照相关规定则将直接影响拍卖成交率与破产程序进程。依据《企业破产法》之规定，管理人拟订的破产财产变价方案应当提交债权人会议讨论，并经由债权人会议通过或人民法院裁定，因此

---

① 参见王玲芳、孙立尧：《破产程序中债务人财产处置面临的困境及应对建议》，载《人民法院报》2021 年 10 月 14 日第 7 版。

② 参见郭瑞：《商事思维模式下破产财产变现问题研究》，载《西南政法大学学报》2017 年第 3 期。

③ 杨玉泉：《执行转破产工作机制探索》，载《人民司法（应用）》2020 年第 1 期。

④ 参见 Baur et al., Insolvenzrecht, C. F. Müller, 1990, Rn. 5. 67, 转引自许德风：《破产法论——解释与功能比较的视角》，北京大学出版社 2015 年版，第 468 页。

⑤ 参见徐阳光：《依法推进市场化破产重整程序的有效实施》，载《人民法治》2017 年第 11 期。

债权人会议原则上可以通过意思自治决定破产财产拍卖的相关事项。上海市高级人民法院出台的破产财产网络拍卖相关规范性文件即指出破产财产网络拍卖的拍卖次数、降价幅度不受限制。为提高财产处置效率，债权人会议关于财产变价方案的决议内容可以明确债务人财产通过多次网络拍卖直至变现为止，或明确变卖前的流拍次数。若拍卖所得预计不足以支付评估拍卖费用，或者拍卖不成的，经债权人会议决议，可以采取作价变卖或实物分配方式。

管理人应全面调查破产财产状况，参考资产处置投入成本与债权人分配清偿的比率，选择合适的资产处置方式。司法实践中已存在部分破产企业直接在破产财产变价方案中明确采取拍卖与实物分配相衔接的破产财产处置方式，如对特定财产享有优先受偿权的债权人在其债权金额高于流拍价的情况下可以选择以最后一次流拍价进行以物抵债。[①] 针对房地产企业破产问题，企业破产财产中不动产居多，"问题楼盘"处置工作艰巨，而破产财产评估、拍卖、变卖等程序所需时间较长、成本较高，且资产变现困难，难以及时实现其合理价值，影响各方利害关系人权利的实现。因此，对于不具有重整希望的房地产破产企业，直接采取实物分配方式处置破产财产或成为主要手段。参照《民事诉讼法解释》第489条规定，在不损害其他债权人利益和社会公共利益的前提下，经与优先受偿权人和其他债权人充分协商、达成合意，管理人可以不经拍卖、变卖，直接采取实物分配的方式清偿破产债权。

采取实物分配方式处置破产财产的，管理人应根据案件实际情况设计完善合法有效的分配方案，以提升资产处置效率，避免破产程序陷入停滞僵局。理清债权债务关系、确定债权金额及性质是拟定分配方案的前提，应当先行制作一份经由管理人审查、债权人会议核查以及法院裁定确认的无争议债权明细表。依据该债权明细表，按照破产债权清偿顺位确定参与分配的债权人主体；在同一顺位中不足以清偿全部债权的，按比例分别进行分配。分配方案须明确参与分配的债权人范围、分配方式、可用于分配的财产以及财产的基本情况与价值等信息。基于保护债权人和社会公共利益的要求，参考具有合法资质的评估机构评估的资产快速变现价值或参照

[①] 参见重庆市第五中级人民法院(2019)渝05破8号之三民事裁定书。

拍卖保留价合理确定用于分配的财产价格。分配方案应当及时提交债权人会议表决；经债权人会议两次表决仍未通过的，由人民法院裁定处理。

【参考依据】

《企业破产法》

第 112 条 变价出售破产财产应当通过拍卖进行。但是，债权人会议另有决议的除外。

破产企业可以全部或者部分变价出售。企业变价出售时，可以将其中的无形资产和其他财产单独变价出售。

按照国家规定不能拍卖或者限制转让的财产，应当按照国家规定的方式处理。

第 113 条 破产财产在优先清偿破产费用和共益债务后，依照下列顺序清偿：（一）破产人所欠职工的工资和医疗、伤残补助、抚恤费用，所欠的应当划入职工个人账户的基本养老保险、基本医疗保险费用，以及法律、行政法规规定应当支付给职工的补偿金；（二）破产人欠缴的除前项规定以外的社会保险费用和破产人所欠税款；（三）普通破产债权。

破产财产不足以清偿同一顺序的清偿要求的，按照比例分配。

破产企业的董事、监事和高级管理人员的工资按照该企业职工的平均工资计算。

《审理破产案件规定》

第 85 条 破产财产的变现应当以拍卖方式进行。由清算组负责委托有拍卖资格的拍卖机构进行拍卖。

依法不得拍卖或者拍卖所得不足以支付拍卖所需费用的，不进行拍卖。

前款不进行拍卖或者拍卖不成的破产财产，可以在破产分配时进行实物分配或者作价变卖。债权人对清算组在实物分配或者作价变卖中对破产财产的估价有异议的，可以请求人民法院进行审查。

《民事诉讼法解释》

第 489 条 经申请执行人和被执行人同意，且不损害其他债权人合法权益和社会公共利益的，人民法院可以不经拍卖、变卖，直接将被执行人的财产作价交申请执行人抵偿债务。对剩余债务，被执行人应当继续清偿。

《破产审判会议纪要》

26. 破产财产的处置。破产财产处置应当以价值最大化为原则，兼顾处置效率。人民法院要积极探索更为有效的破产财产处置方式和渠道，最大限度提升破产财产变价率。采用拍卖方式进行处置的，拍卖所得预计不足以支付评估拍卖费用，或者拍卖不成的，经债权人会议决议，可以采取作价变卖或实物分配方式。变卖或实物分配的方案经债权人会议两次表决仍未通过的，由人民法院裁定处理。

《上海市高级人民法院关于破产程序中财产网络拍卖的实施办法（试行）》①

第 22 条 债务人财产网络拍卖的拍卖次数、降价幅度不受限制。为提高财产处置效率，债权人会议关于财产变价方案的决议内容可以明确债务人财产通过多次网络拍卖直至变现为止，或明确变卖前的流拍次数，以及整体拍卖流拍后的处理方案。

【参考案例】

（一）江西浙达房地产开发有限公司破产清算案【江西省贵溪市人民法院（2020）赣 0681 破 2 号民事裁定书】

裁判要旨：第四次债权人会议表决通过了破产财产分配方案，购房类债权以其对应的房产实物进行交付清偿。该案在受益债权人阶梯式分摊共益债务、实物分配等方面做了积极探索尝试，对审理涉房地产企业破产案件具有较强的借鉴意义。

（二）新华信托股份有限公司破产清算案【重庆市第五中级人民法院（2022）渝 05 破 237 号民事裁定书】

裁判要旨：新华信托破产财产经多轮拍卖，适宜变现的财产已全部变现，短期内不宜变现的财产已交由破产服务信托，破产财产已全部处置并分配完毕。信托产品已通过更换受托人或者终止后清算等方式处置完毕。

（三）舟山市半岛投资开发有限公司破产重整案【浙江省舟山市中级人

---

① 北京市高级人民法院、广东省佛山市中级人民法院以及吉林省长春市中级人民法院等出台的《破产财产网络拍卖规定》中均有"债务人财产网络拍卖的拍卖次数、降价幅度不受限制"类似规定。

民法院（2020）浙 09 破 3 号民事裁定书】

裁判要旨：重整未果后，舟山市中级人民法院及时转换工作重心，通过灵活制度创新，指导管理人制定了"适格主体兜底+续建交付义务+假马竞价模式"的资产处置方式，引入兜底方就项目土地、在建工程等资产达成兜底收购协议，并由兜底方承诺完成项目续建并依约向购房户交付房屋。

（作者：马雅俐）

27. 【涉以物抵债和解协议财产的取回权行使】在执行程序中，债务人与债权人达成以物抵债的执行和解协议，约定将土地使用权抵偿给债权人，但法院未作出以物抵债执行裁定，亦未办理过户手续。债务人进入破产程序后，债权人能否对抵债财产主张取回？如果在执行程序中以物抵债协议经过法院裁定确认，债权人能否主张取回？

【回答】

双方当事人达成合意性以物抵债执行和解协议，不直接产生物权设立、变更的法律效力，若未办理过户登记手续，在债务人进入破产程序后，债权人主张抵债财产取回的，不予支持。在执行程序中经人民法院裁定确认的以物抵债协议，财产所有权自人民法院抵债裁定送达债权人时转移，在债务人进入破产程序后，债权人可主张破产取回权。

【理由】

"以物抵债"是指债务人以财产作价抵偿债务的行为，根据《民事诉讼法解释》第 489 条及第 490 条，其在执行程序中可分为合意性以物抵债和强制性以物抵债，分别对应本问题中的两种情形。

第一，合意性以物抵债。合意性以物抵债的本质属于执行和解，是申请人或被执行人对自身权利义务的处分行为，属于私法行为。① 根据《最

---

① 参见李玉林：《论以物抵债协议的类型化适用》，载《法律科学（西北政法大学学报）》2023 年第 4 期。

高人民法院关于执行和解若干问题的规定》第 6 条的规定，当事人达成以物抵债执行和解协议，人民法院不得依据该协议作出以物抵债裁定。因此，债务人土地、厂房等不动产不存在《民法典》第 229 条所规定的物权因法律文书生效而变更的情形。同时，若仅达成以物抵债协议而未办理过户登记手续，依据《民法典》第 209 条，不动产所有权同样未发生移转。在债务人进入破产程序后，破产取回权来源于民法中物的返还请求权，即取回权人对拟取回的标的物享有所有权或支配权，有权向管理人请求返还。当双方未办理过户手续时，不动产仍是债务人的破产财产，债权人不能以不动产不属于债务人财产为由主张取回。

第二，强制性以物抵债。强制性以物抵债在执行程序中通常发生在拍卖或者变卖不成的情况之下，其适用条件包括被执行人无支付金钱能力、被执行人的财产无法拍卖或变卖、申请执行人同意以及抵债物价值经有关部门评估。此种情形实际为法定程序产生的被动抵债行为。根据《民事诉讼法解释》第 491 条及《民法典物权编解释（一）》第 7 条的规定，标的物所有权自抵债裁定送达接受抵债物的债权人时转移，且人民法院在执行程序中作出的以物抵债裁定书应当认定为《民法典》第 229 条所称导致物权设立、变更、转让或者消灭的人民法院、仲裁机构的法律文书。因此，债务人土地、厂房等不动产经过评估拍卖，因三次拍卖流拍而不得已达成以物抵债协议的，所有权自人民法院抵债裁定送达债权人时转移，在债务人进入破产程序后，债权人可以依据对债务人土地、场地等不动产的所有权向管理人主张破产取回权。

【参考依据】

《民法典》

第 209 条　不动产物权的设立、变更、转让和消灭，经依法登记，发生效力；未经登记，不发生效力，但是法律另有规定的除外。

依法属于国家所有的自然资源，所有权可以不登记。

第 229 条　因人民法院、仲裁机构的法律文书或者人民政府的征收决定等，导致物权设立、变更、转让或者消灭的，自法律文书或者征收决定等生效时发生效力。

《企业破产法》

第 38 条　人民法院受理破产申请后，债务人占有的不属于债务人的财产，该财产的权利人可以通过管理人取回。但是，本法另有规定的除外。

《民法典物权编解释（一）》

第 7 条 人民法院在执行程序中作出的拍卖成交裁定书、变卖成交裁定书、以物抵债裁定书，应当认定为民法典第二百二十九条所称导致物权设立、变更、转让或者消灭的人民法院、仲裁机构的法律文书。

《民事诉讼法解释》

第 489 条 经申请执行人和被执行人同意，且不损害其他债权人合法权益和社会公共利益的，人民法院可以不经拍卖、变卖，直接将被执行人的财产作价交申请执行人抵偿债务。对剩余债务、被执行人应当继续清偿。

第 490 条 被执行人的财产无法拍卖或者变卖的，经申请执行人同意，且不损害其他债权人合法权益和社会公共利益的，人民法院可以将该项财产作价后交付申请执行人抵偿债务，或者交付申请执行人管理；申请执行人拒绝接收或者管理的，退回被执行人。

第 491 条 拍卖成交或者依法定程序裁定以物抵债的，标的物所有权自拍卖成交裁定或者抵债裁定送达买受人或者接受抵债物的债权人时转移。

《最高人民法院关于执行和解若干问题的规定》

第 6 条 当事人达成以物抵债执行和解协议的，人民法院不得依据该协议作出以物抵债裁定。

《最高人民法院关于人民法院民事执行中拍卖、变卖财产的规定》

第 26 条 不动产、动产或者其他财产权拍卖成交或者抵债后，该不动产、动产的所有权、其他财产权自拍卖成交或者抵债裁定送达买受人或者承受人时起转移。

中国台湾地区"强制执行法"

第 98 条 拍卖之不动产，买受人自领得执行法院所发给权利移转证书之日起，取得该不动产所有权，债权人承受债务人之不动产者亦同。

前项不动产原有之地上权、永佃权、地役权、典权及租赁关系随同移转。

但发生于设定抵押权之后，并对抵押权有影响，经执行法院除去后拍卖者，不在此限。

存于不动产上之抵押权及其他优先受偿权，因拍卖而消灭。但抵押权所担保之债权未定清偿期或其清偿期尚未届至，而拍定人或承受抵押物之债权人声明愿在拍定或承受之抵押物价额范围内清偿债务，经抵押权人同意者，不在此限。

《德国强制拍卖与强制管理法》①

第 90 条 （1）只要是并非在抗告过程中废止拍卖成交裁定的法律效力，买受人就因拍卖成交而成为土地所有权人。

（2）随着土地，买受人同时也获得拍卖所涉及标的物的所有权。

《日本民事执行法》

第 79 条 买受人缴纳价款时，取得不动产所有权。

【参考案例】

威海信悦小额贷款有限公司、威海广信房地产开发有限责任公司取回权纠纷案【最高人民法院（2020）最高法民申 477 号民事裁定书】②

裁判要旨：破产取回权是物的返还请求权在破产法上的适用，其权利基础主要是所有权以及其他权利。本案中债权人是否有权取回案涉房屋，关键在于其是否对标的物享有所有权或其他权利。涉案双方的基础法律关系为借款合同关系，随后通过签订商品房买卖合同的方式实现以物抵债的交易目的。本案中债权人虽然与债务人签订了《债务抵顶清结协议》及《商品房买卖（预售）合同》，并在合同中明确约定了房产的位置坐落、房号和面积，但双方并未办理房屋产权过户手续，债权人亦未实现对房产的实际控制和占有。因此应当认定，双方签订的以物抵债协议并未履行完毕，债权人并未取得涉案房屋的所有权，不能行使取回权。

（作者：朱程涛）

---

① 参见［德］奥拉夫·穆托斯特：《德国强制执行法》（第二版），马强伟译，中国法制出版社 2019 年版，第 203 页。

② 类似裁判可参见最高人民法院（2022）最高法民申 59 号民事裁定书、辽宁省朝阳市中级人民法院（2021）辽 13 执 181 号执行裁定书、山东省临沂市罗庄区人民法院（2023）鲁 1311 民初 9310 号民事判决书等。

28.【挂靠开发项目资产性质】房地产企业破产案件中，挂靠人借用房地产企业的资质并使用挂靠人的自有资金开发建设房地产项目，该房地产项目资产应否被纳入破产财产范围？

【回答】

挂靠人根据合作开发协议，借用房地产企业的资质并使用自有资金开发，以债务人名义建设的房地产项目，在债务人破产程序中属于债务人资产，应被纳入破产财产范围。但同时具备下列条件的除外：(1)双方明确约定由投资人对项目资产自主开发、独立核算、自负盈亏，其开发资产归属于挂靠人。(2)债务人在项目开发时公开披露开发项目资产系由投资人自主开发的事实。

【理由】

一、一般情形处理

以债务人名义建设的房地产项目，在债务人破产程序中属于债务人资产，应被纳入破产财产范围。具体理由如下：

第一，在未办理房地产所有权变更登记之前，挂靠人难以仅凭挂靠开发协议主张排除强制执行。加之，在开发被挂靠项目的过程中，立项、规划、建设过程中所需的证件、手续等均由被挂靠人办理，挂靠项目用地的土地使用权亦登记在被挂靠人名下，挂靠人并不具备房地产开发所需的"四证"等合法手续，无法通过主张"合法建造"取得物权并行使破产取回权。司法裁判亦指明，即使挂靠协议可以确认挂靠人享有一定的实体权益，但我国法律对开发经营房地产项目设立了准入门槛，为了获得个人收益，规避国家法律法规，采取挂靠的方式开发经营房地产项目的行为不应得到法律的肯定性评价，且应当预见存在相应的风险。因此，挂靠人的抗辩多不足以排除强制执行，① 项目资产也应被纳入破产财产范围。

第二，根据《中华人民共和国建筑法》(以下简称《建筑法》)及《建筑业企业资质管理规定》等法律法规，开发建设房地产项目需取得对应的建

_____

① 参见最高人民法院(2019)最高法民申 294 号民事裁定书、最高人民法院(2021)最高法民终 811 号民事判决书。

筑业企业资质证书。不难看出，我国立法严格限制房地产开发企业的资质，不具备相应资质的企业或自然人不得从事房地产开发活动，且根据《建工合同解释（一）》第 1 条第 2 项规定，没有资质的实际施工人借用有资质的建筑施工企业名义的建设工程施工合同"无效"。若项目资产仍属于挂靠人，实乃变相鼓励挂靠这一投机和违法行为，不利于房地产资质管理。

二、例外情形判断

在处理无资质的企业或个人挂靠有资质的建筑企业承揽工程时，应区分内部关系和外部关系，二者均存在例外情形使挂靠项目资产归属于挂靠人。

第一，双方明确约定由投资人对项目资产自主开发、独立核算、自负盈亏，司法实践中双方多被认定为挂靠关系，即实际施工人借用资质施工，而非内部承包关系。① 在此前提下，将项目资产排除在破产财产范围外具有合理性：

一方面，挂靠行为属于违法行为，但已履行的建设工程无法恢复原状，一味认定合同无效，项目资产全部纳入破产财产范围将导致"挂"方受到的否定性评价过分多于"靠"方，亦不满足公平正义的原则。

另一方面，随着"效力性强制性规定"和"管理性强制性规定"二分，人民法院在认定发包人与被挂靠人签订的施工合同是否无效的裁判上，存在一个由"紧"到"松"的变化过程：② "挂靠（借用资质）施工中，被挂靠人（被借用资质企业）与发包人签订的施工合同并不必然无效"这一观点于 2018 年后在最高院裁判文书中的出现频率逐年提升。③ 当双方订立协议时已明确约定项目的权利义务且已实际履行时，系双方真实意思表示，将其与破产财产区分开来并不损害其他债权人利益时，应按照合同约定将该独立运作的项目资产排除在破产财产范围外。

第二，债务人在项目开发时公开披露开发项目资产系由投资人自主开

---

① 参见最高人民法院（2018）最高法民申 4718 号民事裁定书、最高人民法院（2021）最高法民终 811 号民事判决书。

② 参见唐倩：《挂靠施工合同的效力分析》，载《法律适用》2019 年第 5 期。

③ 参见最高人民法院（2018）最高法民申 75 号民事裁定书、最高人民法院（2018）最高法民申 958 号民事裁定书。

发的事实。一般认为，挂靠关系中，发包人知情时，发包人与被挂靠人欠缺订立施工合同的真实意思表示，而挂靠人与发包人在订立和履行施工合同的过程中已形成了事实上的法律关系，挂靠人可以基于事实关系直接向发包人主张权利。① 此种事实关系也为破产程序中挂靠人起诉发包人诉请剩余工程款打开了豁口。

挂靠开发协议是否有效并不构成挂靠人请求发包人承担支付工程款义务的法律障碍，② 这一观点早在司法实践中被反复确认，即使《最高人民法院关于审理建设工程施工合同纠纷案件适用法律问题的解释(二)》(现已失效)认为只有与发包人订立建设工程施工合同的承包人才享有建设工程价款优先受偿权，彼时最高法的部分判决还是认为施工合同无效并非免除发包人的付款义务。③ 工程款作为项目资产的一部分，在认定了发包人的付款义务后直接将未付工程款纳入破产财产范围存在法理矛盾。在司法实践中，发包人向被挂靠人支付工程款时转入特定账户，或可与被挂靠人的其他资金相区分等使账户资金特定化的措施也被认为是发包人知情，并支持挂靠人直接向发包人主张权利。

这一观点实为利益衡量的结果。挂靠人能否取得项目资产或其变价与农民工工资能否得到保障直接挂钩。农民工群体的劳动报酬关系其个人的生存，当其被挂靠人所代表的商业利益冲突时，无疑应优先保护农民工群体。优先保护处于弱势地位的建筑工人的权益的态度可从 2004 年出台的《最高人民法院关于审理建设工程施工合同纠纷案件适用法律问题的解释》(现已失效)对合同相对性的突破中窥见，司法实践亦指出若全部纳入破产债权申报对于供应商和劳动者都极不公平，不利于交易的安全和交易秩序的安定，与法律公平正义、安定有序的法律价值相悖。④ 国产实业(苏州)新兴建材有限公司与沈金标等建设工程施工合同纠纷上诉案的裁判要旨明确实际施工人突破合同相对性向发包人主张权利，系司法解释为保护农民工权益而作出的特殊制度安排，当建筑公司进入破产程序时，实

---

① 参见最高人民法院(2021)最高法民终 985 号民事判决书、最高人民法院(2019)最高法民再 329 号民事裁定书。

② 参见最高人民法院(2020)最高法民申 1004 号民事裁定书。

③ 参见最高人民法院(2018)最高法民终 611 号民事判决书。

④ 参见四川省高级人民法院(2019)川民终 289 号二审民事判决书。

际施工人能向发包人主张工程价款请求权,① 从侧面支持了发包人知情时项目资产应被纳入破产财产范围的观点。

需要说明的是,若该挂靠项目尚未竣工验收,管理人应以有利于全体债权人的利益为出发点,继续履行合同。在建工程若能够成功续建实际上是对其价值的提升,若无法续建或者不能得到有效合理的处置,则遭受损失的不仅仅是企业本身,资源无法充分利用、烂尾工程的存在也会对城市发展产生影响,让整个社会蒙受损失。②

【参考依据】

《民法典》

第807条 发包人未按照约定支付价款的,承包人可以催告发包人在合理期限内支付价款。发包人逾期不支付的,除根据建设工程的性质不宜折价、拍卖外,承包人可以与发包人协议将该工程折价,也可以请求人民法院将该工程依法拍卖。建设工程的价款就该工程折价或者拍卖的价款优先受偿。

《企业破产法》

第42条 人民法院受理破产申请后发生的下列债务,为共益债务:(一)因管理人或者债务人请求对方当事人履行双方均未履行完毕的合同所产生的债务;(二)债务人财产受无因管理所产生的债务;(三)因债务人不当得利所产生的债务;(四)为债务人继续营业而应支付的劳动报酬和社会保险费用以及由此产生的其他债务;(五)管理人或者相关人员执行职务致人损害所产生的债务;(六)债务人财产致人损害所产生的债务。

《建工合同解释(一)》

第35条 与发包人订立建设工程施工合同的承包人,依据民法典第八百零七条的规定请求其承建工程的价款就工程折价或者拍卖的价款优先受偿的,人民法院应予支持。

第36条 承包人根据民法典第八百零七条规定享有的建设工程价款优先受偿权优于抵押权和其他债权。

---

① 参见王坤:《转包人破产不影响实际施工人向发包人主张权利》,载《人民司法·案例》2020年第20期。
② 参见徐阳光、叶希希:《论建筑业企业破产重整的特性与模式选择——兼评"分离式处置"模式》,载《法律适用》2016年第3期。

第 38 条　建设工程质量合格，承包人请求其承建工程的价款就工程折价或者拍卖的价款优先受偿的，人民法院应予支持。

第 39 条　未竣工的建设工程质量合格，承包人请求其承建工程的价款就其承建工程部分折价或者拍卖的价款优先受偿的，人民法院应予支持。

《广东省高级人民法院关于审查处理执行裁决类纠纷案件若干重点问题的解答》

15. 挂靠房地产开发企业的挂靠人持挂靠协议对登记在房地产开发企业名下的执行标的主张排除执行的情形，如何处理？

意见：不论挂靠协议是否真实均不可以排除执行。

说明：房地产开发需有特定的房地产开发经营资质，没有资质的单位挂靠在有资质的单位进行房地产开发所签订的挂靠协议违法，因违法行为取得的利益不受法律保护。实践中应注意审查名为合作开发，实为挂靠的协议的性质。

【参考案例】

沈金标与国产实业(苏州)新兴建材有限公司、江苏中苑建设集团有限公司等建设工程施工合同纠纷案【江苏省苏州市人民法院(2019)苏 05 民再 92 号民事判决书】

裁判要旨：本案中，沈金标为实际施工人，德丰公司为发包人，依法在欠付工程价款范围内对实际施工人沈金标承担责任。中苑公司破产与否，不影响德丰公司上述义务承担的范围。沈金标要求德丰公司承担全部连带责任没有法律依据，本院不予支持。

（作者：刘心怡）

29. 【虚假按揭贷款中抵押资产的认定】企业与股东或员工通过"假按揭"套取银行贷款，股东和员工获得贷款后再将资金转入公司。企业被裁定破产受理时尚欠部分贷款未偿还。在此情况下，抵押房屋是否应被纳入债务人财产范围，由管理人依法处置？

【回答】

企业与股东或员工通过"假按揭"套取银行贷款，企业被裁定破产受理时尚欠部分贷款未偿还的，管理人应请求法院确认该合同无效，并将抵押房屋收回并纳入债务人财产。银行对"假按揭"行为不知情的，有权就抵押房屋主张优先受偿权。

【理由】

所谓假按揭，主要是指开发商串通没有真实购房意愿的购房借贷申请人或者独立伪造购房借贷申请人，通过虚假的购房交易套取银行个人贷款，开发商可能代替购房借贷人归还贷款的行为。[1] 假按揭的"假"主要指两方面的内容：其一，开发商操纵假按揭行为的目的并非为了使名义购房人获得房屋的所有权，而是假借购房向银行办理个人住房贷款，从而套取银行资金；其二，名义购房人既有可能是开发商的利害关系人，也有可能是开发商虚构的购房主体，借款人向银行提供的信息也可能是虚假的。[2]

就假按揭中商品房买卖合同的订立而言，尽管该合同具有合法的形式，但名义购房人可能是并不存在的虚拟主体；即使名义购房人是真实存在的，由于名义购房人多为房地产企业的员工，其知晓假按揭的真实情况而仍与开发商订立购房合同。因此，这种合同符合《民法典》第154条"行为人与相对人恶意串通，损害他人合法权益的民事法律行为无效"的规定，应为无效合同。[3] 破产程序中，管理人应向法院主张请求确认该合同无效。此时，无论房屋所有权是否已发生移转，均应纳入债务人财产依法处置。

对抵押贷款合同效力的认定，是银行利益能否获得有效保护的关键。实践中，既有观点认为抵押贷款合同无效，[4] 又有观点认为抵押贷款合同有效。[5] 抵押贷款合同尽管在合同目的上具有为商品房买卖提供保障的作用，但抵押贷款合同并非商品房买卖合同的从合同，抵押贷款合同与商品

---

[1] 参见陈涛：《"假按揭"法律风险防范》，载《中国集体经济》2009年第12期。

[2] 参见李建华、王国柱：《商品房假按揭司法处理的法律适用及规则完善》，载《山东社会科学》2013年第10期。

[3] 参见李建华、王国柱：《商品房假按揭司法处理的法律适用及规则完善》，载《山东社会科学》2013年第10期。

[4] 参见武汉市中级人民法院(2020)鄂01民终8623号民事判决书。

[5] 参见最高人民法院(2018)最高法民申2109号民事裁定书。

房买卖合同是两种相对独立的法律关系。因而，名义购房人与开发商恶意串通骗取贷款导致商品房买卖合同无效，并不当然导致名义购房人与被诈骗银行之间的贷款合同无效。抵押贷款合同的效力由银行善意与否所决定：若有证据表明开发商与银行之间在假按揭过程中存在着恶意串通行为，则可以认定贷款合同无效；而若银行对假按揭行为不知情，则作为善意相对人的银行的利益需要加以保护。① 实践中，为保护作为善意相对人的银行的利益，银行对"假按揭"行为不知情的，法院往往认定抵押贷款合同有效，以此保障银行对抵押房屋优先受偿权的实现。

【参考依据】

《民法典》

第 146 条 行为人与相对人以虚假的意思表示实施的民事法律行为无效。

以虚假的意思表示隐藏的民事法律行为的效力，依照有关法律规定处理。

第 148 条 一方以欺诈手段，使对方在违背真实意思的情况下实施的民事法律行为，受欺诈方有权请求人民法院或者仲裁机构予以撤销。

第 154 条 行为人与相对人恶意串通，损害他人合法权益的民事法律行为无效。

第 388 条 设立担保物权，应当依照本法和其他法律的规定订立担保合同。担保合同包括抵押合同、质押合同和其他具有担保功能的合同。担保合同是主债权债务合同的从合同。主债权债务合同无效的，担保合同无效，但是法律另有规定的除外。

担保合同被确认无效后，债务人、担保人、债权人有过错的，应当根据其过错各自承担相应的民事责任。

第 407 条 抵押权不得与债权分离而单独转让或者作为其他债权的担保。债权转让的，担保该债权的抵押权一并转让，但是法律另有规定或者当事人另有约定的除外。

---

① 参见李建华、王国柱：《商品房假按揭司法处理的法律适用及规则完善》，载《山东社会科学》2013 年第 10 期。

【参考案例】

中国东方资产管理股份有限公司广东省分公司、黄丹霞借款合同纠纷案【广东省广州市中级人民法院(2021)粤01民终595号民事判决书】

裁判要旨:《商品房买卖合同》系以合法形式掩盖非法目的的虚假合同,当属无效。但商品房买卖合同和贷款合同不是主从合同关系,商品房买卖合同的无效并不能当然代表借款合同的无效。在银行对该套贷行为不知情的情况下,由于开发商和贷款人的真实意图不在于购买住房,而是帮助开发商骗取银行贷款,因此开发商和贷款人意思表示不真实。原《合同法》第54条第2款规定,一方以欺诈、胁迫的手段或者乘人之危,使对方在违背真实意思的情况下订立的合同,受损害方有权请求人民法院或者仲裁机构变更或者撤销。根据此规定,贷款合同应属于效力待定的合同,在银行行使撤销权之前,贷款合同是有效的。

(作者:翟宇翔)

30.【违建房屋资产的处置】破产企业开发项目系在工业用地上违建居民住宅,地面建筑物无法转变为有产权的商品房,违建房屋购买人能否享有消费者购房优先权?在破产财产处置分配中,可否按照现状对债权人进行实物分配?

【回答】

违建房屋的买受人不能享有消费者购房优先权。但在破产财产处置分配中,可以按照现状对买受人进行实物分配。

【理由】

关于买受人能否享有消费者购房优先权。根据《异议复议规定》第29条以及《商品房消费者批复》的相关规定,商品房消费者购买的对象应当为商品房。商品房是能够依法进行不动产登记、获得产权并能够合法转让的建筑。在工业用地上违建住宅属于擅自更改土地用途,违反《民法典》与《城乡规划法》的规定。违法建筑物无法登记领取权属证书,不属于商品房,合同标的不适格,买受人不能享有消费者购房优先权。

关于是否能够实物分配。根据最高人民法院关于转发住房和城乡建设部《关于无证房产依据协助执行文书办理产权登记有关问题的函》的通知,执行程序中处置未办理初始登记的房屋时，房屋不具备初始登记条件的，原则上进行"现状处置"，即处置前披露房屋不具备初始登记条件的现状，买受人或承受人按照房屋的权利现状取得房屋，后续的产权登记事项由买受人或承受人自行负责。在最高人民法院（2016）最高法执监 161 号民事裁定书①中，人民法院认为在违法建筑被相关部门行使公权力拆除或自行拆除前，违法建筑仍具有一定的使用价值。如果只是对违法建筑占有的事实状态进行了变更，未涉及建筑物所有权的归属，就不存在将违法建筑通过协助执行行为合法化的情形，也不影响行政机关今后对违法建筑作出处理决定。因此，在破产程序中对违建房屋进行实物分配，符合最高人民法院上述通知的精神。

【参考依据】

《民法典》

第 209 条　不动产物权的设立、变更、转让和消灭，经依法登记，发生效力；未经登记，不发生效力，但是法律另有规定的除外。

依法属于国家所有的自然资源，所有权可以不登记。

第 350 条　建设用地使用权人应当合理利用土地，不得改变土地用途；需要改变土地用途的，应当依法经有关行政主管部门批准。

《商品房买卖合同解释》

第 1 条　本解释所称的商品房买卖合同，是指房地产开发企业（以下统称为出卖人）将尚未建成或者已竣工的房屋向社会销售并转移房屋所有权于买受人，买受人支付价款的合同。

《异议复议规定》

第 29 条　金钱债权执行中，买受人对登记在被执行的房地产开发企业名下的商品房提出异议，符合下列情形且其权利能够排除执行的，人民法院应予支持：

（一）在人民法院查封之前已签订合法有效的书面买卖合同；

（二）所购商品房系用于居住且买受人名下无其他用于居住的房屋；

（三）已支付的价款超过合同约定总价款的百分之五十。

---

① 参见最高人民法院（2016）最高法执监 161 号民事裁定书。

《商品房消费者批复》

二、商品房消费者以居住为目的购买房屋并已支付全部价款，主张其房屋交付请求权优先于建设工程价款优先受偿权、抵押权以及其他债权的，人民法院应当予以支持。

只支付了部分价款的商品房消费者，在一审法庭辩论终结前已实际支付剩余价款的，可以适用前款规定。

《关于无证房产依据协助执行文书办理产权登记有关问题的函》

一、各级人民法院在执行程序中，既要依法履行强制执行职责，又要尊重房屋登记机构依法享有的行政权力；既要保证执行工作的顺利开展，也要防止"违法建筑"等不符合法律、行政法规规定的房屋通过协助执行行为合法化。

二、执行程序中处置未办理初始登记的房屋时，具备初始登记条件的，执行法院处置后可以依法向房屋登记机构发出《协助执行通知书》；暂时不具备初始登记条件的，执行法院处置后可以向房屋登记机构发出《协助执行通知书》，并载明待房屋买受人或承受人完善相关手续具备初始登记条件后，由房屋登记机构按照《协助执行通知书》予以登记；不具备初始登记条件的，原则上进行"现状处置"，即处置前披露房屋不具备初始登记条件的现状，买受人或承受人按照房屋的权利现状取得房屋，后续的产权登记事项由买受人或承受人自行负责。

【参考案例】

福建金龙地产有限公司与中建海峡建设发展有限公司建设工程施工合同纠纷案【最高人民法院(2016)最高法执监161号民事裁定书】

裁判要旨：在违法建筑被相关部门行使公权力拆除或自行拆除前，违法建筑仍具有一定的使用价值……最高人民法院转发住建部《关于无证房产执行问题的通知》第2条明确"执行程序中处置未办理初始登记的房屋时……不具备初始登记条件的，原则上进行'现状处置'……"只对违法建筑占有的事实状态进行了变更，未涉及建筑物所有权的归属，不存在将违法建筑通过协助执行行为合法化的情形，不影响行政机关今后对违法建筑作出处理决定。

（作者：高野）

31. 【破产企业高管非正常收入认定】《破产法解释（二）》第 24 条规定的"利用职权"如何理解？高管获得的绩效奖金是否一律被认定为非正常收入？

【回答】

《破产法解释（二）》第 24 条中的"利用职权"，为董事、监事、高管利用特定身份带来的便利条件通过特定职务行为使得自己或其他高管获得非正常收入。在企业出现破产原因后，除有证据证明收入与高管付出劳动密切相关外，董事、监事、高管的绩效奖金原则上应界定为非正常收入。

【理由】

一、关于"利用职权"的理解

"利用职权"应理解为董事、监事、高管利用特定身份带来的便利条件通过特定职务行为使得自己或其他高管获得非正常收入。理由是：

第一，"利用职权"的行为不局限于由获得非正常收入的董事、监事、高管本人实施。实务中，高管间恶意串通，利用职权为他人谋取非正常收入，从而使得整体获益的现象并不罕见。如果将"利用职权"仅理解为由董监高本人实施，则容易引发董监高人员利用规则漏洞为自身或他人谋取不正当利益，侵蚀破产财产。[①] 从法条文义来看，也未将"利用职权"限制在由本人实施的行为。

第二，利用职权表现为利用董监高身份带来的便利条件，不以公司章程或公司法规定的特定职务范围为限。当企业出现破产事由，债权人的债务清偿面临极大风险，故通过公平清偿的破产程序避免破产债权人受到不公平待遇。因而，对于利用职权的行为不必限制在《公司法》以及公司章程规定的职权范围内。公司董监高人员即使在自身的职权范围之外，利用身份之便，通过特定的职务行为获得的非正常收入同样是对破产财产的减损，导致债权清偿比例降低，侵害债权人的合法权益。例如公司监事未经公司全体股东开会表决同意，利用发工资的名义私分公司资金、[②] 董监高

---

① 参见刘文辉、周坚、杨帆等：《公司高级管理人员非正常收入的认定》，载《人民司法》2019 年第 8 期。

② 参见山东省沂源县人民法院（2023）鲁 0323 民初 13 号民事判决书。

人员将公司账户资金转入个人账户,① 也属于该条文规定的"利用职权"的情形。

二、在企业出现破产原因后,高管的绩效奖金原则上应认定为非正常收入

第一,绩效奖金制度是在企业所有权和经营权分离的情况下,通过适当的激励来促使高管勤勉、忠实地管理公司,矫正其可能进行的侵蚀所有者利益的行为,从而尽可能达到"帕累托最优"的状态。由此,绩效奖金的评定往往与高管所管理部门的业绩紧密关联,与企业利润直接挂钩,在企业出现破产原因时,不存在继续发放此类绩效奖金的基础。②

第二,《企业破产法》赋予职工债权优先受偿性是基于劳动者以自身劳动换取等额回报的公平原则,体现了对弱势群体生存权益之优位保护。相较之下,与公司利润相挂钩的绩效奖金更强调对管理层的激励,可能远高于常规薪酬水平,在性质上更趋近于分享公司的利润,③ 而非纯粹的劳动对价。因此,将此类绩效奖金纳入职工债权范畴显然有违《企业破产法》初衷,企业若在出现破产原因的情境下继续发放绩效奖金,则构成对高管的个别清偿,应予以追回。如在张弛、湖南南方搏云新材料股份有限公司追收非正常收入纠纷案中,法院亦秉持相同立场,当债务人出现破产原因时,债务人的董事、监事和高管基于其特殊身份或依职权所获得的绩效奖金等收入均应认定为非正常收入。④ 但值得说明的是,判断高管的绩效奖金是否属于非正常收入的关键,在于其性质是否与高管提供的劳动直接且合理地对应。如果高管所主张的绩效奖金与其提供的劳动密切相关,⑤ 且金额不存在明显不合理之处,那么该部分收入被视为劳动所得的合理延伸,不宜被轻易认定为非正常收入而予追回。

---

① 参见广东省深圳市龙岗区人民法院(2023)粤 0307 民初 34999 号民事判决书。

② 参见最高人民法院民事审判第二庭编著:《最高人民法院关于企业破产法司法解释理解与适用:破产法解释(一)·破产法解释(二)》,人民法院出版社 2017 年版,第 292 页。

③ 刘文辉、周坚、杨帆、韩冰:《公司高级管理人员非正常收入的认定》,载《人民司法》2019 年第 8 期。

④ 参见湖南省长沙市中级人民法院(2021)湘 01 民终 15612 号民事判决书。

⑤ 参见北京市第一中级人民法院(2022)京 01 民终 7075 号民事判决书、四川省绵阳市中级人民法院(2021)川 07 民终 2536 号民事判决书。

【参考依据】

《企业破产法》

第 36 条 债务人的董事、监事和高级管理人员利用职权从企业获取的非正常收入和侵占的企业财产，管理人应当追回。

《破产法解释(二)》

第 24 条 债务人有企业破产法第二条第一款规定的情形时，债务人的董事、监事和高级管理人员利用职权获取的以下收入，人民法院应当认定为企业破产法第三十六条规定的非正常收入：

(一)绩效奖金；

(二)普遍拖欠职工工资情况下获取的工资性收入；

(三)其他非正常收入。

债务人的董事、监事和高级管理人员拒不向管理人返还上述债务人财产，管理人主张上述人员予以返还的，人民法院应予支持。

债务人的董事、监事和高级管理人员因返还第一款第(一)项、第(三)项非正常收入形成的债权，可以作为普通破产债权清偿。因返还第一款第(二)项非正常收入形成的债权，依据企业破产法第一百一十三条第三款的规定，按照该企业职工平均工资计算的部分作为拖欠职工工资清偿；高出该企业职工平均工资计算的部分，可以作为普通破产债权清偿。

《德国破产法》①

第 133 条(4) 债务人与其关系密切的人订立的对其而言负担沉重的合同(第 138 条)直接对破产债权人构成不利的，可对该合同提出异议。如果合同是在申请启动破产程序前两年以上订立的，或如果另一方当事人在订立合同之日并不知道债务人有意使债权人处于不利地位，则排除这种抗辩。

第 138 条(2) 如果债务人是法人实体或不具法人资格的公司，则与债务人有密切关系的人如下：

1. 代表或监督债务人的机构成员，以及普通合伙人和持有债务人四分之一以上资本的人；

2. 根据公司法或服务合同与债务人有类似联系，有机会了解债务人财务状况的个人或公司；

---

① 《德国破产法》，http://www.gesetze-im-internet.de/inso/BJNR286600994.html，访问日期：2024 年 7 月 10 日。

3. 与第 1 项或第 2 项所述的人有第(1)分节详述的个人关系的人。如果第 1 项或第 2 项所指的人在法律上有义务对债务人的财务状况保密，则这一规定不适用。

【参考案例】

(一)沂源县宝丰粮油有限公司、杨朝剑追收非正常收入纠纷案**【山东省沂源县人民法院(2023)鲁 0323 民初 13 号民事判决书】**

裁判要旨：本案中，被告杨朝剑作为原告宝丰公司的监事，在公司经营期间，未经公司全体股东开会表决同意，分三次利用发工资的名义私分公司资金，该部分款项视为被告杨朝剑侵占，应作为被告杨朝剑的非正常收入而予以返还。

(二)周建忠与江苏省扬州三叶散热器有限公司管理人职工破产债权确认纠纷案**【江苏省扬州市中级人民法院(2018)苏 10 民终 3130 号民事判决书】**①

裁判要旨：企业法人不能清偿到期债务，且资产不足以清偿全部债务或者明显缺乏清偿能力的，其高级管理人员在客观上已经丧失了获取绩效奖金的基础，故对于董事、监事和高级管理人员利用职权从企业获取的非正常收入的认定，并不以其对企业资不抵债具有主观认识为前提。上述人员主张将绩效奖金作为职工工资列入破产债权，按破产清偿第一顺序予以清偿的，人民法院不予支持。

（作者：张宝诺）

32.【融资租赁合同出租人的取回权】承租人破产程序中，融资租赁合同出租人就承租人占有的融资租赁物向管理人主张取回权，是否应予支持？

【回答】

承租人破产程序中，融资租赁合同出租人就租赁物主张取回权的，一

---

① 类似裁判可参见湖南省长沙市中级人民法院(2021)湘 01 民终 15612 号民事判决书、浙江省浦江县人民法院(2024)浙 0726 民初 464 号民事判决书、新疆维吾尔自治区高级人民法院生产建设兵团分院(2023)兵民申 1243 号民事裁定书、江苏省昆山市人民法院(2023)苏 0583 民初 21419 号民事判决书。

般不予支持。出租人可向管理人申报有财产担保债权，并主张在融资租赁资产价值范围内优先受偿。出租人受偿后，融资租赁物归承租人所有。

【理由】

随着《民法典》对担保合同从形式主义向功能主义态度的转变，融资租赁、保理、所有权保留等非典型担保合同被纳入担保合同的范围。① 《民法典》第 745 条已删去"租赁物不属于破产财产"的规定，《民法典担保制度解释》也进一步强化了融资租赁合同的担保属性。上述规定在一定程度上引发了租赁物是否属于破产财产，进而出租人应行使破产取回权抑或破产别除权的争议。对于以上问题，目前存在三种观点：

一是取回权说。该说认为，《民法典》虽删除了租赁物不属于承租人的规定，并将融资租赁纳入非典型担保制度，但并未改变出租人在融资租赁法律关系存续期间对租赁物享有所有权的立场。② 在承租人破产时，出租人依然可以基于其对标的物享有的所有权，按照《企业破产法》及其司法解释的规定行使破产取回权。③ 如果破产管理人不同意取回租赁物，可以要求管理人提供担保或者向破产法院提起取回权之诉。④

二是别除权说。该说主要以功能主义立法对融资租赁交易修改为出发点，讨论出租人在破产程序中享有别除权的可能。其认为《民法典》第 745 条删去"租赁物不属于破产财产"的规定为认定租赁物属于债务人财产预留了空间，这也意味着融资租赁中出租人对租赁物的所有权因仅具有担保租金债权清偿的作用而可以解释为担保物权，出租人在承租人破产时仅得

---

① 参见王晨：《关于〈中华人民共和国民法典（草案）〉的说明——二○二○年五月二十二日在第十三届全国人民代表大会第三次会议上》，载《人民日报》2020 年 5 月 23 日第 6 版。

② 参见贺小荣主编：《最高人民法院第二巡回法庭法官会议纪要（第三辑）》，人民法院出版社 2022 年版，第 364 页。

③ 参见李伟群、尤冰宁：《从"融资"走向"融物"——新监管体系下融资租赁合规展业的实现路径》，载《华侨大学学报（哲学社会科学版）》2021 年第 5 期。

④ 参见程东跃、杨柳勇、陈龙飞：《融资租赁法律实战指南》，中国金融出版社 2022 年版，第 151~154 页。

行使破产别除权。① 与形式主义下"所有权+取回权"的思路相比，"抵押权+超级优先顺位+别除权"的功能主义思路更符合当事人的意思，在标的物交付后，出卖人或承租人关心的通常不再是标的物的取回，而是价款或租金的支付。②

三是折中说。该说认为取回权和别除权同为有担保债权人实现其权利的手段，应允许当事人自行协商并选择适用。其主要观点为，在出租人选择要求承租人支付全部租金的场合，出租人可以就租赁物优先受偿，此为融资租赁合同具有担保功能的表现；在出租人选择要求解除合同并取回租赁物的场合，出租人行使的是破产取回权。双方协商不成的，可以参照适用担保物权的实现程序。出租人权利的行使，必须在担保目的的范围内，并且受登记对抗规则的限制。③

本书认为，在融资租赁交易担保功能化的大前提下，租赁物应属于破产财产，出租人在承租人破产时仅享有别除权而非取回权。④ 理由如下：

第一，应着重从经济功能实质观察融资租赁交易。融资租赁交易是集融资融物双重功能于一体的金融交易形式，具备纾解中小企业融资压力、提高社会资源配置效率等经济功能，与普通租赁存在很大差异。在融资租赁合同履行完毕或解除时，出租人并不能基于名义上的所有权取回租赁物以使所有权恢复到圆满状态，其所有权外壳已然丧失民法意义上所有权的

① 参见谢鸿飞：《〈民法典〉实质担保观的规则适用与冲突化解》，载《法学》2020年第9期；高圣平：《论融资租赁交易中出租人的权利救济路径》载《清华法学》2023年第1期；范佳慧：《论融资租赁交易中的权利冲突与利益实现》，载《法学家》2023年第5期。
② 参见李运杨：《〈民法典〉动产担保制度对功能主义的分散式继受》，载《华东政法大学学报》2022年第4期。
③ 参见李鹏飞、侯怀霞：《〈民法典〉时代融资租赁法律合规研究》，上海交通大学出版社2023年版，第15~18页；李志刚：《功能主义担保立法语境下融资租赁出租人的物权性质与救济——"变性"抑或"增容"？》，载《经贸法律评论》2023年第5期；吴光荣：《〈民法典〉背景下破产财产的范围及其认定》，载《法律适用》2022年第1期；刘保玉、张炫东：《论动产融资租赁物的所有权登记及其对抗效力》，载《中州学刊》2020年第6期。
④ 部分观点及理由节选自侯毅、舒静：《论融资租赁担保功能主义下破产法适用之因应》，载张善斌主编：《新发展理念下破产制度上的改革与完善》，武汉大学出版社2023年版，第38~50页。

内涵，功能仅在于税负优惠与担保租金债权的实现，① 并不能构成自承租人处取回租赁物的完整的权利基础。《民法典》第 758 条有关租赁物价值的清算义务也说明出租人对租赁物的所有权正在向担保物权靠拢，自然也应参照担保物权在破产程序中的处理方式，继续采取回权说已不符合融资租赁交易本质。

第二，融资租赁物作为破产财产更有助于发挥价值。首先，融资租赁物的自身属性决定了其财产利用价值大于所有价值。出租人订立合同的目的在于通过收取租金的方式达到收回购买租赁物的成本的目的并获取利润，对于租赁物本身的使用状况并不关心，而承租人能够平静且不受干扰地占有、使用租赁物则更为重要，尤其是在破产重整程序中。其次，管理人对租赁物存在管控便利，管理人统一管理和处分包括融资租赁物在内的破产财产，能为后续集中处理、实现债权人受偿最大化提供便利。最后，融资租赁物多为大型机器设备，且常与承租人的其他破产财产相结合，将其单独拆分由出租人取回将极大减损其价值，易造成"双输"局面，反之则既能够使租赁物的处置价值最大化，也能让相应的债权人受偿率实现最大化。

第三，动产担保制度体系应具有内部一致性。《民法典》基于消除隐形担保、构建统一的动产担保规则的目的，选择将所有具有担保功能的交易形式纳入担保制度中一体化规制。而在破产程序中，破产债权平等原则作为破产法基本原则之一，要求"相同的相同对待、不同的不同对待"。② 然而，融资租赁交易却与同一动产担保体系且功能相同的动产抵押、所有权保留制度下债权人享有的权利不同，体现为后两笔债权可被列入有财产担保债权，相应的享有别除权。若融资租赁公司只被允许在对该设备取回后单独变价，这显然与目前的动产担保体系一体化以及破产债权平等原则完全背离。

第四，折中说的观点值得商榷。首先，采取折中说会使得市场交易主体以及司法裁判者在担保"形式主义"与"功能主义"理念之间左右摇摆，

① 参见黄晓林、杨瑞俊：《融资租赁中破产取回权的基础和限制》，载《山东科技大学学报(社会科学版)》2017 年第 1 期。

② 参见许德风：《破产法基本原则再认识》，载《法学》2009 年第 8 期。

极大影响交易预期和裁判稳定性。其次，若采折中说，还需在既有程序之外额外增加出租人行使选择权的时限、选择的法律效果等规则，影响破产程序的推进效率。最后，在当前的破产审判实践中，并未出现融资租赁出租人行使选择权的案件，相反，融资租赁出租人多径直申报担保债权，且得到了管理人和人民法院的确认。①

综上，出于取回权说与折中说的弊端、动产担保制度体系一致性、平等对待破产债权人等原因考虑，租赁物应归属于承租人破产财产，出租人仅享有破产别除权。② 出租人可向管理人申报有财产担保债权，并主张在融资租赁资产价值范围内优先受偿。出租人受偿后，融资租赁物归承租人所有。

【参考依据】

《民法典》

第388条 设立担保物权，应当依照本法和其他法律的规定订立担保合同。担保合同包括抵押合同、质押合同和其他具有担保功能的合同。担保合同是主债权债务合同的从合同。主债权债务合同无效的，担保合同无效，但是法律另有规定的除外。

担保合同被确认无效后，债务人、担保人、债权人有过错的，应当根据其过错各自承担相应的民事责任。

第745条 出租人对租赁物享有的所有权，未经登记，不得对抗善意第三人。

《民法典担保制度解释》

第65条第1款 在融资租赁合同中，承租人未按照约定支付租金，经催告后在合理期限内仍不支付，出租人请求承租人支付全部剩余租金，并以拍卖、变卖租赁物所得的价款受偿的，人民法院应予支持；当事人请求参照民事诉讼法"实现担保物权案件"的有关规定，以拍卖、变卖租赁物所得价款支付租金的，人民法院应予准许。

---

① 参见曹明哲：《论非典型担保在破产程序中的效力——基于裁判实践的类型化分析》，载《中国政法大学学报》2024年第4期。

② 参见云晋升：《民商二元视角下"售后回租"之分析》，载《社会科学》2020年第8期。

《德国破产法》①

第 51 条

下列人员视同本法第五十条所称的债权人：

1. 债务人为担保一项请求权而向其转让一项动产的所有权或向其转让一项权利的债权人；

……

【参考案例】

紫元元（深圳）国际融资租赁有限公司、松滋市创兴印务有限公司融资租赁合同纠纷案【湖北省荆州市中级人民法院（2022）鄂 10 民终 33 号民事判决书】②

裁判要旨：不支持本案出租人取回租赁物。理由如下：第一，本案租赁物现有价值远远超过承租人欠付的租金，如直接取回，出租人将获取极大的利益，对承租人明显不公。第二，承租人目前处于破产重整中，依据《企业破产法》第 76 条规定，取回权的行使在破产重整期间受到严格限制。双方融资租赁合同并未约定破产重整程序中可行使取回权。第三，本案所涉设备是承租人继续经营所必需的关键核心设备，如被取回，破产重整将无法进行，势必损害众多债权人和被上诉人职工的权益，增加社会不稳定因素。

（作者：朱程涛）

33. 【未届出资期限长投股权的处置】债务人进入破产程序时，其对子公司的出资期限尚未届满，管理人对于该长投股权应如何处理？

【回答】

破产受理时债务人对外股权投资未届出资期限的，管理人可根据股权

---

① 参见李飞主编：《当代外国破产法》，中国法制出版社 2006 年版，第 29~30 页。

② 类似裁判可参见湖北省宜昌市三峡坝区人民法院（2021）鄂 0591 民初 1030 号民事判决书、浙江省杭州市上城区人民法院（2021）浙 0102 民初 7801 号民事判决书、安徽省芜湖市鸠江区人民法院（2022）皖 0207 民初 1173 号民事判决书等。

投资等情况制定处置方案，具体措施包括继续出资、变价出售、主张对外投资公司自行清算、申请强制清算、申请破产、核销等，经债权人会议表决通过后予以实施。对外投资公司就债务人应缴未缴的出资款申报债权的，按普通债权予以认定。

【理由】

破产申请受理时破产企业持有的其他企业的股权属于破产财产，管理人应当及时拟定破产财产处置方案并提交债权人会议表决通过。资本认缴制度切断了股东资格的取得与股东适格出资之间的联系，股东认缴出资后即取得股东资格，其有权对自己持有的股权进行处分。因此，尚未出资的股权也属于破产财产，管理人对破产企业持有的未出资股权也可以进行处分，应当进行变价和分配。

根据《企业破产法》的规定，在破产程序中，管理人应按照债务人财产价值最大化原则，制定适宜的股权处置方案并提请债权人会议决议。参照南京市中级人民法院、上海破产法庭发布的规范性文件，通常按照长投股权的价值和企业经营状态确定对长投股权的处置方式，包括拍卖、作价变卖、自行清算、申请强制清算或破产等。

因母公司与子公司为独立的法人主体，母公司尚未缴纳的出资构成对子公司的债务，基于资本充实原则以及对子公司债权人的保护，债务人管理人应当通知子公司就未缴纳出资申报债权。根据《企业破产法》的规定，作为破产申请受理前成立的出资债权，债权性质为普通债权。

未出资股权包括瑕疵出资和未届出资期限两种情形。根据《公司法解释（三）》第18条和《公司法》第88条第2款的规定，转让瑕疵出资股权，债务人和受让人可能承担连带责任。有的学者认为股东出资义务是一项法定义务，不因股权流转而消灭，瑕疵出资股东因其过错行为始终要对自己的瑕疵出资行为负责。[①] 因此，受让人在承担资本充实义务后可能向转让人追偿。而若管理人转让债务人未届出资期限的股权，根据《公司法》第88条第1款的规定，债务人对受让人未按期缴纳的出资承担补充责任。

---

① 参见林芳、金玉：《瑕疵出资股权转让时受让人的责任承担及救济》，载《长春理工大学学报（社会科学版）》2016年第6期。

为避免纠纷，在转让股权时，管理人需要充分披露待处置对外股权投资已知的权利瑕疵或其他影响价格的重要事项，否则将出现如广东粤明实业有限公司与北汽(重庆)特种车辆有限公司合同纠纷案，因受让人对于股权价值的重大误解而被撤销的情形。① 管理人与受让人可以就双方的责任分配进行约定。资本充实义务的责任分配考虑的因素包括双方的约定、受让对价与股权的认缴数额之间的比例关系等，受让对价与认缴数额相当的，受让人可以向转让人全额追偿；受让对价明显小于认缴数额的，应当根据对价和股权价值的比例关系，确定出让人和受让人的责任分担，受让人可以部分追偿；在股权转让无对价时，受让人无权向出让人追偿。② 若经管理人通知，长投公司未申报债权，参见南京市中级人民法院《关于破产企业对外股权投资处置的工作指引》第 15 条第 1 款第 2 项，管理人对可能承担的责任应作相应预留，不影响对外股权投资的处置。

【参考依据】

《企业破产法》

第 30 条 破产申请受理时属于债务人的全部财产，以及破产申请受理后至破产程序终结前债务人取得的财产，为债务人财产。

第 111 条 管理人应当及时拟订破产财产变价方案，提交债权人会议讨论。

管理人应当按照债权人会议通过的或者人民法院依照本法第六十五条第一款规定裁定的破产财产变价方案，适时变价出售破产财产。

《公司法》

第 49 条第 3 款 股东未按期足额缴纳出资的，除应当向公司足额缴纳外，还应当对给公司造成的损失承担赔偿责任。

第 88 条 股东转让已认缴出资但未届出资期限的股权的，由受让人承担缴纳该出资的义务；受让人未按期足额缴纳出资的，转让人对受让人未按期缴纳的出资承担补充责任。

---

① 参见重庆市第五中级人民法院(2021)渝 05 民终 11326 号民事判决书。

② 参见吴金水、刘金妩：《论股权受让人履行资本充实义务后的追偿规则》，载《法学》2019 年第 5 期。

未按照公司章程规定的出资日期缴纳出资或者作为出资的非货币财产的实际价额显著低于所认缴的出资额的股东转让股权的，转让人与受让人在出资不足的范围内承担连带责任；受让人不知道且不应当知道存在上述情形的，由转让人承担责任。

《破产法解释（二）》

第1条　除债务人所有的货币、实物外，债务人依法享有的可以用货币估价并可以依法转让的债权、股权、知识产权、用益物权等财产和财产权益，人民法院均应认定为债务人财产。

【参考案例】

南京博郡新能源汽车有限公司破产清算案【江苏省南京市浦口区人民法院（2022）苏0111破3号民事裁定书】

裁判要旨：管理人对债务人的长期股权投资采取不同的处置方式。对上海思致汽车工程技术有限公司的股权已拍卖成交，拍卖款100万元；对天津博郡汽车有限公司的股权已公开招募竞价，股权转让款150万元；对博郡汽车公司的股权经债权人会议表决，同意对该长期股权投资予以核销；对上海博郡新能源汽车有限公司的股权经5次拍卖后仍流拍，管理人拟将通过自行清算的方式继续处置；对南京博郡项目管理有限公司、南京盛和新能源科技有限公司的长期股权投资处置，经1元起拍后仍流拍，管理人根据公司法及两公司章程规定，制定股东会决议解散公司。因未能组成清算组对南京盛和新能源科技有限公司自行清算，管理人已向法院申请强制清算。

（作者：隆晓玲）

34.【长投股权的核销】在母公司破产程序中，管理人可否根据子公司的资产状况对其股权做核销处理？长投股权核销后，管理人能否直接申请终结破产程序？

【回答】

在长投股权变价处置失败、股权不具有变价价值及变价可能性，或变价处置支出将明显超过收益等情况下，经债权人会议表决通过后，管理人可以对股权做核销处理。核销后，母公司无财产可供分配的，管理人可申请人民法院宣告破产并终结破产程序。

【理由】

根据《企业破产法》第 25 条的规定，管理和处分破产企业的财产，是管理人的职责。最高人民法院曾指出："为了债权人的利益最大化，债务人持有的其他企业的股权应通过竞价方式进行转让或拍卖，所得价款并入债务人财产。即使变价成本高，也不能因此而不将其列入破产财产，至于是否评估，是否采用拍卖的方式进行变价等，属于债权人会议对债务人财产管理方案和财产变价方案进行表决的内容。"可见，管理人处置债务人财产时，应当以财产价值最大化为核心，并充分尊重全体债权人的意思。

然而，实务中不乏破产企业持股比例小、股权变现价值低、折价难度大的情况，在此情形下，实践中对管理人可否核销股权的做法不尽一致，主要有如下四种模式：

第一，明确规定经过债权人会议表决通过，管理人可以对破产企业对外股权投资进行核销。如《南京市中院关于破产企业对外股权投资处置的工作指引》第 7、9、10 条，《上海破产法庭关于规范债务人对外股权投资处置工作办法（试行）》第 9、15 条。

第二，虽然未明文规定管理人可以核销股权，但允许在一定条件下，对外投资股权虽然没有被处置，亦可终结清算程序，办理注销企业登记，即间接同意管理人可以核销破产企业对外股权投资。如《深圳市中级人民法院、深圳市市场监督管理局关于企业注销有关问题的会商纪要》第 5条、《厦门市中级人民法院、厦门市市场监督管理局关于推进企业破产程序中办理注销登记等有关事项便利化的实施意见》。

第三，虽然未明文规定管理人不可以核销，但通过规定应当在对外股权投资清理完毕之后才能办理破产企业注销登记的方式，间接不同意管理人核销破产企业对外股权投资。如《四川省高级人民法院、四川省市场监督管理局关于破产与强制清算企业办理注销登记的通知》《湖南省高级人民法院、湖南省市场监管局关于推进企业破产程序中公司登记便利化的实施意见》。

第四，明确规定对清理投资价值为负或者为零的对外股权投资，管理人不得自行决定不予清理。如《北京破产法庭破产案件管理人工作指引

(试行)》第 57 条。

本书认为，对外股权投资能否核销，首先应当视破产企业是否履行了出资义务而定。倘若破产企业未履行出资义务，则破产企业对其子公司的股权绝不可一销了之，否则便是借破产之名变相逃避出资义务。尤其是在子公司为全资子公司的情形下，破产企业对其全资子公司的股权一销了之，待破产企业注销后，子公司的股东便虚以空位，不仅影响子公司的注册资本，也影响子公司正常治理经营，对子公司的债权人产生不公。因此，破产企业对子公司的股权不可一销了之。若破产企业未履行出资义务，则子公司具有债权人地位，管理人应当通知子公司申报债权，唯有在破产企业履行了对子公司出资义务的前提下，才考虑股权能否核销。

在破产企业是长投公司小股东、采用多种方式（如拍卖、股权分配等）确实存在困难且股权处置收益为零或负值的情形下，经债权人会议表决通过后，管理人可以做核销处理，在此情况下，可以不对子公司进行清算而申请终结破产程序。理由为：第一，如若不允许管理人核销对外股权投资，则将导致管理人无法完成对外股权投资的清理，破产清算程序将因此停滞不前，破产成本不当增加，最终无法终结破产清算程序并注销破产企业，损害全体债权人利益，既影响破产清算程序的效率，又无法实现破产清算的目标。第二，最高人民法院等《关于推动和保障管理人在破产程序中依法履职进一步优化营商环境的意见》指出："管理人可以凭企业注销登记申请书、人民法院终结破产程序裁定书申请办理破产企业注销，市场监管部门不额外设置简易注销条件。"倘若只有对子公司进行清算才能宣告母公司破产并终结破产程序，便相当于在无形中给母公司的企业注销额外增添了条件。因此，对满足一定条件的股权，应当允许管理人核销的可能，即经债权人会议表决通过后，管理人可以核销对子公司的股权；在此情况下，可以不对子公司进行清算而径行宣告母公司破产并终结破产程序。

具体而言，可借鉴南京破产法庭课题组对破产企业长投股权处置的类型化研究。在股权价值为零或负值的情况下，对已出现解散事由情形的长投公司，南京破产法庭课题组区分三种类型。在破产企业是长投公司小股东且未派员担任董事会成员/董事或监事会成员/监事成员，亦未参与过公司经营管理的条件下，可由债权人会议决议对股权进行核销处置即可，如有变价可能，亦可进行变价处置，无需另行再对长投公司启动清算程序。①

2023 年，世界银行发布商业成熟度评估项目（B-READY）替代了原营商环境评价项目，其中引入了整体效率这一维度评估企业办理破产的营商环境，结合各国的规范框架和为企业及市场提供相关的公共服务衡量破产程序中的办事便利度。世界银行在衡量办理破产的整体效率时，在事实层面只考察时间和成本，不再收集债权回收率的相关数据，即意味着在申请被投资企业破产或强制清算将导致破产程序久拖不决的情况下，经债权人会议表决通过可以放弃处置上述股权，在效率和回收率上作出了价值取舍。② 对于市场主体而言，陷入"非常态"的矛盾纠纷无异于陷入不能自拔的"泥淖"，会耗费相应的时间、精力、经济等成本，需要以最快的速度予以解决，使市场主体回归正常的生产经营，此处不仅指债务人，也包含债权人。③ 正如深圳市中级人民法院和深圳市市场监督管理局则率先出台优惠政策，经债权人会议表决放弃处置子公司股权应当具备相应的绿色通道以完成工商注销登记。

【参考依据】

《企业破产法》

第 112 条第 1 款　变价出售破产财产应当通过拍卖进行。但是，债权人会议另有决议的除外。

第 120 条　破产人无财产可供分配的，管理人应当请求人民法院裁定终结破产程序。

管理人在最后分配完结后，应当及时向人民法院提交破产财产分配报告，并提请人民法院裁定终结破产程序。

人民法院应当自收到管理人终结破产程序的请求之日起十五日内作出是否终结破产程序的裁定。裁定终结的，应当予以公告。

---

① 南京破产法庭课题组、姚志坚、王静：《破产企业对外长期股权投资处置的类型化研究》，载《人民司法》2020 年第 34 期。

② 参见郁琳、李忠鲜：《我国提升营商环境的破产法应对》，载《中国应用法学》2024 年第 1 期。

③ 参见梁平、马大壮：《法治化营商环境的司法评估及其实践进路》，载《法学杂志》2023 年第 6 期。

《审理破产案件规定》

第 78 条　债务人对外投资形成的股权及其收益应当予以追收。对该股权可以出售或者转让，出售、转让所得列入破产财产进行分配。

股权价值为负值的，清算组停止追收。

第 85 条第 2 款　依法不得拍卖或者拍卖所得不足以支付拍卖所需费用的，不进行拍卖。

南京市中级人民法院《关于破产企业对外股权投资处置的工作指引》

第 7 条　对外股权投资价值为正值且长投公司登记为"在业"的，管理人结合长投公司的章程、法律、法规的规定制定变价、股权分配、减资等具体处置方案，经债权人会议表决通过后实施。

无法处置的，经债权人会议表决通过，可以对该对外股权投资进行核销。

第 9 条　对外股权投资价值为零或负值且长投公司登记为"在业"的，经债权人会议表决通过，可以对该对外股权投资进行核销。

对外股权投资仍有受让主体的，经债权人会议表决通过，可以采用变价、股权分配等方式对该股权投资进行处置。

第 10 条　对外股权投资价值为零或负值且长投公司具备解散事由，破产企业不负有清算责任的，管理人可以提请债权人会议作出决议核销该对外股权投资或者变价处置，无需另行启动长投公司清算程序。

第 15 条　管理人在调查确认破产企业对长投公司出资情况后，发现存在未全面履行出资义务的，依下列情形分别处置：

（一）破产企业未按照长投公司章程规定履行出资义务，包括完全未出资、出资不实以及抽逃出资等情形的，应当通知长投公司及相关主体申报债权。

（二）破产企业对长投公司出资未到期的，不影响破产企业对该对外股权投资的处置。经司法程序确认破产企业需对长投公司债权人承担补充赔偿责任的，管理人应当通知长投公司债权人申报债权。诉讼尚未终结且破产企业有可供分配财产的，管理人应当对可能承担的补充赔偿责任作相应预留，但不影响对外股权投资的处置及破产案件的终结。

长投公司已进入清算或破产程序的，管理人应当通知长投公司申报债权，并在申报范围内根据债权审核规则，结合长投公司资产负债等情况进行审核。

广州市中级人民法院《破产程序中财产处置的实施办法（试行）》

第 12 条 经债权人会议决议，管理人可以将破产财产以债权人内部竞价、协议转让、以物抵债等方式进行变价或分配，但法律法规禁止通过上述方式处置的除外。对于变价所得预计不足以支付变价费用的，经债权人会议决议，管理人可放弃对破产财产的变价处置。

重庆市高级人民法院、重庆市市场监督管理局《关于企业注销有关问题的会商纪要》①

四、关于企业的分支机构、对外投资的处理

企业设有分支机构、对外投资设立子企业的，应由管理人或清算组在破产清算、强制清算程序中将其处理完毕，再向企业登记机关申请办理企业注销登记。

深圳市中级人民法院、深圳市市场监督管理局《关于企业注销有关问题的会商纪要》

五、完善企业分支机构、对外投资的处理方式

企业设有分支机构、对外投资设立子企业的，应由管理人或者清算组在破产清算、强制清算程序中将其处理完毕，再向企业登记机关申请办理企业注销登记。但是，经人民法院裁定宣告破产企业的债权人或者强制清算企业的债权人或者股东（出资人）表决，不再对分支机构或者对外投资设立子企业进行处置的，企业登记机关应根据管理人申请，以及人民法院出具的协助注销企业登记通知书办理企业和其分支机构注销登记。企业注销登记后，子企业向人民法院申请强制清算，人民法院不得以该子企业可自行清算为由不予受理。

【参考案例】

上海天藤电脑软件有限公司管理人破产清算案【上海市第三中级人民法院（2020）沪 03 破 153 号之四民事裁定书】

裁判要旨：债务人持有的上海天藤网络技术工程有限公司 37.5% 的股权，经三次拍卖均流拍，根据《对外股权投资的处置方案》，如经三次

---

① 类似规范可参见上海市高级人民法院、上海市市场监督管理局《关于企业注销若干问题的会商纪要》，北京破产法庭《破产案件管理人工作指引（试行）》。

拍卖仍流拍的，则视为相应股权价值为零并不再处置该股权，管理人可依法对该对外股权投资进行核销。债务人后续有权根据法律规定结合上海天藤网络技术工程有限公司的实际经营情况决定是否向法院申请解散公司。①

（作者：隆晓玲）

35.【违法所得出资的认定与处置】债务人股东以其违法所得出资取得股东身份，债务人破产程序中，该出资财产应被作为赃物追缴还是作为破产财产予以处置？

【回答】

债务人股东以其违法所得出资取得股东身份，出资财产已交付或过户登记至债务人名下的，债务人破产程序中，该出资财产应认定为破产财产。尚未办理过户登记手续的出资财产被依法追缴，导致股东未完成出资义务的，管理人应向相应股东追缴出资。

【理由】

探讨企业破产后非法所得出资的归属，以明确出资行为效力与出资财产来源合法性的关系为前提。为了解答该问题，有必要先行厘清股东出资义务的双重属性。股东的出资义务首先源于当事人的合意，这种合意主要体现为公司章程。公司章程作为具有内部约束力的自治规则，明确记载股东出资的相关事项，章程可视为股东与公司之间的约定。② 同时，股东的出资义务源于《公司法》的强制性规定。股东出资形成公司资本通过商事

---

① 类似裁判可参见湖北省武汉市中级人民法院(2022)鄂01破29号之一破产清算裁定书：被投资企业的股权价值较低或可能为零，资产处置价格可能不足以覆盖处置费用，经债权人会议表决同意核销国际航空公司享有的对外股权投资；广东省深圳市中级人民法院(2021)粤03破165号强制清算与破产裁定书：经债权人会议表决，管理人放弃处置股权。
② 参见朱慈蕴：《股东出资义务的性质与公司资本制度完善》，载《清华法学》2022年第2期。

登记向外界公示，对善意第三人而言具有公信效力。① 由此出资义务超越了当事人合意的范畴，被《公司法》等组织法附加强制性色彩。因而，股东的出资义务具有约定性与法定性的双重性质，无论是从契约的视角，还是根据《公司法》相关规定，公司对股东享有出资义务请求权，并根据资本充实原则对股东出资内容进行审核。

公司对股东出资的核查是否应包括对出资来源的核查，要结合《公司法》相关规定进行分析。根据《公司法》第 51 条规定，董事应当负担催缴和对股东出资进行核查的义务。此核查义务根植于董事的勤勉义务之中。② 而勤勉义务属董事的一般注意义务，董事仅需对股东的出资进行形式的审查，即股东是否按照《公司法》的要求将货币出资足额存入公司的银行账户，非货币出资是否将财产所有权转移给了公司。③ 至于股东出资财产的来源，鉴于商事交易的动态性与高效性，区别民法思维中注重对于"静态"的财产权的保护，商法更倾向于保护交易结果的稳定性与可预测性，从而放宽在商事交易中对第三人的注意义务和对价义务的要求。④ 因此，董事并无探究出资财产来源的义务。只要犯罪行为不影响出资的真实性，就不影响股权本身的状态，以犯罪所得投资取得的股东资格依然能够确认，可以享有股东权利。⑤

既然用违法所得出资并不影响出资行为的有效性，这就意味着作为出资的违法所得已转化为公司的独立财产，组成公司清偿债务的总担保财产部分，并且出资内容随章程对外公开，股东的出资情况成为第三人与公司开展交易的重要参考，出资行为已超越公司与股东内部关系范畴，与交易安全及信任基础的构建直接关联。故在追缴违法所得时，直接抽离公司资产势必破坏公司现有的资本结构和股权结构，违反了股东不能抽回出资的

---

① 参见赵旭东：《资本制度变革之下的资本法律责任——公司法修改的理性解读》，载《法学研究》2014 年第 5 期。

② 参见林一英：《公司注册资本认缴登记制的完善》，载《国家检察官学院学报》2023 年第 6 期。

③ 参见彭冰：《新〈公司法〉中的股东出资义务》，载《中国应用法学》2024 年第 3 期。

④ 参见郑彧：《民法逻辑、商法思维与法律适用》，载《法学评论》2018 年第 4 期。

⑤ 参见最高人民法院民事审判第二庭：《民商事审判指导（2008 年第 4 辑）（总第 16 辑）》，人民法院出版社 2009 年版，第 8 页。

强制性规范。当然，不对原赃款赃物进行直接追缴，并不意味着放弃追缴违法所得，而是对相应股东基于赃款赃物投资后持有的相应的股权实施追缴。根据"任何人不能从犯罪中获益"的原则，因将违法犯罪所得投资而形成的财产属于间接的违法所得，① 可以对投资形成的股权进行强制执行。《刑事裁判财产执行规定》第 10 条第 2 款亦支持了这一立场，"被执行人将赃款赃物投资或者置业，对因此形成的财产及其收益，人民法院应予追缴"，强调对犯罪所得投资形成的财产及其收益应予追缴，而非直接从公司资产中剥离相应非法所得。综上所述，非法所得通过合法出资程序转化为公司财产后，其性质发生转变，成为公司独立财产的一部分。

值得注意的是，如果出资的非法所得因缺乏相应的财产权转移手续，致使公司未能实际取得该财产的所有权，此类非法所得不属于破产财产的范畴，而应被依法追缴。在这种情况下，由于作为出资的非法所得已从公司财产中剥离，相关股东未能完成出资义务。根据《企业破产法》第 35 条的规定，应当由管理人向未完成出资的股东进行追缴，进而将追缴的财产归入破产财产并在破产程序中进行分配。

【参考依据】

《公司法》

第 49 条 股东应当按期足额缴纳公司章程规定的各自所认缴的出资额。

股东以货币出资的，应当将货币出资足额存入有限责任公司在银行开设的账户；以非货币财产出资的，应当依法办理其财产权的转移手续。

股东未按期足额缴纳出资的，除应当向公司足额缴纳外，还应当对给公司造成的损失承担赔偿责任。

第 51 条 有限责任公司成立后，董事会应当对股东的出资情况进行核查，发现股东未按期足额缴纳公司章程规定的出资的，应当由公司向该股东发出书面催缴书，催缴出资。

未及时履行前款规定的义务，给公司造成损失的，负有责任的董事应当承担赔偿责任。

---

① 参见孙国祥：《刑事诉讼涉案财物处理若干问题研究》，载《人民检察》2015年第 9 期。

《企业破产法》

第 35 条 人民法院受理破产申请后，债务人的出资人尚未完全履行出资义务的，管理人应当要求该出资人缴纳所认缴的出资，而不受出资期限的限制。

《公司法解释（三）》

第 7 条 出资人以不享有处分权的财产出资，当事人之间对于出资行为效力产生争议的，人民法院可以参照民法典第三百一十一条的规定予以认定。

以贪污、受贿、侵占、挪用等违法犯罪所得的货币出资后取得股权的，对违法犯罪行为予以追究、处罚时，应当采取拍卖或者变卖的方式处置其股权。

《最高人民法院关于刑事裁判涉财产部分执行的若干规定》

第 10 条 对赃款赃物及其收益，人民法院应当一并追缴。

被执行人将赃款赃物投资或者置业，对因此形成的财产及其收益，人民法院应予追缴。

被执行人将赃款赃物与其他合法财产共同投资或者置业，对因此形成的财产中与赃款赃物对应的份额及其收益，人民法院应予追缴。

对于被害人的损失，应当按照刑事裁判认定的实际损失予以发还或者赔偿。

《德国民法典》

第 935 条 Ⅰ 所有人因被盗、遗失或其他事由，而丧失其动产者，他人不能依第九百三十二条至第九百三十四条规定而取得其物之所有权。所有人为间接所有人，而其动产由于占有人而丧失者，亦适用前段规定。Ⅱ 前款规定，不适用于金钱、无记名证券及以公开拍卖之方法或依九百七十九条第一款之一规定拍卖而让与之动产。①

《德国刑法典》

第 73 条 1. 正犯或共犯因违法行为或者基于违法行为本身而取得财产利益的，法庭命令予以追缴。

2. 正犯或共犯因犯罪所得而获得利益的，法庭同样命令予以追缴。

---

① 台湾大学法律学院、台大法学基金会编译：《德国民法典》，北京大学出版社2017 年版，第 814 页。

3. 正犯或共犯具备下列情形之一的，法庭可命令追缴：

（1）通过出让所得物，或作为毁损、赔偿或取得的财物，或（2）基于所得权利而取得的财物。①

第73条b 1. 第73条和第73条a追缴命令针对不是正犯或共犯所为的其他犯罪，如果

（1）该他人通过犯罪行为获得利益，正犯或共犯为其实施该行为，

（2）其获得的利益，

a. 无偿或无法律根据地被转让，或

b. 被转让，且其知晓或应当知晓，所得利益源自违法行为，或者

（3）其所获得的利益，

a. 作为遗产转移给该他人，或

b. 作为应得遗产份额权利人或遗赠受益人被转让的。

如果事前已经将所得利益有偿且合法地转让给第三人，其不知晓或不可能知晓所得利益源自违法行为的，不得适用第1句第2项和第3项的规定。

2. 他人在本条第1款第1句第2项或第3项条件下获得与所得物的价值相当的物品的，法庭同样命令追缴。

3. 在本条第1款第1句第2项或第3项条件下，法庭同样可以命令追缴，

（1）通过出让所得物，或作为毁损、赔偿或取得的财物，或

（2）基于所得权利而取得的财物。②

【参考案例】

施仁虎与义乌市东吴工艺品有限公司与破产有关的纠纷案【浙江省义乌市人民法院（2020）浙0782民初11393号民事裁定书】

裁判要旨：本案的情形应按《最高人民法院关于刑事裁判涉财产部分执行的若干规定》第10条第3款的规定处理，第三人孙建宏如果利用向原告非吸所得的款项投入被告东吴公司用于购买土地使用权，在法律关系上只是形成了第三人孙建宏对被告东吴公司的投资，该投资具体表现为股权投资或债权投资，要启动刑事追赃程序也只能对第三人孙建宏的投资收益

---

① 徐久生译：《德国刑法典》，北京大学出版社2019年版，第54页。

② 徐久生译：《德国刑法典》，北京大学出版社2019年版，第54~55页。

进行追赃，在被告东吴公司进入破产程序后，被告东吴公司本身已经严重资不抵债，如第三人孙建宏的上述投资系股权投资，该股权收益已经为零，如系债权投资，第三人孙建宏也只能作为债权人参与破产分配，再将第三人孙建宏在破产案件中的分配所得作为赃款进行追缴。

（作者：张宝诺）

36.【破产财产拍卖税费承担】破产程序中，管理人通过网络拍卖方式处置破产财产，能否约定"标的物过户所涉及的一切税费由买受人承担"？

【回答】

破产财产拍卖文件中明确由买受人承担全部交易税费的"包税"条款，视为对税费实际承担主体的约定及公示，而非对法定纳税义务主体的变更。买受人知道或应当知道税费承担条款，并通过拍卖程序成交的，相关约定对买受人发生法律效力。

【理由】

破产网络拍卖的性质直接决定其能否参照《网拍规定》。国家税务总局在《对十三届全国人大三次会议第 8471 号建议的答复》（以下简称"答复"）中，对于《网拍规定》的适用提出"禁止在拍卖公告中要求买受人概括承担全部税费"的要求。随之带来的问题是，"答复"中关于"禁止在拍卖公告中要求买受人概括承担全部税费"的要求能否适用破产网络拍卖。

关于破产网络拍卖的性质，存在三种观点：商事拍卖说、司法拍卖说、折中说。持"商事拍卖说"观点的学者认为，破产程序中拍卖财产的行为是一种私法行为，破产法院仅对管理人管理、处分破产财产的私法行为进行指导与监督。从主体上看，强制执行行为的主体是人民法院；而在破产程序中，具体的财产调查、管理等行为的主体则要区分对内对外关系，对外关系的主体是债务人企业，管理人作为处理债务人企业对外关系的代表人，负有勤勉尽责义务。① 持"司法拍卖说"观点的学者认为，破

---

① 参见章恒筑、王雄飞：《论完善执行程序与破产程序衔接协调机制的若干问题——基于浙江法院的实践展开》，载《法律适用》2017 年第 11 期。

产财产拍卖实际上是一种管理人实际操作而由法院裁定认可的司法拍卖，该行为的法律性质仍应界定为司法强制措施；① 在破产财产拍卖公告中规定所有税费由买受人承担的做法，违反税收征管法律税收法定的原则，也不符合破产法关于管理人勤勉尽责的要求，在实践中应当避免这一做法。② 持折中观点的学者认为，破产财产变价出售中的"司法强制"应当理解为以公法强制为后盾，并非指变现中的所有程序都在"司法干预"下进行。例如，人民法院可以裁定破产财产变价方案，仅是在经过债权人会议表决但未获通过的情形下才得以适用。③

最高人民法院在 2020 年作出的裁判文书中对"司法拍卖说"持否定态度，并肯定了当事人可约定税款缴纳主体：破产程序中需要依法处分的财产，是法院依据债权人请求对外进行的委托，不是人民法院强制处分财产的行为，根据最高人民法院在该案中展示的观点，破产拍卖并非司法强制拍卖。我国税收管理法律法规对于各种税收明确规定了纳税义务人，但并未禁止纳税义务人与合同相对人约定税款缴纳。④ 案涉公司参与竞买，《竞买公告》和《竞买须知》对其具有约束力，案涉拍卖税款及资金占用费应由案涉公司承担。⑤

本书认为破产拍卖并非完全等同于司法强制拍卖，理由是：其一，在适用场景和拍卖主体方面，破产拍卖适用破产程序，根据《企业破产法》第 25 条第 1 款第 6 项，破产拍卖主体是法院指定的破产案件管理人；而司法拍卖适用执行程序，根据《民事诉讼法》第 258 条，司法强制拍卖的拍卖主体是执行法院。其二，在拍卖基础和规范依据方面，破产拍卖的基础是经债权人会议通过或人民法院裁定生效的破产财产变价方案，适用破产相关规范；而司法强制拍卖的基础是具有强制执行力的法律文书，适用

---

① 参见黄忠顺：《破产财产网络拍卖的深度透析》，载《法治研究》2022 年第 2 期。

② 参见倪斌：《破产财产网络拍卖税费承担问题探究》，载《上海法学研究》集刊 2021 年第 9 卷。

③ 参见郭瑞：《商事思维模式下破产财产变现问题研究》，载《西南政法大学学报》2017 年第 3 期。

④ 该观点亦在公报案例中得到体现：最高人民法院（2007）民二终字第 25 号民事判决书、最高人民法院（2007）民一终字第 62 号民事判决书。

⑤ 参见最高人民法院（2020）最高法民申 5099 号民事裁定书。

民事诉讼相关规范。其三，在意思自治和强制性方面，破产拍卖中，债权人对破产财产变价方案享有知情权和决策权，破产拍卖在起拍价、拍卖次数等规则设置上更为灵活；而司法强制拍卖是更直接的司法强制手段，是在被执行人拒不执行生效法律文书确定义务的情形下法院的职权行为，体现国家强制性。综上所述，本书认为破产拍卖并非司法强制拍卖，《网拍规定》和国家税务总局在"答复"中关于"禁止在拍卖公告中要求买受人概括承担全部税费"的要求亦不能适用破产网络拍卖。我国法律、行政法规并未禁止当事人约定税款缴纳主体，因此管理人可以在《竞买公告》和《竞买须知》中约定标的物过户所涉及的一切税费由买受人承担。破产财产拍卖文件中明确由买受人承担全部交易税费的"包税"条款，视为对税费实际承担主体的约定及公示，而非对法定纳税义务主体的变更。买受人知道或应当知道税费承担条款，并通过拍卖程序成交的，相关约定对买受人发生法律效力。

【参考依据】

《企业破产法》

第 112 条第 1 款 变价出售破产财产应当通过拍卖进行。但是，债权人会议另有决议的除外。

《民事诉讼法》

第 255 条 被执行人未按执行通知履行法律文书确定的义务，人民法院有权查封、扣押、冻结、拍卖、变卖被执行人应当履行义务部分的财产。但应当保留被执行人及其所扶养家属的生活必需品。

采取前款措施，人民法院应当作出裁定。

《审理破产案件规定》

第 85 条 破产财产的变现应当以拍卖方式进行。由清算组负责委托有拍卖资格的拍卖机构进行拍卖。

依法不得拍卖或者拍卖所得不足以支付拍卖所需费用的，不进行拍卖。

前款不进行拍卖或者拍卖不成的破产财产，可以在破产分配时进行实物分配或者作价变卖。债权人对清算组在实物分配或者作价变卖中对破产财产的估价有异议的，可以请求人民法院进行审查。

《日本破产法》

第184条第1款 第七十八条第二款第一项和第二项所列财产的换价，除依照上述规定任意出售的情况外，依照民事执行法和其他有关强制执行程序的法令的规定进行。

【参考案例】

咸阳南洋房地产开发有限公司、咸阳经纬纺织机械有限公司对外追收债权纠纷案【最高人民法院（2020）最高法民申5099号民事裁定书】①

裁判要旨：拍卖财产系破产程序中需要依法处分的财产，法院是依据债权人请求对外进行的委托，不是人民法院强制处分财产的行为。

（作者：王盈韬）

37.【债务人代持他人的股权投资处置】债务人持有对子公司的股权系替第三人隐名股东代为持有。债务人破产程序中，第三人出示代持协议并向破产管理人主张取回该代持股权，是否应予支持？

【回答】

基于公示原则和商事外观主义原则，债权人合理信赖债务人代持他人的股权为债务人财产，实际出资人就代持股权主张取回权的，一般不予支持。

【理由】

第一，现行《公司法》第32条明确规定了公司应当公示股东信息等公司基本信息，公司登记事项未经登记或者未经变更登记，不得对抗善意相对人。公示原则和商事外观主义是判断股权归属的基本规则。公示原则要求的是交易行为必须以一定的方式向公众展示，以此来保护交易安全。这意味着任何一项财产的变动都应当通过法定程序进行公示，使得第三方可以合理信赖这些公示信息。在股权代持的情况下，如果名义股东已经将股权登记在其名下，那么这种公示行为实际上已经形成了一个外部可信赖的

---

① 类似裁判可参见最高人民法院（2007）民一终字第62号民事判决书。

事实状态。商事外观主义则是指在法律关系中，当事人享有的权利或表示的意思的外在表现形式应当与其内在实质相符，第三方可以基于对这种外在表现形式的合理信赖从事交易。即使真实状况与第三人信赖的状况不符，只要其信赖是合理的，法律应当优先保护第三人的利益。至于名义股东与实际出资人之间的关系属于内部关系，实际出资人不能仅仅根据有效的股权代持协议对抗外部的债权人，这是商法的公示与外观主义原则的体现。

第二，当名义股东破产时，其所代持股权原则上属于破产财产。为保护债权人的信赖利益与商事交易的诚信氛围，代持股权应归属于破产财产，最大化地保护债权人的权利。当名义股东破产时，股权归属问题不仅牵扯到实际出资人和名义股东的双方利益，更涉及众多债权人的合法权益。在债权人存在信赖利益的情况下，应当优先保护名义股东债权人的信赖利益，将登记在破产债务人名下的股权认定为破产财产。否则，将会破坏这种信赖关系，不利于维护市场秩序和交易安全。在陈全虎与绿岛公司一案中，法官依据《公司法》第 32 条，坚持公示主义与商事外观主义，将破产债权人归于第三人范围，保护不特定第三人的信赖利益，驳回了实际权利人请求确认股权的诉求。①

第三，实际出资人应承受股权代持潜在的法律风险。从实际权利人视角出发，其摒弃以自己名义投资的基本方式，而是寻求名义股东对股权进行代持，隐藏自身身份，甚至为规避限制性规定，拟获取投资利益。股权代持有其存在的必然性，但这并不意味着实际权利人的权利不受限制。②名义股东作为登记在册的股东，需要遵循商事外观主义，受《公司法》的约束。当基于合理信赖而进行交易的债权人与实际权利人发生利益冲突时，应优先保护债权人的利益。

当然，实际出资人的权利也需要得到保障。实际出资人可以依据与名义股东之间的代持协议，向名义股东追索损失，通过民事诉讼等方式获得补偿。

---

① 参见李冀：《司法实践中股权代持协议效力的认定问题研究——以〈司法解释三〉出台后最高法股权代持案例为视角》，载《金融发展研究》2017 年第 12 期。

② 参见郑瑞平：《论隐名股东利益之法律保护》，载《中国政法大学学报》2010 年第 5 期。

【参考依据】

《企业破产法》

第 38 条 人民法院受理破产申请后，债务人占有的不属于债务人的财产，该财产的权利人可以通过管理人取回。但是，本法另有规定的除外。

《公司法》

第 32 条 公司登记事项包括：（一）名称；（二）住所；（三）注册资本；（四）经营范围；（五）法定代表人的姓名；（六）有限责任公司股东、股份有限公司发起人的姓名或者名称。

公司登记机关应当将前款规定的公司登记事项通过国家企业信用信息公示系统向社会公示。

第 34 条 公司登记事项发生变更的，应当依法办理变更登记。

公司登记事项未经登记或者未经变更登记，不得对抗善意相对人。

《民法典》

第 65 条 法人的实际情况与登记的事项不一致的，不得对抗善意相对人。

《德国破产法》①

第 47 条 能够根据某项物权或人身权主张某物不属于破产财产的，不是破产债权人，其取回该物的权利依据破产程序以外的法律确定。

《日本破产法》②

第 62 条（取回权） 破产程序的开始不影响不属于破产人财产的取回权，即从破产财产中取回不属于破产人的财产的权利（在第六十四条及第七十八条第二项第十三款中称为"取回权"）。

【参考案例】

成都广诚贸易有限公司与福州飞越集团有限公司股权确认纠纷再审案
【最高人民法院（2013）民申字第 758 号民事裁定书】

裁判要旨：对内关系上，广诚公司与飞越集团之间应根据双方的协议

---

① 《德国破产法》，https://www.gesetze-im-internet.de/englisch_inso/englisch_inso.html#p0016，访问日期：2024 年 8 月 21 日。

② 《日本破产法》，https://laws.e-gov.go.jp/law/416AC0000000075#Mp-Ch_6-Se_2-At_162，访问日期：2024 年 8 月 21 日。

约定，广诚公司为该股权的权利人；对外关系上，即对广诚公司与飞越集团以外的其他人，应当按照公示的内容，认定该股权由记名股东飞越集团享有。闽发证券有限责任公司根据登记及公告的公示公信力，有理由相信飞越集团持有棱光公司的股份，有权利就该股权实现其债权。如果支持广诚公司确认股权的诉讼请求，必然损害飞越集团其他债权人的利益。

（作者：刘秋奕）

38.【国有划拨用地及地上建筑物的处置】破产企业土地使用权性质为国有划拨用地，土地上建有房产，破产程序中对土地使用权及地上建筑物应如何处置？

【回答】

破产受理后，有权机关决定收回划拨土地使用权，根据实际情况对其地上房屋等建筑物进行补偿的，补偿金作为破产财产向全体债权人进行分配。有权机关批准债务人处置划拨土地及地上建筑物的，处置变价资金应优先补缴土地使用权出让金，剩余财产作为破产财产依法向全体债权人进行分配。

【理由】

无偿划拨的土地使用权可以由国家无偿收回。若国有划拨土地使用权已由政府批准作价入股，成为企业注册资本的一部分，则转让或拍卖的土地使用权价款首先支付土地出让金，剩余部分列入破产财产。[1]

依据《最高人民法院关于破产企业国有划拨土地使用权应否列入破产财产等问题的批复（2020 年修正）》（以下简称《批复》）第 1 条、《城镇国有土地使用权出让和转让暂行条例》（以下简称《暂行条例》）第 47 条第 1 款，企业以划拨方式取得的国有土地使用权不属于企业破产财产，在企业破产时，人民政府有权无偿收回，并依法处置。此外，政府应当根据实际情况对其地上房屋等建筑物进行适当补偿，补偿金作为破产财产向全体债权人进行分配。

---

[1] 参见张善斌、张亚琼主编：《破产法实务操作 105 问》，武汉大学出版社 2020 年版，第 145~146 页。

无偿划拨的土地使用权原则上可由国家无偿收回。但如果划拨土地使用权在企业设立时，经政府有关部门批准已经被作为企业的注册资本予以登记，即作为股东投资，则应当属于债务人财产范围，政府不应再收回。因为对出资财产包括土地使用权进行的注册资本登记，表明它已经对外公开宣示被纳入对债权人承担责任的财产范围内。这种情况下，土地使用权虽在名义上是划拨性质，但不应再视为无偿取得，因为出资人将凭借土地使用权取得相应的权利与收益。

由政府无偿收回的这种做法在完全贯彻上存在现实困难，因为地上建筑物附着物是同土地使用权联系在一起的，土地使用权价值在这种联系中才呈现最大化。① "房地一体"规范经过实践打磨和锤炼，也已成为我国不动产权利和交易的重要支撑。②

依据《中华人民共和国城市房地产管理法》第 40 条第 1 款和《暂行条例》第 45 条，在一定条件下，管理人可以将土地进行转让。管理人转让划拨土地及地上建筑物时，需先报有批准权的人民政府审批，政府准予转让后，应补缴土地使用权出让金。

本书认为，尽管目前的法律规定和相关《批复》皆规定破产企业以划拨方式取得的国有土地使用权不属于破产财产，在企业破产时，有关人民政府可以予以收回，并依法处置；但在实践中，政府不妨考虑放宽审批限制、为管理人以"转让"方式处置破产企业的国有土地使用权打开方便之门。

理由为：第一，从权利性质看，划拨土地使用权系用益物权，是企业经政府批准后依法取得的财产权利。尽管其取得方式特殊、在转让时受到特定限制，但并不影响其作为财产权利的本质。《物权法》以物尽其用为宗旨，划拨土地使用权以实现土地资源的充分利用为目标。就自然属性而言，划拨土地往往与破产企业的地上建筑物、其他附着物联接一体；就交

---

① 参见张善斌、张亚琼主编：《破产法实务操作 105 问》，武汉大学出版社 2020 年版，第 146 页。

② 在德国法中，房屋被当成土地的重要成分，不享有独立的法律地位，不能脱离土地单独成为物权客体，地权之外没有单独的房权，因此无需房地一体规范。根据我国台湾地区"民法"第 838 条，地上权和房权虽然各自独立，但不能分离转让或抵押，即地上权和房权一体处分。参见常鹏翱：《〈民法典〉"房随地走、地随房走"的规范要义》，载《中国高校社会科学》2021 年第 4 期；《德国民法典》第 94 条；我国台湾地区"民法"第 838 条。

易价值而言，房产的价值和地产的价值往往被结合评估。政府收回划拨用地使用权会导致地上建筑物和其他附着物交易价值的大幅降低，而收回的划拨用地也难以立刻投入建造生产。基于物尽其用的目标，政府部门不妨考虑支持管理人以"转让"方式处置破产企业的国有土地使用权。第二，在会计学上，划拨土地使用权作为企业一项固定资产反映在资产负债表上，体现了企业的整体资产状况和实力，代表着其偿债能力，进而成为企业信用的重要组成部分。① 基于交易安全的考虑，应当保障与企业交易之相对人的合法权益。第三，管理人将土地进行转让后仍需补缴土地使用权出让金，在一定程度上维持了国有资产；而从破产债权人的角度，破产企业的财产增加，有利于实现全体债权人利益最大化的破产目标。

【参考依据】

《企业破产法》

第 120 条第 1 款 破产人无财产可供分配的，管理人应当请求人民法院裁定终结破产程序。

第 2 款 管理人在最后分配完结后，应当及时向人民法院提交破产财产分配报告，并提请人民法院裁定终结破产程序。

《中华人民共和国城市房地产管理法》

第 40 条第 1 款 以划拨方式取得土地使用权的，转让房地产时，应当按照国务院规定，报有批准权的人民政府审批。有批准权的人民政府准予转让的，应当由受让方办理土地使用权出让手续，并依照国家有关规定缴纳土地使用权出让金。

《最高人民法院关于破产企业国有划拨土地使用权应否列入破产财产等问题的批复》

一、根据《土地管理法》第五十八条第一款第(三)项及《城镇国有土地使用权出让和转让暂行条例》第四十七条的规定，破产企业以划拨方式取得的国有土地使用权不属于破产财产，在企业破产时，有关人民政府可以予以收回，并依法处置。纳入国家兼并破产计划的国有企业，其依法取得的国有土地使用权，应依据国务院有关文件规定办理。

---

① 参见安钢、刘忠庆、李秀强：《破产企业划拨土地使用权列入破产财产的思考》，载《财政监督》2005 年第 11 期。

《中华人民共和国城镇国有土地使用权出让和转让暂行条例》

第 45 条 符合下列条件的，经市、县人民政府土地管理部门和房产管理部门批准，其划拨土地使用权和地上建筑物、其他附着物所有权可以转让、出租、抵押：（一）土地使用者为公司、企业、其他经济组织和个人；（二）领有国有土地使用证；（三）具有地上建筑物、其他附着物合法的产权证明；（四）依照本条例第二章的规定签订土地使用权出让合同，向当地市、县人民政府补交土地使用权出让金或者以转让、出租、抵押所获收益抵交土地使用权出让金。

第 47 条 无偿取得划拨土地使用权的土地使用者，因迁移、解散、撤销、破产或者其他原因而停止使用土地的，市、县人民政府应当无偿收回其划拨土地使用权，并可依照本条例的规定予以出让。

对划拨土地使用权，市、县人民政府根据城市建设发展需要和城市规划的要求，可以无偿收回，并可依照本条例的规定予以出让。

无偿收回划拨土地使用权时，对其地上建筑物、其他附着物市、县人民政府应当根据实际情况给予适当补偿。

《破产审判会议纪要》

23. 破产宣告的条件。人民法院受理破产清算申请后，第一次债权人会议上无人提出重整或和解申请的，管理人应当在债权审核确认和必要的审计、资产评估后，及时向人民法院提出宣告破产的申请。人民法院受理破产和解或重整申请后，债务人出现应当宣告破产的法定原因时，人民法院应当依法宣告债务人破产。

30. 破产清算程序的终结。人民法院终结破产清算程序应当以查明债务人财产状况、明确债务人财产的分配方案、确保破产债权获得依法清偿为基础。破产申请受理后，经管理人调查，债务人财产不足以清偿破产费用且无人代为清偿或垫付的，人民法院应当依管理人申请宣告破产并裁定终结破产清算程序。

《广东省高级人民法院关于审理企业破产案件若干问题的指引》

第 101 条【破产清算申请的宣告】 破产清算申请受理后，第一次债权人会议结束前无人提出重整或和解申请，破产受理时具备下列情形之一的，除存在依法应当终结破产程序的情形外，管理人应当及时向人民法院提出破产宣告申请：（一）债务人不能清偿到期债务，且资产不足以清偿债务；（二）债务人不能清偿到期债务，且明显缺乏清偿能力。

中国台湾地区"民法"

第 838 条 1. 地上权人得将其权利让与他人或设定抵押权。但契约另有约定或另有习惯者，不在此限。2. 前项约定，非经登记，不得对抗第三人。3. 地上权与其建筑物或其他工作物，不得分离而为让与或设定其他权利。

《德国民法典》

第 94 条 (1)土地之定着物，特别是建筑物及土地之出产物，尚未分离者，属于土地之重要成分。种子于播种时，植物于栽植时，为土地之重要成分。(2)为建造建筑物而附加之物，为建筑物之重要成分。

【参考案例】

彭新贵与河南省商水县人民政府、王立民等再审案【最高人民法院(2016)最高法行申 2510 号行政裁定书】

裁判要旨：破产企业以划拨方式取得的国有土地使用权不属于破产财产，企业破产后划拨土地使用权可由政府无偿收回，破产企业无权处分该划拨土地使用权。

（作者：王盈韬）

39.【以物抵债处置中抵押权人的优先购买权】根据破产财产变价及分配方案，在破产财产进行以物抵债的过程中，对部分抵押物享有优先受偿权的债权人是否对该抵押物在同等条件下享有优先购买权？若无优先购买权，是否需要经过竞价确定买受人？

【回答】

破产财产采取以物抵债方式处置抵押物的，抵押权人对抵押物主张优先购买权的，不予支持。当受偿顺位相同时，原则上采取竞价方式决定买受人，或者参照《最高人民法院关于人民法院民事执行中拍卖、变卖财产的规定》第16条第2款规定，以抽签方式决定买受人。

【理由】

第一，抵押权人优先购买权并非我国的法定优先购买权。对于其他种类的抵押物在以物抵债的过程中，抵押权人能否优先购买，立法暂无明确规定。但梳理现行法体系可知，我国私法领域中的"优先权"数量有限，具体包括：按份共有人优先购买权（《民法典》第 306 条）、房屋承租人优先购买权（《民法典》第 726 条）、委托人优先购买权（《民法典》第 859 条）、职务技术成果完成人优先购买权（《民法典》第 847 条）、有限责任公司股东优先购买权（《公司法》第 84 条）、合伙企业合伙人的优先购买权（《中华人民共和国合伙企业法》第 23 条、第 42 条、第 74 条）、本集体经济组织成员的优先购买权（《中华人民共和国农村土地承包法》第 38 条）。

法律的有限列举已从一个角度否定了抵押权人在以物抵债方式处置破产财产中的优先购买资格，且其他司法解释的用语表达也进一步补充印证上述结论。《最高人民法院关于人民法院民事执行中拍卖、变卖财产的规定》（以下简称《拍卖规定》）第 11 条将"已知的担保物权人"和"优先购买权人或者其他优先权人"置于并列结构，从文义解释的角度看，"担保物权人"和"优先权人"应处于两个类别，排除了担保物权人直接推定优先购买的可能性。无独有偶，《最高人民法院关于审理城镇房屋租赁合同纠纷案件具体应用法律若干问题的解释》（以下简称《租赁房屋解释》）第 15 条规定，"出租人与抵押人协议折价、变卖租赁房屋偿还债务的，应当在合理期限内通知承租人。承租人请求以同等条件优先购买房屋的，人民法院应予支持"，即当以物抵债的标的物为房屋时，承租人享有优先购买权，抵押权人即使主张优先购买也难以得到支持。

第二，赋予抵押权人"优先购买权"不具有合理性。鉴于我国现行法缺乏关于优先购买权的一般性规定，[①] 亦未通过立法明确约定优先购买权制度，[②] 学者们围绕"优先购买权"已展开多维度的探讨与分析。其中对于"优先购买权"的制度目的分析和论证，有助于说明以物抵债过程中，抵押权人为何不享有优先购买权。优先购买权是为保护特定人的利益而设置的制度，以满足其对标的物的特殊需求。出于保护人合性的考量，立法

[①] 参见戴孟勇：《论优先购买权中的通知义务》，载《云南社会科学》2019 年第 4 期。

[②] 参见吴训祥：《约定优先购买权的类型化与规则构建》，载《政治与法律》2022 年第 6 期。

赋予有限公司股东、合伙企业合伙人、本集体经济组织成员优先购买权;① 承租人优先购买权为出租人不顾租期而径行出售房屋的"违约"行为设立负面激励;② 按份共有人享有优先购买权则多从该制度对于共有物经济效益的促进作用予以证成;③ 委托人和职务技术成果完成人享有优先购买权,也是由于主体与标的物存在一定的特殊联系。而抵押权人既未参与到标的物的委托和设计中,也不涉及人合性和诚信原则的坚守。抵押权作为担保物权的一种,其设立初衷是确保债务的清偿,抵押权实现也是就抵押物价值优先受偿,此种优先并未直接扩展至物的取得权利。司法实践亦说明,以物抵债的最终目的是实现财产价值的最大化,仅是一种财产变价措施,④ 赋予抵押权人优先购买权既不符合立法体系,亦超出实际需求。

当强制拍卖中存在多数受偿顺位相同的债权人,如何行使优先购买权,现行法没有明确规定。域外立法有的采取"最先出价法",即最先作出替代声明的共有人取得;⑤ 有的采取"比例购买法",即被转让之份额按个人所占之份额比例确定,⑥ 我国也有学者采此观点,⑦ 但在实践中很多破产财产需要保持完整才能发挥其效用。因此,《拍卖规定》第 13 条、第 16 条的规定或可提出解决策略,当债权人的顺位相同时,可以采用竞价或抽签的方式确定,以此来保障破产程序的公正性和效率。

【参考依据】

《最高人民法院关于人民法院民事执行中拍卖、变卖财产的规定》

第 13 条 拍卖过程中,有最高应价时,优先购买权人可以表示以该最高价买受,如无更高应价,则拍归优先购买权人;如有更高应价,而优

---

① 参见赵旭东:《股东优先购买权的性质和效力》,载《当代法学》2013 年第 5 期。

② 参见张凇纶:《承租人优先购买权制度的解释论》,载《吉林大学社会科学学报》2022 年第 6 期。

③ 参见张鹏:《按份共有人优先购买权制度的经济分析》,载《法商研究》2016 年第 1 期。

④ 参见最高人民法院(2021)最高法执监 414 号执行裁定书。

⑤ 参见罗结珍译:《法国民法典》,北京大学出版社 2023 年版,第 497 页。

⑥ 参见唐晓晴译:《葡萄牙民法典》,北京大学出版社 2009 年版,第 242 页。

⑦ 参见房绍坤:《实体与程序双重视角下优先购买权在强制拍卖中的适用》,载《政法论坛》2023 年第 3 期。

先购买权人不作表示的，则拍归该应价最高的竞买人。

顺序相同的多个优先购买权人同时表示买受的，以抽签方式决定买受人。

第16条 拍卖时无人竞买或者竞买人的最高应价低于保留价，到场的申请执行人或者其他执行债权人申请或者同意以该次拍卖所定的保留价接受拍卖财产的，应当将该财产交其抵债。

有两个以上执行债权人申请以拍卖财产抵债的，由法定受偿顺位在先的债权人优先承受；受偿顺位相同的，以抽签方式决定承受人。承受人应受清偿的债权额低于抵债财产的价额的，人民法院应当责令其在指定的期间内补交差额。

《最高人民法院关于审理城镇房屋租赁合同纠纷案件具体应用法律若干问题的解释》

第15条 出租人与抵押人协议折价、变卖租赁房屋偿还债务的，应当在合理期限内通知承租人。承租人请求以同等条件优先购买房屋的，人民法院应予支持。

【参考案例】

赵梦谷、严国庆等执行案【最高人民法院(2020)最高法执监183号执行裁定书】

裁判要旨：优先购买权是承租人基于合法有效的租赁关系而享有的同等条件下可优先购买租赁物的权利。对于承租人是否享有优先购买权应基于其是否享有合法的租赁权进行判断。此时，租赁物上抵押权的设立时间并非承租人优先购买权保护考虑的因素，因为不论抵押权是否设立于租赁合同成立前，承租人行使优先购买权均不会与抵押权人实现抵押权发生冲突，在抵押权实现时保护承租人的优先购买权，更符合设立优先购买权的立法本意。

(作者：刘心怡)

40.【以物抵债处置中税费负担】破产清算程序中，实施"以物抵债"分配方案产生的税费如何处理？

【回答】

破产财产处置中，如按以物抵债实现债权分配清偿，则以物抵债作为非货币性资产交换，视同销售处理。破产清算程序中，因处置债务人财产产生的应由债务人承担税费，属于分配破产财产的费用，应列为破产费用，随时清偿。以物抵债分配方案中对于税费来源可以自行协商确定，不属于对法定纳税义务主体的变更，具有法律效力。

【理由】

在破产清算程序中，债权人会议通过的以物抵债分配方案实质上属于债权人与债务人之间达成合意形成的以清偿为目的的契约，约定债务人为了清偿旧债而负担新债，增加一种实现债权的方式，新债履行完毕以后旧债消灭，属于诺成、有偿的无名合同。根据《民法典》第 467 条和第 646 条的规定，清偿型以物抵债协议参照买卖合同的规定处理，抵债人实际上处于出卖人的地位，而债权人处于买受人的地位，债权人对抵债人的原债权请求权实际上转化为请求转移标的物所有权的权利。① 根据《中华人民共和国企业所得税法实施条例》第 25 条，以物抵债作为非货币性资产交换，视同销售处理，也会产生所得税、增值税、印花税等税费。以物抵债分配方案系经当事人协商一致达成合议，并由债权人会议表决通过的，体现了民法的意思自治原则。同时，虽然税收法定原则是我国《宪法》的一项基本原则，但根据最高人民法院（2007）民一终字第 62 号民事判决书，"税费负担主体"并不同于"纳税义务主体"，纳税义务主体只能由法律规定，但税法对于税款的来源并未作出强制性的规定。破产企业被宣告破产进入破产财产分配阶段，往往意味着其已经处于资不抵债或流动性缺乏的状态，且以物抵债通常适用于债务人无货币资金偿还能力的情形，债务人可能无力支付资产过户所产生的相应税费，因此管理人经与债权人协商，可以在以物抵债分配方案中约定税款来源和最终承担者。

对于以物抵债分配方案中应当由债务人承担的税费的清偿顺位。根据《企业破产法》第 41 条的规定，因"变价和分配债务人财产"所发生的费用为破产费用。以物抵债处置中债务人承担的税费为分配并过户财产所必需的费用，应当认定为破产费用优先于债权人清偿。且根据相关税

---

① 参见杜启顺、彭涛林：《清偿型以物抵债协议探赜索隐》，载《学习论坛》2024 年第 4 期。

收法律法规的规定，不完成资产过户税费的缴纳则无法办理转移登记手续，为避免无法办理资产过户，影响破产程序进度、损害全体债权人利益，管理人在以物抵债分配方案中也应当说明应由债务人负担的税费的清偿顺序。

【参考依据】

《企业破产法》

第 41 条　人民法院受理破产申请后发生的下列费用，为破产费用：（一）破产案件的诉讼费用；（二）管理、变价和分配债务人财产的费用；（三）管理人执行职务的费用、报酬和聘用工作人员的费用。

第 43 条第 1 款　破产费用和共益债务由债务人财产随时清偿。

《民法典》

第 467 条第 1 款　本法或者其他法律没有明文规定的合同，适用本编通则的规定，并可以参照适用本编或者其他法律最相类似合同的规定。

第 646 条　法律对其他有偿合同有规定的，依照其规定；没有规定的，参照适用买卖合同的有关规定。

《民法典合同编通则解释》

第 27 条　债务人或者第三人与债权人在债务履行期限届满后达成以物抵债协议，不存在影响合同效力情形的，人民法院应当认定该协议自当事人意思表示一致时生效。

债务人或者第三人履行以物抵债协议后，人民法院应当认定相应的原债务同时消灭；债务人或者第三人未按照约定履行以物抵债协议，经催告后在合理期限内仍不履行，债权人选择请求履行原债务或者以物抵债协议的，人民法院应予支持，但是法律另有规定或者当事人另有约定的除外。

……

《中华人民共和国企业所得税法实施条例》

第 25 条　企业发生非货币性资产交换，以及将货物、财产、劳务用于捐赠、偿债、赞助、集资、广告、样品、职工福利或者利润分配等用途的，应当视同销售货物、转让财产或者提供劳务，但国务院财政、税务主管部门另有规定的除外。

《四川省高级人民法院关于审理破产案件若干问题的解答》①

六、破产重整、和解与清算

13. 在破产清算程序中处置财产所产生的应由债务人承担的税款，属于破产费用还是税收债权？

答：破产程序中处置破产财产新产生的增值税、附加税、印花税、契税等税费，属于在破产程序中为实现全体债权人的共同利益而必须支付的费用或者承担的必要债务，可以归为破产费用中"变价和分配债务人财产的费用"，由债务人的财产随时清偿。如处置的破产财产系担保物，则处置破产财产所产生的税费从担保物处置价款中优先清偿。

【参考案例】

（一）山西嘉和泰房地产开发有限公司与太原重型机械（集团）有限公司土地使用权转让合同纠纷案【最高人民法院（2007）民一终字第 62 号民事判决书】

裁判要旨：虽然我国税收管理方面的法律法规对于各种税收的征收均明确规定了纳税义务人，但是并未禁止纳税义务人与合同相对人约定由合同相对人或第三人缴纳税款。税法对于税种、税率、税额的规定是强制性的，而对于税款的来源即实际由谁缴纳税款没有作出强制性或禁止性规定，因而具有纳税义务的当事人可以在合同中约定由相对方或者第三人缴纳税款。

（二）承德嘉泰房地产开发有限责任公司与承德市自动化计量仪器厂破产管理人债务纠纷案【河北省承德市中级人民法院（2015）承民初字第00136 号民事判决书】②

裁判要旨：原告通过公开拍卖的形式取得某破产财产，在办理过户手续时，由于被告没有履行自己的纳税义务，致使原告无法办理产权过户手续，原告为实现合同目的，垫付了税金 2225855.00 元，办理了产权过户手续。该笔税金的纳税主体是被告承德市自动化计量仪器厂破产管理人，

---

① 类似规范可参见河南省高级人民法院、国家税务总局河南省税务局《关于企业破产程序涉税问题处理的实施意见》。

② 类似裁判可参见海南省文昌市人民法院（2018）琼 9005 行初 42 号行政判决书。

是清算组在破产财产的管理、变价和分配中产生的，其行为也是为破产程序进行而实施的，是为了全体债权人的共同利益，破产后形成的税收债权具有特殊性，因此其支出的费用应认定为破产费用。

（作者：隆晓玲）

四、债权申报与审核

41.【代购房屋债权的认定】房地产公司破产案中，政府平台公司能否以其代购房屋的实际购买目的系用于安置被征收户且已支付全部价款为由，参照适用《商品房消费者批复》的规定，主张其房屋交付请求权或价款返还请求权优先于建设工程价款受偿权、抵押权以及其他债权？

【回答】

在房地产公司破产案件中，政府平台公司以其代购房屋的实际目的系用于安置被征收户且已支付全部价款为由，主张其房屋交付请求权或价款返还请求权优先于其他债权，不宜支持。

【理由】

主张政府平台公司的房屋交付请求权或价款返还请求权优先于其他债权，前提是将政府平台公司认定为具有《消费者权益保护法》中消费者的性质，但这种认定可能存在一些问题：

第一，很多学者认为："所谓消费者，是指为生活消费的需要而购买商品或者接受服务的自然人。"[1]而政府平台公司并不属于自然人。《消费者权益保护法》所指的"消费者"原则上仅限于自然人，不应当包括单位，单位因消费而购买商品或接受服务，应当受合同法调整，而不应当受《消费者权益保护法》的调整。[2]

---

[1] 参见许建字：《完善消费者立法若干基本问题研究》，载《浙江学刊》2001年第1期。

[2] 参见王利明：《消费者的概念及消费者权益保护法的调整范围》，载《政治与法律》2002年第2期。

第二，消费者消费行为的目的是满足生活需要。生活消费区别于生产环境下的生产消耗，其更侧重于"最终的消耗"。[1] 生产消耗的目的更倾向于为了盈利，而生活消费是为了保护"以居住为目的"的自然人生存权益。从购房目的来看，政府平台公司的购房活动显然不属于为满足生活需要的消费活动，所以不应当将其认定为消费者。

第三，根据合同相对性原理，政府平台公司与被征收户、政府平台公司与房地产开发公司分属于不同的法律关系。当房地产开发公司违约时，政府平台公司有权请求房地产开发公司承担违约责任。但是因为房地产开发公司的破产导致政府平台公司对被征收户违约时，被征收户应当请求政府平台公司承担违约责任。若此时将房屋征收平台视为消费型购房人，涉嫌将政府平台公司无法安置被征收户时的风险责任转移到房地产开发公司身上。

第四，有观点从生存保障权角度出发考虑应当优先保障被征收人的生存利益。但是在房企破产时，政府平台公司依旧可以通过其他方式来补偿被征收户所遭受的损失，因此不会直接影响到被征收人的生存利益。将政府平台公司视为消费者显然加重了房企所面临的压力，减少了政府平台公司本身的责任。

第五，有观点从维持社会稳定的角度出发，认为若房企破产时不将政府平台公司视为消费者可能会诱发社会不稳定现象的发生。但是若将其视为消费者必然会导致房地产企业的其他债权人利益受到损害，例如建筑公司的农民工、其他业主、材料商、供货商等。这些人在应得利益受到损害时也可能会触发社会不稳定现象，所以这种观点并不具有说服性。

第六，从优化营商环境，打造诚信社会的角度来考虑，将政府平台公司认定为消费者会突破现有法律的边界和框架，这不利于保持法律的稳定性和发挥法律的指引功能。

综上，政府平台公司为安置被征收户而购买房屋时不应当参照适用《商品房消费者批复》的规定，亦不宜认定其房屋交付请求权或价款返还请求权优先于其他债权。

【参考依据】

《异议复议规定》

第 29 条 金钱债权执行中，买受人对登记在被执行的房地产开发企

---

[1] 参见张严芳：《消费者权益保护法研究》，法律出版社 2003 年版，第 108 页。

业名下的商品房提出异议，符合下列情形且其权利能够排除执行的，人民法院应予支持：（一）在人民法院查封之前已签订合法有效的书面买卖合同；（二）所购商品房系用于居住且买受人名下无其他用于居住的房屋；（三）已支付的价款超过合同约定总价款的百分之五十。

《商品房消费者批复》

二、商品房消费者以居住为目的购买房屋并已支付全部价款，主张其房屋交付请求权优先于建设工程价款优先受偿权、抵押权以及其他债权的，人民法院应当予以支持。

只支付了部分价款的商品房消费者，在一审法庭辩论终结前已实际支付剩余价款的，可以适用前款规定。

三、在房屋不能交付且无实际交付可能的情况下，商品房消费者主张价款返还请求权优先于建设工程价款优先受偿权、抵押权以及其他债权的，人民法院应当予以支持。

《破产审判会议纪要》

28. 破产债权的清偿原则和顺序。对于法律没有明确规定清偿顺序的债权，人民法院可以按照人身损害赔偿债权优先于财产性债权、私法债权优先于公法债权、补偿性债权优先于惩罚性债权的原则合理确定清偿顺序。

【参考案例】

林星、韶关市璟晟置业有限公司破产债权确认纠纷案【广东省韶关市中级人民法院（2020）粤 02 民初 298 号民事判决书】

裁判要旨：《商品房消费者批复》第 2 条之所以对交付购买商品房全部或者大部分款项的消费者予以优先保护，是基于生存利益大于经营利益的社会政策原则，为保护消费者的居住权而设置的特殊规定，在适用中应对其范围予以严格限制，不宜作扩大解释。《异议复议规定》第 29 条规定实际上也沿用了该精神，明确限制所购商品房是用于居住，这也和《消费者权益保护法》第 2 条"消费者为生活消费需要"的保护范围一致。这种界定既保护了普通消费者作为弱势群体的特殊利益，也对抵押权人、建设工程价款优先受偿权人和其他普通债权人的利益达到一定程度的平衡保护。

（作者：张涛）

42.【**以租抵债所涉债权的清偿顺位**】破产受理前，债务人为清偿某债权人的到期借款债权，与债权人签订租赁及抵债协议，以商铺租金冲抵债务。破产受理后，管理人是否有权解除以租抵债协议？如果以租抵债协议解除的，债权人主张其债权在租金范围内优先受偿的，应否支持？

【回答】

管理人有权依法解除以房屋使用权抵偿欠款的以租抵债协议。以租抵债协议解除后，债权人主张其债权在租金范围内优先受偿的，不予支持。

【理由】

对于以租抵债协议解除后的债权性质，目前没有明确的法律规定，各地法院的做法也大不相同。最高人民法院在《关于破产企业签订的未履行完毕的租赁合同纠纷法律适用问题的请示》（以下简称《租赁请示》）中认为："租赁合同如判解除，则预付租金构成不当得利应依法返还，根据《企业破产法》第四十二条第三项的规定，该不当得利返还债务应作为共益债务，由破产企业财产中随时返还。"[1]因此，实务中部分法院认为以租抵债协议解除后承租人的约定租金属于预付租金，构成不当得利应依法返还，该不当得利返还债务应认定为共益债务，承租人有权主张其债权在约定租金范围内优先受偿。[2] 也有部分法院认为以租抵债协议解除后以租金申报的债权属于普通债权，无权主张其债权在约定租金范围内优先受偿。[3]

在探讨以租抵债协议解除后债权性质问题之前，首先须明确以租抵债协议的法律性质。由于以租抵债协议并非民法上的典型合同，而是在实践中产生的一种新合同形式，所以对于以租抵债协议的法律性质，理论上并没有明确定义。而在司法实践中，也存在着不同的观点：

第一种观点认为，以租抵债协议无效，如在"陈有香诉义乌市星联电子有限公司房屋租赁合同纠纷一案"中，法院认为"房屋租赁协议中所指

---

[1]　湖南省高级人民法院(2017)湘民再461号民事判决书。

[2]　参见江苏省靖江市中级人民法院(2020)苏1282民初3332号民事判决书。

[3]　参见山东省荣成市中级人民法院(2020)鲁1082民初4056号民事判决书。

的租金并未实际支付，其真实性不应予以认定；即使真实，也有失公允，依法亦应认定无效"①。然而，虽然双方订立以租抵债协议的目的是折抵原有债权，但是双方并未违反法律强制性规定，且租赁行为本身也是双方真实意思表示，并不能够当然否定以租抵债协议的效力。②

第二种观点认为，以租抵债协议构成原合同的担保。在"李淑青诉李波返还原物一案"中，法院认为，"以租抵债合同实质上具有担保债权实现的性质，虽属有效合同，但权利人并非合同法界定的承租人，而应认定为债权人"。③ 然而，如果以租抵债协议构成原合同的担保，此时原合同与以租抵债协议形成了从属关系，债权人只能请求债务人先履行原合同，只有当债务人无法履行原合同时，债权人才能主张拍卖标的物以实现债权，此时的担保权人实现的仍然是担保物的交换价值。但从当事人订立以租抵债协议的目的来看，以租抵债协议并没有确保原有债权实现的目的，而是在原有债务无法继续履行的情况下用租赁关系的履行代替原有标的。此时的承租人（原债权人）也没有追求标的物交换价值的意图，而是利用租赁物使用价值来使自身应当获得的债权利益得以实现，因此，以租抵债协议当事人追求的是清偿效果而非利用财产为债权作担保，以租抵债协议不构成原合同的担保。

综上，本书认为，以租抵债协议法律性质实际上是新债清偿。以租抵债协议的实质是债务人提供租赁物使用权以清偿债务，在传统民法理论中，若有履行异于原定给付的给付目的，那么大概会有三种可能：①担保；②新债清偿；③代物清偿。④ 由于担保的可能性在上述观点二中已予以评价，以租抵债协议不构成原合同的担保，因此只剩下新债清偿和代物清偿的可能性。所谓代物清偿，指的是债权人受领他种给付以代替原定给付，而使债之关系归于消灭。⑤ 而新债清偿则是指债务人为清偿旧债务而负担新债务，并因新债务的履行而消灭旧债务的一种制度。从代物清偿与

---

① 浙江省金华市中级人民法院(2010)浙金民再终字第 12 号民事裁定书。

② 参见房绍坤、纪力玮：《论以租抵债》，载《山东警察学院学报》2018 年第 30 期。

③ 参见云南省高级人民法院(2014)云高民一终字第 164 号民事判决书。

④ 参见[德]迪特尔·梅迪库斯：《德国债法总论》，杜景林、卢谌译，法律出版社 2003 年版，第 194~195 页。

⑤ 参见史尚宽：《债法总论》，中国政法大学出版社 2000 年版，第 814 页。

新债清偿的构成要件来看，二者均需要当事人双方达成合意且有旧债的存在，其主要的区别在于当事人达成新债的目的是对旧债的替代还是作为清偿旧债务的新方法。新债清偿是以负担新债务为履行旧债务的新方法，因此，新债务不履行时，旧债务并不消灭；而代物清偿与其不同，是对旧债务的代替。因此，当新债清偿成立后，新旧债务处于一种并存关系，若新债务届时不能履行，则债权人有权就旧债务要求债务人履行。而代物清偿合同成立时，原债的关系即归于消灭。以租抵债协议的表现形式明显更符合新债清偿。因此，本书认为，除非当事人在以租抵债协议明确约定旧债已经消失，否则，以租抵债协议应当认定为新债清偿。

在明确以租抵债协议的法律性质为新债清偿后，本书认为，对于以租抵债协议解除后的债权性质应当认定为普通债权，而非共益债务。对于实务中部分法院认为以租抵债协议解除后承租人的约定租金属于预付租金，构成不当得利应依法返还，该不当得利返还债务应认定为共益债务的观点，本书并不认同。实际上，以租抵债协议的旧债是尚未履行的债权，且在新债未履行完毕之前仍然存在（新债亦未实际履行完毕），故不宜被认定为已经转化成预付租金。最高人民法院在《租赁请示》中认定的预付租金应当指的是实际支付了的租金，以租抵债协议中债权人的目的是以租金抵冲欠款，债权人并没有实际支付租金，不存在所谓的预付租金一说，也就更谈不上不当得利。如前所述，以租抵债协议的实质是新债清偿，管理人依法解除以租抵债协议后，新债发生解除，债权人应返还租赁物。在新债中，因不存在预付租金，债权人也未因以租抵债协议解除产生实际损失，故债权人无权以租金损失为由向管理人申报债权，只能依据与债务人之间的原法律关系进行债权申报。此债权性质并不符合共益债务的法律规定，因此债权人主张其债权在约定租金范围内优先受偿的，人民法院应当不予支持，管理人依法审查后应将此债权纳入普通债权。

此外，如果管理人发现以租抵债协议签订于法院裁定受理破产申请前六个月内，依据《企业破产法》第32条："人民法院受理破产申请前六个月内，债务人有本法第二条第一款规定的情形，仍对个别债权人进行清偿的，管理人有权请求人民法院予以撤销。但是，个别清偿使债务人财产受益的除外。"债务人采取以租抵债的方式对个别债权人清偿，以租金抵偿所欠部分债务，明显构成个别清偿。在这种情形下，除非有证据证明个别清偿使债务人财产受益，否则管理人应当主张撤销。

【参考依据】

《企业破产法》

第 18 条 人民法院受理破产申请后，管理人对破产申请受理前成立而债务人和对方当事人均未履行完毕的合同有权决定解除或者继续履行，并通知对方当事人。管理人自破产申请受理之日起二个月内未通知对方当事人，或者自收到对方当事人催告之日起三十日内未答复的，视为解除合同。

管理人决定继续履行合同的，对方当事人应当履行；但是，对方当事人有权要求管理人提供担保。管理人不提供担保的，视为解除合同。

第 32 条 人民法院受理破产申请前六个月内，债务人有本法第二条第一款规定的情形，仍对个别债权人进行清偿的，管理人有权请求人民法院予以撤销。但是，个别清偿使债务人财产受益的除外。

第 42 条 人民法院受理破产申请后发生的下列债务，为共益债务：（一）因管理人或者债务人请求对方当事人履行双方均未履行完毕的合同所产生的债务；（二）债务人财产受无因管理所产生的债务；（三）因债务人不当得利所产生的债务；（四）为债务人继续营业而应支付的劳动报酬和社会保险费用以及由此产生的其他债务；（五）管理人或者相关人员执行职务致人损害所产生的债务；（六）债务人财产致人损害所产生的债务。

中国台湾地区"破产法"

第 95 条 左列各款，为财团费用：

一、因破产财团之管理变价及分配所生之费用。

二、因破产债权人共同利益所需审判上之费用。

三、破产管理人之报酬。

破产人及其家属之必要生活费及丧葬费，视为财团费用。

第 96 条 左列各款为财团债务：

一、破产管理人关于破产财团所为行为而生之债务。

二、破产管理人为破产财团请求履行双务契约所生之债务，或因破产宣告后应履行双务契约而生之债务。

三、为破产财团无因管理所生之债务。

四、因破产财团不当得利所生之债务。

第 97 条 财团费用及财团债务，应先于破产债权，随时由破产财团清偿之。

【参考案例】

英联视动漫文化发展有限公司与北京恒华嘉辉科技有限公司案外人执行异议之诉纠纷申请案【最高人民法院（2014）民申字第 215 号民事裁定书】

裁判要旨：房屋租赁合同是指房屋出租人将房屋提供给承租人使用，承租人定期支付租金，并于合同终止时将房屋归还给出租人的协议。故承租人缔约的目的是取得房屋的使用权，出租人则是为了收取租金。而本案中，从合同内容看，英联视公司为了使自己的债权得到清偿，同意豪力投资公司以让渡豪力大厦 18 年的房屋使用权的方式抵顶 300 万元的借款。可见，《房屋使用权抵债合同》是债务人以其房屋使用权抵偿欠款的合同之债，不同于出租人与承租人之间签订的房屋租赁合同。因此，英联视公司与豪力投资公司之间签订的《房屋使用权抵债合同》为债权债务合同关系而非房屋租赁合同。

(作者：邓健祺)

43.【商铺购房债权的清偿顺位】房地产企业与购买人签订商铺买卖合同，购买人支付全款未办理不动产权证。其后房地产企业为向他人借款，将同一商铺办理抵押登记。房地产企业破产程序中，对购房人和担保债权人的债权顺位应如何认定？

【回答】

房地产企业破产程序中，商铺购买者能够证明其以居住为目的购买房屋，并已支付全部价款的，主张其商铺房屋交付请求权优先于建设工程价款优先受偿权、抵押权及其他债权的，应当予以支持。

【理由】

第一，在破产程序中，商品房消费者的房屋交付请求权的清偿顺位一般优先于建设工程价款优先受偿权、抵押权及其他债权。在破产程序中，以居住为目的购买房屋并已支付全部价款，以及破产受理前仅支付部分价款但在破产程序中支付了剩余价款的购房者，其房屋交付请求权优于建设工程价款优先受偿权、抵押权及其他债权。这主要是基于规则背后所体现出的保护弱者生存权的价值理念。首先，我国商品房总价较高且期房交易普遍，购房者所支付的购房款金额较大，但房屋完工并办理交付及登记前，购房消费者并非房屋的所有权人，仅享有普通债权。而房地产企业出于融资需求往往以在建工程、土地为抵押物向银行申请贷款，在破产程序中，担保物权的清偿顺位优先于普通债权，普通债权清偿率普遍较低，最终结果是购房消费者不仅无法得到商品房的所有权，其支付的价款也仅能有小部分得到清偿，甚至背负巨额的债务。作为个人的购房者往往没有承担相应风险的能力，极易产生群体性事件影响社会稳定，因此购房消费者优先权的制度应运而生，赋予了购房消费者一定的优先顺位。其次，购房人优先权规则背后体现出保护弱者生存权的价值理念。法律作为社会秩序运作的规则，不能忽视对弱者的关怀这一人类社会的基本道德准则，因此在价值追求上，弱者保护的理念也不例外地需要得到贯彻。购房人优先权制度的创设即是贯彻弱者保护理念的典型。在立法理念上，该制度带有浓厚的人文关怀，即通过赋予弱势群体的债权以特权，使之在受偿时具有特定优先力，进而强化对弱者生存权的保护，追求实质公平。在司法解释的制定者看来，购房人优先权制度主要考虑到"消费者购买商品房乃是其生存的权利，并关乎社会稳定，承包人的权利为经营权利，生存权利应当优先于经营权利受到保护"。[①] 将弱者的生存权纳入特殊利益保护的政治决断具有前瞻性，司法解释将弱者生存权保护原则进行成文化设计，无疑在规范演进上具有很大的探索意义，同时亦符合当代民法保护弱者的价值体系。

第二，商铺购房债权在满足一定条件时，可以按照商品房消费者债权优先保护。"准确识别弱者，是任何弱者保护制度有效运作的前提"[②]，购房人优先权制度的良好运行自然也不例外。既然购房人优先权制度保护的是生存权，则涉案不动产应是为了生存所需，标的房屋的性质就应为住

---

① 朱树英、孙贤程：《细说工程款优先受偿权——最高人民法院研究室有关人士谈〈合同法〉第 286 条司法解释》，载《建筑时报》2002 年 7 月 15 日，第 1 版。
② 参见许德风：《论民法典的制定与弱者保护》，载《广东社会科学》2012 年第 1 期。

宅而非商业用房，购房人行使优先权必须标的房屋性质是"住房"而非"商铺"①，但也存在例外情况。例如，在安徽深广建筑安装有限公司与宣城瀛东投资有限公司张某某破产债权确认纠纷案中，法院认为，尽管购房人购买的该商品房属于商铺具有一定的投资和经营属性，但由于该购房人本身经济能力不强，案涉商品房的价值及所预期的经营收益确实承载了购房人的生存利益。② 对于该种行为赋以优先保护也符合购房人优先权的本意。由此可知，购买商住两用的商铺优先受保护需要满足一定的条件：

首先，购买商住两用商铺的目的应仅是直接用于满足其生活居住需要。如前述虽然一般而言住宅才是为了满足生活所需，但不可否认在特定情形下商铺也可能承载着购房人的生存利益。例如，农村居民可能将所有房产变卖方可在城里购买商铺以经营用于一家生活，此时商铺便与居住所用房无异。如果此时一概否认购房人优先权的适用同样会与保护生存者的制度意旨相悖。

其次，购房者购买商铺是为了自己经营且将经营收入作为主要的生活经济来源。从《消费者权益保护法》的立法宗旨来看，其目的是保护现代消费社会中的弱者。从表面上看，所谓"生活消费"就是为满足生活需要而进行消费，而生活需要一般是指物质上的需要。但是，如果仅从"生活消费"的表面含义去界定消费者，那就大大限制了消费者的范围，违背了时代的发展、进步的趋势，使消费者的范围一成不变。随着消费领域的扩大，有必要对消费者的概念作扩大性解释。个体社会成员是消费关系中的弱者。消费者与生产经营者相比较，不仅经济实力相距悬殊，而且由于科技的发展、分工的细化、促销手段的发展、全球化和产销多层化，使消费者独立判断所选购商品的能力降低，选择商品的自由受到限制，获得救济的难度加大，成为消费社会中的弱者。而对消费者权益的损害，不仅损害大众的利益，而且也会危害社会的经济秩序。时下有关房地产交易中，房地产商往往处于优势地位，多通过格式合同减轻自己责任，导致消费者责任加重，利益受到损害。无论是商品房的购买者还是商铺的购买者，无论

---

① 参见海南省第二中级人民法院(2013)海南二中民再字第3号民事判决书、甘肃省高级人民法院(2017)甘执异30号执行裁定书。

② 参见安徽省高级人民法院(2017)皖民终249号民事判决书。

购房目的是居住还是商用，其处于弱势的消费者地位是一样的。因此，消费者的含义无只保护生活消费的限制性解释，消费者应该是为个人目的购买或使用商品和接受服务的社会成员。司法实践中，一些地方法院在具体案件审理过程中从保护弱势消费者的角度出发，也认为即使商铺具有经营属性，但如果购买商铺的目的是保障和改善家庭生活，则该商铺就具有生存保障功能，仍然属于"消费"范围，可以获得优先受偿权。

最后，消费型商铺买受人也应符合"已签订合法有效的书面买卖合同""已支付合同总价款 50% 以上"的要求。购房人优先权制度的价值并非对购房人的债权一律给予特殊优待，其条文背后隐藏着对弱者生存权进行优先保护的价值预设，即仅有购房人的债权承载着生存利益时，方可受到倾斜保护。反之则仍需适用物权优于债权的一般原则。这也决定了购房人优先权规则并非普适性的一般规则，而应属于衡平规则，在适用方法上应注重个案判断。

综上所述，如果购买商铺的目的是纯作投资用途，那么当然不纳入购房者优先受偿权的保护范畴，对于购买人的需求，法院不予支持。如果商铺既作商用又作居住使用，在可以推断出该商铺承载着购买人的生存需求的情况下，对于购买人的需求，法院应予以支持。

【参考依据】

《民法典》

第 386 条 担保物权人在债务人不履行到期债务或者发生当事人约定的实现担保物权的情形，依法享有就担保财产优先受偿的权利，但是法律另有规定的除外。

第 394 条第 1 款 为担保债务的履行，债务人或者第三人不转移财产的占有，将该财产抵押给债权人的，债务人不履行到期债务或者发生当事人约定的实现抵押权的情形，债权人有权就该财产优先受偿。前款规定的债务人或者第三人为抵押人，债权人为抵押权人，提供担保的财产为抵押财产。

《企业破产法》

第 113 条 破产财产在优先清偿破产费用和共益债务后，依照下列顺序清偿：(一)破产人所欠职工的工资和医疗、伤残补助、抚恤费用，所欠的应当划入职工个人账户的基本养老保险、基本医疗保险费用，以及法律、行政法规规定应当支付给职工的补偿金；（二）破产人欠缴的除前项规定以外的社会保险费用和破产人所欠税款；（三）普通破产债权。

破产财产不足以清偿同一顺序的清偿要求的，按照比例分配。

破产企业的董事、监事和高级管理人员的工资按照该企业职工的平均工资计算。

《商品房消费者批复》

二、商品房消费者以居住为目的购买房屋并已支付全部价款，主张其房屋交付请求权优先于建设工程价款优先受偿权、抵押权以及其他债权的，人民法院应当予以支持。

只支付了部分价款的商品房消费者，在一审法庭辩论终结前已实际支付剩余价款的，可以适用前款规定。

《异议复议规定》

第 28 条 金钱债权执行中，买受人对登记在被执行人名下的不动产提出异议，符合下列情形且其权利能够排除执行的，人民法院应予支持：（一）在人民法院查封之前已签订合法有效的书面买卖合同；（二）在人民法院查封之前已合法占有该不动产；（三）已支付全部价款，或者已按照合同约定支付部分价款且将剩余价款按照人民法院的要求交付执行；（四）非因买受人自身原因未办理过户登记。

第 29 条 金钱债权执行中，买受人对登记在被执行的房地产开发企业名下的商品房提出异议，符合下列情形且其权利能够排除执行的，人民法院应予支持：（一）在人民法院查封之前已签订合法有效的书面买卖合同；（二）所购商品房系用于居住且买受人名下无其他用于居住的房屋；（三）已支付的价款超过合同约定总价款的百分之五十。

《九民纪要》

125.【案外人系商品房消费者】实践中，商品房消费者向房地产开发企业购买商品房，往往没有及时办理房地产过户手续。房地产开发企业因欠债而被强制执行，人民法院在对尚登记在房地产开发企业名下但已出卖给消费者的商品房采取执行措施时，商品房消费者往往会提出执行异议，以排除强制执行。对此，《最高人民法院关于人民法院办理执行异议和复议案件若干问题的规定》第 29 条规定，符合下列情形的，应当支持商品房消费者的诉讼请求：一是在人民法院查封之前已签订合法有效的书面买卖合同；二是所购商品房系用于居住且买受人名下无其他用于居住的房屋；三是已支付的价款超过合同约定总价款的百分之五十。人民法院在审理执行异议之诉案件时，可参照适用此条款。……

126.【商品房消费者的权利与抵押权的关系】根据《最高人民法院关于建设工程价款优先受偿权问题的批复》第 1 条、第 2 条的规定，交付全部或者大部分款项的商品房消费者的权利优先于抵押权人的抵押权，故抵押权人申请执行登记在房地产开发企业名下但已销售给消费者的商品房，消费者提出执行异议的，人民法院依法予以支持。但应当特别注意的是，此情况是针对实践中存在的商品房预售不规范现象为保护消费者生存权而作出的例外规定，必须严格把握条件，避免扩大范围，以免动摇抵押权具有优先性的基本原则。因此，这里的商品房消费者应当仅限于符合本纪要第 125 条规定的商品房消费者。买受人不是本纪要第 125 条规定的商品房消费者，而是一般的房屋买卖合同的买受人，不适用上述处理规则。

127.【案外人系商品房消费者之外的一般买受人】金钱债权执行中，商品房消费者之外的一般买受人对登记在被执行人名下的不动产提出异议，请求排除执行的，《最高人民法院关于人民法院办理执行异议和复议案件若干问题的规定》第 28 条规定，符合下列情形的依法予以支持：一是在人民法院查封之前已签订合法有效的书面买卖合同；二是在人民法院查封之前已合法占有该不动产；三是已支付全部价款，或者已按照合同约定支付部分价款且将剩余价款按照人民法院的要求交付执行；四是非因买受人自身原因未办理过户登记。人民法院在审理执行异议之诉案件时，可参照适用此条款。

【参考案例】

安徽深广建筑安装有限公司等与宣城瀛东投资有限公司等破产债权确认纠纷案【安徽省高级人民法院（2017）皖民终 249 号民事判决书】

裁判要旨：买受人购买商铺的功能和收益主要为保障和改善家庭生活的，仍属于消费购房者，在破产清算中享有优先权。

（作者：胡敏）

44.【名义借款债权的申报与审核】破产企业在破产受理前以他人名义贷款，款项由破产企业使用，破产企业为该贷款向银行提供保证担保。进入破产程序后，银行及名义借款人均就该款项申报债权，对此类债权是仅确认银行债权还是均予以确认？

【回答】

名义借款人与银行同时申报债权，管理人经调查确定款项系由名义借款人借贷后转付至债务人实际使用的，应仅确认银行为该笔债权的债权人。

【理由】

借名贷款纠纷涉及出借人、名义借款人和实际用款人三方主体，法律关系较为复杂，其中还款责任的确定乃为核心争议。对于借名贷款中责任承担，现行法律法规并无明确规定，实践中则存在不同观点，分别是名义借款人承担还款责任说①、实际借款人承担还款责任说②以及共同承担还

---

① 此观点为裁判主流意见，裁判理由大致如下：其一，因无法证明出借人与实际用款人之间的借款合意，名义借款人基于合同相对性应该承担还款责任。比如，最高人民法院在 (2023) 最高法民申 2770 号民事裁定书中认为"材料厂举示的（名义借款人）证据不足以证明其与房屋公司（实际用款人）等之间存在委托'借名贷款'的合意及在订立合同时营口分行（出借人）对此知情，故原审判决材料厂（名义借款人）承担还款责任并无不当"。其二，认为出借人系基于对名义借款人的身份关系、还款能力的信赖。可参见江西省上饶市广信区人民法院 (2022) 赣 1104 民初 2582 号民事判决书。其三，认为借款实际使用行为系合同的履行行为，使用主体不影响合同主体的认定。可参见汽运公司诉胡某等民间借贷纠纷一案，载《人民法院报》2023 年 2 月 21 日第 3 版。

② 部分裁判意见支持此观点，裁判论证中遵循隐名直接代理与真实意思表示这两条裁判路径，通常结合合同的约定、实际履行情况及其他相关事实，应由实际借款人承担偿还责任、名义借款人不承担偿还责任。其判决逻辑也非常严谨和复杂，如湖南省桑植县人民法院 (2022) 湘 0822 民初 1298 号民事判决书从贷款背景及原因、贷款审核发放、资金使用、银行流水、贷款利息偿还、当事人陈述以及证人证言等多个角度论证由实际用款人承担责任的理由。

款责任说①。最高人民法院专委、二级大法官刘贵祥在全国法院金融审判工作会议上讲话指出，实际借款人委托名义借款人借款的，应当依据《民法典》第 925 条、第 926 条有关间接代理的规定来确定借款合同的当事人。② 最高人民检察院发布贯彻实施《民法典》典型案例(第二批)中"大连某航小额贷款股份有限公司与朱某、侯某辉、程某等借款合同纠纷抗诉案"中也明确了检察机关在办理"借名贷款"案件中，对新规应予以贯彻，要求综合案件事实准确适用委托关系相关规定认定责任主体。因此，需要在新规规定下重新审视借名贷款纠纷。

综上，在名义借款人和银行同时申报债权的情形下，若经过管理人调查足以确定该款项系由名义借款人借贷后转付至债务人实际使用事实的，应当按照以下规则处理：

第一，银行和名义借款人均有权申报债权。一方面，银行有权申报债权。根据新规，无论是《民法典》第 925 条规定下借贷合同直接约束银行和债务人，还是《民法典》第 926 条规定下银行可以选择债务人作为借贷合同主体，银行享有对债务人的债权请求权基础，均有权申报债权。另一方面，名义借款人亦有权申报债权。在借名贷款情形下，名义借款人基于其与债务人内部约定，③ 亦享有债权人身份，在提交初步证明材料基础上也可以向管理人申报债权。

第二，对于同一笔借款债权，应仅确认银行为该笔债权的债权人。一方面，对于双方的同时申报，不能均予以确认。从本质上来讲，两笔债权

① 少部分法院会根据实际借款人的实际使用、支配情况或实际借款人在诉讼中的自认，或认为实际借款人构成《民法典》第 552 条规定的债务加入，而判令名义借款人与实际借款人共同承担偿还责任的法律依据，可参见中国法院 2022 年度案例河北省邢台市人民法院(2021)冀 05 民终 418 号民事判决书的详细论述。

② 参见刘贵祥：《关于金融民商事审判工作中的理念、机制和法律适用问题》，载《法律适用》2023 年第 1 期。

③ 司法实践中对于名义借款人与实际借款人之间的关系存在两种观点：一是若二者之间若有借款合意，则二者成立借贷关系，详见浙江省台州市中级人民法院(2019)浙 10 民终 667 号民事判决书，此时债权人、名义借款人、实际用款人之间乃为连环借贷；二是若二者缺乏借贷合意，则二者之间构成委托关系，详见最高人民法院(2023)最高法民申 68 号民事判决书。无论二者内部系借贷关系或委托关系，在名义借款人履行债务之后，根据内部约定，名义借款人均享有对实际用款人的追偿权。

系因借名贷款而产生的同一笔债权，如果将两笔债权均予以认定，那么将会扩大债务人的负债情况，损害其他债权人的利益。因此在出借人和名义借款人同时申报债权的情形下，管理人仅能确认一笔或者对该笔债权总额进行确认。另一方面，相较于确认名义借款人的债权，确认银行为该笔债权的债权人更具有正当性。这不仅仅符合实质重于形式的裁判原则和穿透式金融监管的理念，符合债务人实际用款的事实，同时也有利于实现纠纷的一次性解决，提高司法效率，避免将名义贷款人牵涉其中从而将民事法律关系复杂化。

第三，银行债权若未能得到全额清偿，有权在破产程序终结后向名义借款人追偿，名义借款人应当承担不利后果。借名贷款涉及银行、名义借款人和实际用款人三方当事人，加上债务人提供保证担保，较为复杂。银行申报债权的基础法律关系，可能是银行依据《民法典》第926条第2款的规定选择债务人为合同相对人的借款合同关系，也可能是基于债务人为保证人的保证合同关系。为提高效率，方便操作，应直接确认银行的债权，并认可银行在破产程序终结后可以向名义借款人追偿。虽然实际借款人是借款的实际使用、支配者，但是名义借款人是借据出具者，应当对自身在贷款合同上签字所代表的含义和法律后果具有一定的识别和判断能力，理应承担一定的不利后果。向名义借款人追偿可以最大程度保证银行债权的实现，不损害其他债权人的合法权益，亦符合当事人的法律预期。

【参考依据】

《民法典》

第925条 受托人以自己的名义，在委托人的授权范围内与第三人订立的合同，第三人在订立合同时知道受托人与委托人之间的代理关系的，该合同直接约束委托人和第三人；但是，有确切证据证明该合同只约束受托人和第三人的除外。

第926条 受托人以自己的名义与第三人订立合同时，第三人不知道受托人与委托人之间的代理关系的，受托人因第三人的原因对委托人不履行义务，受托人应当向委托人披露第三人，委托人因此可以行使受托人对第三人的权利。但是，第三人与受托人订立合同时如果知道该委托人就不会订立合同的除外。

受托人因委托人的原因对第三人不履行义务，受托人应当向第三人披露委托人，第三人因此可以选择受托人或者委托人作为相对人主张其权利，但是第三人不得变更选定的相对人。

委托人行使受托人对第三人的权利的，第三人可以向委托人主张其对受托人的抗辩。第三人选定委托人作为其相对人的，委托人可以向第三人主张其对受托人的抗辩以及受托人对第三人的抗辩。

《破产法解释（三）》

第4条　保证人被裁定进入破产程序的，债权人有权申报其对保证人的保证债权。

主债务未到期的，保证债权在保证人破产申请受理时视为到期。一般保证的保证人主张行使先诉抗辩权的，人民法院不予支持，但债权人在一般保证人破产程序中的分配额应予提存，待一般保证人应承担的保证责任确定后再按照破产清偿比例予以分配。

保证人被确定应当承担保证责任的，保证人的管理人可以就保证人实际承担的清偿额向主债务人或其他债务人行使求偿权。

【参考案例】

大连某航小额贷款股份有限公司与朱某、侯某辉、程某等借款合同纠纷抗诉案

裁判要旨：一般而言，出借人系基于对名义借款人身份资格、资信能力的信赖出借款项，基于合同相对性及意思自治，应认定名义借款人为合同主体、承担还款责任。出借人在出借资金时明知借款人所借款项是由实际用款人使用的，应着重审查出借人是否明知名义借款人系受实际用款人委托借款，结合出借方属性、借名目的等，正确区分名义借款人系"代理实际用款人借款"或"为实际用款人借款"，准确适用《民法典》关于委托关系的相关规定，认定责任主体。参考全国法院金融审判工作会议精神，商业银行作为出借方在签订借款合同时知道实际用款人和名义借款人之间的代理关系的，借款合同直接约束出借方和实际用款人。

（作者：周雨词）

45.【已裁定确认债权表的异议与调整】破产清算程序中，债权表经人民法院裁定确认后，确有证据证明债权表记载的债权有误，应如何重新确认？

【回答】

债权表经债权人会议核查并报人民法院裁定确认后，其中记载的部分债权确有错误的，管理人应及时修正，并将修正的债权表再次提交债权人会议核查。核查无异议的，管理人提交人民法院进行变更裁定。

【理由】

第一，《企业破产法》第57条规定："管理人收到债权申报材料后，应当登记造册，对申报的债权进行审查，并编制债权表。债权表和债权申报材料由管理人保存，供利害关系人查阅。"据此，在债权审查确认程序中，管理人的职责是"对申报的债权进行审查，并编制债权表"，法律没有赋予管理人确认债权的权力。实践操作中人民法院基于管理人提交的无异议债权申请书直接出具债权确认裁定，人民法院通常不对债权金额、性质等进行实质审查。

第二，《企业破产法》第58条第1款和第2款规定："依照本法第五十七条规定编制的债权表，应当提交第一次债权人会议核查。债务人、债权人对债权表记载的债权无异议的，由人民法院裁定确认。"人民法院出具债权确认裁定的前提是债务人和债权人对债权表记载的债权无异议。若因管理人工作疏忽导致债权人未被告知债权审查结果，或因债权人未明确债权性质的概念而错过提起债权确认诉讼期限，不宜以人民法院已出具债权确认裁定为由否定债权人对其自身权利的救济。①

第三，人民法院确认债权裁定仅属于程序性裁定，不能发生确定实体权利的效力。② 如前所述，人民法院裁定确认的债权应是债务人、债权人

---

① 参见山东省威海市中级人民法院（2023）鲁10民终236号民事判决书、河南省高级人民法院（2022）豫民终330号民事裁定书。

② 参见辽宁省沈阳市中级人民法院（2023）辽01民终10917号民事裁定书、北京市第一中级人民法院（2023）京01民终4978号民事裁定书、河北省高级人民法院（2022）豫民终330号民事裁定书。

无异议的债权。若有异议，债权人应按照《企业破产法》第 58 条第 3 款以及《破产法解释(三)》第 8 条的规定，提起债权确认诉讼。在法律实践中，债权表的裁定通常是指在破产程序中，法院对债权人申报的债权进行审查和确认的过程。如果债权表的裁定存在错误或者需要更新，一般不会通过审判监督程序来撤销，而是通过新的裁定来更正或覆盖旧的裁定。审判监督程序通常适用于已生效判决、裁定存在重大错误的情况，其启动条件相对严格，程序也更复杂。而在破产程序中，对于债权确认等问题的调整，更多的是基于事实的更新或法律适用上的微调，使用新的裁定来替代旧的裁定可以简化程序，提高效率。在破产程序中，情况可能会随时发生变化，比如新发现的资产、债权人身份的变化等。为了能够快速响应这些变化，直接通过新的裁定来调整原有的决定更加灵活便捷。直接通过新的裁定来更正错误，可以在不影响整个破产程序进行的前提下解决问题，有助于保持程序的连续性和稳定性。经管理人审核且人民法院核定后，人民法院出具新的裁定，以此保障后续破产程序的顺利进行。

【参考依据】

《企业破产法》

第 58 条 依照本法第五十七条规定编制的债权表，应当提交第一次债权人会议核查。

债务人、债权人对债权表记载的债权无异议的，由人民法院裁定确认。

债务人、债权人对债权表记载的债权有异议的，可以向受理破产申请的人民法院提起诉讼。

《破产法解释(三)》

第 8 条 债务人、债权人对债权表记载的债权有异议的，应当说明理由和法律依据。经管理人解释或调整后，异议人仍然不服的，或者管理人不予解释或调整的，异议人应当在债权人会议核查结束后十五日内向人民法院提起债权确认的诉讼。当事人之间在破产申请受理前订立有仲裁条款或仲裁协议的，应当向选定的仲裁机构申请确认债权债务关系。

《日本破产法》①

第 115 条(制作破产债权人表等) (1)法院书记官对已申报的破产债

---

① 《日本破产法》，https://laws.e-gov.go.jp/law/416AC0000000075#Mp-Ch_6-Se_2-At_162，访问日期：2024 年 8 月 21 日。

权，必须编制破产债权人表。(2)前项的破产债权人表中，关于各破产债权，第111条第1项第1号至第4号及第2项第2号(包括同条第3项适用的情况。)下列事项及其他最高法院规则规定的事项应当记载。(3)破产债权人表的记载有错误时，法院书记官可以通过申请或职权随时进行更正记载的处分。(对有执行力债务名义的债权等提出异议的主张)

《德国破产法》

第175条【债权表】 (1)破产管理人应当将任何一项所申报的债权连同本法第174条第2款和第3款所称的事项登记入债权表。债权表连同申报文件以及所附具的证明文件，应当在申报期限届满与审查期日之间第一个三分之一长度的时间内，存放于破产法院文书处以供当事人查阅。(2)债权人申报一项因故意的侵权行为所生的债权的，破产法院应当向债务人指明本法第302条规定的法律后果，并指明提出异议的可能性。

第183条【裁判的效力】 (1)对一项债权予以确认或宣告一项异议为确有理由的发生既判力的裁判，对破产管理人和所有破产债权人发生效力。(2)由胜诉的当事人决定是否向破产法院申请更正债权表。(3)只是个别债权人而非破产管理人实施诉讼的，实施诉讼的债权人可以在破产财产通过裁判所获得的利益的范围内，请求从破产财产中归还其费用。

第184条【对债务人的异议提出诉讼】 债务人在审查期日或在书面程序中(本法第177条)对一项债权质疑的，债权人可以对债务人提出请求确认该债权的诉讼。在破产程序开始时关于该债权已发生诉讼系属的，债权人可以对债务人继续进行该项诉讼。

【参考案例】

大连中科格莱克生物科技有限公司与仕恩(北京)科技发展有限公司普通破产债权确认纠纷二审案【北京市第一中级人民法院(2023)京01民终4978号民事裁定书】

裁判要旨：本案系破产衍生诉讼的实体债权是否成立的争议，破产程序是一个动态清算的过程，债权债务可能因破产清算查清的事实证据产生变化。人民法院确认债权表的裁定是为了破产程序的进一步推进，不是经过诉讼作出的生效裁判文书，人民法院对债权本身是否成立未进行实体认定，债权表中债权人和债权数额的增减可以依据新的事实进行调整，并非对原裁定的否定与推翻。

(作者：刘秋奕)

46.【土地出让金债权的性质认定】债务人在破产受理前，因未缴纳土地出让金，导致其占有的相关土地使用权证未办理。破产程序中，对于欠缴的土地出让金债权应如何认定？

【回答】

破产受理前欠缴的土地出让金，可依据《企业破产法》第42条规定将其认定为共益债务。

【理由】

破产企业签订了土地出让合同，土地出让金未足额缴纳，未完成土地使用权登记，但可能已经实际占用并在土地上开工建设。此时若管理人选择解除合同，可能面临高额违约金，带来不必要负担。土地使用权的存续属房地产开发企业的物质基础，如果土地已经开发，甚至地上建筑物、构筑物已设置权利负担，此时土地与地上建筑物、构筑物一并转让显然更有利于实现债权人利益最大化。综上，解除出让合同可能面临极其不经济的代价，为实现破产财产价值最大化，管理人通常选择继续履行土地出让合同。

对于管理人选择继续履行所产生的土地出让金债务，应认定为共益债务。共益债务是指在破产程序中，为债权人的共同利益所负担的债务，一般包括两个要件：一是时间要件，即发生在破产受理后或者虽发生在破产受理前，但符合管理人决定继续履行合同的条件；二是目的要件，即为债权人的共同利益，有利于债务人财产的增值。土地出让合同项下的土地出让金符合时间要件；土地作为房企的逻辑起点，将欠付的土地出让金作为共益债务有利于房企取得国有土地使用权，符合为债权人共同利益之目的，属于《企业破产法》第42条第1项"因管理人或者债务人请求对方当事人履行双方均未履行完毕的合同所产生的债务"的涵摄范围。

【参考依据】

《企业破产法》

第42条 人民法院受理破产申请后发生的下列债务，为共益债务：

（一）因管理人或者债务人请求对方当事人履行双方均未履行完毕的合同所产生的债务；（二）债务人财产受无因管理所产生的债务；（三）因债务人不当得利所产生的债务；（四）为债务人继续营业而应支付的劳动报酬和社会保险费用以及由此产生的其他债务；（五）管理人或者相关人员执行职务致人损害所产生的债务；（六）债务人财产致人损害所产生的债务。

《中华人民共和国土地管理法》

第 55 条 以出让等有偿使用方式取得国有土地使用权的建设单位，按照国务院规定的标准和办法，缴纳土地使用权出让金等土地有偿使用费和其他费用后，方可使用土地。

自本法施行之日起，新增建设用地的土地有偿使用费，百分之三十上缴中央财政，百分之七十留给有关地方人民政府。具体使用管理办法由国务院财政部门会同有关部门制定，并报国务院批准。

《中华人民共和国城市房地产管理法》

第 16 条 土地使用者必须按照出让合同约定，支付土地使用权出让金；未按照出让合同约定支付土地使用权出让金的，土地管理部门有权解除合同，并可以请求违约赔偿。

《中华人民共和国城镇国有土地使用权出让和转让暂行条例》

第 8 条 土地使用权出让是指国家以土地所有者的身份将土地使用权在一定年限内让与土地使用者，并由土地使用者向国家支付土地使用权出让金的行为。

土地使用权出让应当签订出让合同。

【参考案例】

四川新龙熙房地产开发有限公司、合江县自然资源和规划局破产债权确认纠纷案【四川省泸州市中级人民法院（2021）川 05 民终 1728 号民事判决书】

裁判要旨：《企业破产法》第 42 条第 1 款规定，"因管理人或者债务人请求对方当事人履行双方均未履行完毕的合同所产生的债务"为共益债务。本案中，合江县自规局要求新龙熙公司补缴土地出让金，并一直对该事进行协商，因此双方对案涉合同约定的权利义务并未履行完毕。现合江县自规局要求新龙熙公司补缴案涉土地出让金系双方继续履行《出让合同》的行为，该行为产生的债务应视为新龙熙公司进入破产后的共益债务。

（作者：王硕）

47.【商票债权的申报与确认】房地产企业经营期间，存在以商票支付工程款的情形，由破产企业作为出票人和承兑人、施工企业为收票人。房企破产程序中，商票持有人向管理人申报债权，并请求确认建设工程优先受偿权的，应如何予以确认？

【回答】

房地产开发企业作为出票人和承兑人，破产前以出具商票方式向承包人支付工程款，若商票未背书转让，承包人可向管理人主张建设工程价款优先受偿权。商票经背书转让到期拒付后，最终持票人向承包人追索，承包人向最终持票人承担了票据责任后取得商票，房地产开发企业并未向承包人支付工程款的，视为房地产开发企业对承包人拒绝履行票据付款义务，承包人可向管理人主张建设工程价款优先受偿权。商票经背书转让到期拒付后，最终持票人未向承包人追索或承包人未清偿并取得票据，并向管理人申报债权的，因其并非基于建设施工合同产生的债权，应认定为普通债权。

【理由】

在建设工程项目中，房企向承包工程的施工企业出具商票是支付工程款的一种常见模式。在票据法律关系中，出票人与承兑人一般为房企，承包人可作为持票人，根据《票据法》的相关规定，在商票到期后享有对房企的票据追索请求权。此外承包人也可将商票背书转让给第三人，由第三人在商票到期后行使相关票据权利。在基础法律关系——建设施工合同法律关系中，我国《民法典》第807条规定，承包人可就未支付的工程款向发包人主张优先受偿。由此可见，商票所附着的票据权利明显弱于建设工程价款优先受偿权对施工企业的保护。当房企进入破产程序，为支付工程款而出具的商票到期不能兑付时，后续纠纷能否在基础债权法律关系的框架下得到解决，本书分三种情况进行讨论。

第一，商票未背书转让，由承包人直接持有商票，施工企业向管理人申报债权的性质认定。该问题存在两种相对立的观点。有观点认为，当施工企业接收房企出具的商票，双方的债权债务关系即告消灭，当商票不能兑付时，承包人只能主张票据权利，无法根据基础法律关系请求建设工程价款优先受偿权，即主张发包人出具商票用于支付工程款的行为属代物清偿，票据法律关系成立的同时，建设施工合同关系归于消灭。① 另一观点则认为，房企出具商票仅是支付工程价款的一种方式，只有当商票被实际兑付，房企的付款义务才履行完毕。房企未兑付商票时，票据债权与原因债权并存，施工企业可根据建设施工合同关系请求房企支付工程价款，并主张工程款优先受偿权。②

本书认为第二种观点较为合理。票据无因性是票据理论的基础，是票据法理论体系的核心。票据无因性促使票据债权具有了独立于原因债权的财产价值，这种独立性表现在票据法律关系与基础法律关系并存。如果当事人没有明确约定，持票人接收票据应该推定成立间接给付，而非代物清偿。③ 我国没有对代物清偿的明确规定，参考域外立法例，《德国民法典》第364条第2款规定："债务人为清偿债权人而对债务人负担新债务者，有疑义时，不得认为债务人负担债务为代物清偿。"可见在当事人没有明确意思表示的情况下，为清偿旧债而成立新债不应当推定旧债消灭。在建设施工法律关系中，工程款优先受偿权是附着在工程款债权上的法定优先权，具有较抵押权人优先受偿的属性，对施工企业而言，是对其合法权益的极大保障。如果认为发包人出具商票时基础合同关系即为消灭，无疑是消解了工程款优先受偿权的制度功能，使得本就处于相对弱势地位的承包人承担商票不能承兑的巨大风险而缺乏应对能力。施工企业在收取商票时，一般也不会认可相应工程款已经结清，工程款优先权归于消灭，其主要目的仍是期望在票据到期后房企可履行付款义务清偿相应货款。同时，《票据法》第61条规定的汇票追索权并未排除持票人通过基础法律关系主张权利。所以，在当事人没有约定出具商票即消灭建设施工合同关系的情况下，汇票追索权与工程款债权是互不干涉、相互独立的两种权利，

---

① 参见安徽省高级人民法院(2021)皖民终269号民事判决书。
② 参见最高人民法院(2021)最高法民申6965号民事裁定书。
③ 参见李新天、李承亮：《论票据不当得利的返还与抗辩——兼论票据的无因性》，载《法学评论》2003年第4期。

应当按照请求权竞合的处理方式，允许承包人选择其一进行主张。因此，当房企进入破产程序，其经营过程中出具的商票不能兑付，承包人可以根据基础债权关系向管理人申报债权，同时根据《民法典》第 807 条的规定，主张工程款优先受偿权。

第二，商票经背书转让到期拒付后，最终持票人向施工企业追索，施工企业清偿债务并取得商票，施工企业向管理人申报债权的性质认定。根据《票据法》第 61 条规定，"汇票到期被拒绝付款的，持票人可以对背书人、出票人以及汇票的其他债务人行使追索权"。在施工企业将商票背书转让后，票据法律关系并未消灭，施工企业仍面临被追索的风险。当商票到期拒付后，最终持票人选择向施工企业追索，施工企业应履行票据责任向最终持票人归还相应款项，此时施工企业的工程款未获实际偿付，建设施工法律关系尚未消灭。因此，在施工企业向管理人申报债权时，可基于建设施工合同主张工程款优先受偿权。

第三，商票经背书转让到期拒付后，最终持票人未向施工企业追索或施工企业未清偿并取得票据，由该与破产企业不具有合同关系的第三方持票人向管理人申报债权的性质认定。由于票据无因性，票据法律关系与基础原因关系相互独立，票据上的权利行使不以基础关系成立或生效为前提，在票据权利发生转让时，基础法律关系的当事人不发生改变。工程款优先受偿权是附着于工程款债权之上的从权利，在工程款债权未转让的情况下，工程款优先受偿权的权利主体同样不发生移转。因此，当与房企只具有票据法律关系的第三方持票人向管理人申报债权时，只能按照普通债权进行申报，不能主张基础权利关系中的工程款优先受偿权。

值得注意的是，持票人进行破产债权申报以及参与破产重整计划的行为，并不构成持票人已获取全额债权清偿的充分条件。在票据法律关系中，背书人与出票人共同对持票人承担连带责任。根据《企业破产法》第 124 条"破产人的保证人和其他连带债务人，在破产程序终结后，对债权人依照破产清算程序未受清偿的债权，依法继续承担清偿责任"与第 92 条第 3 款"债权人对债务人的保证人和其他连带债务人所享有的权利，不受重整计划的影响"，可知，在最终持票人选择向破产房企申报债权后，承包人作为背书人其清偿责任并未消灭，持票人仍可对其提起票据追索权之诉。在相关司法判例中，最高人民法院也持同样观点，持票人作为债权人，虽然在出票人重整阶段申报了破产债权，但对背书人享有的权利不受重整计划的影响，仍可以向背书人行使追索权。① 持票人向债务人申报的债权只能作为普通债权受偿，同时承包人仍面临承担票据责任的可能性。在这种情况下，如何平衡持票人、作为背书人的承包人以及破产债务人之间的利益需慎重考虑。

本书认为，当持票人向破产管理人申报其票据债权后，承包人仍有权基于基础法律关系申报工程款债权，并主张该款项的优先受偿权，但管理人应当将持票人与承包人相应的份额提存。目前通行的判例认为，出于避免重复清偿的考虑，当债权人将汇票转让后不得主张原因债权。② 然而，在破产程序的集体清偿机制下，双重清偿的问题可以得到妥善解决。根据《企业破产法》第117条的规定，"对于附生效条件或者解除条件的债权，管理人应当将其分配额提存。管理人依照前款规定提存的分配额，在最后分配公告日，生效条件未成就或者解除条件成就的，应当分配给其他债权人；在最后分配公告日，生效条件成就或者解除条件未成就的，应当交付给债权人"。由此可将持票人申报的票据债权作为附解除条件的债权，而将承包人申报的工程款债权作为附生效要件的债权处理，而这里所指解除/生效条件，即为承包人是否已向持票人清偿了票据债务并取得票据权利。在破产程序结束前，若持票人成功向承包人追索票据款项并获得清偿，承包人则有权基于工程款优先受偿权获得相应分配；反之，持票人则按普通债权比例受偿。由于持票人在破产程序中未获足额清偿，仍有权利要求其他背书人、保证人对未受清偿的债权继续履行清偿义务。为避免在破产程序终结后仍被追偿，承包人可根据《民法典》第524条第三人代为履行的规定，向持票人清偿相应款项获得票据权利，从而获得在破产程序中主张工程款优先受偿权的合法基础。

【参考依据】

《企业破产法》

第92条 经人民法院裁定批准的重整计划，对债务人和全体债权人均有约束力。

债权人未依照本法规定申报债权的，在重整计划执行期间不得行使权

---

① 参见最高人民法院(2019)最高法民终297号民事判决书。
② 参见重庆市高级人民法院(2020)渝民终506号民事判决书。

利；在重整计划执行完毕后，可以按照重整计划规定的同类债权的清偿条件行使权利。

债权人对债务人的保证人和其他连带债务人所享有的权利，不受重整计划的影响。

第 117 条　对于附生效条件或者解除条件的债权，管理人应当将其分配额提存。

管理人依照前款规定提存的分配额，在最后分配公告日，生效条件未成就或者解除条件成就的，应当分配给其他债权人；在最后分配公告日，生效条件成就或者解除条件未成就的，应当交付给债权人。

第 124 条　破产人的保证人和其他连带债务人，在破产程序终结后，对债权人依照破产清算程序未受清偿的债权，依法继续承担清偿责任。

《票据法》

第 26 条　出票人签发汇票后，即承担保证该汇票承兑和付款的责任。出票人在汇票得不到承兑或者付款时，应当向持票人清偿本法第七十条、第七十一条规定的金额和费用。

第 27 条　持票人可以将汇票权利转让给他人或者将一定的汇票权利授予他人行使。

出票人在汇票上记载"不得转让"字样的，汇票不得转让。

持票人行使第一款规定的权利时，应当背书并交付汇票。

背书是指在票据背面或者粘单上记载有关事项并签章的票据行为。

第 60 条　付款人依法足额付款后，全体汇票债务人的责任解除。

第 61 条　汇票到期被拒绝付款的，持票人可以对背书人、出票人以及汇票的其他债务人行使追索权。

汇票到期日前，有下列情形之一的，持票人也可以行使追索权：(一)汇票被拒绝承兑的；(二)承兑人或者付款人死亡、逃匿的；(三)承兑人或者付款人被依法宣告破产的或者因违法被责令终止业务活动的。

第 68 条　汇票的出票人、背书人、承兑人和保证人对持票人承担连带责任。

持票人可以不按照汇票债务人的先后顺序，对其中任何一人、数人或者全体行使追索权。

持票人对汇票债务人中的一人或者数人已经进行追索的，对其他汇票债务人仍可以行使追索权。被追索人清偿债务后，与持票人享有同一权利。

《民法典》

第 524 条第 1 款 债务人不履行债务，第三人对履行该债务具有合法利益的，第三人有权向债权人代为履行；但是，根据债务性质、按照当事人约定或者依照法律规定只能由债务人履行的除外。

第 807 条 发包人未按照约定支付价款的，承包人可以催告发包人在合理期限内支付价款。发包人逾期不支付的情况下，承包人可以与发包人协议将该工程折价，也可以请求人民法院将该工程依法拍卖。建设工程的价款就该工程折价或者拍卖的价款优先受偿。

《德国民法典》①

第 364 条 I 债权人受领原定给付以外之他种给付以代清偿者，债之关系消灭。II 债务人为清偿债权人而对债务人负担新债务者，有疑义时，不得认为债务人负担债务为代物清偿。

第 648a 条 I 建筑物、其外部设施或其一部分工作之承揽人，得就附加工作中所约定且尚未给付之报酬，包含其所属以所担保报酬请求权百分之十估算之附属债权，向定作人请求担保。第一段规定于相同范围内，亦适用于替代报酬之请求权。承揽人请求担保之权利不因定作人请求履行或受领工作而予以排除。定作人得对承揽人之报酬请求权为抵销之请求权，于计算报酬时不予考虑。但该请求权无争议或经判决确定者，不在此限担保提供人就定作人之财产状况有重大恶化之情形，保留撤销其承诺之权利，且其所保留撤销权之效力及于撤销之表示到达时，承揽人基于尚未提出因建筑给付所生之报酬请求权者，亦视为其有充足之担保。

《日本民法典》②

第 327 条 （一）不动产工程的先取特权，关于工程的设计、施工或监理人的有关债务人的不动产工程的费用，其范围为该不动产。（二）前款规定的先取特权，以不动产因工程而产生的增值实际存在为限，只就该增值额存在。

---

① 台湾大学法律学院、台大法学基金会编译：《德国民法典》，北京大学出版社2017 年版，第 364、608 页。

② 王爱群译：《日本民法》，法律出版社 2023 年版，第 51 页。

《瑞士民法典》①

第837条　对下列债权，得请求设定法定的不动产担保物权：1. 出卖人，因出卖土地而享有的债权；2. 共同继承人和其他共有人，因分割共有的不动产而享有的债权；3. 手工业者或建筑承揽人，因其为不动产上之建筑物或其他工作物，为土地上之拆毁工作或建筑脚手架之搭建或建筑基坑之加固或其他类似工作，提供材料或劳务，或者单纯提供劳务而对该不动产享有的债权；其债务人，为不动产所有人、手工业者、建筑承揽人、使用承租人、用益承租人，抑或为其他对该不动产享有权利的人，在所不问。

使用承租人、用益承租人或其他对不动产享有权利的人，对手工业者或建筑承揽人负有债务时，仅在手工业者或建筑承揽人经不动产所有人同意而提供劳务之情形，始得请求设定法定的不动产担保物权。

本条所规定的法定的不动产担保物权，权利人不得预先放弃。

【参考案例】

安徽三建工程有限公司、东至县汉唐置业有限公司建设工程施工合同纠纷民事申请再审案【最高人民法院（2021）最高法民申6965号民事裁定书】②

裁判要旨：东至汉唐公司支付部分利息，是基于双方之间《商票保贴业务合作协议》的约定，不能因利息的支付就认定2800万元款项已经支付。该2800万元属于工程款的一部分，债权的产生是基于双方之间的建设工程施工合同，商业汇票的出具只是一种支付方式，故在商业汇票没有得到承兑的情形下，不产生偿付2800万元工程款的效力，安徽三建公司有权要求东至汉唐公司继续履行支付该2800万元工程款的义务。本案中，双方并未约定商业汇票出具后原因债权就消灭，故二审判决认定安徽三建只能依据票据法律关系另行起诉，为适用法律错误。

（作者：张宝诺）

---

① 戴永盛译：《瑞士民法典》，中国政法大学出版社2016年版，第294~295页。
② 相反裁判可参见山西省高平市人民法院（2019）晋0581民初1029号民事判决书。

48.【**"保交楼"专项借款债权的性质认定**】房企债务人在破产受理前，经政府保交楼专班协调，向政府投资平台企业专项借款用于烂尾项目的复工续建，并约定"后进先出"，但未提供抵押担保。在房地产企业破产程序中，该政府投资平台企业申报债权，并主张其性质为共益债务。管理人应如何确认？

【回答】

房地产企业破产受理前，债权人基于"后进先出"等约定，向债务人提供的符合国家保交房政策的专项借款，系具有共益性的政策性借款。破产程序中，债权人主张专项借款已实际用于开发项目建设，其清偿顺位优先于普通债权的，应予支持。

【理由】

根据住房城乡建设部、财政部、人民银行等九部委于 2022 年 8 月联合发布的《关于通过专项借款支持已售逾期难交付住宅建设项目建设交付的工作方案》，专项借款系政策性银行以借款的方式提供给承贷主体的贷款，聚焦"保交楼、稳民生"，严格限定用于已售、逾期、难交付的住宅项目，实行封闭运行、专款专用。

分析破产申请受理前的债务能否认定为共益债务这一问题之前，首先需要解决共益债务的认定标准问题。整体而言，我国现行破产法关于共益债务认定的规范体系是一个以《企业破产法》第 42 条为统领、以第 43 条为辅助、以破产法司法解释为枝干的规范体系。《企业破产法》第 42 条确立了共益债务认定的二元识别标准：通过"法院受理破产申请后"的时间限定，明确了共益债务认定的时间标准；通过共益债务概念以及共益债务六种类型的明示列举，确立了"为债权人共同利益"这一主观标准。鉴于主观标准较为抽象，相对缺乏可操作性，所以实践中共益债务的认定首先适用时间标准，不符合时间标准的一般不认定为共益债务。[①] 显而易见，

① 参见陈伟：《共益债务的认定：从"绝对程序标准"到"双重标准"》，载《南京航空航天大学学报》2017 年第 1 期。

按照现行破产法确立双重标准，进入破产程序前的"保交楼"专项资金难以被认定为共益债务。

然而，近年无论理论界抑或实务界都存在有条件地突破时间标准的主张。一方面，理论界有学者指出，"有些债权与费用虽然发生在破产程序开始之前，但也可能是共益债务或共益费用。例如，破产申请提出后破产程序开始前保全破产企业财产所产生的费用"①。也有学者主张，对"在破产程序中"的把握则应始终坚持是否对全体债权人有利的原则，不必苛求引发债务的行为必须发生在破产程序启动之后。② 另一方面，在司法实践中，这种一律以破产申请受理为时间节点的划分标准也受到质疑，司法实务中已经出现突破形式标准、以结果共益作为判断共益债务的认定标准。部分法院利用其自由裁量权将时间提前到"破产原因已经具备"这一时间节点，从而对共益债务融资的范围进行扩大解释。③ 有法院从垫资行为的共益性、政策性和公益性三个角度认定破产清算程序前的宋都公司的垫资行为可以参照共益债务进行清偿。④

在域外立法考察中，《日本民事再生法》第 119、120、121 条对共益债务进行规定，其中第 120 条明确规定，对于再生程序开始裁定前（但在申请后）产生的债权，如果是再生债务人的重整所不可或缺的债权，以获得法院许可或者监督人同意为前提为共益债权。为了避免共益债权的无限制扩大将会损害其他普通债权人的权利，《日本民事再生法》将其限缩为重整程序申请后裁定前的这一段期间内发生的借款可以属于共益债权，同时还要求此借款不可或缺并获得法院或监督人同意。综上可见，日本试图通过将共益债务认定的时间标准向前延伸从而帮助濒临破产的企业获得更高的融资可能。

---

① 参见罗培新、伍坚主编：《破产法》，上海人民出版社 2009 年版，第 135 页。

② 参见洪燕：《共益债务的理论重构及其实践》，载《四川理工学院学报（社会科学版）》2019 年第 3 期。

③ 2019 年 3 月的《深圳市中级人民法院审理企业重整案件的工作指引（试行）》第 36 条、2022 年 6 月的《江西省高级人民法院关于审理企业破产预重整案件工作指引》第 33 条、2022 年 11 月的《湖南省岳阳市中级人民法院审理预重整案件的工作指引（试行）》第 21 条将预重整阶段产生的借款认定为可参照共益债务受偿。

④ 参见浙江省杭州市中级人民法院(2017)浙 01 民终 5761 号二审民事判决书。

本书认为，现行法对于共益债务认定的时间节点过于绝对，将共益债务的认定拘泥在法院受理破产申请后与破产法以及共益债务制度设立的初衷不符，破产原因实质上已经具备的情况下，应当突破时间标准，以结果共益作为判断共益债务的核心标准。此举不仅符合有利于维护债务人以及全体债权人的共同利益，也体现了由"程序公平"到"实质公平"的价值追求，符合公平公正的立法追求和法治应有之义。与此同时，将确用于项目开发建设的"保交楼"专项资金借款认定为共益债务还有其他现实意义：

首先，将"保交楼"专项资金认定为共益债务与政策指向相一致，有利于保障专项资金良性运转和地方财政的稳定。中国人民银行、原中国银行保险监督管理委员会发布了《关于做好当前金融支持房地产市场平稳健康发展工作的通知》中明确"保交楼"专项借款按照"后进先出"的原则进行管理和使用，"项目剩余货值的销售回款要优先偿还新增配套融资和专项借款"一系列的政策指向"保交楼"借款债权的优先性，从而保障资金安全和专项使用。虽然这种优先性尚未在法律上予以体现和确认，但这并非代表了法律的否定性评价，而是政策及时性、针对性与法律稳定性、滞后性之间的冲突导致的。"保交楼"专项借款在房地产企业破产程序中的问题反映了政策及时性和法律稳定性之间的冲突，解决这一问题需要发挥政策的引领导向作用，并对现有法律进行细化和完善。

其次，将"保交楼"专项资金认定为共益债务有利于增强投资人及时介入的积极性和主动性，挽救困境企业。实践中符合"保交楼"专项资金的房地产企业大多面临严重的经营危机和信用危机，实质上已经具备破产原因。若破产程序中融资借款在未来不能参照共益债优先受偿，将阻碍潜在投资人早期介入的意愿，不利于挽救困境企业。况且若发生于破产申请受理后的专项资金适用共益债务优先清偿，但是根据国家"保交楼"政策，为了更好地拯救企业困顿态势从而在企业破产前已经到位的专项资金，则仅仅能按照普通债务进行清偿具有较大不合理性。

此外，将"保交楼"专项资金认定为共益债务有利于专项资金的良性运转、地方经济的有效保障以及地方民生的安全稳定。保交楼专项资金大多来自地方政府的财政支持，若大规模的资金无法被认定为共益债务而导致清偿顺序较为劣后，将给地方财政的良性运转带来潜在威胁，甚至会极大影响地方经济的稳定性。

最后，将"保交楼"专项资金认定为共益债务有利于进一步化解破产程序性障碍，优化区域营商环境。

【参考依据】

《企业破产法》

第 42 条　人民法院受理破产申请后发生的下列债务，为共益债务：（一）因管理人或者债务人请求对方当事人履行双方均未履行完毕的合同所产生的债务；（二）债务人财产受无因管理所产生的债务；（三）因债务人不当得利所产生的债务；（四）为债务人继续营业而应支付的劳动报酬和社会保险费用以及由此产生的其他债务；（五）管理人或者相关人员执行职务致人损害所产生的债务；（六）债务人财产致人损害所产生的债务。

第 43 条　破产费用和共益债务由债务人财产随时清偿。

债务人财产不足以清偿所有破产费用和共益债务的，先行清偿破产费用。

债务人财产不足以清偿所有破产费用或者共益债务的，按照比例清偿。

债务人财产不足以清偿破产费用的，管理人应当提请人民法院终结破产程序。人民法院应当自收到请求之日起十五日内裁定终结破产程序，并予以公告。

《日本民事再生法》

第 120 条　1. 再生债务人（保全管理人选任的情况除外。以下在本项及第三项中相同。）但是，在再生手续开始申请后再生手续开始前，如果进行资金借入、购买原材料或其他再生债务人事业的延续不可缺少的行为，法院将因该行为而产生的对方的请求权作为共益债权。

2. 法院可以赋予监督委员代替前项许可的批准权限。

3. 再生债务人获得第一项的许可或前项的批准后，进行第一项规定的行为时，因该行为而产生的对方的请求权为共益债权。

4. 保全管理人根据再生债务人的业务及财产的权限借入资金或其他行为产生的请求权为共益债权。

【参考案例】

浙江亚西亚房地产开发有限公司与杭州宋都诚业投资管理有限公司破

产债权确认纠纷案【浙江省杭州市中级人民法院（2017）浙 01 民终 5761 号民事判决书】

裁判要旨：虽然垫资行为发生于债务人破产清算程序之前，不符合《企业破产法》对破产费用、共益债务的认定。但是，垫资行为发生时债务人破产原因已经具备且垫资行为系受政府指令项目而产生，同时，因资金垫支使得项目复工、续建并竣工，使得全体债权人受益。因此对于债权人的垫资行为在债务人破产清算程序中可以参照共益债务进行清偿。

（作者：周雨词）

49.【破产房企销售资金的监管】房地产企业在楼盘预售期间进入破产程序，政府监管部门是否仍有权要求破产程序中房屋预售资金进入监管专用账户？

【回答】

房地产企业在楼盘预售期间进入破产程序，政府监管部门要求将预售资金纳入指定监管账户无法律依据，应依法将预售资金归入管理人账户。

【理由】

第一，商品房预售资金是开发商将正在建设中的商品房出售给购房人，购房人按照商品房买卖合同约定支付给开发商的购房款（包含预售定金、首付款、分期付款、一次性付款、商业银行按揭贷款、住房公积金贷款、安置型商品房的政府回购款、装修款等）。商品房预售资金监管是指由房地产行政主管部门会同银行对商品房预售资金实施第三方监管，房产开发企业须将预售资金存入银行专用监管账户，只能用作本项目建设，不得随意支取、使用。因此，《商品房预售资金监管协议》本质上是政府监管部门对预售资金监管的一种行政管理手段。

第二，商品房预售资金监管是房地产行政主管部门对开发商使用商品房预售资金时的一种监管措施。监管的目的在于防止预售资金被开发商用于房屋建设以外的其他用途，从而出现房屋无法按期按质交付、损害购房人的购房权益等社会影响较大的不利后果。当房地产企业进入破产程序后，该项基金处于管理人的控制与监督之下，显然不存在由房地产企业挪作他用的可能性。

第三，企业在破产时如果依然将预售资金存入监管专用账户，则可能出现不合理的结果。首先是增加行政成本，房地产行政主管部门会同银行对预售资金进行监管相比于管理人直接监管，会增加更多的步骤和程序；其次，烦琐的行政程序在企业破产时的紧迫环境下，会降低资金监管的及时性和效率；最后，增加监管资金被冻结、挪用的风险，当银行债权人无法获得债权清偿时，其自主挪用或者向法院申请冻结其监管的资金更具有便利性，因为《最高人民法院关于人民法院民事执行中查封、扣押、冻结财产的规定》中并未明确将预售资金监管账户内的资金排除在查封、扣押、冻结的财产范围之外。

第四，将该项资金处于管理人的控制与监督之下，会更有利于破产程序的推进。根据包头市和鄂尔多斯市的《商品房预售资金监管办法》，房地产企业破产时均是委托管理人对多余的资金进行退回，因此该账户的管理主体首先是破产管理人，由此可见，由破产管理人来进行预售资金监管账户的管理更加恰当。

第五，从监管账户内资金所有权的归属角度来分析，预售房屋的购房人将资金存入预售资金监管账户，其与房地产企业签订购房合同后取得的并不是预售房屋的所有权，而是未来取得该预售房屋的利益期待权，因为《民法典》规定不动产所有权需要登记取得，而此时房屋并未进行登记。按照通常的做法，如果购房者不支付预售款项，开发商便不会与购房人签订房屋预售合同，购房人也不会因此取得预售房屋的物权期待权。因此，此时监管账户内的资金应当是购房人为取得预售房屋的物权期待权所支付的对价，而该监管资金的所有权属于房地产开发企业。所以根据《企业破产法》的规定，该笔资金应属于由管理人接管的债务人财产。

综上，房地产企业在楼盘预售期间进入破产程序，政府监管部门无权要求破产程序中的预售资金进入监管专用账户。

【参考依据】

《企业破产法》

第 25 条　管理人履行下列职责：（一）接管债务人的财产、印章和账簿、文书等资料；（二）调查债务人财产状况，制作财产状况报告；（三）决定债务人的内部管理事务；（四）决定债务人的日常开支和其他必要开支；（五）在第一次债权人会议召开之前，决定继续或者停止债务人的营业；（六）管理和处分债务人的财产；（七）代表债务人参加诉讼、仲裁或者其他法律程序；（八）提议召开债权人会议；（九）人民法院认为管理人应当履行的其他职责。

第 30 条 破产申请受理时属于债务人的全部财产，以及破产申请受理后至破产程序终结前债务人取得的财产，为债务人财产。

《最高人民法院关于人民法院民事执行中查封、扣押、冻结财产的规定》

第 3 条 人民法院对被执行人下列的财产不得查封、扣押、冻结：（一）被执行人及其所扶养家属生活所必需的衣服、家具、炊具、餐具及其他家庭生活必需的物品；（二）被执行人及其所扶养家属所必需的生活费用。当地有最低生活保障标准的，必需的生活费用依照该标准确定；（三）被执行人及其所扶养家属完成义务教育所必需的物品；（四）未公开的发明或者未发表的著作；（五）被执行人及其所扶养家属用于身体缺陷所必需的辅助工具、医疗物品；（六）被执行人所得的勋章及其他荣誉表彰的物品；（七）根据《中华人民共和国缔结条约程序法》，以中华人民共和国、中华人民共和国政府或者中华人民共和国政府部门名义同外国、国际组织缔结的条约、协定和其他具有条约、协定性质的文件中规定免于查封、扣押、冻结的财产；（八）法律或者司法解释规定的其他不得查封、扣押、冻结的财产。

《包头市人民政府办公厅关于印发〈包头市商品房预售资金监管办法〉的通知》

第 23 条 监管项目在中途停止建设的，开设监管账户的银行、托管机构暂停账户内的资金支付。待项目恢复施工后，开设监管账户的银行、托管机构继续按规定支付工程建设资金。

第 24 条 若监管项目停止建设后，经破产清算等程序进行退房处理，托管账户内已支付给房地产开发企业的购房资金由房地产开发企业退款给相应购房人，托管账户内的剩余资金由托管机构委托破产管理人退款给相应购房人后，托管结束。

（作者：张涛）

50.【破产受理前无效购房合同所涉债权的性质认定】房企与购房人之间的房屋买卖合同，因违反法律强制性规定被法院判决无效，同时责令双方相互返还房屋和购房款。判决生效后双方均未履行。房企破产程序中，购房人拒绝交付房屋，以同时履行抗辩权为由要求债务人足额退还购房款。该购房款是否应作为共益债务予以认定？

【回答】

房屋占有人在债务人进入破产程序前因合同无效而产生的返还不当得利请求权，不属于共益债务；在破产程序中，债权人以同时履行抗辩权为由主张购房款返还债权优于普通债权清偿的，不予支持。

【理由】

根据《民法典》第 157 条规定，当法院认定房屋买卖合同无效后，基于该合同所引发的物权变动基础丧失，房屋出售方随即获得对房屋占有人的房屋返还请求权。相应的，由于合同无效，出售方收取的购房款失去法律上的原因构成不当得利，受到损失的相对人有权要求其返还购房款。由此，双方形成相互返还房屋与购房款的义务关系。同时，根据《民法典合同编通则解释》第 25 条的规定，"合同不成立、无效、被撤销或者确定不发生效力，双方互负返还义务，当事人主张同时履行的，人民法院应予支持"。无效房屋买卖合同中的双向返还义务被视为"实质上存在牵连性的对立债务"，自公平立场出发，具有同时履行抗辩权适用的空间。[1] 基于尊重非破产法规范的原则，无充分理由不得轻易否定非破产法规范的效力。[2] 由此，则产生了破产程序中房屋占有人能否援引民法中同时履行抗辩权的疑问。如若允许房屋占有人行使同时履行抗辩权，势必阻碍管理人对于房屋的变价处理，管理人欲取回房屋则需优先于普通债权返还房屋占有人的购房款。进而，这一冲突引发了关于返还购房款的不当得利之债能否被认定为共益债务的讨论。

---

① 参见韩世远：《合同法总论》，法律出版社 2018 年版，第 407~410 页。

② 参见庄加园、段磊：《待履行合同解除权之反思》，载《清华法学》2019 年第 5 期。

本书认为，无效合同中返还购房款的不当得利之债不属于共益债务，理由如下：

第一，返还购房款的不当得利之债不满足共益债务的构成要件。共益债务作为在破产程序中为全体债权人利益的债务，其认定需符合在破产程序中产生与增益破产财产两项要件。而双方相互返还房屋和购房款的判决生效日期先于破产受理日，房屋占有人的不当得利之债显然未能满足《企业破产法》第42条第3项所述共益债务产生的时间要件——发生在破产程序启动之后。并且，共益债务的认定与实现须服务于破产财产最大化的目的，相较于债务人收回房屋，同时房屋占有人申报普通债权按比例求偿，将返还购房款的不当得利之债作为共益债务优先清偿反而会减损债务人财产，不利于全体债权人利益保护。因此，该不当得利之债不符合共益债务的时间要件和实质性要件，不能归入共益债务的范畴。

第二，不宜将无效合同中涉及的返还购房款的债务简单类推适用《企业破产法》第42条第1项的规定。具体而言，破产法有关待履行合同的规范旨在解决双务合同中因同时履行抗辩权所导致的履行障碍，避免合同的履行陷入"胶着"状态，[1]《企业破产法》第18条与第42条第1项共同构成了处理破产程序中待履行合同的法律框架。对于在破产程序中尚未履行完毕的双务合同，法律并非要求其继续履行，而是赋予管理人以选择权，旨在通过评估合同的经济效益和负担，选择履行有利于债务人的合同，由此继续履行双务合同而产生的债务属于为全体债权人利益服务的共益债务。然而，在合同无效时，管理人并不存在选择"拒绝履行"的权利。[2]

总之，无效房屋买卖合同所衍生的返还购房款的不当得利之债难以解释为共益债务。如果债务人向房屋实际占有人优先返还购房款，实质上构成了破产法明确禁止的"个别清偿"。此举不仅违背了破产程序中的公平清偿原则，也削弱了其他债权人的受偿机会。因此，在这种情境下，不能支持房屋占有人行使同时履行抗辩权的主张。基于破产财产最大化的原则，依据《企业破产法》第17条、第44条的规定，房屋占有人应向管理人交付房屋，其未退还的购房款可作为普通债权向管理人申报。

---

[1] 参见刘颖：《反思〈破产法〉对合同的处理》，载《现代法学》2016年第3期。

[2] MüKoInsO/Huber, 4. Aufl. 2019, InsO § 103 Rn. 89, 90.

【参考依据】

《企业破产法》

第 17 条 人民法院受理破产申请后，债务人的债务人或者财产持有人应当向管理人清偿债务或者交付财产。

债务人的债务人或者财产持有人故意违反前款规定向债务人清偿债务或者交付财产，使债权人受到损失的，不免除其清偿债务或者交付财产的义务。

第 18 条 人民法院受理破产申请后，管理人对破产申请受理前成立而债务人和对方当事人均未履行完毕的合同有权决定解除或者继续履行，并通知对方当事人。管理人自破产申请受理之日起二个月内未通知对方当事人，或者自收到对方当事人催告之日起三十日内未答复的，视为解除合同。

管理人决定继续履行合同的，对方当事人应当履行；但是，对方当事人有权要求管理人提供担保。管理人不提供担保的，视为解除合同。

第 42 条 人民法院受理破产申请后发生的下列债务，为共益债务：(一)因管理人或者债务人请求对方当事人履行双方均未履行完毕的合同所产生的债务；(二)债务人财产受无因管理所产生的债务；(三)因债务人不当得利所产生的债务；(四)为债务人继续营业而应支付的劳动报酬和社会保险费用以及由此产生的其他债务；(五)管理人或者相关人员执行职务致人损害所产生的债务；(六)债务人财产致人损害所产生的债务。

《民法典》

第 155 条 无效的或者被撤销的民事法律行为自始没有法律约束力。

第 157 条 民事法律行为无效、被撤销或者确定不发生效力后，行为人因该行为取得的财产，应当予以返还；不能返还或者没有必要返还的，应当折价补偿。有过错的一方应当赔偿对方由此所受到的损失；各方都有过错的，应当各自承担相应的责任。法律另有规定的，依照其规定。

《民法典合同编通则解释》

第 25 条 合同不成立、无效、被撤销或者确定不发生效力，有权请求返还价款或者报酬的当事人一方请求对方支付资金占用费的，人民法院应当在当事人请求的范围内按照中国人民银行授权全国银行间同业拆借中心公布的一年期贷款市场报价利率(LPR)计算。但是，占用资金的当事人对于合同不成立、无效、被撤销或者确定不发生效力没有过错的，应当以中国人民银行公布的同期同类存款基准利率计算。

双方互负返还义务，当事人主张同时履行的，人民法院应予支持；占有标的物的一方对标的物存在使用或者依法可以使用的情形，对方请求将其应支付的资金占用费与应收取的标的物使用费相互抵销的，人民法院应予支持，但是法律另有规定的除外。

中国台湾地区"破产法"①

第96条 左列各款为财团债务：一、破产管理人关于破产财团所谓行为而生之债务。二、破产管理人为破产财团请求履行双务契约所生之债务，或因破产宣告后应履行双务契约而生之债务。三、为破产财团无因管理所生之债务。四、为破产财团不当得利所生之债务。

【参考案例】

某甲公司、某乙公司与破产有关的纠纷案【最高人民法院（2023）最高法民再270号民事判决书】

裁判要旨：《企业破产法》第42条第3项所称的"不当得利"系指破产程序启动后破产企业获得的不当得利，该不当得利导致破产财产的增加。本案中争议的2600万元系某乙公司在2011年《补充协议》签订后为履行《资产转让协议》而向某甲公司支付，即在人民法院受理破产程序前，某甲公司已经取得该2600万元。《企业破产法》第30条规定"破产申请受理时属于债务人的全部财产，以及破产申请受理后至破产程序终结前债务人取得的财产，为债务人财产"。故在2018年人民法院受理某甲公司破产申请时，该2600万元已经是某甲公司的破产财产。破产管理人依据《企业破产法》第18条解除《资产转让协议》及《补充协议》的行为，并未导致某甲公司破产财产的增加，只是导致某乙公司依据《资产转让协议》及《补充协议》请求某甲公司向其支付相应财产的权利受损，由此某乙公司对某甲公司有相应债权，但非《企业破产法》第42条第3项规定的共益债务。

（作者：张宝诺）

---

① 中国台湾地区"破产法"，https://www.sinosure.com.cn/sinocredit/zyzl/ggfg/zg/78036.jsp.

51.【解除土地使用权转让合同所涉债权的性质认定】债务人向债权人出售土地，约定总价款 3000 万元，分期支付，债权人在支付部分价款 1000 万元后，依合同约定占有了债务人土地，后因债务人原因未能办理土地过户手续。债务人破产程序中债务人被裁定破产受理后，债权人不愿继续交纳价款，管理人依法解除土地使用权转让合同并要求债权人退还土地，债权人以足额退还已付土地价款为由进行抗辩拒绝交付土地。此种情形下，债权人已付土地价款债权的性质应如何认定？

【回答】

债权人的土地价款返还请求权应当认定为共益债权。

【理由】

本问题的实质是管理人解除土地使用权转让合同后的价款返还请求权，应作为普通债权还是共益债权。对此，实践中存在不同观点：一种观点认为，解除合同后，恢复原状请求权为普通债权。① 另一种观点认为，管理人解除合同后，已支付的价款构成不当得利，应适用《企业破产法》第 42 条的规定，将其认定为共益债务。② 本书认为，土地使用权转让合同解除后债权人已支付的价款构成不当得利，应当认定为共益债权，主要理由如下：

第一，合同解除后，债权人已付土地价款债权构成不当得利。不当得利是指没有法律根据取得不当利益致使对方受损的法律事实，其理论基础在于任何人不得基于他人之损失而获得利益，由于得利人取得不当利益没有法律上的根据，应当返还给受损失的人。不当得利的构成需满足一方受益、他方受损、一方受益与他方受损之间有因果关系、一方获益没有合法根据等四项条件。其中，一方获益无法律根据包括因给付目的欠缺而发生

① 参见嘉兴市秀洲区人民法院 (2019) 浙 0411 民初 2567 号民事裁定书。
② 参见最高人民法院 (2021) 最高法民再 194 号民事判决书。

的不当得利，典型如合同解除后消灭，基于该合同所为的给付构成的不当得利。① 在管理人解除合同后，首先应当考虑破产取回权，若是无法特定化的物而无法取回，则为不当得利返还债权。② 根据《企业破产法》第42条规定，在法院受理破产申请后，因债务人不当得利所产生的债务属于共益债务。

第二，债权人价款返还请求权不符合破产债权的构成要件。破产债权是指在破产程序启动前成立的，经依法申报确认，可在破产财产中获得清偿的可强制执行的财产请求权。③ 根据各国破产立法的规定，破产债权原则上应当是在债务人破产程序启动前成立的债权，或是基于破产程序启动前原因成立的债权。管理人在破产程序中行使解除权的情形，其价款返还请求权的发生在破产程序开始之后，不符合破产债权的发生原因时点。

第三，司法裁判中，法院大多认为破产程序中租赁合同解除后，债务人占有的剩余预付租金构成不当得利，因此将其认定为共益债务优先清偿。④ 最高人民法院也曾在判决中认为，无论合同性质为何，合同解除后，合同相对方预付的款项在合同另一方破产后，应属于不当得利而认定为共益债务。⑤

【参考依据】

《企业破产法》

第18条 人民法院受理破产申请后，管理人对破产申请受理前成立而债务人和对方当事人均未履行完毕的合同有权决定解除或者继续履行，并通知对方当事人。管理人自破产申请受理之日起二个月内未通知对方当事人，或者自收到对方当事人催告之日起三十日内未答复的，视为解除合同。

管理人决定继续履行合同的，对方当事人应当履行；但是，对方当事

---

① 参见黄薇主编：《中华人民共和国民法典合同编释义》，法律出版社2020年版，第1048页。

② 参见韩长印主编：《破产法教程》，高等教育出版社2020年版，第98页。

③ 参见李永军、王欣新、邹海林、徐阳光：《破产法》（第二版），中国政法大学出版社2017年版，第149页。

④ 参见山东省高级人民法院(2021)鲁民申10336号民事裁定书。

⑤ 参见最高人民法院(2021)最高法民再194号民事判决书。

人有权要求管理人提供担保。管理人不提供担保的，视为解除合同。

第 42 条 人民法院受理破产申请后发生的下列债务，为共益债务：（一）因管理人或者债务人请求对方当事人履行双方均未履行完毕的合同所产生的债务；（二）债务人财产受无因管理所产生的债务；（三）因债务人不当得利所产生的债务；（四）为债务人继续营业而应支付的劳动报酬和社会保险费用以及由此产生的其他债务；（五）管理人或者相关人员执行职务致人损害所产生的债务；（六）债务人财产致人损害所产生的债务。

第 53 条 管理人或者债务人依照本法规定解除合同的，对方当事人以因合同解除所产生的损害赔偿请求权申报债权。

《民法典》

第 985 条 得利人没有法律根据取得不当利益的，受损失的人可以请求得利人返还取得的利益，但是有下列情形之一的除外：（一）为履行道德义务进行的给付；（二）债务到期之前的清偿；（三）明知无给付义务而进行的债务清偿

《德国破产法》

第 55 条(1)【其他破产财产债务】 破产财产债务此外还包括下列债务：1. 因破产管理人的行为或以其他方式通过管理、变现以及分配破产财产而设定但不属于破产程序费用的债务；2. 因双务合同所生的债务，以其为破产财产利益而得被要求履行或必须在破产程序开始之后的时间履行为限；3. 因破产财产的不当得利所生的债务。

《日本破产法》

第 54 条 依照前条第一款或者第二款的规定存在解除合同的情况的，合同的对方当事人就损害赔偿可以行使作为破产债权人的权利。

在前款的规定中，在破产财团之中现存破产人取得的对待给付的，合同的对方当事人可以请求将其返还。其不存在的，就其价额可以行使作为财团债权人的权利。

【参考案例】

（一）山东华玟实业股份有限公司、鞠怀江与破产有关的纠纷案【山东省高级人民法院（2021）鲁民申 10336 号民事裁定书】

裁判要旨：《企业破产法》第 42 条第 3 项规定："人民法院受理破产申请后发生的下列债务，为共益债务：……（三）因债务人不当得利所产

生的债务。"进入破产程序后，该租赁合同解除，申请人占有剩余预付租金不再具有合法依据，原判决认定构成不当得利，应作为债务予以返还，亦无不当。因此，剩余租期租金符合上述共益债务的规定。

（二）王君、沈阳佳建置业开发有限公司破产债权确认案【最高人民法院（2021）最高法民再 194 号民事判决书】

裁判要旨：不当得利的构成包括：1. 一方获得利益；2. 一方获益无法律根据；3. 致使对方遭受损失，即获利与损失之间存在因果关系。其中"一方获益无法律根据"中包括因给付目的欠缺而发生不当得利情形，即合同无效、不成立、被撤销以及解除后，给付人并没有实现其给付目的。本案中，无论案涉《商铺经营使用权转让合同》性质为何，因为在签订《商铺经营使用权转让合同》时债权人预付了 30 年的经营使用权转让金，而实际仅使用 5年，合同解除后，案涉商铺的使用权返还给破产公司，债权人给付的剩余25 年经营使用权转让金不能实现给付目的，破产公司继续占有，构成不当得利。《企业破产法》第 42 条第 1 款第 3 项规定，在人民法院受理破产申请后，因债务人不当得利所产生的债务为共益债务。

（作者：翟宇翔）

52. 【以房抵债协议所涉债权的性质认定】破产受理前，房地产企业与债权人达成以房抵债协议，将预售房屋用于抵偿欠款，尚未办理过户登记。房地产企业破产程序中，债权人主张继续履行以房抵债协议并要求交付房屋的，是否应予支持？

【回答】

破产受理前，债务人与债权人在债务履行期限届满前达成担保型以房抵债协议，且未完成物权变动公示的，原则上按原债权性质予以认定，债权人主张继续履行以房抵债协议并要求交付房屋的，不予支持。债务履行期限届满后达成清偿型以房抵债协议，且已办理预告登记的，债权人主张继续履行以房抵债协议并要求交付房屋的，在房屋具备交付条件的情形下，应予支持。

【理由】

该问题涉及以物抵债协议的效力和履行规则，可以分为以下情形：

破产受理前，债务人与债权人在债务履行期限届满前达成以房抵债协议的，根据《民法典合同编通则解释》第 28 条的规定，人民法院应当在审理债权债务关系的基础上认定该协议的效力。当事人约定债务人到期没有清偿债务，债权人可以对抵债财产拍卖、变卖、折价以实现债权的，人民法院应当认定该约定有效。已经完成物权变动公示的属于让与担保，应依据《民法典担保制度解释》第 68 条的规定处理。若未完成物权变动公示，鉴于以物抵债在性质和功能上与买卖合同类似，双方签订以物抵债协议，类似于签订买卖合同作为原金钱债务的担保，法院应当按照原债权债务关系来审理。既然以物抵债协议本质上属于担保，则出借人不得请求实际履行，只能请求变价。同时，作为担保的以物抵债协议因未经公示，不具有物权效力，所以债权人不能以对价款优先受偿。总之，此时作为履行依据的仍然是原债，以物抵债协议仅是作为债权性质的担保，债权人并无优先受偿效力。① 因此，破产受理前，债务人与债权人在债务履行期限届满前达成担保型以房抵债协议，且未完成物权变动公示的，原则上按原债权性质予以认定，债权人主张继续履行以房抵债协议并要求交付房屋的，不予支持。

破产受理前，债务人与债权人在债务履行期限届满后达成以房抵债协议的，根据《民法典合同编通则解释》第 27 条的规定，人民法院应当认定该协议自当事人意思表示一致时生效。有法院认为，若无特殊约定，以房抵债属于新债清偿，债权债务双方增加了一种清偿债权的履行方式。② 原债内容并未变更，债务人可以在两种清偿方式中进行选择，获得以履行他种给付代替原定给付的替代权。③ 因此，这种以房抵债协议的实质为债务履行方式的变更协议。但根据《企业破产法》第 16 条和《民法典》第 580 条，继续履行以房抵债协议将构成破产申请受理后的个别清偿，属于法律上无法履行的情形。关于已经办理预告登记的债权人请求继续履行是否能

---

① 参见最高人民法院民事审判第二庭编著：《〈全国法院民商事审判工作会议纪要〉理解与适用》，人民法院出版社 2019 年版，第 308 页。

② 参见《通州建总集团有限公司与内蒙古兴华房地产有限责任公司建设工程施工合同纠纷上诉案》，《最高人民法院公报案例》2017 年第 9 期。

③ 参见武诗敏：《破产法视野中的以房抵债问题研究》，载《法学家》2023 年第 4 期；娄永、胡哲：《买卖型以房抵债合同的性质及效力》，载《人民司法（案例）》2019 年第 29 期。

得到支持，涉及预告登记是否具有破产保护效力的问题，《企业破产法》及其司法解释并未作出规定。本书认为，预告登记的标的物如果是建筑物，预告登记是否具有破产保护效力取决于建筑物是否具备办理所有权首次登记(本登记)的条件。[1] 如果预告登记的标的最终转化为建设完成的现房，具备了本登记的条件，应当承认预告登记的物权效力。[2] 比较法上，《德国破产法》第24条规定，为保全破产人的土地权利，或破产人所为登记的权利让与、消灭、或权利内容、顺位变更请求权，在登记簿内记入预告登记时，债权人对破产管理人得请求履行。我国台湾地区和日本学者历来也对预告登记在破产程序中的效力和地位持肯定解释。[3] 综上，债务履行期限届满后达成清偿型以房抵债协议，且已办理预告登记的，债权人主张继续履行以房抵债协议并要求交付房屋的，在房屋具备交付条件的情形下，应予支持。

【参考依据】

《民法典》

第580条 当事人一方不履行非金钱债务或者履行非金钱债务不符合约定的，对方可以请求履行，但是有下列情形之一的除外：(一)法律上或者事实上不能履行；(二)债务的标的不适于强制履行或者履行费用过高；(三)债权人在合理期限内未请求履行。

有前款规定的除外情形之一，致使不能实现合同目的的，人民法院或者仲裁机构可以根据当事人的请求终止合同权利义务关系，但是不影响违约责任的承担。

《企业破产法》

第16条 人民法院受理破产申请后，债务人对个别债权人的债务清偿无效。

---

[1] 参见最高人民法院(2020)最高法民申2673号民事裁定书。

[2] 参见李玉林：《〈民法典〉预告登记制度的司法适用——以效力问题为中心》，载《法律适用》2021年第8期。

[3] 参见吴春岐：《论预告登记之债权在破产程序中的法律地位和保障》，载《法学论坛》2012年第1期。

《民法典合同编通则解释》

第 27 条 债务人或者第三人与债权人在债务履行期限届满后达成以物抵债协议，不存在影响合同效力情形的，人民法院应当认定该协议自当事人意思表示一致时生效。

债务人或者第三人履行以物抵债协议后，人民法院应当认定相应的原债务同时消灭；债务人或者第三人未按照约定履行以物抵债协议，经催告后在合理期限内仍不履行，债权人选择请求履行原债务或者以物抵债协议的，人民法院应予支持，但是法律另有规定或者当事人另有约定的除外。

前款规定的以物抵债协议经人民法院确认或者人民法院根据当事人达成的以物抵债协议制作成调解书，债权人主张财产权利自确认书、调解书生效时发生变动或者具有对抗善意第三人效力的，人民法院不予支持。

债务人或者第三人以自己不享有所有权或者处分权的财产权利订立以物抵债协议的，依据本解释第十九条的规定处理。

第 28 条 债务人或者第三人与债权人在债务履行期限届满前达成以物抵债协议的，人民法院应当在审理债权债务关系的基础上认定该协议的效力。

当事人约定债务人到期没有清偿债务，债权人可以对抵债财产拍卖、变卖、折价以实现债权的，人民法院应当认定该约定有效。当事人约定债务人到期没有清偿债务，抵债财产归债权人所有的，人民法院应当认定该约定无效，但是不影响其他部分的效力；债权人请求对抵债财产拍卖、变卖、折价以实现债权的，人民法院应予支持。

当事人订立前款规定的以物抵债协议后，债务人或者第三人未将财产权利转移至债权人名下，债权人主张优先受偿的，人民法院不予支持；债务人或者第三人已将财产权利转移至债权人名下的，依据《最高人民法院关于适用〈中华人民共和国民法典〉有关担保制度的解释》第六十八条的规定处理。

《德国破产法》

第 24 条 为保全破产人的土地权利，或破产人所为登记的权利让与、消灭、或权利内容、顺位变更请求权，在登记簿内记入预告登记时，债权人对破产管理人得请求履行。

【参考案例】

通州建总集团有限公司与内蒙古兴华房地产有限责任公司建设工程施工合同纠纷案【最高人民法院（2016）最高法民终484号民事裁定书】

裁判要旨：第一，对以物抵债协议的效力、履行等问题的认定，应以尊重当事人的意思自治为基本原则。一般而言，除当事人有明确约定外，当事人于债务清偿期届满后签订的以物抵债协议，并不以债权人现实地受领抵债物，或取得抵债物所有权、使用权等财产权利，为成立或生效要件……第二，当事人于债务清偿期届满后达成的以物抵债协议……性质一般应为新债清偿。第三，在新债清偿情形下，旧债务于新债务履行之前不消灭，旧债务和新债务处于衔接并存的状态；在新债务合法有效并得以履行完毕后，因完成了债务清偿义务，旧债务才归于消灭。第四，在债权人与债务人达成以物抵债协议、新债务与旧债务并存时，确定债权是否得以实现，应以债务人是否按照约定全面履行自己义务为依据。若新债务届期不履行，致使以物抵债协议目的不能实现的，债权人有权请求债务人履行旧债务，且该请求权的行使，并不以物抵债协议无效、被撤销或者被解除为前提。

（作者：高野）

53.【实际施工人申报债权的认定】在破产案件中，若建设工程施工合同被确定为无效合同，实际施工人向管理人主张建设工程优先权的能否获得支持？

【回答】

在发包人破产程序中，发包人与承包人签订的建设工程施工合同被认定为无效的情形下，实际施工人主张建设工程价款优先受偿权的，因其非建设工程施工合同的相对方，不予支持。但工程验收合格，且发包人知道或应当知道实际施工人系借用承包人资质进行施工的除外。

【理由】

一、实际施工人的内涵明确和类型划分

2016年8月24日，最高人民法院在《对十二届全国人大四次会议第9594号建议的答复》中表示："'实际施工人'是指依照法律规定被认定为无效的施工合同中实际完成工程建设的主体，包括施工企业、施工企业分支机构、工头等法人、非法人团体、公民个人等。"实际施工人这一概念是相对于"名义施工人"（即承包人）而存在的，基于《建工合同解释（一）》第 1 条对无效建设施工合同的类型化，实际施工人包括"借用资质订立的施工合同中的施工人""转包合同中的施工人"以及"违法分包合同中的施工人"三类主体。①

一类是非法转包或者违法分包的实际施工人。最高人民法院在《关于审理建设工程施工合同纠纷案件适用法律问题的解释》（已失效）中首次提出了"实际施工人"的法律概念。② 2021 年 1 月 1 日起施行的《建工合同解释（一）》第 43 条规定对实际施工人相关权益再次予以明确，规定实际施工人以转包人、违法分包人为被告起诉的，人民法院应当依法受理。明确发包人在欠付建设工程价款范围内对实际施工人承担责任。由于非法转包、违法分包的施工合同中，实际施工人与发包人之间并不存在直接有效的合同关系，前述规定属于突破合同相对性、保护特殊情况下实际施工人权益的例外规定。

另一类是借用资质订立施工合同（挂靠）中的实际施工人。由于《建工合同解释（一）》第 43 条的规定仅对违法分包和转包合同中的实际施工人的权益保护问题作出了明确规定，但并未涉及借用资质订立施工合同中的实际施工人，该条规定并不能直接适用于借用资质订立施工合同中的实际施工人。但并不意味借用资质订立施工合同的实际施工人无法直接向发包人主张工程价款。

借用资质订立的施工合同属于《民法典》第 146 条所规定的通谋虚伪意思表示行为，其中发包人和出借资质的承包人所订立的"名义"施工合同因欠缺订立施工合同的真实意思而归于无效，实质上的施工合同成立于发包人和借用资质的实际施工人之间。发包人在此种情况下知道或者应当

---

① 参见最高人民法院民事审判第一庭编著：《最高人民法院新建设工程施工合同司法解释（一）理解与适用》，人民法院出版社 2021 年版，第 363 页；唐倩：《实际施工人的建设工程价款优先受偿权实证研究》，载《中国政法大学学报》2019 年第 4 期。

② 《关于审理建设工程施工合同纠纷案件适用法律问题的解释》（法释〔2004〕14号）（已失效）第 26 条：实际施工人以发包人为被告主张权利的，人民法院可以追加转包人或者违法分包人为本案当事人。发包人只在欠付工程价款范围内对实际施工人承担责任。

知道实际施工人系借用承包人资质进行施工。因此，借用资质订立施工合同的实际施工人和发包人之间存在直接的合同关系，实际施工人不需要特别规定即享有依据建设施工合同而向发包人主张工程价款的权利。

二、建设工程施工合同无效时，实际施工人申报债权的性质认定

在建设工程施工合同无效的情况下，承包人可以继续主张建设工程价款优先权，而实际施工人能否主张该优先权，理论和实务存在两种不同观点：一种观点认为实际施工人不享有工程价款优先权。该观点认为，分包人与发包人没有直接的合同关系，不具有独立的起诉和应诉资格，为防止优先权的滥用，维护发包人的合法权益，分包人不应享有优先受偿权。① 最高院民一庭 2021 年第 21 次法官会议讨论认为，《民法典》第 807 条和《建工合同解释(一)》第 35 条均明确规定了"建设工程的价款就该工程折价或者拍卖的价款优先受偿"的主体为"与发包人订立建设工程施工合同的承包人"，而实际施工人并不能被纳入该概念范畴。司法实践中也不乏法院以"实际施工人不属于法定的建设工程价款优先受偿权主体"为由否认实际施工人的建设工程价款优先受偿权。② 与此相对，相反观点则认为特定条件下实际施工人享有工程价款优先权，前述特定条件主要包括：(1)完成约定施工义务且工程质量合格，且总包人怠于行使优先受偿权；③ 或者(2)建设工程经竣工验收合格，或者未经竣工验收但已经实际使用；④ 或者(3)实际施工人借用资质订立工程施工合同，且发包人知道

① 参见梁慧星：《合同法第 286 条的权利性质及其适用》，载《山西大学学报(哲学社会科学版)》2001 年第 3 期；宋会谱：《建设工程价款优先受偿权疑难问题研究》，载《法律适用》2021 年第 6 期。

② 参见最高人民法院(2019)最高法民申 2852 号民事裁定书、最高人民法院(2021)最高法民申 5733 号民事裁定书。

③ 参见《安徽省高级人民法院关于审理建设工程施工合同纠纷案件适用法律问题的指导意见(2009)》第 18 条、《河北省高级人民法院关于印发〈建设工程施工合同案件审理指南〉的通知》(冀高法(2018)44 号)第 33 条、《江苏省高级人民法院关于审理建设工程施工合同纠纷案件若干问题的解答(2018)》第 16 条、《浙江省高级人民法院民事审判第一庭关于审理建设工程施工合同纠纷案件若干疑难问题的解答(2012)》第 22 条。

④ 参见《四川省高级人民法院关于审理建设工程施工合同纠纷案件若干疑难问题的解答(川高法民一(2015)3 号)》第 37 条第 2 款、《深圳市中级人民法院关于建设工程施工合同纠纷案件的裁判指引(2014)》第 23 条。

或者应当知道。①

　　事实上，前述分歧是因对"实际施工人"的内涵界定不同而产生。由于借用资质订立施工合同(挂靠)中的实际施工人已经和发包人订立了实质上的工程施工合同，其并不适用《建工合同解释(一)》第 26 条，而应适用《民法典》第 146 条有关通谋虚伪意思表示的规定。因此，借用资质订立施工合同(挂靠)中的实际施工人属于《民法典》第 807 条和《建工合同解释(一)》第 35 条均规定的"与发包人订立建设工程施工合同的承包人"，借用资质订立施工合同(挂靠)中的实际施工人作为工程价款优先权的主体并不存在法律上的障碍，这可以解释前述最高人民法院裁判认定实际施工人享有优先受偿权的情况仅局限于实际施工人借用资质订立建设工程合同的情形。真正存在争议的，是非法转包或者违法分包的实际施工人，此类实际施工人和发包人之间并不存在直接的合同关系，《建工合同解释(一)》第 43 条第 2 款有关"实际施工人可以突破合同相对性直接向发包人主张工程价款"的内容已属于例外规定，不能当然类推于工程价款优先权。

　　本书认为，不应支持非法转包或者违法分包的实际施工人的建设工程价款优先权，主要理由有：其一，建设工程价款优先权属于一种法定优先权，享有该权利的主体以法律规定为限。一般认为，建设工程价款优先权属于一种担保物权，② 该权利同样也需要遵循物权法定原则，在法律没有明确规定的情况下，不得任意创设。《民法典》第 807 条和《建工合同解释(一)》第 35 条均明确规定享有建设工程价款优先权的主体为"与发包人订立建设工程施工合同的承包人"，非法转包或者违法分包的实际施工人显然不在前述范围，优先权的主体不能随意扩张，否则将损害其他债权人的利益。其二，从利益衡量的角度来看，如果承认非法转包或者违法分包的实际施工人享有优先受偿权，则可能间接鼓励此类行为、刺激违法，造成建筑市场畸形。其三，在非法转包和违法分包的情况下，发包人对非法转包和违法分包行为并不知情，因此发包人的可归责性较借用资质(挂靠)

① 参见最高人民法院(2019)最高法民申 6085 号民事裁定书；最高人民法院(2022)最高法民再 168 号民事判决书；最高人民法院(2022)最高法民申 22 号民事裁定书。

② 参见崔建远：《论建设工程价款优先受偿权》，载《法商研究》2022 年第 6 期。

情形较低，不宜再承认非法转包或者违法分包的实际施工人的工程价款优先权。其四，"实际施工人"这一概念所涵盖的类型较多，若承认非法转包或者违法分包情况下实际施工人的工程价款优先权会影响法律关系的稳定性。在承包人违法肢解分包的情况下，可能存在多个实际施工人，如果每个实际施工人都就其施工的部分分项工程价款而对全部建设工程主张优先受偿，那么将会极大影响施工进度和交易秩序。① 其五，非法转包或者违法分包的实际施工人和发包人并不存在有效的合同，《建工合同解释（一）》第 43 条所规定的非法转包或者违法分包的实际施工人请求发包人在欠付的建设工程价款范围内承担责任的基础是不当得利返还请求权，而非合同请求权。在此种情况下，如果承认非法转包或者违法分包的实际施工人的建设工程价款优先权，则是将优先受偿权所支配的客体由合同请求权扩张到了不当得利之债，② 有违基本的民法原理。

此外，虽然非法转包或者违法分包的实际施工人不享有建设工程价款优先权，但这并不意味着其工程价款债权无法得到保障。《建工合同解释（一）》第 44 条规定："实际施工人依据民法典第五百三十五条规定，以转包人或者违法分包人怠于向发包人行使到期债权或者与该债权有关的从权利，影响其到期债权实现，提起代位权诉讼的，人民法院应予支持。"建设工程价款优先权作为一种担保工程价款债权优先受偿的法定优先权，属于工程价款主债权的从权利，也即在满足"转包人或者违法分包人怠于向发包人行使到期债权或者与该债权有关的从权利，影响其到期债权实现"的情况下，应允许非法转包或者违法分包的实际施工人提起代位权诉讼，代位行使工程价款优先权。③ 虽然有观点认为，将《民法典》第 535 条中的从权利解释为不包括工程价款优先受偿权更符合《民法典》《中华人民共和国建筑法》体现的国家对建筑业加强管理的立法意图。④ 但是，全国人大

---

① 参见最高人民法院民事审判第一庭编著：《最高人民法院新建设工程施工合同司法解释（一）理解与适用》，人民法院出版社 2021 年版，第 456~457 页。

② 参见孙科峰、杨遂全：《建设工程优先受偿权主体的争议与探究——〈合同法〉第 286 条之分析》，载《河北法学》2013 年第 6 期。

③ 参见李建星：《〈民法典〉第 807 条（建工价款的优先受偿权）评注》，载《南京大学学报（哲学·人文科学·社会科学）》2021 年第 4 期。

④ 参见最高人民法院民事审判第一庭编著：《最高人民法院新建设工程施工合同司法解释（一）理解与适用》，人民法院出版社 2021 年版，第 364 页。

常委会法工委民法室编写的立法工作者权威释义版本《民法典释解与适用丛书》一书明确指出："'与该债权有关的从权利'主要是指担保权利(包括担保物权和保证)。"①而法定优先权又被认为属于一种担保物权或者和担保物权具有类似功能的权利,当然应属于代位权行使的客体。

综上,非法转包或者违法分包的实际施工人不享有建设工程价款优先权;借用资质订立施工合同(挂靠)中的实际施工人由于和发包人订立了实质上的工程施工合同而例外地享有工程价款优先权。

【参考依据】

《民法典》

第 146 条 行为人与相对人以虚假的意思表示实施的民事法律行为无效。

以虚假的意思表示隐藏的民事法律行为的效力,依照有关法律规定处理。

第 793 条 建设工程施工合同无效,但是建设工程经验收合格的,可以参照合同关于工程价款的约定折价补偿承包人。

建设工程施工合同无效,且建设工程经验收不合格的,按照以下情形处理:(一)修复后的建设工程经验收合格的,发包人可以请求承包人承担修复费用;(二)修复后的建设工程经验收不合格的,承包人无权请求参照合同关于工程价款的约定折价补偿。

发包人对因建设工程不合格造成的损失有过错的,应当承担相应的责任。

第 807 条 发包人未按照约定支付价款的,承包人可以催告发包人在合理期限内支付价款。发包人逾期不支付的,除根据建设工程的性质不宜折价、拍卖外,承包人可以与发包人协议将该工程折价,也可以请求人民法院将该工程依法拍卖。建设工程的价款就该工程折价或者拍卖的价款优先受偿。

《建工合同解释(一)》

第 1 条 建设工程施工合同具有下列情形之一的,应当依据民法典第

---

① 参见石宏主编:《〈中华人民共和国民法典〉理解与适用(合同编)(上册)》,人民法院出版社 2020 年版,第 138 页。

一百五十三条第一款的规定，认定无效：（一）承包人未取得建筑业企业资质或者超越资质等级的；（二）没有资质的实际施工人借用有资质的建筑施工企业名义的；（三）建设工程必须进行招标而未招标或者中标无效的。

承包人因转包、违法分包建设工程与他人签订的建设工程施工合同，应当依据民法典第一百五十三条第一款及第七百九十一条第二款、第三款的规定，认定无效。

第 24 条 当事人就同一建设工程订立的数份建设工程施工合同均无效，但建设工程质量合格，一方当事人请求参照实际履行的合同关于工程价款的约定折价补偿承包人的，人民法院应予支持。

实际履行的合同难以确定，当事人请求参照最后签订的合同关于工程价款的约定折价补偿承包人的，人民法院应予支持。

第 35 条 与发包人订立建设工程施工合同的承包人，依据民法典第八百零七条的规定请求其承建工程的价款就工程折价或者拍卖的价款优先受偿的，人民法院应予支持。

第 38 条 建设工程质量合格，承包人请求其承建工程的价款就工程折价或者拍卖的价款优先受偿的，人民法院应予支持。

第 43 条 实际施工人以转包人、违法分包人为被告起诉的，人民法院应当依法受理。

实际施工人以发包人为被告主张权利的，人民法院应当追加转包人或者违法分包人为本案第三人，在查明发包人欠付转包人或者违法分包人建设工程价款的数额后，判决发包人在欠付建设工程价款范围内对实际施工人承担责任。

第 44 条 实际施工人依据民法典第五百三十五条规定，以转包人或者违法分包人怠于向发包人行使到期债权或者与该债权有关的从权利，影响其到期债权实现，提起代位权诉讼的，人民法院应予支持。

《法国民法典》

第 2374 条（原第 2103 条）第 4 项 建筑师、承包人、建筑工人与其他受雇建筑、重建或修理楼房、管道或其他任何工程施工的工人，只要楼房、建筑物所在辖区的大审法院依职权任命的鉴定专家事先作成的笔录确认所有权人宣告打算实施的工程有关的场地的状况，并且工程完工后最迟6个月内已由同样依职权任命的鉴定专家验收，即对该工程有优先权。但是，此种优先权的数额不得超过第二份笔录确认的价值，并且以转让不动产时已经进行的工程的增加值为限。①

《日本民法典》

第 325 条(不动产的先取特权) 因下列各项原因产生债权的债权人，对债务人的特定不动产享有先取特权：

1. 不动产的保存；

2. 不动产的工程；

3. 不动产的买卖。

第 327 条(不动产工程的先取特权)

(一)不动产工程的先取特权，关于工程的设计、施工或监理人的有关债务人的不动产工程的费用，其范围为该不动产。

(二)前款规定的先取特权，以不动产因工程而产生的增值实际存在为限，只就该增值额存在。

《德国民法典》

第 648 条 建筑工作物或建筑工作物的各部分的承揽人，可以就因合同而发生的承揽人债权，请求给予定作人建筑地上的保全抵押权。工作尚未完成的，承揽人可以就与所提供的劳动相当的部分报酬，以及就不包含在报酬中的垫付款，请求给予保全抵押权。②

【参考案例】

(一)宁夏钰隆工程有限公司建设工程施工合同纠纷案【最高人民法院(2019)民申 6085 号民事裁定书】③

裁判要旨：无论合同是否有效，只要承包人组织员工按照合同约定建设了工程项目，交付给了发包人，发包人就没有理由无偿取得该工程建设成果，承包人仍然享有向发包人主张工程价款的请求权。进而，在合同无效的情况下，承包人也享有优先受偿权。在"没有资质的实际施工人借用有资质的建筑施工企业名义的"情况下，挂靠人(也即实际施工人)实际组

---

① 罗结珍译：《法国民法典》，北京大学出版社 2010 年版，第 520 页。

② 陈卫佐译注：《德国民法典》，法律出版社 2020 年版，第 294~295 页。

③ 类似裁判可参见最高人民法院(2022)最高法民再 168 号民事判决书、最高人民法院(2022)最高法民申 22 号民事裁定书。

织员工进行了建设活动，完成了合同中约定的承包人义务，更应当从发包人处得到工程款，被挂靠人实际上只是最终从挂靠人处获得管理费。因此，认定挂靠人享有主张工程价款请求权和优先受偿权，更符合法律保护工程价款请求权和设立优先受偿权的目的。

(二)陈金国、兴业银行股份有限公司三明列东支行建设工程施工合同纠纷案【最高人民法院(2019)民申2852号民事裁定书】

裁判要旨：优先受偿权作为一种物权性权利，根据《物权法》第5条"物权的种类及内容，由法律规定"之物权法定原则，享有建设工程价款优先受偿权的主体必须由法律明确规定。而《合同法》第286条、《建设工程优先受偿权批复》(已失效)第1条均明确限定建设工程价款优先受偿权的主体是建设工程的承包人，而非实际施工人。这也与《建工合同解释(二)》第17条明确规定建设工程价款优先受偿权的主体为"与发包人订立建设工程施工合同的承包人"这一最新立法精神相契合。陈金国作为实际施工人，并非法定的建设工程价款优先受偿权主体，不享有建设工程价款优先受偿权。

(作者：党馨梓)

54.【车位交付请求权及返本销售债权性质的认定】房地产开发企业在与购买人签订车位销售合同的同时，另签协议约定"返本销售"，以补助物业管理服务费的名义，分期向购买人全数返还购车位款。房地产企业破产程序中，车位购买人向管理人申报债权，要求继续履行车位销售合同及返本协议。对于购房人已全额交付车位购买价款，且具备交付条件的情况下，管理人是否有权解除车位购买协议？对于返本协议，管理人是否有权解除？如可以解除，涉及债权性质应如何认定？

【回答】

车位销售合同与返本协议实际上形成一个整体，应一并处置。房地产开发企业以促销为目的，销售房屋配套车位时，购房人已全额交付价款且对未办理产权登记无过错的，管理人不得解除车位销售合同与返本协议，在具备交付条件且符合《商品房消费者批复》之规定时，其车位交付请求权优先受到保护。

【理由】

从车位销售合同与返本协议的合同签订时间、约定内容及实际履行情况来看，当事人权利义务紧密关联、相互依存，均服务于一个整体的交易目的。车位销售合同与返本协议实际上形成一个整体，构成事实上的合同联立。在存在一定依存关系的合同联立时，一个合同的效力依存于另一个合同效力。① 其中一个合同不成立、无效、撤销或者解除时，另一个合同应当同其命运。根据《九民纪要》关于穿透式审判思维理念，探求各方当事人真实意思表示，既重视各个合同权利义务的独立性，也需区别构成合同联立的数个合同之间的关联关系，以及关注经济整体性，尽可能一次性解决当事人之间的纠纷。因此，对于在开发商破产程序中，管理人能否解除车位销售合同与返本协议，应做一体化处理。

返本销售的本质，是开发商与购买者约定一次性收取价款，在若干年后将价款本金归还购买者，靠本金的利息获利的一种交易模式。根据销售方主观目的以及交易双方约定的不同，返本销售交易也具有不同的性质。

其一，以返本销售的形式，达成融资的目的。此种返本销售是以一种规避法律的形式进行的，通过此方式获取大量的资金。实践中，若房地产开发企业销售的车位实际并不存在，或者销售的车位数量远超建设规划的车位数量，可认为其以返本销售的形式，进行非法融资。即便房地产开发企业销售的车位真实存在或与规划相符，其在短期内为房地产开发企业注入了流动资金，加重了房地产开发企业的债务负担。根据《商品房销售管理办法》第 11 条第 1 款规定，房地产开发企业不得采取返本销售或者变相返本销售的方式销售商品房。虽然根据《民法典》第 153 条，违反法律、行政法规的强制性规定的民事法律行为无效，但《商品房销售管理办法》仅为部门规章，不导致返本销售协议的无效。《九民纪要》第 31 条规定，违反规章一般情况下不影响合同效力，但该规章的内容涉及金融安全、市场秩序、国家宏观政策等公序良俗的，应当认定合同无效。返本销售交易是房地产开发企业的融资行为，该行为规避了合法的监管程序，房地产开

---

① 参见陆青：《合同联立问题研究》，载《政治与法律》2014 年第 5 期。

发企业的还本承诺缺乏保障，具有极大的风险，应当认定为违背公序良俗进而认定无效。

其二，以返本销售的形式，达成促销的目的。此种情形下的车位返本销售，应按照正常车位买卖分析管理人是否有解除权。管理人合同解除权的行使需满足合同属于双务合同和双方皆未履行完毕这两个条件，即合同属于待履行合同。车位销售合同属于双务合同，开发商负有交付车位的义务，购房人负有支付价款的义务。在购房人已全额交付车位购买价款，且具备交付条件的情况下，购房人一方已完全履行价款支付义务，车位销售合同不属于待履行合同，管理人不享有解除权。

建筑区划内的车位、车库不同于居住的商品房，但车位依法依附于商品房而存在，功能在于满足小区业主的居住需要，车位使用权与业主居住权密切相关，具有满足居民基本生活需要的属性，属于商品房所提供居住功能的必要延伸和拓展。在商品房消费者足额支付车位款，对未办理产权登记无过错且车位具有交付可能的情形下，可在破产程序中参照《商品房消费者批复》之规定，主张其车位交付请求权优先于建设工程价款优先受偿权、抵押权及其他债权。应当注意，购房者所购车位也存在商品房必要配套车位和纯粹投资车位的区分。根据《商品房消费者批复》第2条规定，商品房消费者以居住为目的购买房屋并已支付全部价款，其房屋交付请求权优先于建设工程价款优先受偿权、抵押权以及其他债权。参照《商品房消费者批复》第2条规定，购房者所购的车位只有"以居住为目的"，才可在破产程序中获得优先保护，以投资为目的购买车位时，其从事的是具有一定风险的商业投资行为，无特殊保护之必要。"以居住为目的"存在多种解释可能，包括"满足生活基本需要的居住"与"提高生活品质的居住"。对于以居住为目的的消费购房者而言，商品房是其生命健康之外的最重要的生存利益，理应优于主要体现商业利益的建设工程价款优先受偿权、抵押权以及其他债权。[①] "提高生活品质的居住"明显已超过生存利益的范畴，若将纳入保护范畴，不仅与《商品房消费者批复》的目的不符，还会导致受保护的消费购房者范围过宽，损害建设工程价款债权优先权人与抵

[①] 参见常鹏翱：《商品房消费者交房请求权优先地位的法理分析》，载《人民法院报》2023年6月1日第2版。

押权人的利益。① 因而"以居住为目的"，应仅限于"满足生活基本需要的居住"。对于购房者所购车位是否用于满足生活基本需要，可结合购房者所拥有的车辆数量、购房者及其配偶与未成年子女名下已有车位的数量等情形具体确定。

在一定依存关系的合同联立时，一个合同的效力依存于另一个合同效力。② 管理人无权解除车位销售合同，若返本销售协议本身不符合解除条件或具有无效情形，则仍然有效。返本销售协议的内容为以补助物业管理服务费的名义，分期向购买人全数返还购车位款，属于单务合同，不属于破产程序中管理人解除权所调整的范畴，管理人对返本销售协议没有解除权。并且，根据《商品房销售管理办法》第 11 条第 1 款规定，房地产开发企业不得采取返本销售或者变相返本销售的方式销售商品房。根据《民法典》第 153 条，违反法律、行政法规的强制性规定的民事法律行为无效，《商品房销售管理办法》仅为部门规章，不导致返本销售协议的无效。因此，返本销售协议有效，债权人可据此在债务人的破产程序中申报普通债权。

【参考依据】

《民法典》

第 153 条　违反法律、行政法规的强制性规定的民事法律行为无效。但是，该强制性规定不导致该民事法律行为无效的除外。

违背公序良俗的民事法律行为无效。

第 276 条　建筑区划内，规划用于停放汽车的车位、车库应当首先满足业主的需要。

《商品房消费者批复》

二、商品房消费者以居住为目的购买房屋并已支付全部价款，主张其房屋交付请求权优先于建设工程价款优先受偿权、抵押权以及其他债权的，人民法院应当予以支持。

只支付了部分价款的商品房消费者，在一审法庭辩论终结前已实际支

---

① 参见翟宇翔：《消费购房者优先权的解释论展开》，载《暨南学报（哲学社会科学版）》2024 年第 9 期。

② 参见陆青：《合同联立问题研究》，载《政治与法律》2014 年第 5 期。

付剩余价款的，可以适用前款规定。

《九民纪要》

31.【违反规章的合同效力】违反规章一般情况下不影响合同效力，但该规章的内容涉及金融安全、市场秩序、国家宏观政策等公序良俗的，应当认定合同无效。人民法院在认定规章是否涉及公序良俗时，要在考察规范对象基础上，兼顾监管强度、交易安全保护以及社会影响等方面进行慎重考量，并在裁判文书中进行充分说理。

《商品房销售管理办法》

第 11 条 房地产开发企业不得采取返本销售或者变相返本销售的方式销售商品房。

房地产开发企业不得采取售后包租或者变相售后包租的方式销售未竣工商品房。

《住房和城乡建设部关于进一步加强房地产市场监管完善商品住房预售制度有关问题的通知》(建房 (2010) 53 号)

一、进一步加强房地产市场监管

（一）加强商品住房预售行为监管……房地产开发企业不得将企业自留房屋在房屋所有权初始登记前对外销售，不得采取返本销售、售后包租的方式预售商品住房，不得进行虚假交易。……

【参考案例】

（一）张若曦与甘肃银行股份有限公司兰州市中央广场支行等申请执行人执行异议之诉纠纷案【最高人民法院（2022）最高法民终 86 号民事判决书】

裁判要旨：车位虽不属于住宅，但依法属于满足业主住宅需要的必要设施，属于商品房所提供居住功能的必要延伸和拓展。车位使用权与业主居住权密切相关，具有满足居民基本生活需要的属性。对小区业主而言，一定数量的车位、车库的配备，是与其居住权密切相关的一种生活利益，该利益应当受到法律保护。享有车位抵押权的银行，具有对抗第三人的效力，但购房人在抵押之前已经实际占有车位，并支付全部价款，且对未办理产权登记无过错。而银行在后设定抵押权时未尽到必要注意义务，存在过错。综合考虑上述因素，购房人的权利具有优先保护的必要。故可以认定购房人对车位享有排除银行抵押权的执行的合法权益。

(二)李全锐、王爱琴申请执行人执行异议之诉案【河南省高级人民法院(2019)豫民再670号民事判决书】

裁判要旨：《商品房销售管理办法》是部门规章，并非《合同法》第52条第5项规定的"法律、行政法规"，且该规章第42条规定的是对于房地产开发企业返本销售或变相返本商品房的，处以1万元以上3万元以下罚款，该规定系基于行政管理的需要而规制房地产开发企业一方，应为管理性规范。因此该协议作出返本销售的约定，不导致该协议无效。而《最高人民法院关于审理非法集资刑事案件具体应用法律若干问题的解释》规定的是以返本销售的方式非法吸收资金达到一定条件的，以非法吸收公众存款罪定罪处罚，返本销售是非法吸收公众存款的手段，是否构成犯罪还要考量是否符合该犯罪构成，并非返本销售本身即为犯罪，从而认定民事合同无效。

（作者：翟宇翔）

55.【建设工程款倒款债权的性质认定】建设工程承包人为配合房地产企业规避预售资金监管部门的监管，要求承包人在收到房企支付的工程款后，按照其指令将部分款项倒账配合倒款走账，即工程款进账户后再立刻转付出至房企开发商指定账户，承包人并未真正获得工程款。房企破产程序中被裁定破产受理后，承包人就倒账该部分工程款申报债权主张优先受偿，对此应如何认定？对于倒款走账部分能否认定为已付工程款？如不认定为已付，能否给予优先受偿权？

【回答】

承包人收到发包人支付的工程款后，按发包人指令将其中部分款项再转付给发包人或者第三人的，可认定发包人已支付该部分工程款。在发包人破产程序中，承包人就该部分工程款主张优先受偿权的，不予支持。

【理由】

在建设工程领域，倒款行为十分常见。[①] 所谓"倒款"，即从发包人获得资金后又予以返还、进行虚假财务收付现象，在司法实践中又称"走账"或"倒账"行为。由此带来的问题是，虽然发包人已经将银行贷款以工程款的名义支付至承包人的账户内，但该笔价款最终并未由承包人实际享有，发包人的行为能否理解为支付工程款？当发包人破产，承包人能否享有工程款优先权？对此，存在两种截然相反的观点：一是承包人无权主张工程款优先受偿权。理由是，如果将倒账行为理解为已经支付工程款，则承包人对发包人主张优先权欠缺了"未支付工程款"这一必要要件，其在破产程序中也就无权要求发包人支付工程款。[②] 二是承包人有权主张工程款优先受偿权。理由是，如果不将其理解为支付工程款，则承包方仍应享有工程价款债权，在破产程序中优先于担保债权。[③] 亦有观点认为倒账款不应认定为工程款，但不应支持承包人的优先权请求。[④] 本书认为，承包人收到发包人支付的工程款后，按发包人指令将其中部分款项再转付给发包人或者第三人的，可认定发包人已支付该部分工程款。在发包人破产程序中，承包人无法就该部分工程款主张优先受偿权。理由如下：

第一，"倒账款"应认定为工程价款，这是建设工程领域专款专用要求决定的。不同于一般的交易转账行为，建设工程价款的用途会受到更严格的监管。以农民工工资为例，为了规范农民工工资支付行为，根治建设工程领域拖欠农民工工资的问题，根据《保障农民工工资支付条例》与《工程建设领域农民工工资专用账户管理暂行办法》的规定，承包人应当开设

① 参见最高人民法院（2018）最高法民终 99 号民事判决书。

② 参见李后龙、潘军锋：《建设工程价款优先受偿权审判疑难问题研究》，载《法律适用》2016 年第 10 期。参见最高人民法院（2018）最高法民终 99 号民事判决书、最高人民法院（2018）最高法民终 121 号民事判决书、山东省高级人民法院（2017）鲁民终 1031 号民事判决书。

③ 参见云南省高级人民法院（2018）云民终 822 号民事判决书、广东省清远市中级人民法院（2013）清中法民二初字第 14 号民事判决书、最高人民法院（2021）最高法民申 3629 号民事裁定书。

④ 参见最高人民法院第一巡回法庭：《最高人民法院第一巡回法庭民商事主审法官会议纪要（第 1 卷）》，中国法制出版社 2020 年版，第 112 页。

农民工工资专用账户，专项用于支付该工程建设项目农民工工资，转入其中的财产专项用于支付农民工工资。① 在倒账行为中，承包人违反了行政法规与部门规章的规定将该笔款项转给了发包人，相当于将本应用于支付农民工工资的款项挪作他用，与农民工工资账户的作用背道而驰。但是不论经费最终作何用处，其专用账户已收到工程款，形式上已经符合了支付工程价款的要求，就应当认定其为工程款。实践中有法院认为，由于承包人将收到的价款转入发包人指定的账户，故认为该笔款项承包人并未收到，不应作为已经支付的工程款予以认定，② 或是认为"走账款"并非工程款。③ 该种观点实际上忽略了建设工程领域专款专用的要求。

第二，工程款倒账行为可能损害抵押担保债权人以及其他后顺位债权人的利益。工程价款优先受偿权的目的在于平衡承包人与发包人的其他债权人之间的利益关系。④ 如上文所述，因承包人的行为，导致本应用于支付工程价款财产被挪作他用，如果此时再支持其优先权，用部分破产财产以支付工程价款，会使得顺位在后的债权受偿额度降低。

第三，承包人本身存在主观过错。承包人明知协助走账有可能使得自己丧失工程价款优先权仍同意该行为，对其自身无法实现债权有重大过错。若此时给予其优先地位，无异于要求顺位在后的债权人为其错误承担责任，是对其他债权人极大的不公平。且承包人收到发包人备注注明为工程款，应当知悉其用途，虽通过银行监管账户划转后已按照发包人的指示将相关款项转出，并未实际使用该工程款，但因货币性质上属于特殊种类物，占有即所有。因此，自上述款项划付至承包人账户时起，发包人即完成了工程款支付义务，承包人即对该等款项享有所有权，有权自行处置。⑤

---

① 《保障农民工工资支付条例》第 26 条第 1 款：施工总承包单位应当按照有关规定开设农民工工资专用账户，专项用于支付该工程建设项目农民工工资。

② 参见山东省高级人民法院(2017)鲁民终 1031 号民事判决书。

③ 参见最高人民法院(2018)最高法民终 121 号民事判决书。

④ 参见最高人民法院(2018)最高法民终 99 号民事判决书。

⑤ 参见最高人民法院(2019)最高法民再 57 号民事判决书。

【参考依据】

《民法典》

第 807 条 发包人未按照约定支付价款的，承包人可以催告发包人在合理期限内支付价款。发包人逾期不支付的，除根据建设工程的性质不宜折价、拍卖外，承包人可以与发包人协议将该工程折价，也可以请求人民法院将该工程依法拍卖。建设工程的价款就该工程折价或者拍卖的价款优先受偿。

《商品房消费者批复》

一、建设工程价款优先受偿权、抵押权以及其他债权之间的权利顺位关系，按照《最高人民法院关于审理建设工程施工合同纠纷案件适用法律问题的解释(一)》第三十六条的规定处理。

《建工合同解释(一)》

第 36 条 承包人根据民法典第八百零七条规定享有的建设工程价款优先受偿权优于抵押权和其他债权。

【参考案例】

清远市美雅建筑工程有限公司与清远市长利兴旅游服务有限公司建设工程施工合同纠纷案【最高人民法院(2019)最高法民再 57 号民事判决书】①

裁判要旨：发包人未按照合同约定支付工程价款，是承包人行使工程价款优先受偿权须具备的前提条件。本案中，美雅公司在明知由长利兴公司账户转入其账户内的款项实为长利兴公司向其支付的工程款的情形下，仍然按照长利兴公司的指示将其账户内已收到的相关款项又转付给案外人，对其工程款债权不能顺利实现具有过错。若允许美雅公司将因自己过错而不能实现债权的损失转嫁清远农商行承担，将有违公平原则。

（作者：杨铭）

---

① 类似裁判可参见云南省高级人民法院(2018)云民终 822 号民事判决书、广东省清远市中级人民法院(2013)清中法民二初字第 14 号民事判决书、最高人民法院(2021)最高法民申 3629 号民事判决书、最高人民法院(2024)最高法民申 421 号民事裁定书。

56.【政府补贴款债权的清偿顺位】企业破产前，为解决职工住房问题建设职工宿舍，通过政府相关部门取得了一部分公共租赁房屋配套设施建设投资专用补贴款。后企业停产，职工宿舍也未竣工验收，资不抵债情况下包括职工宿舍在内的企业资产被整体拍卖。债务人企业破产清算程序中，相关部门对该"公共租赁房屋配套设施建设投资专用补贴款"向管理人申报优先债权，该款项的债权性质应如何认定？

【回答】

债务人在破产受理前获得政府补贴款，但未完成约定事项，破产程序中有关政府部门主张该补贴款债权为优先债权的，不予支持，应按照普通债权予以认定。

【理由】

一、政府补贴款债权的法律基础

根据《中央预算内投资补助和贴息项目管理办法》和《政府投资条例》对投资补助的定义，投资补助指的是国家发展改革委对符合条件的地方政府投资项目和企业投资项目给予的投资资金补助。投资补助属于政府投资资金的安排方式之一。《政府投资条例》规定了四种政府投资方式，即直接投资、资本金注入、投资补助、贷款贴息。公共租赁住房配套设施建设投资专用补贴款就属于一种政府投资补贴。一般而言，政府投资补贴不需要项目单位定期返还或者支付利息，而只需要相关项目单位按照相关要求使用该笔款项。

《审理破产案件规定》第 62 条规定："政府无偿拨付给债务人的资金不属于破产债权。但财政、扶贫、科技管理等行政部门通过签订合同，按有偿使用、定期归还原则发放的款项，可以作为破产债权。"实践中有企业以该条规定作为否认政府享有破产债权的依据。但《审理破产案件规定》第 62 条规定的"政府无偿拨付给债务人的资金不属于破产债权"的适用前提应为相关款项已经按照要求投入使用并竣工，否则政府投资补贴就不能达到其制度目的。根据《中央预算内投资补助和贴息项目管理办法》

第 28 条："项目单位有下列行为之一的，国家发展改革委（打捆和切块下达投资计划的项目由省级发展改革委）责令其限期整改；拒不整改或者整改后仍不符合要求的，应当核减、收回或者停止拨付投资补助和贴息资金……（五）无正当理由未及时建设实施的……"当企业进入破产程序，且项目建设竣工已无可能的情况下，符合前述《中央预算内投资补助和贴息项目管理办法》第 28 条第（五）项规定的情形，政府部门有权收回该笔投资款项。

二、政府补贴款债权在破产程序中的清偿顺位

由前述分析可知，政府补贴款债权属于一种公法性质债权，即债权人为公权力部门，且系这些部门在行使职权过程中形成的、应由破产企业偿付的债权。[1] 企业正常经营中，公法性质债权可由相应部门通过行使行政手段强制执行或依法申请法院强制执行。[2] 但在企业进入破产程序后，《企业破产法》仅在第 113 条第（二）项规定了社会保险费用和破产人所欠税款的清偿顺位，对于其他公法性质债权并未有直接规定。根据《破产审判会议纪要》第 28 条"私法性质债权优先于公法性质债权""惩罚性质债权应认定为劣后债权"的精神，政府补贴款债权应被认定为普通破产债权清偿。一方面，政府补贴款债权是在公权力部门行使权力过程中形成的、可以通过行政手段实现的债权，且较私法债权实现的紧迫性较低，因而一般应劣后于私法性质债权受偿，宜被认定为普通债权而非优先债权。另一方面，政府补贴款债权具有补偿性质，是在相关单位无正当理由未能按照要求完成建设施工情况下政府收回所拨付款项而形成的债权，具有补偿性质而非惩罚性质。因此该债权应被认定为普通债权而非劣后债权。

【参考依据】

《审理破产案件规定》

第 62 条 政府无偿拨付给债务人的资金不属于破产债权。但财政、扶贫、科技管理等行政部门通过签订合同，按有偿使用、定期归还原则发

---

[1] 参见孙静波、张进：《关于破产案件中公权力债权的实务思考》，第八届中国破产法论坛暨《企业破产法》实施十周年纪念研讨会。

[2] 参见肖泽晟：《论行政强制执行中债权冲突的处理》，载《法商研究》2011 年第 3 期。

放的款项，可以作为破产债权。

《破产审判会议纪要》

28. 对于法律没有明确规定清偿顺序的债权，人民法院可以按照人身损害赔偿债权优先于财产性债权、私法债权优先于公法债权、补偿性债权优先于惩罚性债权的原则合理确定清偿顺序。因债务人侵权行为造成的人身损害赔偿，可以参照企业破产法第一百一十三条第一款第一项规定的顺序清偿，但其中涉及的惩罚性赔偿除外。破产财产依照企业破产法第一百一十三条规定的顺序清偿后仍有剩余的，可依次用于清偿破产受理前产生的民事惩罚性赔偿金、行政罚款、刑事罚金等惩罚性债权。

《政府投资条例》

第 34 条 项目单位有下列情形之一的，责令改正，根据具体情况，暂停、停止拨付资金或者收回已拨付的资金，暂停或者停止建设活动，对负有责任的领导人员和直接责任人员依法给予处分：（一）未经批准或者不符合规定的建设条件开工建设政府投资项目；（二）弄虚作假骗取政府投资项目审批或者投资补助、贷款贴息等政府投资资金；（三）未经批准变更政府投资项目的建设地点或者对建设规模、建设内容等作较大变更；（四）擅自增加投资概算；（五）要求施工单位对政府投资项目垫资建设；（六）无正当理由不实施或者不按照建设工期实施已批准的政府投资项目。

《中央预算内投资补助和贴息项目管理办法》

第 28 条 项目单位有下列行为之一的，国家发展改革委（打捆和切块下达投资计划的项目由省级发展改革委）责令其限期整改；拒不整改或者整改后仍不符合要求的，应当核减、收回或者停止拨付投资补助和贴息资金，暂停其申报中央投资补助和贴息项目，将相关信息纳入全国信用信息共享平台和在"信用中国"网站公开，并可以根据情节轻重提请或者移交有关机关依法追究有关责任人的行政或者法律责任：（一）提供虚假情况，骗取投资补助和贴息资金的；（二）转移、侵占或者挪用投资补助和贴息资金的；（三）擅自改变主要建设内容和建设标准的；（四）项目建设规模、标准和内容发生较大变化而不及时报告的；（五）无正当理由未及时建设实施的；（六）拒不接受依法进行的监督检查的；（七）未按要求通过在线平台报告相关项目信息的；（八）其他违反国家法律法规和本办法规定的行为。

《德国破产法》

第 39 条 破产债权人的其他债权按照下列顺位清偿，同一顺位的按照比例清偿：(1)破产债权人的债权自破产宣告之后产生的利息；(2)破产债权人因参加破产程序而发生的费用；(3)违法或者犯罪行为产生的附加性金钱支付责任、罚金刑、罚款、强制罚款、违警罚款；(4)要求债权人无偿给付的债权；(5)要求偿还股东资本替代性贷款的债权或者类似债权。

【参考案例】

宜黄县水利局与江西天水实业有限公司破产债权确认纠纷案【江西省宜黄县人民法院(2020)赣 1026 民初 268 号民事判决书】

裁判要旨：本案中，江西天水实业有限公司破产宣告前通过申报增效扩容改造项目后获得中央、省财政专项补助款，获得的专项补助款已经用于观音山水电站增效扩容项目改造，且已经达到改造效果，按照《农村水电增效扩容改造绩效评价暂行办法》第 13 条规定，该款属于对江西天水实业有限公司的补助，且原告宜黄县水利局在本案中经本院释明后亦不要求收回该专项补助款，原告宜黄县水利局主张回报款属于共益债务不符合《企业破产法》第 42 条规定的情形，故涉案的回报金不属于被告江西天水实业有限公司破产的共益债务。

(作者：党馨梓)

57.【工程款保理债权的清偿顺位】房地产企业破产，建设工程承包人将其对房地产企业债务人享有的工程款转让给保理人，房企破产程序中，工程款保理债权是否享有优先受偿权？

【回答】

保理人受让工程款债权的，建设工程价款优先受偿权一并转让。在发包人破产程序中，保理人以其受让承包人的工程款债权主张建设工程价款优先受偿权的，应予支持。

【理由】

在承包人依法可以享有工程价款优先受偿权的前提下，承包人将工程价款债权转让给保理人之后，保理人能否就工程折价或拍卖的价款享有优先受偿权，《民法典》"保理合同"以及相关条文并无明确规定，仅在第769条规定"保理合同"章节中没有规定的，适用债权转让的有关规定。《民法典》第547条规定"债权人转让债权的，受让人取得与债权有关的从权利，但是该从权利专属于债权人自身的除外"。因此，解决问题的关键点在于判断建设工程价款优先受偿权是否具有人身专属性，对此我国司法实践略有争议。

部分法院认为，受让人不应享有优先受偿权。[①] 在重庆市高级人民法院、四川省高级人民法院发布的《关于审理建设工程施工合同纠纷案件若干问题的解答》第17条中回复，建设工程价款优先受偿权属于法定优先权，行使主体应限定为与发包人形成建设工程施工合同关系的承包人。建设工程价款债权转让后，受让人主张对建设工程享有优先受偿权的，人民法院不予支持。综合法院的论述理由，主要包括以下几点：其一，从建设工程价款优先受偿权的制度目的和立法初衷出发，工程款债权具有人身依附性和专属性。其二，根据《建工合同解释（一）》第35条和第37条的规定，认为享有优先受偿权的主体仅限于与发包人订立建设工程施工合同的承包人和装饰装修工程的承包人。

大部分法院认为建设工程价款优先受偿权不具有人身专属性，可以随着工程价款的转让而转让。[②] 在论述理由中，法院分别针对前述两个观点一一辩驳：其一，立法目的不排斥建设工程价款优先受偿权转移。允许建设工程价款优先受偿权随主债权一并转让，有利于加速主债权人通过流转的方式实现其债权，从根本上有利于建设工程价款优先受偿权设立的目

[①] 参见江苏省宿迁市中级人民法院（2023）苏13民终3615号民事判决书、最高人民法院（2021）最高法民终869号民事判决书、最高人民法院（2019）最高法民申3349号民事裁定书。

[②] 参见最高人民法院（2021）最高法民终958号民事判决书、最高人民法院（2021）最高法民再18号民事判决书、最高人民法院（2021）最高法民申33号民事裁定书。此外，湖南省高级人民法院发布的《关于审理建设工程施工合同纠纷案件若干问题的解答》第20条、陕西省高级人民法院发布的《关于审理建设工程施工合同纠纷案件若干问题的解答》第16条、深圳市中级人民法院发布的《关于建设工程施工合同纠纷案件的裁判指引》第24条也有类似规定。

的，保障工程款债权人的利益。① 其二，根据《民法典》以及《建工合同解释（一）》第35条和第37条并不能得出建设工程价款优先受偿权专属于承包人这一论断，上述条文仅仅是关于合同相对性的表述。② 此外，尚有部分意见从担保物权的追及效力出发否定其专属性，认为该优先权依附所担保的工程而存在，不具有人身属性或者人身信任关系。③ 然而，这种论述逻辑的错误显而易见。物权的追及效力是指不论标的物辗转至何人占有，物权的权利人皆可追及标的物之所在而主张权利，这是物权绝对权属性的应有之义，其针对的是债务人转让担保物的情形而非债权人转让债权的情形，后者与优先权的追及力无关。

本书认为，建设工程价款优先受偿权可以随着主债权的转让而转让，在发包人破产时，保理人以其受让承包人的工程款债权主张建设工程价款优先受偿权的，应予支持。理由如下：

首先，从权利的性质来讲，建设工程价款优先受偿权不具有专属性。现行有效的法律法规对于《民法典》第547条中例外情形中的"专属于债权人自身"并无明确的定义，但无论是根据原《合同法解释（一）》（已失效）第12条的规定，还是参照《民法典合同编通则解释》第34条的规定，其对于"专属于自身的权利"的举例基本限定在具有特定身份的自然人的人身权利以及基于人身权利所产生的请求权之中，专属债权是基于抚养、扶养、赡养、继承关系产生的给付请求权和劳动报酬、退休金、养老金、抚恤金、安置费、人寿保险、人身伤害赔偿请求权等。虽然其有兜底条款"其他专属于债务人自身的权利"，但是对此不宜做扩张性解释，法律必须对专属债权作严格规定，不得否认债的流通性这一普遍属性。建设工程价款优先受偿权是法政策下为保护特定群体的利益而规定的，并非基于特定的人身关系所产生，不专属于承包人自身，其作为从权利可以随工程款

① 参见最高人民法院（2021）最高法民终958号民事判决书、最高人民法院（2019）最高法民终519号民事判决书、最高人民法院（2021）最高法民再18号民事判决书。

② 参见最高人民法院（2021）最高法民终958号民事判决书、最高人民法院（2021）最高法民申33号民事裁定书、四川省资阳市雁江区人民法院（2019）川2002民初703号民事判决书。

③ 参见杜万华主编：《民事审判指导与参考（第1辑）》，人民法院出版社2016年版，第252~253页。

债权转让而一并转让。

其次，从司法实践来讲，肯定优先受偿权的可转让性已逐渐成为主流意见。如最高人民法院第六巡回法庭也认为"承包人将建设工程价款转让他人并通知发包人的，从确保承包人债权尽快实现并合理保值的角度出发，依照《民法典》第 547 条规定，应认定该工程价款债权受让人有权对发包人主张工程价款优先受偿权"。① 再如河北省高级人民法院 2018 年 6 月 13 日发布的《建设工程施工合同案件审理指南》第 37 条曾规定："建设工程价款优先受偿权与建设工程价款请求权具有人身依附性，承包人将建设工程价款债权转让，建设工程价款的优先受偿权消灭。"而该院 2023 年 5 月 19 日发布的《建设工程施工合同案件审理指南》则改变了原观点，在该指南第 27 条明确"建设工程价款优先受偿权系法定优先权，承包人将建设工程价款债权转让，建设工程价款的优先受偿权随之转让"。

再次，从承包人和建筑工人利益的角度来讲，正如上述法院裁判意见中所述，允许受让人享有建设工程价款优先受偿权有利于高效实现承包人债权和有力保障工人劳动报酬。相比于通过诉讼方式来实现承包人的建设工程价款优先权，通过保理业务模式可以简便高效促进承包人债权的流转、变现，快速回笼资金，使得原债权人获得合理的、充足的债权转让对价从而用于农民工工资支付、项目周转、扩大生产经营等目的。

最后，建设工程款债权的转让及优先受偿权的一并转让对保理人、发包人和其他债务人均有积极意义。保理人基于受让建设工程款债权而享有相应的优先受偿权有利于提高保理人开展建设工程保理业务的意愿和积极性，同时也不会给发包人或者项目造成损失、加重负担或者提高履行成本，相反还能为新增的投资资金进入提供更多途径，加速困境项目走出泥沼。

【参考依据】

《民法典》

第 547 条 债权人转让债权的，受让人取得与债权有关的从权利，但是该从权利专属于债权人自身的除外。

受让人取得从权利不因该从权利未办理转移登记手续或者未转移占有

---

① 杨临萍主编，最高人民法院第六巡回法庭编：《最高人民法院第六巡回法庭裁判规则》，人民法院出版社 2022 年版，第 10 页。

而受到影响。

第 769 条 本章没有规定的，适用本编第六章债权转让的有关规定。

第 807 条 发包人未按照约定支付价款的，承包人可以催告发包人在合理期限内支付价款。发包人逾期不支付的，除根据建设工程的性质不宜折价、拍卖外，承包人可以与发包人协议将该工程折价，也可以请求人民法院将该工程依法拍卖。建设工程的价款就该工程折价或者拍卖的价款优先受偿。

《民法典合同编通则解释》

第 34 条 下列权利，人民法院可以认定为民法典第五百三十五条第一款规定的专属于债务人自身的权利：（一）抚养费、赡养费或者扶养费请求权；（二）人身损害赔偿请求权；（三）劳动报酬请求权，但是超过债务人及其所扶养家属的生活必需费用的部分除外；（四）请求支付基本养老保险金、失业保险金、最低生活保障金等保障当事人基本生活的权利；（五）其他专属于债务人自身的权利。

《建工合同解释（一）》

第 35 条 与发包人订立建设工程施工合同的承包人，依据民法典第八百零七条的规定请求其承建工程的价款就工程折价或者拍卖的价款优先受偿的，人民法院应予支持。

第 37 条 装饰装修工程具备折价或者拍卖条件，装饰装修工程的承包人请求工程价款就该装饰装修工程折价或者拍卖的价款优先受偿的，人民法院应予支持。

【参考案例】

中建海峡建设发展有限公司、厦门兴基伟业房地产开发有限公司等建设工程施工合同纠纷案【最高人民法院（2021）最高法民终958号民事判决书】

裁判要旨：建设工程款债权转让后，中建七局享有的建设工程价款优先受偿权可以随之转让予中建海峡公司，理由如下：第一，建设工程价款优先受偿权为法定优先权，功能是担保工程款优先支付，系工程款债权的从权利，不专属于承包人自身，可以随建设工程价款债权一并转让。第二，本案建设工程价款优先受偿权与工程款债权的一并转让，既不增加兴基伟业公司的负担，也不损害兴基伟业公司其他债权人的利益。

（作者：周雨词）

58.【房屋面积差价款债权的清偿顺位】房企破产程序中，商品房消费者对债务人应当返还的面积差价款申报债权，应如何认定？

【回答】

房地产企业破产程序中，在实际交付房屋的情况下，商品房消费者就债务人应返还的面积差价款债权，主张优先于工程款债权、抵押权以及其他债权的，应予支持。

【理由】

当房地产开发企业可以继续交付房屋，但由于购房合同中载明的建筑面积大于房屋竣工后的实测面积，房地产开发企业应将相应的面积差价款返还给商品房消费者，此时商品房消费者的面积差价款债权能否依据前述《商品房消费者批复》的规定，在破产程序中享有优先于建设工程价款优先权、抵押权以及其他债权的受偿顺位？有法院认为，买房人交付的购房款系一整体，只是因出卖方实际交付面积与合同约定面积不符，出卖方需返还一定数额的差价，这才导致买房人已付购房款被分成作为房屋对价的购房款和应由出卖方返还买受方的房款差，因此购房者的面积差价款债权可以优先于工程款债权受偿。① 与此相对，另有法院认为，消费购房者基于房屋买卖合同享有优先权的前提是房屋买卖合同不能履行，在房屋可以继续交付的情况下，消费性购房者享有的面积差债权虽源于商品房买卖合同，但已经脱离该商品房买卖合同关系，因此不得优先受偿。② 本书认为，从保护购房者权益的角度出发，面积差价款债权应被认定为商品房消费者"超级优先权"，优先于建设工程价款优先受偿权、抵押权以及其他债权受偿。理由如下：

第一，从购房者面积差价款债权的产生来看，其本质上属于消费者购房款债权的一部分，具有优先受偿的正当性基础。《商品房消费者批复》第 2、3 条再一次明确了房地产开发企业案件中消费者购房款债权优先于

---

① 参见江苏省苏州市中级人民法院 (2020) 苏 05 民终 8486 号民事判决书。
② 参见辽宁省沈阳市和平区人民法院 (2022) 辽 0102 民初 8985 号民事判决书。

建设工程价款优先权、抵押权以及其他债权的受偿地位。根据《商品房消费者批复》第2、3条，在商品房消费者所购买的房屋能够实际交付的情况下，其房屋交付请求权优先于建设工程价款优先受偿权、抵押权以及其他债权；而在商品房消费者所购买的房屋不能交付且无实际交付可能的情况下，商品房消费者的价款返还请求权优先于建设工程价款优先受偿权、抵押权以及其他债权。消费性购房者的面积差价款债权本身属于购房款的一部分。在卖方实际交付面积小于合同约定面积的情况下，原合同约定的购房款割裂为交付的房屋和面积差价款债权两部分。因此，既然商品房消费者的购房款债权具有优先性，由其派生的房屋交付请求权和面积差价款请求权也应具有优先性。

第二，从立法政策来看，认定面积差价款债权具有优先性符合保护消费性购房者的立法取向。《商品房消费者批复》第2、3条有关商品房消费者房屋交付请求权和价款返还请求权的规定是在"保交楼"工作要求下出台的特殊政策，是为了保障商品房消费者实现其居住目的，体现了"生存利益高于商业利益""保护弱势群体利益"等立法取向。商品房不仅具有商品属性，而且对于消费性购房者来说具有不可或缺的生存利益属性。因此，保护消费性购房者的债权在房价高企的现实情况下，具有重要的民生意义。虽然并无法律明文规定破产程序中消费性购房者面积差价款债权的性质，但从保护消费性购房者的立法取向可以推知，面积差价款债权应得到优先受偿。

【参考依据】

《异议复议规定》

第29条 金钱债权执行中，买受人对登记在被执行的房地产开发企业名下的商品房提出异议，符合下列情形且其权利能够排除执行的，人民法院应予支持：（一）在人民法院查封之前已签订合法有效的书面买卖合同；（二）所购商品房系用于居住且买受人名下无其他用于居住的房屋；（三）已支付的价款超过合同约定总价款的百分之五十。

《商品房消费者批复》

一、建设工程价款优先受偿权、抵押权以及其他债权之间的权利顺位关系，按照《最高人民法院关于审理建设工程施工合同纠纷案件适用法律问题的解释（一）》第三十六条的规定处理。

二、商品房消费者以居住为目的购买房屋并已支付全部价款，主张其房屋交付请求权优先于建设工程价款优先受偿权、抵押权以及其他债权的，人民法院应当予以支持。只支付了部分价款的商品房消费者，在一审法庭辩论终结前已实际支付剩余价款的，可以适用前款规定。

三、在房屋不能交付且无实际交付可能的情况下，商品房消费者主张价款返还请求权优先于建设工程价款优先受偿权、抵押权以及其他债权的，人民法院应当予以支持。

《九民纪要》

125. 商品房消费者虽然已有一套房屋，但购买的房屋在面积上仍然属于满足基本居住需要的，可以理解为符合该规定的精神。

如果商品房消费者支付的价款接近于百分之五十，且已按照合同约定将剩余价款支付给申请执行人或者按照人民法院的要求交付执行的，可以理解为符合该规定的精神。

【参考案例】

（一）常熟市新茂房地产开发有限公司与应苏华、任子龙普通破产债权确认纠纷案【江苏省苏州市中级人民法院（2020）苏 05 民终 8486 号民事判决书】

裁判要旨：买房人交付的购房款系一整体，只是因出卖方实际交付面积与合同约定面积不符，出卖方需返还一定数额的差价，才导致买房人已付购房款被分成作为房屋对价的购房款和应由出卖方返还买受方的房款差。现新茂公司管理人已确认应苏华、任子龙为消费性购房人，继续交房，则应苏华、任子龙享有的债权均具有优先性，包括取得房屋所有权的权利和应当返还的房款差。

（二）于兴泽、李毅与沈阳中驰房地产开发有限公司破产债权确认纠纷案【辽宁省沈阳市和平区人民法院（2022）辽 0102 民初 8985 号民事判决书】

裁判要旨：其一，二原告主张的案涉债权，虽源于商品房买卖合同关系，但该房屋面积差额款已经本院作出的生效判决确认为双方间的金钱债权债务法律关系，二原告在本案中并非一般意义上的"消费购房者"，该债权在破产清偿顺位中不享有优先受偿性。其二，消费购房者所享有的要求管理人返还购房款或对特定房屋的变价款的优先权是在房屋买卖合同不能履行情况下，而二原告与被告的房屋买卖合同已履行完毕，不符合相关规定的情形。

（作者：党馨梓）

59.【住宅专项维修资金债权的清偿顺位】房地产企业代收商品房消费者的维修资金后未实际向行政主管部门缴纳而挪用资金。企业破产程序中，消费购房者主张债务人返还已支付的代缴维修资金债权，应如何认定？

【回答】

购房者主张代缴维修基金债权参照消费型购房者债权予以优先受偿的，应予支持。

【理由】

住宅专项维修资金，是指专项用于住宅共用部位、共用设施设备保修期满后的维修和更新、改造的资金。《民法典》第281条规定："建筑物及其附属设施的维修资金，属于业主共有。"为了有效监管住宅专项维修资金的交存与使用，财政部2007年颁布了《住宅专项维修资金管理办法》。对于住宅专项维修资金的缴存，《住宅专项维修资金管理办法》第12条规定："商品住宅的业主应当在办理房屋入住手续前，将首期住宅专项维修资金存入住宅专项维修资金专户。"但出于便于资金归集等考量，在实践中存在开发建设单位代收住宅专项维修资金的做法。由此带来的问题是：房地产开发企业在代收住宅专项维修资金等必要办证费用后，既未设立专项户头进行单独管理，也未及时向行政主管部门缴纳，而是与其财产混同管理。进而，在债务人出现破产原因后，无法向购房人返还或代购房人向行政主管部门缴付相关费用。进入破产程序后，购房人主张支付代缴的住宅专项维修资金债权应被认定为何种性质的破产债权在实践中存在争议。

对于购房者主张支付代缴住宅专项维修资金债权在破产程序中如何认定，主要存在以下几种观点：1. 取回权说。该观点认为开发建设单位代收的住宅维修资金事实上属于业主所有，因此在开发建设单位进入破产程

· 231 ·

序后，购房者有权依据《企业破产法》第 38 条的规定行使取回权。① 2. 参照消费性购房者债权说。该观点认为购房者的代缴住宅专项维修资金债权应参照消费性购房者债权进行优先受偿。② 3. 普通破产债权说。该观点主张住宅专项维修资金债权应作为普通破产债权进行认定。③

本书认为，购房者主张的住宅专项维修资金债权应参照消费性购房者的购房款债权的顺位进行清偿。理由如下：

第一，由于购房者支付给债务人的住宅专项维修资金款项客观上已和债务人其他财产混同，取回权说存在法理逻辑上的障碍。开发建设单位代收的住宅维修资金既不是特定物，也不是被特定化了的种类物，不具备破产取回权的条件。破产取回权的基础在于民法上的物的返还请求权，该权利行使的对象应为特定物或者特定化的种类物。因此对某笔未特定化的资金无法行使破产取回权。浙江省高级人民法院就此明确指出："破产取回权是指权利人对其享有所有权的物的返还请求权，而不是债的返还请求权。"④

第二，住房专项维修资金是为了维护建筑物正常运转的特定资金，购房者的该项债权对于其居住需求的实现具有必要性和重要性。因此，从保护购房者生存利益的角度出发，应将住宅专项维修资金债权参照消费性购房者的购房款债权顺位进行清偿。最高人民法院《建设工程优先受偿权批复》（已失效）首次赋予了购房者债权以优先受偿地位，并确立了购房者债权、建设工程承包人优先受偿权、抵押权、其他债权的清偿顺位，体现出保护购房者生存权的价值理念。《建设工程优先受偿权批复》（已失效）之后的司法解释，继续贯彻该价值理念，2015 年《异议复议规定》赋予购房者债权以超级优先权的地位，可以排除案外人执行异议之诉的强制执行；

---

① 参见云南省昆明市五华区人民法院（2021）云 0102 破 1 号之十五民事裁定书、四川省巴中市中级人民法院（2022）川 19 破 12 号之六民事裁定书、《北京市破产企业非经营性资产移交暂行办法》第 9 条。

② 参见贵州省金沙县人民法院（2019）黔 0523 破 5 号之四民事裁定书、河南省郑州高新技术产业开发区人民法院（2021）豫 0191 破 3-22 号民事裁定书、安徽省蚌埠市中级人民法院（2023）皖 03 破 2 号民事裁定书。

③ 参见安徽省黄山市屯溪区人民法院（2017）皖 1002 民初 1657 号民事判决书、广西壮族自治区柳州市鱼峰区人民法院（2024）桂 0203 民初 340 号民事判决书。

④ 浙江省高级人民法院（2010）浙商终字第 40 号民事判决书。

2023 年《商品房消费者批复》将"以居住为目的购买房屋并已支付全部价款"的购买人认定为商品房消费者，扩大了购房人的范围。从消费性购房者的优先权的形成和发展来看，其均是以保护购房者居住需求和生存利益为核心立法取向。住宅专项维修资金虽然不是购房款组成部分，但附属于房屋的专属性维护资金，是住宅居住功能的必要延伸和拓展。将购房者的住宅专项维修资金债权参照消费性购房者优先权进行优先受偿，属于对消费性购房者优先权的合目的性扩张解释，具有合理性。

【参考依据】

《民法典》

第 281 条 建筑物及其附属设施的维修资金，属于业主共有。经业主共同决定，可以用于电梯、屋顶、外墙、无障碍设施等共有部分的维修、更新和改造。建筑物及其附属设施的维修资金的筹集、使用情况应当定期公布。

紧急情况下需要维修建筑物及其附属设施的，业主大会或者业主委员会可以依法申请使用建筑物及其附属设施的维修资金。

《住宅专项维修资金管理办法》

第 9 条 业主交存的住宅专项维修资金属于业主所有。

从公有住房售房款中提取的住宅专项维修资金属于公有住房售房单位所有。

第 10 条 业主大会成立前，商品住宅业主、非住宅业主交存的住宅专项维修资金，由物业所在地直辖市、市、县人民政府建设（房地产）主管部门代管。

直辖市、市、县人民政府建设（房地产）主管部门应当委托所在地一家商业银行，作为本行政区域内住宅专项维修资金的专户管理银行，并在专户管理银行开立住宅专项维修资金专户。

开立住宅专项维修资金专户，应当以物业管理区域为单位设账，按房屋户门号设分户账；未划定物业管理区域的，以幢为单位设账，按房屋户门号设分户账。

第 11 条 业主大会成立前，已售公有住房住宅专项维修资金，由物业所在地直辖市、市、县人民政府财政部门或者建设（房地产）主管部门负责管理。

负责管理公有住房住宅专项维修资金的部门应当委托所在地一家商业银行，作为本行政区域内公有住房住宅专项维修资金的专户管理银行，并在专户管理银行开立公有住房住宅专项维修资金专户。

开立公有住房住宅专项维修资金专户，应当按照售房单位设账，按幢设分账；其中，业主交存的住宅专项维修资金，按房屋户门号设分户账。

第 12 条 商品住宅的业主应当在办理房屋入住手续前，将首期住宅专项维修资金存入住宅专项维修资金专户。

已售公有住房的业主应当在办理房屋入住手续前，将首期住宅专项维修资金存入公有住房住宅专项维修资金专户或者交由售房单位存入公有住房住宅专项维修资金专户。

公有住房售房单位应当在收到售房款之日起 30 日内，将提取的住宅专项维修资金存入公有住房住宅专项维修资金专户。

第 13 条 未按规定交存首期住宅专项维修资金的，开发建设单位或者公有住房售房单位不得将房屋交付购买人。

《异议复议规定》

第 29 条 金钱债权执行中，买受人对登记在被执行的房地产开发企业名下的商品房提出异议，符合下列情形且其权利能够排除执行的，人民法院应予支持：（一）在人民法院查封之前已签订合法有效的书面买卖合同；（二）所购商品房系用于居住且买受人名下无其他用于居住的房屋；（三）已支付的价款超过合同约定总价款的百分之五十。

《商品房消费者批复》

一、建设工程价款优先受偿权、抵押权以及其他债权之间的权利顺位关系，按照《最高人民法院关于审理建设工程施工合同纠纷案件适用法律问题的解释(一)》第三十六条的规定处理。

二、商品房消费者以居住为目的购买房屋并已支付全部价款，主张其房屋交付请求权优先于建设工程价款优先受偿权、抵押权以及其他债权的，人民法院应当予以支持。只支付了部分价款的商品房消费者，在一审法庭辩论终结前已实际支付剩余价款的，可以适用前款规定。

三、在房屋不能交付且无实际交付可能的情况下，商品房消费者主张价款返还请求权优先于建设工程价款优先受偿权、抵押权以及其他债权的，人民法院应当予以支持。

《北京市破产企业非经营性资产移交暂行办法》

第9条 企业宣告破产前，依据有关规定从售房款中按比例提取的住宅共用部位、共用设施设备维修基金（以下简称维修基金）不属于企业破产财产，在非经营性资产移交时由破产清算组将其移交接收单位或业主委员会管理。接收单位未成立物业管理机构或者业主委员会的，应由破产清算组将其转存至相应的住房资金管理机构监督使用，专款专用。

企业宣告破产时，维修基金未按规定提取，或提取后被挪用的，由破产清算组在破产财产清偿分配前从破产财产中优先提取，随非经营性资产一并移交接收单位。

维修基金正常使用的部分在非经营性资产移交时不再补齐。在本办法实施前已终结司法程序的破产企业，没有提取的或被挪用的维修基金不再补齐。

【参考案例】

（一）贵州金源华商置业有限公司破产清算案【贵州省金沙县人民法院（2019）黔 0523 破 5 号之四民事裁定书】①

裁判要旨：破产房地产企业代收未交付的房屋维修基金、契税、需返还的定金、购房款计为购房者债权，并以现金进行清偿。

（二）云南昆都国际房地产开发有限公司重整案【云南省昆明市五华区人民法院（2021）云 0102 破 1 号之十五民事裁定书】②

裁判要旨：关于昆都国际公司曾向购房人收取的维修基金、契税及印花税合计 43189253.85 元，管理人已预留相应资产。待办理不动产权证时，由昆都国际公司负责向相关部门以实物清偿方式代缴，按办理不动产权证的政策由购房者多退少补；或由该部分业主再次自行缴纳后，由昆都国际公司以实物清偿方式负责退还相应款项。未缴纳的购房者按办理不动产权证的政策自行缴纳。

（作者：党馨梓）

---

① 类似裁判可参见河南省郑州高新技术产业开发区人民法院（2021）豫 0191 破 3-22 号民事裁定书、安徽省蚌埠市中级人民法院（2023）皖 03 破 2 号民事裁定书。

② 类似裁判可参见四川省巴中市中级人民法院（2022）川 19 破 12 号之六民事裁定书。

60.【**继续履行合同所涉债权的认定**】**对破产申请受理前成立而债务人和对方当事人均未履行完毕的合同，管理人决定同意继续履行合同的，破产受理前已履行部分产生的债权，应认定为普通债权还是共益债务？**

【回答】

破产受理前与破产受理后合同履行内容具有整体性和不可分性，且确系为全体债权人利益，债权人就已履行部分债权主张作为共益债务优先受偿的，应予支持。

【理由】

对于破产受理申请前已履行部分的债权性质认定，在实践中存在争议：

第一种观点认为破产受理前已履行部分的债权属于普通债权。① 第一，《企业破产法》第 42 条明确规定，因管理人或者债务人请求对方当事人履行双方均未履行完毕的合同所产生的债务在法院受理破产申请后应当被认定为共益债务。依据文义解释，管理人决定继续履行合同后未履行完毕的合同所产生的债务才应当被认定为共益债务，而破产申请前已履行部分应当被认定为普通债权。而在《德国破产法》中同样认为，"共益债务是从双务合同中获得的，且这些合同是为破产财产而需要履行的或者必须在破产程序开始后实际履行的"。第二，将破产受理前已履行的部分认定为共益债务，会打破全体债权人之间的利益平衡。共益债务的定义为破产程序中为维护全体债权人的共同利益而产生由债务人所负担的债务，其本质目的应当是维护全体债权人的共同利益，将破产申请前已履行的部分列为共益债务，则会导致在清偿中对交易相对人个体利益的倾向性保护，而这种保护实质上构成个人清偿。与此同时，由于清偿顺序的规定，共益债务的扩大会导致后续普通债权清偿比例的降低，最终导致其他债权人利益受损。第三，将已履行部分认定为普通债权，而未履行完毕部分认定为共益债务，本质上只是一种合同履行方式的改变，《民法典》中同样认可合

---

① 参见浙江省高级人民法院（2018）浙民终 421 号民事判决书。

同本身具备可分割性。① 而第二种观点认为，破产受理前合同已履行部分的债权应当被认定为共益债务。②《美国破产法》规定，管理人决定继续履行后，合同相对方对于破产前及破产后的债权都享有管理费用优先权。

本书认为，破产受理前与破产受理后合同履行内容具有整体性和不可分性，且确系为全体债权人利益，则破产受理前合同已履行部分债权应当被认定为共益债务。第一，将该部分债权认定为共益债务，有利于维护合同交易相对方的合法权益。当案涉合同内容具备整体性与不可分割性时，将已履行部分视为普通债权，本质上等同于将合同的给付义务不均等地一分为二，使得交易相对方订立合同的根本目的无法实现，对于交易相对方而言无疑是极不公平的。③ 举例而言，"如破产企业购买 100 台打印机和 1000 个墨盒，合同相对人的利润在墨盒上，而打印机并没有利润甚至是亏本的，但二者的组合则是有利可图的。在破产程序启动前，对方已经交付 1000 个墨盒而未交付打印机。此时如将合同一分为二，已付 1000 个墨盒的债权作为破产债权，得不到全额清偿，却要求相对人继续履行让其亏本的 100 台打印机，这显然不合理"。④ 第二，将破产受理申请前已履行部分认定为共益债务，实质上是对于全体债权人利益的维护。《企业破产法》第 18 条规定，管理人决定继续履行合同的，对方当事人应当履行；但是对方当事人有权要求管理人提供担保，管理人不提供担保的，视为解除合同。固然管理人对合同是否继续履行有选择权，但是法律同样赋予相对人不安抗辩权，允许相对人要求管理人提供担保，打消其顾虑。将已履行部分认定为共益债务，随时清偿，本质上是给予相对人继续履行合同的信心，以确保后续破产程序能够正常进行，进而增加了破产财产，最终结果有利于全体债权人的利益。第三，《企业破产法》第 42 条中规定破产受理后合同未履行完毕的部分为共益债务，但对于破产受理前已履行部分并未作出明确规定，而在第 32 条中规定人民法院受理破产申请前六个月内，

---

① 参见黄茜：《破产重整疑难问题研究——继续履行合同项下已履行部分是否应认定为共益债务》，载微信公众号"安杰世泽律师事务所"，2021 年 8 月 10 日。

② 参见山东省高级人民法院(2020)鲁民终 603 号民事判决书。

③ 参见王欣新、余艳萍：《论破产程序中待履行合同的处理方式及法律效果》，载《法学杂志》2010 年第 6 期。

④ 参见王欣新：《对管理人合同选择履行权的正确理解》，载《人民法院报》2013 年 1 月 16 日第 7 版。

债务人有本法第 2 条第 1 款规定的情形，仍对个别债权人进行清偿的，管理人有权请求人民法院予以撤销。但是，个别清偿使债务人财产受益的除外。《企业破产法》重视保护全体债权人的利益，因此在第 32 条中设置个别清偿不予撤销的例外情形，由此从立法宗旨的角度类推，当将已履行部分认定为共益债务有利于全体债权人的利益时，同样应当被认定为是一种合法且合理的行为。无独有偶，在《破产法解释（二）》中规定，对于所有权保留买卖合同，法律规定买受人未履行完毕合同义务导致出卖人损害而产生的债务，出卖人主张其作为共益债务，人民法院应予支持。该条规定从保护出卖人的合法权益出发，因而认为该部分债务应当被认定为共益债务，尽管当前《企业破产法》及相关法规仅对所有权保留买卖合同中情形作出认定为共益债务的特别规定，但可知将破产受理申请前债务认定为共益债务，在相应情况下与《企业破产法》的立法宗旨是相互吻合的。

【参考依据】

《企业破产法》

第 18 条　人民法院受理破产申请后，管理人对破产申请受理前成立而债务人和对方当事人均未履行完毕的合同有权决定解除或者继续履行，并通知对方当事人。管理人自破产申请受理之日起二个月内未通知对方当事人，或者自收到对方当事人催告之日起三十日内未答复的，视为解除合同。

管理人决定继续履行合同的，对方当事人应当履行；但是，对方当事人有权要求管理人提供担保。管理人不提供担保的，视为解除合同。

第 32 条　人民法院受理破产申请前六个月内，债务人有本法第二条第一款规定的情形，仍对个别债权人进行清偿的，管理人有权请求人民法院予以撤销。但是，个别清偿使债务人财产受益的除外。

第 42 条　人民法院受理破产申请后发生的下列债务，为共益债务：
（一）因管理人或者债务人请求对方当事人履行双方均未履行完毕的合同所产生的债务；……

《破产法解释（二）》

第 37 条　买受人破产，其管理人决定继续履行所有权保留买卖合同的，原买卖合同中约定的买受人支付价款或者履行其他义务的期限在破产申请受理时视为到期，买受人管理人应当及时向出卖人支付价款或者履行其他义务。

买受人管理人无正当理由未及时支付价款或者履行完毕其他义务，或者将标的物出卖、出质或者作出其他不当处分，给出卖人造成损害，出卖人依据民法典第六百四十一条等规定主张取回标的物的，人民法院应予支持。但是，买受人已支付标的物总价款百分之七十五以上或者第三人善意取得标的物所有权或者其他物权的除外。

因本条第二款规定未能取回标的物，出卖人依法主张买受人继续支付价款、履行完毕其他义务，以及承担相应赔偿责任的，人民法院应予支持。对因买受人未支付价款或者未履行完毕其他义务，以及买受人管理人将标的物出卖、出质或者作出其他不当处分导致出卖人损害产生的债务，出卖人主张作为共益债务清偿的，人民法院应予支持。

《德国破产法》

第55条第1款(1) 共益债务认定如下：

1. 因破产管理人的行为或以其他方式因破产资产的管理、回收和分配而产生的，而不属于破产程序的费用；2. 从双务合同中获得的，且这些合同是为破产财产而需要履行的或者必须在破产程序开始后实际履行的；3. 不合理的致富财产。

《美国破产法》①

第365条(待履行合同和未到期租约)

(a)除本篇第765条、第766条以及本条的附条(b)、(c)或(d)另有规定外，托管人在遵守法院裁定的情况下，可确认或拒绝确认债务人的任何待履行合同或未到期租约。

(b)(1)若在债务人的待履行合同或未到期租约中已经存在违约的情况，则托管人不得确认该合同或租约，除非在确认该合同或租约时，托管人履行以下的各项：

(A)纠正违约行为，或者若托管人在确认时或确认后无法通过履行非金钱义务来纠正违约，则通过提供充分担保以保证其将及时纠正该违约行为；但前述违约行为不包括，违反与因未能履行不动产的未到期租约中的非金钱义务而产生的违约行为相关的任何条款(不包括罚金利率或违约金条款)的行为；但是若该违约行为系因未能履行非住宅不动产租约而产生，则应在确认时及确认后通过履行该租约进行纠正，并且应根据本款的

---

① 李曙光审定，申林平译：《美国破产法典》，法律出版社2021年版，第171页。

规定就该违约造成的金钱损失进行赔偿；

（B）向除债务人外的该合同或租约的主体，就因该违约给其造成的任何实际金钱损失进行赔偿或提供充分担保以保证托管人将及时进行赔偿；以及

（C）为未来履行该合同或租约提供充分担保。

《破产法立法指南》①

第 126 条 无论对合同的延续履行或否决采取什么规则，都有必要将破产管理人的任何权力限于针对整个合同的范围，以免出现破产管理人有选择地履行合同的某些部分而拒绝其他部分的情形。

【参考案例】

桓台县唐山热电有限公司、上海碳索能源服务股份有限公司技术服务合同纠纷案【山东省高级人民法院（2020）鲁民终 603 号民事判决书】

裁判要旨：首先，唐山热电公司破产前发生的节能服务费，因合同约定按照年分享比例前高后低支付，具有连续性，涉案合同的分享比例具有整体性和不可分性，应整体视为共益债务。

其次，唐山热电公司管理人决定继续履行涉案合同，有利于保障全体债权人的利益。

最后，涉案合同实际具有买卖合同性质，且明确约定碳索能源公司保留涉案项目设备财产的所有权。根据《破产法解释（二）》第 34、37 条规定，管理人有权决定继续履行或解除合同，若继续履行，则未支付的服务费应作为共益债务清偿。

（作者：吴晓）

61.【超过执行期债权的认定】经生效法律文书确认但超过执行期间的债权是否属于破产债权？

【回答】

经生效法律文书确认但超过执行期间的债权不属于破产债权。

---

① 联合国国际贸易法委员会编著：《破产法立法指南》，https://uncitral.un.org/sites/uncitral.un.org/files/media-documents/uncitral/zh/05-80721_ebook.pdf，访问日期：2024 年 8 月 10 日。

【理由】

第一，《民事诉讼法》第 250 条规定，"申请执行时效的中止、中断，适用法律有关诉讼时效中止、中断的规定"。由此可知，现行法认可执行时效制度参照诉讼时效制度，两者在框架构造上具备相似性。诉讼时效制度的价值之一在于督促权利人及时行使权利，诉讼时效届满，权利人丧失胜诉权，而义务人取得抗辩权，[①] 同理可以推知，对于经生效法律文书确认但超过执行期间的债权，破产人取得执行时效抗辩权，此时，该债权不具备被列入破产债权的法理基础。

第二，《破产法解释（三）》第 6 条规定，"管理人应当依照企业破产法第五十七条的规定对债权的性质、数额、担保财产、是否超过诉讼时效期间、是否超过强制执行期间等情况进行审查、编制债权表并提交债权人会议核查"。管理人对于破产债权是否超过强制执行期间是其审核义务之一，如果将超过执行期间的债权列为破产债权，则会导致该条规定失去其意义。同时，《审理破产案件规定》第 61 条规定超过诉讼时效的债权不属于破产债权，诉讼时效与执行时效制度在框架上有其相似性，类推解释的角度可以认为超过执行期间的债权亦不属于破产债权。

第三，我国破产制度的顶层设计目的是健全市场退出与救治制度，提高市场主体重组、出清的质量和效率。将超过执行期间的债权列入破产债权，与该目的本质上是相违背的。在强制执行阶段执行法院和债务人已对债务人的财产状况进行了相关调查以便于确定后续破产财产的范围，而这一阶段，受理破产申请的法院和执行法院也会及时告知债务人破产的消息，督促债权人及时行使债权，如果债权人及时申请强制执行，在进入破产程序前仍有实现全部债权的可能性，即使并未实现全部债权，也可以更高效地推进后续破产程序。因而，将经过生效法律文书确认但超过执行期间的债权不列为破产债权，能够整体上提高市场主体退出效率。

【参考依据】

《破产法解释（三）》

第 6 条 管理人应当依照企业破产法第五十七条的规定对所申报的债

---

① 参见朱晓喆：《诉讼时效制度的价值基础与规范表达〈民法总则〉第九章评释》，载《中外法学》2017 年第 3 期。

权进行登记造册，详尽记载申报人的姓名、单位、代理人、申报债权额、担保情况、证据、联系方式等事项，形成债权申报登记册。

管理人应当依照企业破产法第五十七条的规定对债权的性质、数额、担保财产、是否超过诉讼时效期间、是否超过强制执行期间等情况进行审查、编制债权表并提交债权人会议核查。

债权表、债权申报登记册及债权申报材料在破产期间由管理人保管，债权人、债务人、债务人职工及其他利害关系人有权查阅。

第 7 条　已经生效法律文书确定的债权，管理人应当予以确认。……

《民事诉讼法》

第 250 条　申请执行的期间为二年。申请执行时效的中止、中断，适用法律有关诉讼时效中止、中断的规定。

前款规定的期间，从法律文书规定履行期间的最后一日起计算；法律文书规定分期履行的，从最后一期履行期限届满之日起计算；法律文书未规定履行期间的，从法律文书生效之日起计算。

《民事诉讼法解释》

第 481 条　申请执行人超过申请执行时效期间向人民法院申请强制执行的，人民法院应予受理。被执行人对申请执行时效期间提出异议，人民法院经审查异议成立的，裁定不予执行。

被执行人履行全部或者部分义务后，又以不知道申请执行时效期间届满为由请求执行回转的，人民法院不予支持。

《审理破产案件规定》

第 61 条　下列债权不属于破产债权：

……

（七）超过诉讼时效的债权；

……

上述不属于破产债权的权利，人民法院或者清算组也应当对当事人的申报进行登记。

《德国破产法》①

第 189 条（对受质疑债权的考虑）

---

① 李飞主编：《当代外国破产法》，中国法制出版社 2006 年版，第 76 页。

（1）其债权未得到确认且对之不存在具有执行力的名义或终局判决的破产债权人，至迟应于公告后二周的除斥期限内，向破产管理人证明已经提出确认之诉以及诉讼数额，或者已在继续进行原诉讼系属中的诉讼程序。（2）及时提出证明的，在诉讼系属期间，在分配时留置此项债权所应得的数额。（3）未及时提出证明的，该债权在分配时不予考虑。

《日本破产法》①

第 129 条（对于有执行力的具有债务名义的债权等的异议的主张）

对于存在异议等的破产债权中有执行力的债务名义或有终审判决的部分，异议人仅基于破产人可进行的破产程序，可以主张异议。

【参考案例】

江苏省春晨面粉有限公司与陈国宁职工破产债权确认纠纷案【江苏省淮安市中级人民法院（2020）苏 08 民终 1718 号民事判决书】

裁判要旨：债权超过强制执行期间不应作为破产债权。

（作者：吴晓）

62.【拖欠社保公积金职工债权的确定】破产企业拖欠的社保、公积金的缴纳基数是以当地最低缴费标准计还是以职工的实际工资收入标准计？公积金的缴纳比例如何确定？在无法补缴的情形下，这类职工债权如何清偿？

【回答】

破产企业拖欠的社保、公积金的缴纳基数应以职工的实际工资收入标准计。破产企业为职工缴纳住房公积金的比例可以最低标准确定。在无法补缴的情况下，职工可以就破产企业未缴纳相关费用所造成的损害请求赔偿，且该债权应被纳入职工债权。

【理由】

一、破产企业拖欠的社会保险费用和职工住房公积金的缴存基数

---

① 李飞主编：《当代外国破产法》，中国法制出版社 2006 年版，第 768 页。

根据《关于规范社会保险缴费基数有关问题的通知》，参保单位缴纳社会保险费用的基数为职工工资总额。根据《住房公积金管理条例》第16条的规定，住房公积金月缴存额的计算基数均为职工本人上一年度月平均工资。《企业破产法》以及相关的法律法规并无关于破产程序中社会保险费用或者住房公积金缴存基数的特殊规定，因而破产企业拖欠职工的社会保险费用和住房公积金的缴存基数仍应以前述法律规范为准。司法实践亦持此种观点。①

但是，需要进一步明确，破产受理前企业中职工的工资收入。对此，要分两种情况讨论：第一，对于进入破产程序前一直正常运营的用人单位职工而言，缴纳基数根据该职工的实际工资收入计算即可。第二，对于进入破产程序前已经停业或者进入破产程序后未及时与职工解除劳动关系的用人单位，依据《工资支付暂行规定》第12条，非因劳动者原因造成单位停工、停产在一个工资支付周期内的，用人单位应按照劳动合同规定的标准支付劳动者工资；而对于超过一个工资支付周期的情况，《工资支付暂行规定》仅规定了一个最低标准，具体的支付比例因各地的规定而有所不同。如北京市为最低工资标准的70%；② 广东省和江苏省为当地最低工资标准的80%。③

二、破产企业职工住房公积金的缴存比例

《住房公积金管理条例》第18条规定："职工和单位住房公积金的缴存比例均不得低于职工上一年度月平均工资的5%；有条件的城市，可以适当提高缴存比例。"住房公积金制度的基本定位是国家政策性住房金融工具，是一种社会性、互助性、政策性的住房社会保障制度，有利于筹

---

① 参见北京市高级人民法院（2022）京民终667号民事判决书。

② 《北京市工资支付规定》第27条：超过一个工资支付周期的，可以根据劳动者提供的劳动，按照双方新约定的标准支付工资，但不得低于本市最低工资标准；用人单位没有安排劳动者工作的，应当按照不低于本市最低工资标准的70%支付劳动者基本生活费。

③ 《广东省工资支付条例》第39条和《江苏省工资支付条例》第31条均规定，超过一个工资支付周期的，可以根据劳动者提供的劳动，按照双方新约定的标准支付工资；用人单位没有安排劳动者工作的，应当按照不低于当地最低工资标准的百分之八十支付劳动者生活费，生活费发放至企业复工、复产或者解除劳动关系。

集、融通住房资金，提高职工的商品房购买能力。① 而住房公积金既然是一种政策性工具，其制度内容就会受到宏观经济形势、国家政策等多重因素的影响。2016 年 5 月 26 日发布的《住房城乡建设部、发展改革委、财政部、人民银行关于规范和阶段性适当降低住房公积金缴存比例的通知》将企业住房公积金缴存比例调整为 5% ~ 12%，控制住房公积金缴存基数最高不得超过职工工作地所在设区的市统计部门公布的上一年度职工月平均工资的 3 倍。该通知还提出："生产经营困难的企业除可以降低缴存比例外，还可以申请暂缓缴存住房公积金，经资金中心审核后实施。待企业效益好转后，再恢复缴存并补缴其缓缴的住房公积金。"由此可见，住房公积金作为一种具有社会性、互助性、政策性的住房社会保障制度，在确定企业缴存比例时，应考虑企业自身的经营情况以及国家经济形势和相关政策等因素。

各地住房公积金管理中心在征缴比例上，也对存在经营困难的企业执行较为宽松的标准，如杭州市《关于加强住房公积金管理若干问题的通知》第 3 点规定："目前，住房公积金缴存比例为 12%。对有一定困难的企业，允许其按不低于 5% 的比例缴存住房公积金，对因亏损等原因导致特别困难的企业，可按有关规定办理缓缴手续，待单位经济效益好转后，再提高缴存比例或补缴缓缴部分。"《昆明住房公积金管理规定》第 7 条也有类似规定。在企业进入破产程序的情况下，企业已经处于资不抵债的情况，可以被认定为属于"经营困难的企业"进而按照最低比例 5% 计算应缴纳的职工住房公积金数额。在司法实践中，诸多案例也均遵循最低标准（5%）计算破产企业应缴纳的职工住房公积金数额。②

三、无法补缴的情况下公积金类职工债权的清偿

《破产审判会议纪要》第 27 条规定，破产企业欠缴的住房公积金，在清偿顺序上也应属于《企业破产法》第 113 条第（一）项所规定的职工债权。因此，破产企业欠缴的应划入职工个人账户的基本养老保险、基本医疗保险费用以及欠缴的职工住房公积金均属于《企业破产法》第 113 条第（一）

---

① 参见路君平、李炎萍、廉云：《我国住房公积金制度的发展现状与对策研究》，载《中国社会科学研究院研究生院学报》2013 年第 1 期。

② 参见河南省灵宝市人民法院（2023）豫 1282 民初 2498 号民事判决书、贵州省黔东南苗族侗族自治州中级人民法院（2019）黔 26 民初 122 号民事判决书。

项所规定的职工债权，由管理人调查后列出清单并予以公示。

因社保机构和住房公积金管理中心对用人单位欠缴费用负有征缴的义务，若用人单位欠缴费用，属于行政管理的范畴。但在社会保险费用和住房公积金无法补缴的情况下（如用人单位从未给职工缴纳养老保险费用且职工已经超过法定退休年龄），职工可以就用人单位未缴纳相关费用所造成的损害请求其进行赔偿，根据《最高人民法院关于审理劳动争议案件适用法律若干问题的解释（三）》第 1 条规定，该争议属于人民法院应受理的案件范围。但是问题在于，职工请求破产企业就前述损害进行赔偿的债权在清偿顺位上应如何认定？该债权是否仍应被认定为职工债权？实践中，不同法院就这一问题产生了相左的裁判意见，如有法院认为："基本养老保险待遇损失是劳动者基于劳动关系发生的损失，应属于职工债权"；[1]与之相反，另有法院则认为："原告诉请的该项损失也不属于《企业破产法》第 48 条规定的应纳入职工债权的范围。"[2]

对此，本书认为，用人单位无法补缴社会保险费用或者住房公积金而导致的职工相应待遇损失应纳入职工债权的范畴。一方面，从破产清算中职工债权优先受偿的立法目的来看，将破产企业欠缴社会保险费用和住房公积金损害赔偿请求权债权纳入职工债权符合《企业破产法》第 113 条维护劳动者基本生存利益的立法目的。职工债权的内容以职工工资为基础，还包含为保障个人生存和健康、维持个人自然和社会存在最基本利益的社会保险费用及住房公积金等。《企业破产法》第 113 条赋予职工债权优先的清偿顺序正是出于保障弱势群体的生存利益、维护社会公平这一特殊考量。在由于破产企业的原因而无法为职工补缴社会保险费用和住房公积金的情况下，职工原本所享有的、可以为社会保险制度和住房公积金制度所保障的最基本的生存利益受到损害，保护此种情况下破产企业职工的利益属于《企业破产法》第 113 条的应有之义。因此，应对《企业破产法》第 113 条第（一）项作扩张解释，其不仅包含"破产人所欠职工的工资和医疗、伤残补助、抚恤费用，所欠的应当划入职工个人账户的基本养老保险、基本医疗保险费用，以及法律、行政法规规定应当支付给职工的补偿金"，而且应当包含由于破产企业原因无法补缴社会保险费用和住房公积金、进而

---

① 参见江苏省宿迁市宿豫区人民法院（2022）苏 1311 民初 722 号民事判决书。

② 湖南省张家界市永定区人民法院（2019）湘 0802 民初 4988 号民事判决书。

导致职工无法享受相应待遇的损害赔偿费用。另一方面，从《企业破产法》第 113 条第(一)项和第(二)项所规定的社会保险债权的性质和相互关系来看，因用人单位未缴社会保险费和住房公积金所造成的待遇损失被认定为职工债权更符合法条逻辑。依据《企业破产法》第 113 条第(一)、(二)项的规定，进入个人账户的缴费优先于进入社会统筹的缴费清偿，其中暗含了"私权优先于公权"的原则。用人单位因无法补缴社会保险费用和住房公积金而导致的职工损害属于用人单位和职工之间的纠纷，本质上属于职工对破产企业的私人之债，应被纳入职工债权的范畴。

【参考依据】

《关于规范社会保险缴费基数有关问题的通知》

五、关于统一缴费基数问题

(一)参保单位缴纳基本养老保险费的基数可以为职工工资总额，也可以为本单位职工个人缴费工资总额基数之和，但在全省区市范围内应统一为一种核定办法。

单位职工本人缴纳基本养老保险费的基数原则上以上一年度本人月平均工资为基础，在当地职工平均工资的 60% ~ 300% 的范围内进行核定。特殊情况下个人缴费基数的确定，按原劳动部办公厅关于印发《职工基本养老保险个人账户管理暂行办法》的通知(劳办发〔1997〕116 号)的有关规定核定。以个人身份参保缴费基数的核定，根据各地贯彻《国务院关于完善职工基本养老保险制度的决定》(国发〔2005〕38 号)的有关规定核定。……

《住房公积金管理条例》

第 16 条　职工住房公积金的月缴存额为职工本人上一年度月平均工资乘以职工住房公积金缴存比例。

单位为职工缴存的住房公积金的月缴存额为职工本人上一年度月平均工资乘以单位住房公积金缴存比例。

第 18 条　职工和单位住房公积金的缴存比例均不得低于职工上一年度月平均工资的 5%；有条件的城市，可以适当提高缴存比例。具体缴存比例由住房公积金管理委员会拟订，经本级人民政府审核后，报省、自治区、直辖市人民政府批准。

《工资支付暂行规定》

第 12 条 非因劳动者原因造成单位停工、停产在一个工资支付周期内的，用人单位应按劳动合同规定的标准支付劳动者工资。超过一个工资支付周期的，若劳动者提供了正常劳动，则支付给劳动者的劳动报酬不得低于当地的最低工资标准；若劳动者没有提供正常劳动，应按国家有关规定办理。

《住房城乡建设部、发展改革委、财政部、人民银行关于规范和阶段性适当降低住房公积金缴存比例的通知》

一、调整缴存比例

凡住房公积金缴存比例高于 12% 的，一律予以规范调整，不得超过 12%。

二、控制缴存基数

缴存住房公积金的月工资基数，最高不得超过职工工作地所在设区的市统计部门公布的上一年度职工月平均工资的 3 倍。

三、阶段性适当降低缴存比例

各市要全面梳理现有住房公积金缴存比例和缴存基数，结合本地实际制定出台阶段性适当降低住房公积金缴存比例的具体政策规定。阶段性适当降低住房公积金缴存比例政策，从 2016 年 5 月 1 日起实施，暂按两年执行。

四、生产经营困难企业可以申请暂缓缴存

企业缴存住房公积金确有困难的，经本企业职工代表大会或者工会讨论通过，并经住房公积金管理中心审核，报住房公积金管理委员会批准后，可以降低缴存比例或者缓缴。待企业经济效益好转后，再提高缴存比例或者补缴其缓缴的住房公积金。

《破产审判会议纪要》

27. 企业破产与职工权益保护。破产程序中要依法妥善处理劳动关系，推动完善职工欠薪保障机制，依法保护职工生存权。由第三方垫付的职工债权，原则上按照垫付的职工债权性质进行清偿；由欠薪保障基金垫付的，应按照企业破产法第一百一十三条第一款第二项的顺序清偿。债务人欠缴的住房公积金，按照债务人拖欠的职工工资性质清偿。

【参考案例】

（一）北京市天健商贸有限责任公司等劳动争议案【北京市高级人民法院（2022）京民终 667 号民事判决书】

裁判要旨：对于 2005 年 2 月至 2011 年 12 月的公积金计算基数，焦小欣主张此期间的月平均工资以北京市最低工资标准 2000 元为标准核算，本院予以支持。2012 年至 2018 年期间的公积金计算基数，根据焦小欣提交的个人纳税记录显示的月平均工资确定。2019 年至 2021 年 3 月的公积金计算基数，本院根据前述已认定的该期间工资总额酌情确定。

（二）吴二花、徐州远景羽绒有限责任公司破产债权确认纠纷案【江苏省沛县人民法院（2022）苏 0322 民初 4178 号民事判决书】

裁判要旨：远景公司已被宣告破产，且原告在远景公司工作期间，远景公司未为其缴纳社会保险，现原告已达到法定退休年龄，不能补缴，故原告可以要求被告赔偿损失。原告自 2005 年 12 月起至 2022 年 4 月 23 日，与远景公司存在劳动合同关系，因远景公司已被宣告破产，故本院酌定远景公司应一次性支付原告 16 年保险赔偿金。

（三）张盛春与天津市麒麟造纸有限公司职工破产债权确认纠纷案【天津市武清区人民法院（2018）津 0114 民初 13588 号民事判决书】

裁判要旨：就原告要求被告补缴 2008 年 11 月至 2009 年 2 月社会保险费的诉讼请求而言，因被告公司已经破产，其企业社保应注销，无法通过企业补缴且社保局也认为该情况不能补缴。破产管理人考虑这一情况的特殊性，将 2008 年 11 月至 2009 年 2 月社会保险费 1703.52 元，登记为其债权额。本院予以支持。

（作者：党馨梓）

63.【迟延履行利息及惩罚性利息的确认】根据《民事诉讼法》第 264 条的规定，被执行人未按判决、裁定和其他法律文书指定的期间履行给付金钱义务的，应当加倍支付迟延履行期间的债务利息。在破产实务中，有的生效法律文书上载明了债务人应当支付迟延履行期间债权利息的条款，有的文书则没有。如果债权人根据生效法律文书申报迟延履行利息债权的，应当如何认定？

【回答】

生效法律文书确定的迟延履行期间的债务利息，包括一般债务利息和加倍部分债务利息。其中，一般债务利息根据生效法律文书确定的方法计算；生效法律文书未确定给付该利息的，不予计算。一般债务利息应认定为普通债权，加倍部分债务利息应认定为劣后债权。

【理由】

根据《最高人民法院关于执行程序中计算迟延履行期间的债务利息适用法律若干问题的解释》（以下简称《迟延履行利息解释》）第 1 条的规定，加倍计算之后的迟延履行期间的债务利息，包括迟延履行期间的一般债务利息和加倍部分债务利息。迟延履行期间的一般债务利息，根据生效法律文书确定的方法计算；生效法律文书未确定给付该利息的，不予计算。

"加倍部分债务利息"以"债务人尚未清偿的生效法律文书确定的除一般债务利息之外的金钱债务"为计算基数。该基数是否包括诉讼费、逾期利息（罚息）、滞纳金、违约金、评估费、鉴定费、律师费等，存在争议。本书认为，第一，诉讼费用应被排除在外。理由：诉讼费用是当事人在诉讼中向法院交纳的费用，与双倍迟延履行利息的惩罚性和补偿性不相符。另外，不同案件中诉讼费用不同，有些案件对当事人减免诉讼费，有些案件的鉴定费是被告申请和支付的，将诉讼费用计入迟延履行利息基数没有依据。[①] 第二，逾期利息（又称罚息）可以计入计算基数。最高人民法院认为其性质为逾期还款的违约金或损失赔偿，并指出其与《民事诉讼法》规定的被执行人未按判决指定的期间履行给付金钱义务的，应当加倍支付迟延履行期间的债务利息，并不冲突也不重复，可以分别适用。[②] 即逾期利息可以计入计算基数。然而对于该观点，实践中争议较大。第三，部分违约金可计入计算基数。最高人民法院曾以生效法律文书确定的履行期届满日为划分点，自金钱债务逾期之日起至判决确定的履行期届满日所计得的违约金可以作为基数计算迟延履行期间的加倍债务利息；[③] 而自生效法

---

① 参见最高人民法院民事审判第一庭主编：《民事审判实务问答》，法律出版社 2021 年版，第 328~329 页。

② 参见最高人民法院民事审判第一庭主编：《最高人民法院民间借贷司法解释理解与适用》，人民法院出版社 2021 年版，第 413 页。

③ 参见最高人民法院（2021）最高法执监 413 号执行裁定书。

律文书确定的履行期限届满之次日起延伸至实际付清法律文书确定的金钱债务之日计得的违约金，不可作为基数计算迟延履行期间的加倍债务利息，理由是该违约金与迟延履行期间债务利息的计算期间重叠，目的相同。① 第四，律师费等实现债权的费用可计入加倍部分债务利息的基数。律师费、公证费等都属于债权人实现债权的费用，且与诉讼费不同，这些费用不交给法院，也不会由法院退还给胜诉当事人，因此应酌情予以计入，这与促使债务人按期自动履行义务的迟延履行利息制度的目的一脉相承。

关于"迟延履行期间"的计算。起算日为自生效法律文书确定的履行期间届满之日起计算；生效法律文书确定分期履行的，自每次履行期间届满之日起计算；生效法律文书未确定履行期间的，自法律文书生效之日起计算。根据《企业破产法》第46条第2款，自破产申请受理时起停止计息，故截止日为破产受理日前一日。

关于一般债务利息和加倍部分债务利息的债权性质。《破产审判会议纪要》第28条规定了"补偿性债权优先于惩罚性债权"的原则。实务界普遍认为，该条确立了破产程序中债权清偿顺位的基本原则，初步确立了劣后债权制度。②

本书认为，一般债务利息属于补偿性债权，应当认定为普通债权；而加倍债务利息系基于法定的因迟延履行生效法律文书所产生的加倍利息，带有法律的制裁及惩罚性，属于惩罚性债权，应当认定为劣后债权。加倍部分债务利息的债权性质为劣后债权。理由为：第一，根据《破产法解释（三）》第3条，债务人未履行生效法律文书确定的债务而加倍支付的迟延履行期间的债务利息为法定的、带有惩罚性的、为促使债务人履行生效判决的制裁措施。该措施具有特定的实施对象，若确定为普通破产债权，实际上受惩罚的是全体债权人，有违该措施的本意和破产法公平保护全体债权人的精神。③ 第二，根据《破产审判会议纪要》第28条，剩余的破产财产，可依次用于清偿破产受理前产生的民事惩罚性赔偿金、行政罚款、刑事罚金等惩罚性债权。民事惩罚性赔偿金属劣后于普通破产债权进行清偿

---

① 参见最高人民法院（2016）最高法执监26号执行裁定书。
② 参见姚宝华：《迟延履行利息刍议》，载《中国应用法学》2023年第3期。
③ 参见广东省高级人民法院（2019）粤民终2214号民事判决书。

的其他债权。① 第三，实践中，最高人民法院及各地方法院多数将迟延履行利息认定为劣后债权加以保护。② 第四，观域外立法，不少国家规定了非补偿性或惩罚性债权的后位清偿顺序，如《美国破产法》第 726 条规定了非补偿性债权的后位清偿顺序。

【参考依据】

《企业破产法》

第 46 条第 2 款 附利息的债权自破产申请受理时起停止计息。

《民事诉讼法》

第 264 条 被执行人未按判决、裁定和其他法律文书指定的期间履行给付金钱义务的，应当加倍支付迟延履行期间的债务利息。被执行人未按判决、裁定和其他法律文书指定的期间履行其他义务的，应当支付迟延履行金。

《最高人民法院关于执行程序中计算迟延履行期间的债务利息适用法律若干问题的解释》

第 1 条 根据民事诉讼法第二百五十三条规定加倍计算之后的迟延履行期间的债务利息，包括迟延履行期间的一般债务利息和加倍部分债务利息。

迟延履行期间的一般债务利息，根据生效法律文书确定的方法计算：生效法律文书未确定给付该利息的，不予计算。

加倍部分债务利息的计算方法为：加倍部分债务利息＝债务人尚未清偿的生效法律文书确定的除一般债务利息之外的金钱债务×日万分之一点七五×迟延履行期间。

《美国破产法》

第 726 条 (a) (4) 用于支付在破产救济令被作出前或任命托管人前

---

① 参见最高人民法院（2019）最高法民申 4786 号民事裁定书。

② 最高人民法院（2018）最高法民再 25 号民事判决曾将加倍迟延利息认定为普通破产债权；但之后，最高人民法院（2019）最高法民申 4786 号民事裁定书认为破产申请受理前，债务人因未履行生效法律文书而应加倍支付的迟延利息作为民事惩罚性赔偿金，其并非破产债权范围，而属于劣后于普通破产债权进行清偿的其他债权。参见姚宝华：《迟延履行利息刍议》，载《中国应用法学》2023 年第 3 期。

（二者中较早者）因任何罚款、罚金或没收，或者多倍、示范性或惩罚性损害赔偿而成立的任何经确认债权（无论为担保债权或非担保债权），且该罚款、罚金或没收，或者多倍、示范性或惩罚性损害赔偿并非为了补偿债权人遭受的实际金钱损失。

《德国破产法》

第 39 条（1）　下列债权按所列顺序后于支付不能债权人的其他债权受清偿，在顺序相同时，按其数额比例受清偿：

1. 支付不能债权人的债权自支付不能程序开始时起继续发生的利息；

2. 个别债权人因参加程序而发生的费用；

3. 罚金、罚款、秩序罚和执行罚以及使行为人负有支付金钱义务的犯罪行为或违反秩序行为而引起的此类从属效果；

4. 以债务人无偿给付为内容的债权；

5. 以返还替代资本的股东借贷为内容的债权或具有同等地位的债权。

【参考案例】

（一）鑫鸿泰公司与中元公司、安徽凯源建设集团有限责任公司、芜湖凯源建设有限公司、钱某田买卖合同纠纷案【最高人民法院（2021）最高法执监 413 号执行裁定书】

裁判要旨：违约金可作为加倍利息的计算基数。

（二）安徽伟宏钢结构集团股份有限公司、合肥华芝园商贸有限公司工程款纠纷案【最高人民法院（2016）最高法执监 26 号执行裁定书】

裁判要旨：违约金不可作为加倍利息的计算基数。

（三）曹伟、深圳市雨阳文化传播有限公司破产债权确认纠纷案【最高人民法院（2019）最高法民申 4786 号民事裁定书】[①]

裁判要旨：迟延履行期间加倍债务利息系劣后债权。

（作者：王盈韬）

---

①　类似裁判可参见最高人民法院（2018）最高法民再 25 号民事判决书：迟延履行期间加倍债务利息系普通债权；广东省高级人民法院（2019）粤民终 2214 号民事判决书：迟延履行期间加倍债务利息不属于破产债权。

64.【反担保权人债权的审查】法院裁定受理债务人破产申请后，关于保证人亦是反担保权人申报债权的范围能否大于主债务的范围？反担保关系与主债权债务关系之间，是否为相互独立的法律关系？反担保债权是否需要劣后主债权进行受偿？

【回答】

保证人(亦是反担保权人)申报债权的范围大于主债务的，超出部分不予支持。反担保关系与主债权债务关系是独立的法律关系。反担保债权不需要劣后主债权进行受偿。

【理由】

一、保证人申报债权的范围以主债务为限

首先需要明确的是，根据《民法典》第 387 条第 2 款，反担保本质上属于担保的一种特殊形式。根据《企业破产法》第 51 条，债务人破产，在债权人未向管理人全额申报债权的情况下，保证人可就反担保债权及担保费等直接申报债权。根据意思自治原则，当事人约定的担保责任的范围经常出现大于主债务范围的情形，诸如担保责任的担保范围包括代偿款项、担保费以及利息、违约金、实现债权的费用等。但根据《民法典担保制度解释》第 3 条、《九民纪要》第 55 条的规定，约定的担保责任范围大于主债务的，大于主债务的部分约定无效。在学理上，保证合同是从合同，依附于主合同而存在，保证债务应当与主债务具有同一性。[1] 超出主债务范围的担保人责任的约定违反了担保合同从属性，不符合担保法律制度之目的。在司法实践中，根据最高人民法院在 (2020) 最高法民终 156 号民事判决书中所持观点，反担保人的责任范围应限于主债务范围，超出部分不予支持。故保证人因承担担保责任申报债权的范围应以其在主债务范围内代债务人清偿的金额为限。

二、反担保与主债权债务关系是独立的法律关系

在法律关系层面，反担保交易存在于反担保人与担保人之间，不是对

---

① 参见关涛、熊峰：《论增信措施法律性质之识别》，载《西华师范大学学报(哲学社会科学版)》2023 年第 5 期。

债权人的债权提供担保，而是对担保人对债务人未来的追偿请求权提供担保。① 根据《民法典》中确立的合同相对性原则，合同主要在订约当事人之间产生法律效力，因此，反担保合同的成立、效力、变更或终止原则上应独立于主债权债务合同，除非合同中有明确的约定将其与主合同的效力挂钩。因此，反担保合同无法直接与主债权合同产生关联。

在法律效果层面，根据《民法典担保制度解释》第 19 条的规定，反担保合同并不是担保合同的从合同，而是存在于担保合同（担保人原给付义务）之上的利益。这样，即使担保合同无效，原给付义务（履行担保责任）转化为次给付义务（履行赔偿义务），但原给付义务之上的反担保利益同样能被次给付义务（履行赔偿义务的行为）所继受享有，反担保关系并不当然无效。因而，反担保合同和主合同在法律效果层面亦无必然联系，反担保人仍应对担保人的损失承担全部担保责任。此外，在期限上，就主债务展期对反担保责任的影响，最高人民法院认为，在未征得反担保人同意的情况下，主债权的履行期限和保证人保证期限的展期，对反担保人不发生效力，反担保人仍应按照约定的反担保期间对担保人承担反担保责任，② 这也证明了主合同与反担保合同的独立性。

三、反担保债权与主债权不涉及受偿顺位先后问题

该问题存在于保证人部分承担保证责任，从而对偿付部分享有追偿权，并对该部分享有反担保权的情形。因为若保证人全额替代清偿，则主债务消灭；若保证人完全未偿付主债务，其对主债务人不享有债权，不存在劣后的问题。

因其他债权人与保证人并无合同关系，保证人不负有保障其债权实现的义务。因此，此处的债权人应当理解为保证合同所保障的特定债权人，而非全体债权人。并且，该问题存在于当反担保是由第三人提供保证担保的情形（若反担保为物保，则理应直接给债权人提供）。

对于反担保债权人和主债权人的受偿顺位是否平等，由于主债权仅有保证担保，不属于法定优先债权，不享有优先受偿的地位，③ 因此，主债权仅能按普通债权参与破产财产分配。反担保债权人的追偿之债同样属于

---

① 参见赵峰：《论反担保的从属性及其限度》，载《中国法律评论》2022 年第 3 期。
② 参见最高人民法院（2021）最高法民申 5421 号民事裁定书。
③ 参见王晓利：《观点集萃》，载《中国应用法学》2018 年第 2 期。

保证担保的债权，所以也只能以普通债权申报，与主债权属于同一清偿顺位，待清偿比例确定后按同等标准参与分配。

【参考依据】

《民法典》

第 387 条第 2 款 第三人为债务人向债权人提供担保的，可以要求债务人提供反担保。反担保适用本法和其他法律的规定。

第 388 条第 1 款 设立担保物权，应当依照本法和其他法律的规定订立担保合同。担保合同包括抵押合同、质押合同和其他具有担保功能的合同。担保合同是主债权债务合同的从合同。主债权债务合同无效的，担保合同无效，但是法律另有规定的除外。

第 465 条 依法成立的合同，仅对当事人具有法律约束力，但是法律另有规定的除外。

第 700 条 保证人承担保证责任后，除当事人另有约定外，有权在其承担保证责任的范围内向债务人追偿，享有债权人对债务人的权利，但是不得损害债权人的利益。

《企业破产法》

第 51 条 债务人的保证人或者其他连带债务人已经代替债务人清偿债务的，以其对债务人的求偿权申报债权。债务人的保证人或者其他连带债务人尚未代替债务人清偿债务的，以其对债务人的将来求偿权申报债权。但是，债权人已经向管理人申报全部债权的除外。

《民法典担保制度解释》

第 3 条 当事人对担保责任的承担约定专门的违约责任，或者约定的担保责任范围超出债务人应当承担的责任范围，担保人主张仅在债务人应当承担的责任范围内承担责任的，人民法院应予支持。

担保人承担的责任超出债务人应当承担的责任范围，担保人向债务人追偿，债务人主张仅在其应当承担的责任范围内承担责任的，人民法院应予支持；担保人请求债权人返还超出部分的，人民法院依法予以支持。

第 19 条 担保合同无效，承担了赔偿责任的担保人按照反担保合同的约定，在其承担赔偿责任的范围内请求反担保人承担担保责任的，人民法院应予支持。

反担保合同无效的，依照本解释第十七条的有关规定处理。当事人仅以担保合同无效为由主张反担保合同无效的，人民法院不予支持。

《九民纪要》

55.【担保责任的范围】担保人承担的担保责任范围不应当大于主债务，是担保从属性的必然要求。当事人约定的担保责任的范围大于主债务的，如针对担保责任约定专门的违约责任、担保责任的数额高于主债务、担保责任约定的利息高于主债务利息、担保责任的履行期先于主债务履行期届满，等等，均应当认定大于主债务部分的约定无效，从而使担保责任缩减至主债务的范围。

中国台湾地区"民法"

第281条 连带债务人中之一人，因清偿、代物清偿、提存、抵销或混同，致他债务人同免责任者，得向他债务人请求偿还各自分担之部分，并自免责时起之利息。

前项情形，求偿权人于求偿范围内，承受债权人之权利。但不得有害于债权人之利益。

《德国民法典》①

第426条第2款 连带债务人中之一人对债权人为清偿，且得向他债务人请求偿还者，债权人对其他债务人之债权，移转于该连带债务人。该移转之主张，不得有害于债权人之利益。

【参考案例】

（一）乌兰察布市白乃庙铜业有限责任公司、甘肃建新实业集团有限公司保证合同纠纷案【最高人民法院（2020）最高法民终156号民事判决书】②

裁判要旨：担保人承担担保责任范围不应当大于主债务，当事人约定的担保责任的范围大于主债务的，应当认定大于主债务部分的约定无效。反担保人的担保范围亦不应当超过担保人的担保范围，若反担保责任的范围明显大于担保人已代偿费用范围，因与担保的从属性不符，对超出部分

---

① 台湾大学法律学院、台大法学基金会编译：《德国民法典》，北京大学出版社2017年版，第373页。

② 类似裁判可参见最高人民法院（2019）最高法民申6453号再审审查与审判监督民事裁定书、重庆市第一中级人民法院（2019）渝01民终8796号民事判决书、广东省江门市江海区人民法院（2019）粤0704民初1017号民事判决书。

不予支持。

（二）甘肃盛德嘉业生化科技有限公司、甘肃省文化产业融资担保有限公司等追偿权纠纷案【最高人民法院（2021）最高法民申 5421 号民事裁定书】

裁判要旨：主债权人与保证人协议对主债权的履行期限和保证人的保证期间展期，未经反担保人同意的，依据原担保法第 24 条、原担保法司法解释第 30 条第 1 款（《民法典》第 695 条第 1 款）规定，展期对反担保人不发生法律效力，反担保人仍在原反担保期间内承担反担保责任。

（作者：陈羽萱）

65.【执行和解协议所涉债权的审查】在执行和解协议履行期间，债务人进入破产程序，债权人申报债权，管理人在审核债权时，是依据生效的裁判文书还是执行和解协议确认债权？

【回答】

在执行和解协议履行期间，债务人进入破产程序，债权人可选择按生效法律文书或者执行和解协议申报债权，管理人在审核债权时应根据其申报主张和债权依据审核确认。

【理由】

债权人与债务人在执行阶段达成和解协议，此后，在执行和解协议履行期间，债务人进入破产程序，此时对于双方所签订的执行和解协议能否能够作为管理人确认债权的依据，在实践中存在着两种观点。一种观点认为，管理人应当根据原生效法律文书确认债权。[1] 另一种观点认为，管理人应当依据执行和解协议确认债权。[2] 该问题的实质争议点在于对执行和解协议的性质以及效力的认定。秉持应当以执行和解协议为确认债权依据的观点认为，执行和解协议是原告与被告在执行过程中协商一致而重新达成的协议，该协议对双方当事人均具备约束力，而依据《最高人民法院关

---

[1] 参见浙江省温州市中级人民法院（2018）浙 03 民终 1184 号民事判决书。

[2] 参见甘肃省嘉峪关市中级人民法院（2022）甘 02 民初 4 号民事判决书。

于执行和解若干问题的规定》第 11 条规定，在执行和解协议尚在履行时，法院应当裁定不予恢复执行，因此，执行和解协议本身有效，应当作为管理人确认债权的依据。① 另一方观点则认为，执行和解协议是双方当事人平等自愿达成的协议，但只有在执行和解协议履行完毕后才具备执行力，在履行期间并不具备强制执行力，因而生效的法律文书才能够作为管理人确认债权的依据。②

本书认为，债权人可选择按生效法律文书或者执行和解协议申报债权，管理人在审核债权时应根据其申报主张和债权依据进行确认。理由如下：

首先，对于执行和解协议的性质认定，当前主要有三种观点：私法行为说认为和解协议本质上属于当事人双方约定对生效裁判文书中确立的权利关系义务变动，为保障执行程序的进行而自愿达成的协议，属于私法行为。③ 诉讼行为说认为和解协议产生诉讼程序效果，中止或者终结原文书的执行，执行和解协议作为诉讼行为的产物，产生诉讼效力。折中说则认为执行和解协议既有私法属性，又是诉讼行为，具有终结执行的诉讼法效力。④ 而在实践中，大多数观点认可执行协议作为一种私法上的契约，本身不具备强制执行力，依据《最高人民法院关于执行和解若干问题的规定》第 11 条，只有当执行和解协议经过法院确认后，才能产生诉讼程序上的效力。⑤

其次，我国《民事强制执行法（草案）》第 24 条规定，执行中，和解协议提交人民法院并经双方当事人认可，或者执行人员将协议内容记入笔录并由双方当事人签名或者盖章的，人民法院可以裁定终结执行，该条同样体现着执行和解协议在部分情况下的执行力。

---

① 参见徐福涛：《论民事执行和解协议在破产债权审查中的法律适用》，载微信公众号"沈阳市破产管理人协会"，2024 年 6 月 18 日。

② 参见江苏省扬州市中级人民法院(2017)苏 10 执复 86 号执行裁定书。

③ 参见鄢焱：《再论执行和解——以执行和解协议的性质论争为中心展开》，载《河北法学》2016 年第 4 期。

④ 参见范小华：《执行和解协议的效力分析及完善立法建议》，载《河北法学》2008 年第 6 期。

⑤ 参见山东省青岛市中级人民法院课题组：《论执行和解协议对原生效裁判文书执行力的替代》，载《人民司法(应用)》2018 年第 19 期。

再次，执行和解协议作为双方当事人意思表示一致的协议，体现着在执行程序中同样尊重当事人处分权的原则，如果在破产程序中申报债权中单纯对其进行否认，则执行和解协议失去了本身的意义。

最后，执行和解协议与原生效裁判文书应该是一种替代关系。有学者认为执行和解协议与原生效裁判之间的关系，主要存在三种模式：替代模式认为和解债权优先于执行债权，申请执行当事人通过和解协议以实现自身债权；抗辩模式认为执行债权优先于和解债权，即使双方达成执行和解协议，债权人仍然有权申请执行债权，而和解协议仅能作为债务人的抗辩事由；平行模式认为执行债权与和解债权属于并列关系，由债权人选择进行行使。而在当前我国法律实践中，主要采用附条件的替代模式。① 即当事人双方达成执行和解协议后，若债务人不履行执行和解协议，债权人可以选择申请恢复执行原生效判决。依据该模式，我国在实践中首先肯定生效判决的性质，重视司法权威性，与此同时认为执行和解协议是一种附条件的生效，当执行和解履行完毕时才能产生执行力，形成对原生效裁判文书内容的替代。

【参考依据】

《民事诉讼法》

第 241 条　在执行中，双方当事人自行和解达成协议的，执行员应当将协议内容记入笔录，由双方当事人签名或者盖章。

申请执行人因受欺诈、胁迫与被执行人达成和解协议，或者当事人不履行和解协议的，人民法院可以根据当事人的申请，恢复对原生效法律文书的执行。

第 247 条　发生法律效力的民事判决、裁定，当事人必须履行。一方拒绝履行的，对方当事人可以向人民法院申请执行，也可以由审判员移送执行员执行。

调解书和其他应当由人民法院执行的法律文书，当事人必须履行。一方拒绝履行的，对方当事人可以向人民法院申请执行。

---

① 参见肖建国、黄忠顺：《执行和解协议的类型化分析》，载《法律适用》2014年第 5 期。

《破产法解释(三)》

第7条 已经生效法律文书确定的债权,管理人应当予以确认。

管理人认为债权人据以申报债权的生效法律文书确定的债权错误,或者有证据证明债权人与债务人恶意通过诉讼、仲裁或者公证机关赋予强制执行力公证文书的形式虚构债权债务的,应当依法通过审判监督程序向作出该判决、裁定、调解书的人民法院或者上一级人民法院申请撤销生效法律文书,或者向受理破产申请的人民法院申请撤销或者不予执行仲裁裁决、不予执行公证债权文书后,重新确定债权。

第8条 债务人、债权人对债权表记载的债权有异议的,应当说明理由和法律依据。经管理人解释或调整后,异议人仍然不服的,或者管理人不予解释或调整的,异议人应当在债权人会议核查结束后十五日内向人民法院提起债权确认的诉讼。当事人之间在破产申请受理前订立有仲裁条款或仲裁协议的,应当向选定的仲裁机构申请确认债权债务关系。

《最高人民法院关于执行和解若干问题的规定》

第9条 被执行人一方不履行执行和解协议的,申请执行人可以申请恢复执行原生效法律文书,也可以就履行执行和解协议向执行法院提起诉讼。

第11条 申请执行人以被执行人一方不履行执行和解协议为由申请恢复执行,人民法院经审查,理由成立的,裁定恢复执行;有下列情形之一的,裁定不予恢复执行:(一)执行和解协议履行完毕后申请恢复执行的;(二)执行和解协议约定的履行期限尚未届至或者履行条件尚未成就的,但符合民法典第五百七十八条规定情形的除外;(三)被执行人一方正在按照执行和解协议约定履行义务的;(四)其他不符合恢复执行条件的情形。

中国台湾地区"民事诉讼法"

第380条 和解成立者,与确定判决有同一之效力。

和解有无效或得撤销之原因者,当事人得请求继续审判。

请求继续审判者,应缴纳第八十四条第二项所定退还之裁判费。

第五百条至第五百零二条及第五百零六条之规定,于第二项情形准用之。

第五编之一第三人撤销诉讼程序之规定，于第一项情形准用之。

第 380 条第 1 款　当事人就未声明之事项或第三人参加和解成立者，得为执行名义。

《德国民事诉讼法》①

第 794 条　当事人之间或一方当事人与第三方之间为解决全部法律纠纷或就部分争议标的达成的和解协议，在德国法院或土地司法管理局设立或认可的调解机构面前，以及根据第 118.1 条第 3 句或第 492.3 条记录在司法记录中的和解。

第 796 条第 1 款第 1 项　如果债务人已提交立即执行，并且和解协议已交存当地法院，而该和解协议在和解协议订立时具有一般管辖地的当地法院交存，则律师以其所代表的当事人的名义和授权委托书缔结的和解协议，应经其中一方当事人的请求宣布可执行，并说明和解协议的缔结日期。

《日本民事诉讼法》②

第 267 条　和解、放弃或者承认请求权记入笔录时，其说明与终审判决具有同等效力。

【参考案例】

（一）以原生效法律文书确认债权

张小朋、永嘉县东岸混凝土有限公司普通破产债权确认纠纷案【浙江省温州市中级人民法院（2018）浙 03 民终 1184 号民事判决书】

裁判要旨：在破产清算案件受理前，执行和解协议未能履行完毕，破产清算案件受理后，执行和解协议已经无法履行，瑞信公司按照原生效法律文书向管理人申报债权，实际上属行要求恢复对原生效法律文书的执行，据此应当认定管理人根据原生效法律文书核查瑞信公司对东岸公司享有的破产债权。

（二）以执行和解协议确认债权

李某、张某等普通破产债权确认纠纷案【甘肃省嘉峪关市中级人民法

---

①　《德国民事诉讼法》，https://www.gesetze-im-internet.de/zpo/__796a.html，访问日期：2024 年 7 月 20 日。

②　《日本民事诉讼法》，https://laws.e-gov.go.jp/law/408AC0000000109#Mp-Pa_2-Ch_6-At_267，访问日期：2024 年 8 月 10 日。

院〔2022〕甘 02 民初 4 号民事判决书】

裁判要旨：首先，执行和解协议是原告与被告在执行过程中经过平等协商，就执行依据所确定的权利义务关系重新达成的协议，该协议对双方当事人均具有约束力，被告被破产清算是因其资不抵债导致，该情形并不必然影响其与债权人在此前达成执行和解协议的效力。

其次，《最高人民法院关于执行和解若干问题的规定》第 9 条规定：被执行人一方不履行执行和解协议的，申请执行人可以申请恢复执行原生效法律文书，也可以就履行执行和解协议向执行法院提起诉讼。该规定赋予了申请执行人选择权，本案原告作为申请执行人请求被告继续履行执行和解协议，在被告已经被破产清算的情况下，依据《企业破产法》第 21 条规定，其向本院起诉请求被告依据双方达成的执行和解协议确认债权数额并无不当。

（作者：吴晓）

66.【劳动合同经济补偿金计算标准】制造类企业在破产前已停工停产，停产期间按照生活费标准发放工资，与劳动者正常工作时工资标准存在很大差距。进入破产程序后管理人解除劳动合同的，员工的经济补偿金是否应按正常工作状态下十二个月的平均工资计算？

【回答】

进入破产后管理人解除劳动合同，员工的经济补偿金应当按照正常工作状态下十二个月的平均工资计算。

【理由】

《劳动合同法》第 47 条规定，用人单位经济补偿金的计算应当依据月平均工资，同时规定月平均工资的计算方式是指劳动者在劳动合同解除或者终止前十二个月的平均工资。但当企业陷入破产情形停工停产时，员工月平均工资的发放与正常运转情况往往存在着较大差异。对于此种情形下，员工月平均工资的计算标准存在争议。

有观点认为，应当依据停产期间标准计算。持该观点者认为，首先，破产法的制度精神在于公平保障债权人的利益，以给予债务人重新开始的机会。① 公平清偿是破产法的重要目的之一，根据《企业破产法》第 113 条规定，法律、行政法规规定应当支付给劳工的经济补偿金属于清偿中的第一顺位，优先于普通破产债权。如果此时采用正常工作状态下的员工工资计算标准，则会导致后顺位受偿债权人利益的相对受损，这一结果与破产法重视维护平衡破产程序中各方主体的利益目的相违背。其次，当企业进入破产程序后，员工亦有为公司减少损失的义务，在公司破产停工时，应当认定以停产标准计算员工月平均工资，督促其谋求新的就业机会。② 最后，《劳动合同法》中对于月平均工资计算标准为合同解除或终止前十二个月的平均工资，③ 依据法律指引，应当采用停产期间标准计算。在《劳动合同法》出台前，《违反和解除劳动合同的经济补偿金办法》中规定的经济补偿金工资计算标准为企业正常生产情况下劳动者解除合同前十二个月的月平均工资，但由于《劳动合同法》出台，《违反和解除劳动合同的经济补偿金办法》已被废止，根据上位法优于下位法原则，应当依据《劳动合同法》的规定以停产期间的标准进行计算员工月平均工资。

另有观点认为，应当依据正常运转下工资标准进行计算。④ 实务中，不同地区对于此种情形下的计算标准认定存在较大差异，如广东省劳动和社会保障厅《关于企业非正常生产情况下解除劳动合同经济补偿金计算基数问题的复函》认为，对停产关闭等不能正常生产经营的企业与职工解除劳动关系，支付经济补偿金的工资计算标准，原则上可按企业所在地上年度企业在岗职工月平均工资的 70% 作为计算标准，最低不得低于企业所在地最低工资标准。而《郑州市劳动用工条例》第 35 条规定，用人单位非因劳动者原因停工、停产，在劳动者一个工资支付周期内的，应当视同劳动者提供正常劳动支付其工资。超过一个工资支付周期的，可以根据劳动者提供的劳动，按照双方新约定的标准支付工资，但不得低于当地最低工

---

① 参见李永军：《重申破产法的私法精神》，载《政法论坛》2002 年第 3 期。

② 参见马然：《破产程序中职工债权之经济补偿金问题探讨》，载微信公众号"北京市破产管理人协会"，2020 年 10 月 19 日。

③ 参见甘肃省兰州市中级人民法院 (2019) 甘 01 民终 1254 号民事判决书。

④ 参见江苏省南京市中级人民法院 (2017) 苏 01 民终 2306 号民事判决书。

资标准；用人单位没有安排劳动者工作的，应当按照不低于当地最低工资标准的百分之六十支付劳动者基本生活费。但因不可抗力导致用人单位停工、停产的除外。

本书认为，应当根据企业正常运转情况下员工的月平均工资标准计算员工的经济补偿金。理由如下：

第一，经济补偿金的本质存在着争议，如有学者认为经济补偿金是一种劳动法上对于遭受用人单位损害的劳动者的一种补偿，① 也有学者认为，经济补偿是企业在未对劳动者履行合同所规定的义务时应当承担的一种违约责任，② 亦有学者认为，经济补偿金是一种社会保障，在用人单位解除劳动合同时，向劳动者支付相应的经济补偿以帮助其度过失业后的困难期。③ 虽然经济补偿金的定义存在一定开放性，但其特征始终是为了保护劳动者的权益。劳动法上的经济补偿金设立目的是补偿劳动者在用人单位解除合同或终止合同时所遭受的损失，是对于劳动者的一种经济的补偿及保障，同时能够发挥限制用人单位的作用。④ 固然经济补偿金起到能够起到对用人单位的惩罚作用，其最关键的作用仍然在于对失业的劳动者进行救济。而这种性质与破产法以公平清偿为目的不相符合，将经济补偿金纳入职工债权的目的本身并非完全契合破产法的立法本意，而是出于对职工的救济及保障。经济补偿金在发挥救济失业者作用的同时，也承担着维护社会稳定、维持良好社会秩序的功能，其作用不仅仅及于个人。如果忽视经济补偿金在个人及社会的双重作用，仅仅认为失业员工有义务承担减轻公司风险而减少对经济补偿金的认定基数，变相减少员工应有的保障以及企业应当承担的责任，本质上是对失业者及社会的双重伤害。因而在破产法立法过程中，立法者将经济补偿金纳入职工债权范畴。

---

① 参见林嘉、杨飞：《劳动合同解除中的经济补偿金、违约金和赔偿金问题研究》，载《劳动法评论》2005 年第 1 卷。

② 参见傅静坤：《劳动合同中的解约金问题研究》，载《现代法学》2000 年第 5 期。

③ 参见董保华：《劳动合同法中经济补偿金的定性及其制度构建》，载《河北法学》2008 年第 5 期。

④ 参见谢增毅：《劳动法上经济补偿的适用范围及其性质》，载《中国法学》2011 年第 4 期。

第二，虽然《劳动合同法》规定经济补偿的月工资应当为劳动者在劳动合同解除或终止前十二个月的平均工资，但对其计算标准并未作出明确规定。劳动法的立法宗旨在于保护劳动者的合法权益，构建和发展和谐稳定的劳动关系，因此，对于十二个月平均工资的计算，应当推定以劳动者正常工作时所签订劳动合同时数额为基准，并结合实际所获得工资报酬情况进行认定，而非考虑包括破产在内等特殊情况，才能够在最大程度上保护劳动者的合法权益。综上所述，以企业正常生产情况下员工工资作为破产后员工经济补偿金的计算基础更加合理。

【参考依据】

《企业破产法》

第 113 条　破产财产在优先清偿破产费用和共益债务后，依照下列顺序清偿：

（一）破产人所欠职工的工资和医疗、伤残补助、抚恤费用，所欠的应当划入职工个人账户的基本养老保险、基本医疗保险费用，以及法律、行政法规规定应当支付给职工的补偿金；（二）破产人欠缴的除前项规定以外的社会保险费用和破产人所欠税款；（三）普通破产债权。

破产财产不足以清偿同一顺序的清偿要求的，按照比例分配。

破产企业的董事、监事和高级管理人员的工资按照该企业职工的平均工资计算。

《劳动合同法》

第 1 条　为了完善劳动合同制度，明确劳动合同双方当事人的权利和义务，保护劳动者的合法权益，构建和发展和谐稳定的劳动关系，制定本法。

第 47 条　经济补偿按劳动者在本单位工作的年限，每满一年支付一个月工资的标准向劳动者支付。六个月以上不满一年的，按一年计算；不满六个月的，向劳动者支付半个月工资的经济补偿。

劳动者月工资高于用人单位所在直辖市、设区的市级人民政府公布的本地区上年度职工月平均工资三倍的，向其支付经济补偿的标准按职工月平均工资三倍的数额支付，向其支付经济补偿的年限最高不超过十二年。

本条所称月工资是指劳动者在劳动合同解除或者终止前十二个月的平

均工资。①

《最高人民法院关于对〈最高人民法院关于审理企业破产案件若干问题的规定〉第五十六条理解的答复》

二、《规定》第五十六条中"依法或者依据劳动合同"的含义是：第一，补偿金的数额应当依据劳动合同的约定，劳动合同中没有约定的，则应依照法律、法规、参照部门规章的相关规定予以补偿。第二，如果劳动合同约定的补偿金或者根据有关规定确定的补偿金额过低或者过高，清算组可以根据有关规定进行调整。调整的标准，应当以破产企业正常生产经营状况下职工十二个月的月平均工资为基数计算补偿金额。第三，清算组调整后，企业的工会、职工个人认为补偿金仍然过低的，可以向受理破产案件的人民法院提出变更申请；债权人会议对清算组确定的职工补偿金有异议的，按《规定》第四十四条规定的程序进行。

《工资支付暂行规定》

第 12 条 非因劳动者原因造成单位停工、停产在一个工资支付周期内的，用人单位应按劳动合同规定的标准支付劳动者工资。超过一个工资支付周期的，若劳动者提供了正常劳动，则支付给劳动者的劳动报酬不得低于当地的最低工资标准；若劳动者没有提供正常劳动，应按国家有关规定办理。

《郑州市劳动用工条例》

第 35 条 用人单位非因劳动者原因停工、停产，在劳动者一个工资支付周期内的，应当视同劳动者提供正常劳动支付其工资。超过一个工资支付周期的，可以根据劳动者提供的劳动，按照双方新约定的标准支付工资，但不得低于当地最低工资标准；用人单位没有安排劳动者工作的，应当按照不低于当地最低工资标准的百分之六十支付劳动者基本生活费。但因不可抗力导致用人单位停工、停产的除外。

中国台湾地区"劳动基准法"

第 2 条 四、平均工资：指计算事由发生之当日前六个月内所得工资

---

① 类似规范可参见内蒙古自治区高级人民法院《关于劳动人事争议案件适用法律若干问题的指导意见》。该通知认为月工资应为劳动合同解除或者终止前劳动者正常工作状态下十二个月的平均工资，不包括医疗期等非正常工作期间。

总额除以该期间之总日数所得之金额。工作未满六个月者，指工作期间所得工资总额除以工作期间之总日数所得之金额。工资按工作日数、时数或论件计算者，其依上述方式计算之平均工资，如少于该期内工资总额除以实际工作日数所得金额百分之六十者，以百分之六十计。

第 11 条 非有左列情事之一者，雇主不得预告劳工终止劳动契约：

一、歇业或转让时。

二、亏损或业务紧缩时。

三、不可抗力暂停工作在一个月以上时。

四、业务性质变更，有减少劳工之必要，又无适当工作可供安置时。

五、劳工对于所担任之工作确不能胜任时。

第 17 条 雇主依前条终止劳动契约者，应依下列规定发给劳工资遣费：

一、在同一雇主之事业单位继续工作，每满一年发给相当于一个月平均工资之资遣费。

二、依前款计算之剩余月数，或工作未满一年者，以比例计给之。未满一个月者以一个月计。

前项所定资遣费，雇主应于终止劳动契约三十日内发给。

《德国解雇保护法》①

第 9 条 法院判决终止雇佣关系，向雇员支付遣散费

（1）如果法院认定雇佣关系并未因终止而终止，但不能合理地期望雇员继续维持雇佣关系，法院应雇员的要求终止雇佣关系，并命令雇主支付适当的遣散费。如果有理由不能引起雇主和雇员之间进一步合作以符合公司目的的预期，法院必须应雇主的要求作出相同的决定。雇员和雇主可以提出终止雇佣关系的申请，直到上诉法院的最后一次口头听证会结束。

（2）法院应确定在社会上有正当理由的解雇的情况下，雇佣关系终止的日期本应结束。

---

① 《德国解雇保护法》，https://www.gesetze-im-internet.de/kschg/__9.html，访问日期：2024 年 7 月 20 日。

第 10 条　遣散费金额

（1）最多十二个月的收入应确定为遣散费。

（2）如果雇员已年满 50 岁且雇佣关系已存在至少 15 年，则应确定最多 15 个月的收入金额，如果雇员已年满 55 岁且雇佣关系存在至少 20 年，则应确定最多 18 个月的收入金额。如果雇员在法院根据第 9 条第 2 款确定的终止雇佣关系的时间已达到《社会法》第六卷关于标准养老金的规定中规定的年龄，则不适用该规定。

（3）月收入应被视为雇员在雇佣关系终止当月内适用的正常工作时间内有权获得的金钱和实物福利金额。

【参考案例】

（一）以合同解除或终止前的十二个月平均工资计算

兰州恒源铬铁有限公司、李金喜劳动争议案【甘肃省兰州市中级人民法院（2019）甘 01 民终 1254 号民事判决书】

裁判要旨：李某在恒源铬铁公司的工作年限应从原红古铁合金厂破产后、恒源铬铁公司租赁经营时起算，因解除劳动关系前 12 个月，恒源铬铁公司因停产未向李某发放工资，李某主张经济补偿金按 2018 年甘肃省最低工资 1620 元计付，法院予以支持。

（二）以企业正常运转时的十二个月平均工资计算

南京江宁城镇建设开发有限责任公司等与查显芳劳动争议案【江苏省南京市中级人民法院（2017）苏 01 民终 2306 号民事判决书】

裁判要旨：本案所涉劳动合同解除或终止前，劳动合同的履行因用人单位的原因处于非正常状态，劳动者的工资标准亦处于非正常状态，仅依据解除或终止前十二个月平均工资计算经济补偿，对本案中的劳动者并不公平。同时，《违反和解除劳动合同的经济补偿办法》第 11 条第 1 款规定：本办法中经济补偿金的工资计算标准是指企业正常生产情况下劳动者解除合同前十二个月的月平均工资。因此，以劳动合同终止前城开公司正常经营期间的平均工资作为经济补偿的计算基数，并无不当。

（作者：吴晓）

67.【补充申报债权审查费用的确定】公告的债权申报期限届满后，对补充申报的债权如何收取债权审查费用？收费的标准如何确定？

【回答】

为审查和确认补充申报债权的费用，承担主体应当根据逾期申报的原因确定，费用标准可以综合审查确认难易程度、逾期时间、逾期申报对破产工作的影响等因素加以确定，由管理人据实收取。

【理由】

《企业破产法》第 45 条规定了债权的申报期限，在期限经过后申报的债权即为逾期债权。世界各国对债权逾期申报采取不同规定。① 我国采取最宽松的模式，即允许债权人在申报期限经过后补充申报债权。但为了惩罚未按期申报债权的债权人，督促债权及时申报，《企业破产法》第 56 条规定："为审查和确认申报债权的费用，由补充申报人承担。"

但此条规定模糊且不合理。债权人未在申报期限内申报并不一定因为债权人自己的原因，还可能因债务人、管理人、人民法院等主体的原因或者不可抗拒的事由造成，相应的补充申报费用也应当由不同的主体承担。该条未规定债权补充申报费用的收费标准，而实践中，补充申报债权的收费标准并不统一，多根据补充申报债权的数额，按照一定比例收取费用。该做法并无法律依据，且补充申报所收取的费用应当为实际费用支出，根据债权数额确定也不合理。关于费用的实际收取方式，《企业破产法》第 56 条也未明确规定，实践中存在不同的做法，需要对实践中的做法进行统一。

一、补充申报费用的负担主体

《企业破产法》规定，审查和确认补充申报债权的费用由补充申报的债权人负担。但是，在未区分逾期申报债权原因的基础上确定费用的承担，对于非因自身过错而未按时申报债权的债权人明显不公。本书认为，费用的承担主体应当根据逾期申报的原因确定。

---

① 参见邹海林：《破产程序与破产法实体制度比较研究》，法律出版社 1995 年版，第 123 页。

第一，债权人自身原因导致逾期申报。债权人自身原因而补充申报所产生的费用由其承担，一方面是对其过错的惩罚，另一方面可以督促其他债权人及时按期申报债权。债权人对债务人的资产状况应当负注意义务，只要不能证明未按期申报是其他主体造成的，就应当由其自行承担费用。

第二，人民法院原因导致逾期申报。根据《企业破产法》第 14 条，受理破产案件的法院应当自裁定受理之日起 25 日内通知已知债权人，并予以公告。对于通知的方式，法律并无明确的规定。有学者认为，该通知仅为形式上的通知，只需依照债务人提交的债务清册，以合理的书面方式，向记载的债权人地址发送通知即可，无论其是否实质到达，也无论债权人是否收到。① 但若人民法院未通知已知债权人，则应对相关债权人的损失予以救济。② 若因人民法院选择公告媒体不合适等，导致债权人错过申报时间而补充申报，人民法院也应承担相应责任。

第三，管理人原因导致逾期申报。首先，因管理人行使解除权而产生的损害赔偿请求权逾期申报。虽然债权人对此并无过错，补充申报的费用不应由其承认，但债务人和其他债权人亦无过错，作为破产费用支付不仅不符合破产费用的设置目的，而且对其他债权人也不公平。作为解除权行使主体的管理人，对人民法院确定的债权申报时间与逾期申报的法律后果熟知，应当及时行使解除权。若管理人未及时行使解除权而导致债权错过申报期间，且无法证明其未及时行使解除权是为债务人利益的最大化等正当理由，应当由其承担审查和确认补充申报的费用。但在实践中，管理人行使合同解除权时，对方债权人一般会及时知晓，即使超过债权申报时间，因双方均依法行使权利，管理人和债权人均不存有过错，由任何一方承担补充申报费用，既无依据又显不公。此时可直接申报，免除费用。其次，管理人行使撤销权而恢复的债权。根据《企业破产法》第 31 条和第 32 条的规定，管理人可请求法院撤销债务人一定期限内欺诈债权人或者损害全体债权人公平清偿的行为。若被撤销的是债务人对未到期债务的提前履行或对债务的偏袒清偿，则撤销权的相对人在返还所受清偿财产后，其因

---

① 参见邢立新编著：《最新企业破产法实务精答》，法律出版社 2007 年版，第 30 页。

② 参见王艳华主编：《破产法学》，郑州大学出版社 2009 年版，第 74 页。

清偿而消灭的债权连同所有从权利和担保物权均恢复。[①] 债权债务关系恢复后，债权人要正常申报对债务人的债权，若此时申报期间已经经过，则需要补充申报。对于此债权补充申报费用的负担，有学者认为应考虑受优先清偿的债权人是否恶意，若债权人明知债务人不能清偿的事实与债务人有关联关系或其他特殊关系，可认为其存在恶意，由其承担补充申报的费用。[②] 本书同意上述观点。在实践中，若因双方均不存在过错，可考虑免除逾期申报费用。

二、补充申报费用的计算标准

有关债权补充申报费用的计算标准，《企业破产法》与相关司法解释没有明确规定。实践中案件所采用的做法也各不相同，主要有以下几种。

第一，参照诉讼费收费标准计算。如《江苏省破产管理人债权申报及审查业务指引（试行）》以及银川市破产管理人协会出台的《破产案件逾期申报审查费用收取办法》均规定审查费用参照《诉讼费用交纳办法》规定的财产类案件诉讼费标准。

第二，参照律师费的收取标准计算。根据《广东省物价局、司法厅律师服务收费管理实施办法》《广东省律师服务政府指导价》的相关规定，在收取基础费用 1000 元的基础上再按债权人最终受偿额分段按比例累加计算收取。

第三，由管理人自行制定收取标准。在一些破产案件中，补充申报债权的收费标准，由管理人自行制定。如在海南世知旅游有限公司破产清算案中，管理人自行制定关于审查和确认补充申报债权的收费办法。该办法明确，补充申报人承担债权审查和确认费用，不影响管理人报酬与担保物管理报酬的确定和收取。审查和确认补充申报债权的费用，由补充申报人在管理人指定的期限交纳，未在规定期限内交纳费用的视为未补充申报债权。[③]

本书认为，上述收费标准都有一定的道理，且有方便计算的确切标准

---

① 参见王欣新：《破产法撤销权研究》，载《中国法学》2007 年第 5 期。

② 参见邹玉玲：《我国破产法中债权补充申报制度的完善》，载《法制日报》2015 年 12 月 31 日第 12 版。

③ 参见海南世知旅游公司管理人：《关于收取补充债权申报审查费用的公告》，载微信公众号"海南世知旅游公司管理人"，2019 年 9 月 15 日。

在实践中较易付诸使用。但是，上述标准的适用并无法律依据。补充申报费用的收取一方面是为了督促债权人及时在申报期限内申报，但更重要的原因是，若债权的补充申报在集中审查之后才提出，则需要再对其进行单独审查，并召开债权人会议对其核查，最终由法院裁定确定。补充申报费用的收取，实际上是对上述过程中人力物力消耗的支付。因此，理论上应当以实际费用支出计算补充申报的费用。

三、补充申报费用的收取方式

实务中常见的做法是，在债权申报期满前公布逾期申报费用的标准以及交纳方式，并在第一次债权人会议上报告并报法院核准，在受理债权补充申报时，按上述标准收费。若选择适用补充申报程序结束后收取相关费用，为保证相关费用的支付，有学者建议，可以规定债权补充申报费用的担保制度，即补充申报债权的债权人在补充申报时，应当向管理人就其债权的审查和确认所需费用提供担保；管理人也可以要求债权人提供担保，经管理人要求提供担保的，若债权人不提供担保，管理人可以拒绝其补充申报。① 本书认为，因为补充申报的费用通常不多，提供担保还要进行一系列程序，并且还有补充申报债权人的债权分配额作保证，要求所有补充申报的债权人都提供担保明显没有必要，因此将"应当"改为"可以"较为合适。在受理补充申报的债权之时，由管理人根据初步审查确定是否要求债权人提供担保及担保的数额；若管理人认为需要提供相应担保，而债权人不愿提供，管理人可以此为由拒绝其补充申报。对于管理人未要求补充申报的债权人提供担保，或者债权人提供的担保不足以支付费用的情形，管理人可要求债权人补充支付。若债权人拒绝支付，管理人可与债权人协议或者通过法院裁定认可，从该债权人的分配额中直接划取。②

【参考依据】

《企业破产法》

第 45 条　人民法院受理破产申请后，应当确定债权人申报债权的期

---

① 参见邹海林：《破产法——程序理念与制度结构解析》，中国社会科学出版社2016 年版，第 124 页。

② 参见张善斌主编，张亚琼副主编：《破产法实务操作 105 问》，武汉大学出版社 2020 年版，179～186 页。

限。债权申报期限自人民法院发布受理破产申请公告之日起计算，最短不得少于三十日，最长不得超过三个月。

第 56 条 在人民法院确定的债权申报期限内，债权人未申报债权的，可以在破产财产最后分配前补充申报；但是，此前已进行的分配，不再对其补充分配。为审查和确认补充申报债权的费用，由补充申报人承担。

债权人未依照本法规定申报债权的，不得依照本法规定的程序行使权利。

《山东省高级人民法院企业破产案件审理规范指引 (试行)》①

第 91 条 在人民法院确定的债权申报期限内，债权人未申报债权的，可以在破产财产最后分配前补充申报；但是，此前已进行的分配，不再对其补充分配。为审查和确认补充申报债权的费用，由补充申报人承担，费用标准可以综合审查确认难易程度、逾期时间、逾期申报对破产工作的影响等因素加以确定。

《广东省高级人民法院关于审理企业破产案件若干问题的指引》

第 64 条 债权人未在确定的期限内申报债权的，可以在人民法院裁定认可最后分配方案之前，或者和解协议、重整计划草案执行完毕之前，补充申报。为审查和确认补充申报债权的费用，由补充申报人承担。

债权人补充申报时，经人民法院批准，管理人可以要求债权人预交补充申报费用。债权人不预交的，管理人可以不予审查和确认。

《德国破产法》

第 177 条 对于未按期申报的债权也应当进行审查，但管理人或者其他债权人对此提出异议的，或是在审查期日之后才申报的，破产法院应当指定一个特别审查期日，或命令以书面程序进行审理，费用由迟延人负担。

（作者：张俊茹）

---

① 类似规范可参见《江苏省高级人民法院民二庭破产案件审理指南 (修订版)》《上海市高级人民法院破产审判工作规范指引 (试行)》《重庆破产法庭企业破产案件审理指南 (试行)》。

68.【旅游者团费退费债权的清偿顺位】旅游公司在银行开设旅游服务质量保证金账户。该账户受旅游局监管，专款用于解决旅游者权益问题。旅游公司进入破产程序后，旅游者团费退费债权是否可以认定为优先债权？如认定优先债权，优先受偿的范围是否以旅游服务质量保证金账户金额为限？

【回答】

旅游者团费退费债权可以认定为优先债权。债权人就旅游者团费退费债权在旅游服务质量保证金范围内主张优先受偿的，应予支持。

【理由】

根据《企业破产法》第 109 条和第 113 条的规定，破产程序中的优先债权主要有债权人对债务人所享有的有财产担保的债权、破产费用和共益债务、职工欠款、社会保险费用和破产人所欠税款等。旅游者团费退费债权认定的关键在于旅游公司在银行开设旅游服务质量保证金账户的行为能否被认定为保证金账户质押，进而落入有财产担保债权的范围。

所谓保证金账户质押，是指债务人或者第三人为了担保债务的履行，设立保证金账户，按照约定存入一定数额的保证金，在债务人到期不履行债务或者发生约定的其他情形时，债权人有权就账户内资金优先受偿的担保方式。① 在《民法典》及其司法解释施行前，我国法律对保证金账户质押的规定见于《担保法解释》（已失效）第 85 条。《民法典》及其司法解释施行后，对于保证金账户质押作出了专门的规定，见《民法典担保制度解释》第 70 条。从条文表述来看，《民法典担保制度解释》删除了"金钱特定化"的规定，直接明确为"设立保证金账户"，删除了"移交债权人占有"的规定，扩大为"债权人实际控制"或者"将资金存入债权人设立的保证金账户"。

旅游公司在银行开设旅游服务质量保证金账户，该账户受旅游局监

---

① 参见陈本寒、贾雨荷：《保证金账户担保若干问题之探讨——兼评〈民法典担保制度司法解释〉第 70 条》，载《烟台大学学报（哲学社会科学版）》2023 年第 36 期。

管，专款用于解决旅游者权益问题。该旅游服务质量保证金账户想要被认定为保证金账户质押就必须满足保证金账户质押的成立要件。首先，必须存在设立质权的合意。当事人间只要存在设立保证金账户质押的合意即可，旅游公司开设旅游服务质量保证金账户，并将其置于旅游局监管之下，该行为足以认为旅游公司有设立质权的意思表示，虽然此时没有旅游者的意思表示，但本书认为出于保护消费者合法权益的目的，可以认定为旅游局代旅游者同旅游公司达成了设立质权的合意。其次，必须由债权人实际控制该账户或者将其资金存入债权人设立的保证金账户。该账户受旅游局监管，专款用于保障旅游者权益，未经旅游局同意，旅游公司不能动用保证金账户内的资金。并且，当旅游公司违约未能履行偿债义务时，旅游局有权直接从账户中扣取相关费用，而无需取得旅游公司同意，因此本书认为该账户已经由债权人实际控制。最后，保证金账户必须特定化。该账户受旅游局监管，专款用于解决旅游者权益问题，旅游公司既不能用该账户进行日常结算使用符合保证金账户形式的特定化，也不能将保证金账户的资金用作他途符合保证金资金的特定化，因此，该旅游服务质量保证金账户已经特定化。

综上，设立该旅游服务质量保证金账户符合保证金账户质押的成立要件，应当认定为成立了保证金账户质押。同时，《企业破产法》第 109 条规定："对破产人的特定财产享有担保权的权利人，对该特定财产享有优先受偿的权利。"因此，团费退费的旅游者对该旅游服务质量保证金账户的保证金享有优先受偿的权利，旅游者团费退费债权可以认定为优先债权。债权人就旅游者团费退费债权在旅游服务质量保证金范围内主张优先受偿的，应予支持。

【参考依据】

《民法典》

第 427 条第 1 款　设立质权，当事人应当采用书面形式订立质押合同。

第 438 条　质押财产折价或者拍卖、变卖后，其价格超过债权数额的部分归出质人所有，不足部分由债务人清偿。

《企业破产法》

第 109 条 对破产人的特定财产享有担保权的权利人，对该特定财产享有优先受偿的权利。

第 110 条 享有本法第一百零九条规定权利的债权人行使优先受偿权利未能完全受偿的，其未受偿的债权作为普通债权；放弃优先受偿权利的，其债权作为普通债权。

《民法典担保制度解释》

第 70 条 债务人或者第三人为担保债务的履行，设立专门的保证金账户并由债权人实际控制，或者将其资金存入债权人设立的保证金账户，债权人主张就账户内的款项优先受偿的，人民法院应予支持。当事人以保证金账户内的款项浮动为由，主张实际控制该账户的债权人对账户内的款项不享有优先受偿权的，人民法院不予支持。

在银行账户下设立的保证金分户，参照前款规定处理。

当事人约定的保证金并非为担保债务的履行设立，或者不符合前两款规定的情形，债权人主张就保证金优先受偿的，人民法院不予支持，但是不影响当事人依照法律的规定或者按照当事人的约定主张权利。

《德国一般交易条款法》

第 14 条第 1 款 客户与银行合意，银行在其国内营业处，于银行业务往来中已经或者将要占有的物以及有价证券上取得质权。银行在如下请求权上也获得质权，即客户对银行基于银行业务联系享有的或将来享有的请求权（例如账户存款）。

【参考案例】

阿拉善农村商业银行股份有限公司乌斯太支行诉马金平等执行异议之诉案【最高人民法院（2017）最高法民申 2513 号民事裁定书】①

裁判要旨：金钱作为一种特殊的动产，具备一定形式要件后，可以用于质押。保证金质押，系将金钱通过保证金形式特定化后进行出质，其性质属动产质押，实质是以保证金账户内的资金提供质押，而非账户质押。保证金形式的金钱特定化，应同时具备账户特定化和资金特定化的特征，

---

① 类似裁判可参见最高人民法院（2020）最高法民终 1101 号民事判决书。

也即账户在功能上仅用于存储保证金，不能用于普通结算业务；在形式外观上也应有别于普通结算账户。其中资金特定化体现在资金存储后应采取技术措施将普通资金与保证金予以区分，避免混同；在用途上，保证金应专门用于抵偿保证的债务，专款专用。

（作者：邓健祺）

69.【抵押担保债权的优先范围】破产债务人名下土地使用权在金融机构办理抵押登记后，另一债权人在抵押土地上加盖厂房。破产清算程序中，应如何认定抵押担保债权优先权范围并安排分配顺序？

【回答】

以在建工程抵押担保的，债权优先受偿范围以登记为标准，抵押的建设用地使用权处置变价的，地上新增建筑物应与建设用地使用权一并处分，抵押权人以抵押登记范围内的财产价值为限优先受偿；处分新增建筑物所得的价款，抵押权人无权优先受偿。

【理由】

基于"房"与"地"的天然联系，为使建设物取得使用土地的正当权源，"房地一体"原则是我国立法在处理房地关系中被长期遵循的一项原则，[1]俗称"地随房走、房随地走"，该原则同样适用于抵押关系。[2]

《民法典》第 397 条规定："以建筑物抵押的，该建筑物占用范围内的建设用地使用权一并抵押。以建设用地使用权抵押的，该土地上的建筑物一并抵押。抵押人未依据前款规定一并抵押的，未抵押的财产视为一并抵押。"由此可见，建设用地使用权与建筑物在抵押层面具有不可分性，本

---

[1] 在德国法中，房屋没有独立的法律地位，不能脱离土地单独成为物权客体，因此无需房地一体规范。我国台湾地区"民法"相关规定第 838 条对房地一体作出规范。参见常鹏翱：《〈民法典〉"房随地走、地随房走"的规范要义》，载《中国高校社会科学》2021 年第 4 期。

[2] 参见黄薇主编：《中华人民共和国民法典物权编释义》，法律出版社 2020 年版，第 485 页。

条中作为"视为一并抵押"所产生的抵押权，其非基于当事人之间的合意而生，而是基于法律直接规定而成立，在性质上属于法定抵押权。① 对于该条中"该土地上的建筑物"，应作限缩解释，仅限于建设用地使用权抵押权设立之时既存的建筑物。②《民法典担保制度解释》第 51 条进一步明确，其仅指"土地上已有的建筑物以及正在建造的建筑物已完成部分"，而"正在建造的建筑物的续建部分以及新增建筑物"，则不属于抵押财产。为了实现建设用地使用权的使用价值和交换价值，根据《民法典》第 356 条及第 417 条的规定，在建设用地使用权实现抵押权时，应当将该土地上新增的建筑物与建设用地使用权一并处分，但对于新增建筑物所得的价款，抵押权人无权优先受偿。③

因此，当破产债务人名下土地使用权办理抵押登记后，另一债权人在抵押土地上加盖厂房，土地使用权的抵押权人在破产清算程序中就该土地使用权实现抵押权时，另一债权人在地上新加盖厂房应与土地使用权被一并处分、分别评估，而抵押权人仅能以抵押登记范围内土地使用权的价值为限享有优先受偿权；对于处分新加盖厂房所得价款，土地使用权的抵押权人无权优先受偿，另一债权人可向破产管理人主张共益债权并参与分配。

【参考依据】

《民法典》

第 356 条 建设用地使用权转让、互换、出资或者赠与的，附着于该土地上的建筑物、构筑物及其附属设施一并处分。

第 397 条 以建筑物抵押的，该建筑物占用范围内的建设用地使用权一并抵押。以建设用地使用权抵押的，该土地上的建筑物一并抵押。

抵押人未依据前款规定一并抵押的，未抵押的财产视为一并抵押。

---

① 参见崔建远：《中国民法典释评·物权编（下卷）》，中国人民大学出版社 2020 年版，第 359 页。

② 参见高圣平：《〈民法典〉房地一体抵押规则的解释与适用》，载《法律适用》2021 年第 5 期。

③ 参见黄薇主编：《中华人民共和国民法典物权编释义》，法律出版社 2020 年版，第 542 页。

第 417 条　建设用地使用权抵押后，该土地上新增的建筑物不属于抵押财产。该建设用地使用权实现抵押权时，应当将该土地上新增的建筑物与建设用地使用权一并处分。但是，新增建筑物所得的价款，抵押权人无权优先受偿。

《企业破产法》

第 42 条　人民法院受理破产申请后发生的下列债务，为共益债务：（一）因管理人或者债务人请求对方当事人履行双方均未履行完毕的合同所产生的债务；（二）债务人财产受无因管理所产生的债务；（三）因债务人不当得利所产生的债务；（四）为债务人继续营业而应支付的劳动报酬和社会保险费用以及由此产生的其他债务；（五）管理人或者相关人员执行职务致人损害所产生的债务；（六）债务人财产致人损害所产生的债务。

第 109 条　对破产人的特定财产享有担保权的权利人，对该特定财产享有优先受偿的权利。

《中华人民共和国城市房地产管理法》

第 52 条　房地产抵押合同签订后，土地上新增的房屋不属于抵押财产。需要拍卖该抵押的房地产时，可以依法将土地上新增的房屋与抵押财产一同拍卖，但对拍卖新增房屋所得，抵押权人无权优先受偿。

《民法典担保制度解释》

第 51 条　当事人仅以建设用地使用权抵押，债权人主张抵押权的效力及于土地上已有的建筑物以及正在建造的建筑物已完成部分的，人民法院应予支持。债权人主张抵押权的效力及于正在建造的建筑物的续建部分以及新增建筑物的，人民法院不予支持。

当事人以正在建造的建筑物抵押，抵押权的效力范围限于已办理抵押登记的部分。当事人按照担保合同的约定，主张抵押权的效力及于续建部分、新增建筑物以及规划中尚未建造的建筑物的，人民法院不予支持。

抵押人将建设用地使用权、土地上的建筑物或者正在建造的建筑物分别抵押给不同债权人的，人民法院应当根据抵押登记的时间先后确定清偿顺序。

《九民纪要》

61. 根据《物权法》第 182 条之规定，仅以建筑物设定抵押的，抵押权的效力及于占用范围内的土地；仅以建设用地使用权抵押的，抵押权的效力亦及于其上的建筑物。在房地分别抵押，即建设用地使用权抵押给一个债权人，而其上的建筑物又抵押给另一个人的情况下，可能产生两个抵押权的冲突问题。基于"房地一体"规则，此时应当将建筑物和建设用地使用权视为同一财产，从而依照《物权法》第 199 条的规定确定清偿顺序：登记在先的先清偿；同时登记的，按照债权比例清偿。同一天登记的，视为同时登记。应予注意的是，根据《物权法》第 200 条的规定，建设用地使用权抵押后，该土地上新增的建筑物不属于抵押财产。

中国台湾地区"民法"

第 838 条 地上权人得将其权利让与他人或设定抵押权。但契约另有约定或另有习惯者，不在此限。

前项约定，非经登记，不得对抗第三人。

地上权与其建筑物或其他工作物，不得分离而为让与或设定其他权利。

第 838-1 条 土地及其土地上之建筑物，同属于一人所有，因强制执行之拍卖，其土地与建筑物之拍定人各异时，视为已有地上权之设定，其地租、期间及范围由当事人协议定之；不能协议者，得请求法院以判决定之。其仅以土地或建筑物为拍卖时，亦同。

前项地上权，因建筑物之灭失而消灭。

《日本民法典》[①]

第 388 条 法定地上权

土地及土地上存在的建筑物属于同一所有权人的，对该土地或建筑物设定抵押权，因其行为造成所有权各异时，对于该建筑物，视为设定了地上权。在此情形下，地租根据当事人的请求，由法院予以确定。

第 389 条 抵押地上建筑物的拍卖

抵押权设定后，抵押人在抵押地上建造了建筑物的，抵押权人可以将建筑物与土地一起拍卖。但其优先权，只能就土地的代价行使。

【参考案例】

常某诉某银行等执行异议之诉案【最高人民法院（2021）最高法民申

---

① 参见王爱群译：《日本民法》，法律出版社 2023 年版，第 60 页。

3602 号民事裁定书】①

裁判要旨：建设用地使用权抵押后，案外人在该土地上新建了建筑物。根据民法典第 417 条关于建设用地使用权及地上建筑物在实现抵押权时应当"一体处分、分别受偿"之规定，案外人以新增建筑物不属于抵押财产为由主张排除对抵押建设用地使用权及新增建筑物的执行处分的，人民法院不予支持。但是，应当保障案外人依法参加执行分配程序，抵押权人对新增建筑物所得价款不享有优先受偿权。

（作者：朱程涛）

70.【出资人股权让与担保所涉债权的认定】债务人向债权人借款，债务人的股东向债权人转让股权作为借款的担保，并办理股权过户手续。债务人到期未还款。债务人进入破产程序后，债权人向管理人申报债权，该债权性质应如何认定？

【回答】

该债权性质为普通债权。债务人的股东以其股权作为借款的担保，该股权不属于债务人财产，不存在对债务人特定财产优先受偿，该债权应当认定为普通债权。

【理由】

第一，债务人的股东以其股权担保之债权不具备优先受偿的基础，应为普通债权。在破产程序中，担保债权人优先受偿的前提是债务人以其特定财产为债权提供担保。但该股权不属于债务人财产而仍属于债务人的出资人之财产，担保债权人不能在破产程序中优先于债务人的其他债权人受偿。在债务人的出资人以其股权让与担保的情形下，相对于出资人的其他

---

① 本案为人民法院案例库入库案例，入库编号：2023-08-2-471-001。类似裁判可参见最高人民法院（2022）最高法民再 69 号民事裁定书、广东省高级人民法院（2024）粤执复 209 号执行裁定书、甘肃省兰州市中级人民法院（2023）甘 01 民初 486 号民事判决书等。

债权人，该担保债权人可以就出资人的该股权优先受偿。当然，由于债务人已经进入破产程序，该股权可能已经丧失价值，担保债权人无法就该股权受偿。

第二，股权让与担保中债权人的债权并不劣后于破产债务人的其他债权人。关于担保权人的股东身份，《民法典担保制度解释》第69条明确股权让与担保中担保权人作为名义股东，不承担出资义务，不行使股东权利。因此，债权人对破产企业的债权也不因其股东身份而劣后受偿。也有观点认为，担保权人在登记外观上是股东，若允许其参与破产分配，将会导致其他债权人可受偿的份额更少，因此应采用折中处理的办法，以担保权人劣后普通债权人、优于其他股东为处理原则。这种观点实际上是在效仿美国法的股东衡平居次原则，并没有得到我国法律的认可。在招商银行股份有限公司衡阳分行、湖南衡阳永兴集团有限公司破产债权确认纠纷、别除权纠纷案①中，管理人主张中信信诚作为永兴集团的股东将公司巨额资产抵押在自己名下，实际上构成滥用股东有限责任地位损害公司其他债权人利益，其债权应当劣后于普通债权人清偿。但法院通过认定双方构成股权让与担保关系，否定了管理人提出该债权应为劣后债权的主张。②

因此，股权让与担保中债权人的债权应确认为普通债权。

【参考依据】

《民法典》

第388条 设立担保物权，应当依照本法和其他法律的规定订立担保合同。担保合同包括抵押合同、质押合同和其他具有担保功能的合同。担保合同是主债权债务合同的从合同。主债权债务合同无效的，担保合同无效，但是法律另有规定的除外。

担保合同被确认无效后，债务人、担保人、债权人有过错的，应当根据其过错各自承担相应的民事责任。

《民法典担保制度解释》

第68条 债务人或者第三人与债权人约定将财产形式上转移至债权

---

① 参见湖南省高级人民法院(2020)湘民终1211号民事判决书。
② 参见王萌：《组织法视域下的股权让与担保及其效力体系》，载《法学家》2024年第2期。转引自刘牧晗：《股权让与担保的实行及效力研究——基于裁判和学说的分析展开》，载《国家检察学院学报》2022年第2期。

人名下，债务人不履行到期债务，债权人有权对财产折价或者以拍卖、变卖该财产所得价款偿还债务的，人民法院应当认定该约定有效。当事人已经完成财产权利变动的公示，债务人不履行到期债务，债权人请求参照民法典关于担保物权的有关规定就该财产优先受偿的，人民法院应予支持。

债务人或者第三人与债权人约定将财产形式上转移至债权人名下，债务人不履行到期债务，财产归债权人所有的，人民法院应当认定该约定无效，但是不影响当事人有关提供担保的意思表示的效力。当事人已经完成财产权利变动的公示，债务人不履行到期债务，债权人请求对该财产享有所有权的，人民法院不予支持；债权人请求参照民法典关于担保物权的规定对财产折价或者以拍卖、变卖该财产所得的价款优先受偿的，人民法院应予支持；债务人履行债务后请求返还财产，或者请求对财产折价或者以拍卖、变卖所得的价款清偿债务的，人民法院应予支持。

债务人与债权人约定将财产转移至债权人名下，在一定期间后再由债务人或者其指定的第三人以交易本金加上溢价款回购，债务人到期不履行回购义务，财产归债权人所有的，人民法院应当参照第二款规定处理。回购对象自始不存在的，人民法院应当依照民法典第一百四十六条第二款的规定，按照其实际构成的法律关系处理。

第 69 条 股东以将其股权转移至债权人名下的方式为债务履行提供担保，公司或者公司的债权人以股东未履行或者未全面履行出资义务、抽逃出资等为由，请求作为名义股东的债权人与股东承担连带责任的，人民法院不予支持。

香港特别行政区《破产条例》

2. 释义

有抵押债权人（secured creditor）指持有债务人财产或其中任何部分的按揭、押记或留置权的人，而所持有的按揭、押记或留置权是作为债务人欠持有人的债项的抵押者；

12. 破产令的效力

（1）在破产令作出后，破产管理署署长即借该命令而成为破产人财产的暂行受托人，此后，除本条例另有指示外，破产人如欠任何债权人任何破产案中可证债项，则除非该债权人获得法院许可并遵守法院所施加的条款，否则该债权人不得就该债项而从破产人的财产或破产人本人得到任何补救，亦不得进行或开始任何诉讼或其他法律程序。（由 1996 年第 76 号第 8 及 72 条修订；由 2005 年第 18 号第 3 修订）……（2）本条不影响任何有抵押债权人将其抵押品变现或以其他方式处理的权力。

【参考案例】

谷翠霞与巨野县金旭房地产开发有限公司普通破产债权确认纠纷案
【山东省菏泽市中级人民法院（2022）鲁 17 民终 5713 号民事判决书】

裁判要旨：当债务人企业无法偿还债务时，质权人只能就该企业股东出质股权的价值享有优先受偿权，而不能对破产的特定财产主张优先受偿。

（作者：覃莉雯）

71.【因公垫付费用职工债权的审查】企业破产程序中，高级管理人员主张其在破产受理前存在因公垫付费用，并主张列为职工债权的，管理人应如何审查认定？

【回答】

对于高级管理人员申报的因公垫付费用类债权，可结合费用性质、费用来源、报销标准等因素综合审查认定。如果未报销款项符合职工的职务标准、用途合理且是为了满足破产企业生产经营所必要的支出等条件，则可以列为职工债权并优先清偿。

【理由】

《企业破产法》第 113 条规定，职工债权主要涵盖工资和医疗、伤残补助、抚恤费用，所欠的应当划入职工个人账户的基本养老保险、基本医疗保险费用，以及法律、行政法规规定应当支付给职工的补偿金。职工债权多与劳动者的劳动过程密切相关，人身依附性强并兼具一定的社会属性。① 因此，通常基于第 113 条认为职工债权范围无例外情况，即因公垫付费用不应属于法定的职工债权范畴。

但是本书认为，职工如有证据证明垫付的费用系劳动者基于履行职务

---

① 参见王欣新、杨涛：《破产企业职工债权保障制度研究——改革社会成本的包容与分担》，载《法治研究》2013 年第 1 期。

而产生，来源为工资性收入，且该项垫付款是为满足公司生产经营所必要的支出，数额符合其职务标准，管理人可以认定为职工债权。此观点虽然并不直接符合《企业破产法》第 113 条的法律规定，但有利于维护职工权益，为濒临破产的企业增加被挽救的可能。

最高人民法院的判例支持了此观点。第一，最高人民法院在某案审理中认为"企业职工为公司垫付的招投标费用、未报销的差旅费用等系基于劳动者履行职务而产生，不同于基于日常交易而与公司发生的一般性债务，垫付款往往来源于职工工资性收入，且该项支出是为了公司的生产经营需要，最终受益人是公司，故该笔报销款不应当认定为普通债权。二审法院将该项垫付款认定为职工债权的范畴并无不当"，在该案件中，法院认定因公垫付费用为职工债权。[①] 第二，最高人民法院在某案审理中认为"职工主张应纳入职工债权的款项包括未报销差旅费、采购费、招待费，但该职工并未举证证明其所主张的未报销差旅费、采购费、招待费是何用途、是否符合其职务标准、是否属于为满足公司生产经营所必要的支出。二审法院未认定该职工主张的垫付款为优先受偿的职工债权，符合破产法的规定"。[②] 尽管在该案中法院并未支持该员工的未报销款为职工债权，但是并未否认职工垫付的未报销款认定为职工债权的可能性，而是仅从申请人未能举证证明其未报销款"是何用途、是否符合其职务标准、是否属于为满足公司生产经营所必要的支出"三方面否认该笔未报销款可认定为职工债权。换言之，如果职工能证明未报销款用途合理、报销费用符合职务标准、使用目的为满足公司生产经营所必要的支出，法院即可支持未报销款属于职工债权。

由于高级管理人员身份的特殊性，《企业破产法》及司法解释对其进行单独规制。《企业破产法》第 36 条规定高级管理人员利用职权从企业获取的非正常收入和侵占的企业财产，管理人应当追回；《破产法解释（二）》第 24 条明确了非正常收入的认定与债权清偿规则。因此管理人在处理高级管理人员因公垫付的费用能否被认定为职工债权时，应当关注以下要点：第一，费用性质，即管理人需要审查垫付的费用是否属于因公性质，是否为满足公司生产经营所必要的支出，是否获得公司授权批准等；

---

① 参见最高人民法院(2021)最高法民申 3624 号民事裁定书。
② 参见最高人民法院(2023)最高法民申 3273 号民事裁定书。

第二，费用标准，即高级管理人员垫付的差旅费、采购费、招待费等是否符合企业规定的相应职务标准，是否存在超过职务标准报销行为；第三，费用来源，管理人还需要审查高级管理人员垫付的费用来源是否为公司财产或其他非个人财产，是否有生效法律文书证明资金来源不合法，是否来源于《破产法解释(二)》规定的非正常收入等；第四，证据材料，管理人需审查高级管理人员垫付的费用是否提供充分的证据材料，是否有发票、合同、授权书等作为证据支撑。

【参考依据】

《企业破产法》

第36条　债务人的董事、监事和高级管理人员利用职权从企业获取的非正常收入和侵占的企业财产，管理人应当追回。

第113条　破产财产在优先清偿破产费用和共益债务后，依照下列顺序清偿：(一)破产人所欠职工的工资和医疗、伤残补助、抚恤费用，所欠的应当划入职工个人账户的基本养老保险、基本医疗保险费用，以及法律、行政法规规定应当支付给职工的补偿金；(二)破产人欠缴的除前项规定以外的社会保险费用和破产人所欠税款；(三)普通破产债权。

破产财产不足以清偿同一顺序的清偿要求的，按照比例分配。

破产企业的董事、监事和高级管理人员的工资按照该企业职工的平均工资计算。

《破产法解释(二)》

第24条　债务人有企业破产法第二条第一款规定的情形时，债务人的董事、监事和高级管理人员利用职权获取的以下收入，人民法院应当认定为企业破产法第三十六条规定的非正常收入：(一)绩效奖金；(二)普遍拖欠职工工资情况下获取的工资性收入；(三)其他非正常收入。

债务人的董事、监事和高级管理人员拒不向管理人返还上述债务人财产，管理人主张上述人员予以返还的，人民法院应予支持。

债务人的董事、监事和高级管理人员因返还第一款第(一)项、第(三)项非正常收入形成的债权，可以作为普通破产债权清偿。因返还第一款第(二)项非正常收入形成的债权，依据企业破产法第一百一十三条第三款的规定，按照该企业职工平均工资计算的部分作为拖欠职工工资清偿；高出该企业职工平均工资计算的部分，可以作为普通破产债权清偿。

《破产审判会议纪要》

第 27 条 企业破产与职工权益保护。破产程序中要依法妥善处理劳动关系，推动完善职工欠薪保障机制，依法保护职工生存权。由第三方垫付的职工债权，原则上按照垫付的职工债权性质进行清偿；由欠薪保障基金垫付的，应按照企业破产法第一百一十三条第一款第二项的顺序清偿。债务人欠缴的住房公积金，按照债务人拖欠的职工工资性质清偿。

新加坡《破产、重组和解散法》

第 352 条（5） 凡破产人的任何雇员因工资、薪金或休假而从任何人为此目的而垫付的款项中获支付任何款项，则在破产案中垫付该款项的人：（a）有权就如此预支及缴付的款项享有优先权，但不得超过雇员在破产案中本应享有优先权的款项因该项付款而减少的金额；以及（b）在未支付款项的情况下，在该笔款项上享有与该雇员本应享有的同等优先权。①

【参考案例】

（一）云南第一公路桥梁工程有限公司职工破产债权确认纠纷案【最高人民法院（2021）最高法民申 3624 号民事裁定书】

裁判要旨：最高人民法院认为，企业职工为公司垫付的招投标费用、未报销的差旅费用等系基于劳动者履行职务而产生，不同于基于日常交易而与公司发生的一般性债务，垫付款往往来源于职工工资性收入，且该项支出目的是公司的生产经营需要，最终受益人是公司，故该笔报销款不应当认定为普通债权，将该项垫付款认定为职工债权的范畴并无不当。

（二）王保国、云南韵雅生物科技有限公司破产债权确认纠纷案【最高人民法院（2023）最高法民申 3273 号民事裁定书】

裁判要旨：该案件的高级管理人员未能充分举证证明其垫付款项的具体用途、是否符合职务标准以及是否为公司生产经营所必要。法院未将高级管理人员主张的垫付款项认定为优先受偿的职工债权。

（作者：张玉萍）

---

① 齐砺杰等编译：《五国破产法汇编：美国、英国、澳大利亚、新加坡、韩国》，法律出版社 2023 年版，第 801~802 页。

72. 【劳动赔偿金类职工债权的认定】公司与职工在破产受理前违法解除或终止劳动合同的赔偿金如何认定？

【回答】

劳动赔偿金兼具补偿性和惩罚性，一部分是弥补职工工资损失的经济补偿，另一部分是基于用人单位违法解除或终止劳动合同、损害职工利益而对用人单位进行的惩罚。破产程序中，职工劳动赔偿金债权也应按照不同性质划分为两部分分别认定。对于经济补偿部分应认定为职工优先债权，剩余部分属于违法解除或终止合同行为的惩罚，应认定为劣后债权。

【理由】

第一，经济补偿金与经济赔偿金不同。《劳动合同法》明确区分了用人单位合法或者违法解除或终止劳动合同产生的经济补偿金与赔偿金两种责任及其计算方法。经济赔偿金与经济补偿金是两个不同的概念，二者存在差异。《企业破产法》第113条规定的职工债权范围仅涉及补偿金，故不能直接将赔偿金认定为职工债权。

第二，经济赔偿金具有部分补偿性质。《中华人民共和国劳动合同法实施条例》第25条规定用人单位支付了经济赔偿金的不再支付经济补偿，二者并不能重复适用。即劳动者受领经济赔偿的同时得到了经济补偿，经济赔偿金之所以为经济补偿金的二倍，原因即为其中50%为企业对劳动者的补偿，该补偿与经济补偿金的性质相同，均用以保护劳动者未来的基本生存权，具有补偿性；经济赔偿金的另外50%是对用人单位违法解除或终止劳动合同的惩罚，具有惩罚性。①

第三，补偿性债权优先于惩罚性债权。《破产审判会议纪要》第28条规定："破产债权的清偿原则和顺序。对于法律没有明确规定清偿顺序的债权，人民法院可以按照人身损害赔偿债权优先于财产性债权、私法债权优先于公法债权、补偿性债权优先于惩罚性债权的原则合理确定清偿顺序。"具有补偿性的债权是基于劳动者生存保障的需要，而具有惩罚性的债权是指在破产申请受理前合法产生的债务人未全额清偿的具有惩罚性质

---

① 参见林嘉、杨飞：《劳动合同解除中的经济补偿金、违约金和赔偿金问题研究》，载《劳动法评论》2005年第1期。

的债权。为避免因惩罚性债权的清偿而减损其他债权的清偿比例，出现惩罚对象由债务人转移至无辜债权人的结果，惩罚性债权应当晚于补偿性债权获得清偿。

关于惩罚性债权的清偿顺位问题，即惩罚性债权应当视为劣后债权在普通破产债权之后清偿还是视为普通破产债权统一受偿，在司法实践中也存在争议。① 法院基于此争议在公司违法解除或终止劳动关系产生的赔偿金认定过程中存在不同判决。某案中，法院将企业因违法解除劳动合同而支付的赔偿金一部分认定为是补偿原告的工资，进而列为优先的职工债权；另一部分认定为具有惩罚性质的而非补偿性质的民事惩罚性赔偿金，进而列为劣后债权，在破产财产清偿所有优先债权和普通债权之后才能获得清偿。② 相反，某案中，法院将经济赔偿金划分为职工债权与普通债权两部分。法院首先认为劳动赔偿金实际上包括两个部分，一部分是弥补职工工资损失的经济补偿；另一部分则是基于用人单位违法解除合同，损害职工利益而对用人单位进行的惩罚，然后认定"职工破产债权优先支付是基于职工工资债权的集体性与公益性，保护的是破产企业职工这一群体的整体利益，而具有惩罚性的债权是司法等机关针对违法行为作出的民事、行政或刑事处罚措施，具有个体性和特定性，故应将惩罚性债权认定为保护个体利益的普通债权"。最后，二审法院将劳动赔偿金债权按照不同性质划分为职工债权与普通债权两部分分别认定。③ 上述案件虽然都认定具有补偿性质的部分赔偿金应被列为职工债权，但不同法院在惩罚性债权的清偿顺序存在争议。

本书认为将具有惩罚性质的部分劳动赔偿金认定为劣后债权更为适宜。一方面，《企业破产法》的核心要义是保护全体债权人公平受偿，倘若将惩罚性债权与破产普通债权一并清偿，将会造成补偿性债权人代替债务人承受财产处罚责任的不公平结果。④ 惩罚性债权的清偿顺位劣后于其

---

① 参见许德风：《论破产债权的顺序》，载《当代法学》2013 年第 2 期。
② 参见辽宁省瓦房店市人民法院（2018）辽 0281 民初 6294 号民事判决书。
③ 参见江苏省宿迁市中级人民法院（2021）苏 13 民终 3813 号民事判决书。
④ 参见王欣新：《〈全国法院破产审判工作会议纪要〉要点解读》，载《法治研究》2019 年第 5 期。

他破产债权，也能使民事惩罚的实施更符合其设立目的。① 另一方面，在司法实践中也多认定惩罚性债权应当劣后于普通债权予以清偿。② 结合《破产审判会议纪要》第28条规定的精神，在破产程序中，惩罚性债权在清偿顺位上应当劣后于普通破产债权。③

【参考依据】

《企业破产法》

第113条 破产财产在优先清偿破产费用和共益债务后，依照下列顺序清偿：(一)破产人所欠职工的工资和医疗、伤残补助、抚恤费用，所欠的应当划入职工个人账户的基本养老保险、基本医疗保险费用，以及法律、行政法规规定应当支付给职工的补偿金；(二)破产人欠缴的除前项规定以外的社会保险费用和破产人所欠税款；(三)普通破产债权。

破产财产不足以清偿同一顺序的清偿要求的，按照比例分配。

破产企业的董事、监事和高级管理人员的工资按照该企业职工的平均工资计算。

《劳动合同法》

第48条 用人单位违反本法规定解除或者终止劳动合同，劳动者要求继续履行劳动合同的，用人单位应当继续履行；劳动者不要求继续履行劳动合同或者劳动合同已经不能继续履行的，用人单位应当依照本法第八十七条规定支付赔偿金。

第87条 用人单位违反本法规定解除或者终止劳动合同的，应当依照本法第四十七条规定的经济补偿标准的二倍向劳动者支付赔偿金。

《破产审判会议纪要》

28. 破产债权的清偿原则和顺序。对于法律没有明确规定清偿顺序的债权，人民法院可以按照人身损害赔偿债权优先于财产性债权、私法债权

---

① 参见王欣新：《破产法》(第四版)，中国人民大学出版社2019年版，第237页。
② 参见北京市高级人民法院(2016)京民终129号民事判决书；上海市高级人民法院(2020)沪民终665号民事判决书。
③ 参见钱宁：《论破产程序中惩罚性债权的法律定位与规则建构》，载《天津大学学报(社会科学版)》2023年第1期。

优先于公法债权、补偿性债权优先于惩罚性债权的原则合理确定清偿顺序。因债务人侵权行为造成的人身损害赔偿，可以参照企业破产法第一百一十三条第一款第一项规定的顺序清偿，但其中涉及的惩罚性赔偿除外。破产财产依照企业破产法第一百一十三条规定的顺序清偿后仍有剩余的，可依次用于清偿破产受理前产生的民事惩罚性赔偿金、行政罚款、刑事罚金等惩罚性债权。

《美国破产法》

第 726 条 (a) 除本编第 510 条另有规定外，财团财产将按照下列规定进行分配：……(4)清偿在发出救济令或者任命受托人之前产生于任何罚款、罚金、罚没或者多重的、惩戒的或者惩罚性的损害赔偿的获准债权，无论是担保债权还是非担保债权，只要该罚款、罚金、罚没或者损害赔偿金不是对债权人所遭受实际金钱损失的补偿。[1]

《澳大利亚破产法》

第 109 条 (1) 除本法另有规定外，受托人在将破产财产的变现所得用于支付任何其他款项之前，必须按下列顺序使用该等所得：……(f) 支付根据联邦、某州或领地任何与劳动者赔偿有关的法律应支付的赔偿金的所有应付款项，该赔偿金是在破产日期前的应计负债。[2]

《日本破产法》[3]

第 46 条 下列请求权后于其他破产债权：……4. 罚金、罚款、刑事诉讼费、追征金。

【参考案例】

赵厚纯与瓦房店宏达等速万向节制造有限公司管理人与破产有关的纠纷案【辽宁省瓦房店市人民法院 (2018) 辽 0281 民初 6294 号民事判决书】

裁判要旨：因违法解除劳动合同而支付的赔偿金，该款的一部分为补

① 齐砺杰等编译：《五国破产法汇编：美国、英国、澳大利亚、新加坡、韩国》，法律出版社 2023 年版，第 147 页。

② 齐砺杰等编译：《五国破产法汇编：美国、英国、澳大利亚、新加坡、韩国》，法律出版社 2023 年版，第 463~464 页。

③ ［日］石川明：《日本破产法》，何勤华、周桂秋译，中国法制出版社 2000 年版，第 256~257 页。

偿原告的工资，而另一部分为惩罚性质而非补偿性质。故将其中一部分列为优先债权，而另一部分具有赔偿性质的列为劣后债权。

（作者：张玉萍）

73.【拆迁安置优先权范围的认定】被拆迁人选择房屋产权调换方式安置补偿的，被拆迁人的债权应优先受偿。对于该类债权的优先范围应如何确定？

【回答】

拆迁安置优先权的范围应当包括补偿安置房屋，以及补偿拆迁安置所产生的过渡费用、安置费，不包括因此产生的利息。利息为普通债权。过渡费等相关费用计算至被拆迁人获得产权调换房为止，不以破产申请受理为界限。

【理由】

虽然 2011 年《国有土地上房屋征收和补偿条例》将国有土地上房屋征收和补偿的主体限定为市、县级人民政府，但是以房地产开发企业作为拆迁主体的现象仍然存在。[1] 对于拆迁安置优先权范围的问题，目前主要存在两种观点。第一种观点认为，优先权应由法律明文规定，任何人不能创设优先权，目前并无法律规定赋予过渡费请求权以优先效力，因此，将过渡费请求权认定为优先权缺乏法律依据。第二种观点认为，应当包括由此产生的过渡费、安置费。[2]

本书认为，被拆迁人优先受偿范围包括因拆迁产生的过渡费、安置费。在城市拆迁和补偿安置过程中，采用以房换房的方式进行产权调换，实际上是被拆迁人为了满足城市建设和社会公共利益的需要，放弃了原有房屋的所有权，牺牲了眼前的居住利益。因此，被拆迁人基于拆迁补偿协议享有房屋交付请求权，并有权请求交付相关费用，如过渡费、安置费。

---

[1] 参见夏正芳、李荐：《房地产开发企业破产债权的清偿顺序》，载《人民司法（应用）》2016 年第 7 期。

[2] 参见韩玥：《破产程序中的回迁安置债权属性及其清偿顺位研究》，载《法律适用》2024 年第 4 期。

这些费用是债权人在房屋被征收后正常生活的合理支出。

被拆迁人自房屋拆迁至获得回迁房之间的时间间隔可能较长，如果不赋予过渡费优先权，是对被拆迁人极大的不公平。《民法典》第 243 条第 3 款规定：征收组织、个人的房屋以及其他不动产，应当依法给予征收补偿，维护被征收人的合法权益；征收个人住宅的，还应当保障被征收人的居住条件。"征收补偿"与"保障居住条件"为并列关系，二者应具有同等地位。该种保障需要一直持续至被拆迁人获得还建住房之前，才可以完整地保护其权益，并不以破产申请受理为界限。因此，在此期间产生的临时安置费同样应当优先受偿。

【参考依据】

《国有土地上房屋征收与补偿条例》

第 21 条 被征收人可以选择货币补偿，也可以选择房屋产权调换。

被征收人选择房屋产权调换的，市、县级人民政府应当提供用于产权调换的房屋，并与被征收人计算、结清被征收房屋价值与用于产权调换房屋价值的差价。

因旧城区改建征收个人住宅，被征收人选择在改建地段进行房屋产权调换的，作出房屋征收决定的市、县级人民政府应当提供改建地段或者就近地段的房屋。

第 23 条 因征收房屋造成搬迁的，房屋征收部门应当向被征收人支付搬迁费；选择房屋产权调换的，产权调换房屋交付前，房屋征收部门应当向被征收人支付临时安置费或者提供周转用房。

第 25 条 房屋征收部门与被征收人依照本条例的规定，就补偿方式、补偿金额和支付期限、用于产权调换房屋的地点和面积、搬迁费、临时安置费或者周转用房、停产停业损失、搬迁期限、过渡方式和过渡期限等事项，订立补偿协议。

补偿协议订立后，一方当事人不履行补偿协议约定的义务的，另一方当事人可以依法提起诉讼。

《民法典》

第 243 条第 3 款 征收组织、个人的房屋以及其他不动产，应当依法给予征收补偿，维护被征收人的合法权益；征收个人住宅的，还应当保障被征收人的居住条件。

《昆明市中级人民法院关于规范全市法院房地产企业破产案件审理相关问题的指引(试行)》

第 28 条　鉴于目前法律法规中未对优先权作出系统性的规范,优先权规定分散于不同的部门法及司法解释之中,通过整理相关法律、司法解释规定,目前房地产企业破产案件中普遍存在并享有优先权的债权在破产程序中原则上应当参照如下顺序清偿:(1)被拆迁人和被征收安置人的债权请求权;(2)交付了全部或大部分购房款的消费购房者的债权请求权;(3)具有优先受偿权的建设工程价款;(4)抵押权、质押权、留置权等担保物权、预告登记对应的债权请求权及其他可适用别除权的权利。

江苏省高级人民法院《执行异议及执行异议之诉案件办理工作指引(二)》

第 17 条　案外人作为被征收人,对被执行人名下尚未办理产权登记手续的房屋提起案外人执行异议之诉,请求排除执行,同时具有下列情形的,应予支持:(1)案外人作为被征收人与房屋征收部门签订了合法有效的征收补偿协议;(2)案外人以其所有的房屋以产权置换补偿的形式取得案涉房屋;(3)征收补偿协议明确约定了安置用房的位置及房号,该房屋已经特定化;(4)案外人是否实际占有房屋、是否支付房屋面积差价以及对未办理房屋过户是否存在过错,均不影响其享有排除执行的权利。

【参考案例】

(一)贵州世纪龙腾房地产开发有限公司、陈永平普通破产债权确认纠纷案【贵州省遵义市中级人民法院(2021)黔 03 民终 4097 号民事判决书】[①]

裁判要旨:关于住房拆迁安置补助费的性质和计算时间问题。该费用系被拆迁人因住房被拆迁后需另寻住房而产生的费用和损失,与普通债权性质不同,在房屋尚未安置前,不因龙腾公司破产而终止计算,故对龙腾公司的该项上诉主张,本院不予支持。

(二)涟水鑫鼎置业有限公司重整案【江苏省涟水县人民法院(2019)苏 0826 破 3 号】

---

① 类似裁判可参见湖北省高级人民法院(2021)鄂民终 1240 号民事判决书、重庆市永川区人民法院(2016)渝 0118 民初 8224 号民事判决书。

裁判要旨：第一，安置过渡费等于同安置户权益，由重整经纪人负责筹措资金，定期清偿；第二，安置房取回权，在项目房屋建设完成达到交付条件，按照安置协议交付房屋并交房给涟水县人民政府拆迁安置部门后该债权消灭。安置房应集中安置，优先修建，优先交付，不得将安置房用于抵偿工程款和其他债权。

（作者：杨铭）

74.【商铺包租协议解除债权的审查】房地产开发商与房屋买受人签订商铺买卖合同（房价高于当时市场价）并同时签订售后包租合同，在10年内开发商每年向业主支付一定比例的购房款作为租金。返租开始后第4年开发商进入破产程序，管理人依据《企业破产法》第18条解除售后包租协议的，出租人是否有权主张剩余六年的预期租金债权？如有，该债权是否应当被认定为共益债务？

【回答】

房地产企业破产程序中，管理人依法解除债务人与商铺购房人之间的商铺包租协议的，商铺购房人作为出租人有权就解除协议造成的损失申报债权，该债权应认定为普通破产债权。

【理由】

实践中，房地产公司为了促销商铺，快速回笼资金，经常会采用售后包租的方式来吸引购房者。具体的操作方式有两种：一是由房地产公司与房屋买受人签订返租合同；二是由房地产公司指定的第三方主体与买受人签订租赁合同。本问即属于第一种情形。该业务有两个特点：其一，合同标的物多为整个商场中的一小部分；其二，开发商（或指定的第三方）往往会与众多买受人同时签订售后包租协议，如此一来，一个商场被分成若干个小商铺，每个商铺的所有权归属不同，但是由房地产开发商或者其指定的第三方统一进行经营和管理。当开发商破产时，管理人将面临众多买受人并不一致的诉求。此时，管理人不仅仅需要考虑债权人利益的最大化，还承担着较大的维稳压力。

在本问当中，管理人依据《企业破产法》第 18 条选择解除合同，房屋买受人当然无权主张在合同继续履行的情形下才能请求的剩余六期的租金债权。房屋买受人能够主张的，只是因违约所生的损害赔偿请求权。售后包租业务由买卖合同和售后包租合同共同构成，二者具有较强的关联性。从买受人的角度来看，售后包租对其购买该商铺的选择起到了决定性的作用。因此，"签订并履行售后包租协议"也应该是商铺买卖合同的内容之一。售后包租合同被解除后，买受人基于《企业破产法》第 53 条享有损害赔偿请求权，该请求权数额的确认依据应是《民法典》的相关规范。依据《民法典》第 584 条和《民法典合同编通则解释》第 60 条的规定，守约方（买受人）所能主张的赔偿范围包括可得利益（履行利益），而可得利益损失的数额要通过替代交易规则或市场价格规则来确认。① 具体到本问中，买卖合同和商铺包租合同的履行利益都指向商铺包租合同的履行，因此，只需要计算商铺包租合同的履行利益即可。② 该损害赔偿请求权既不属于破产法上的共益债务，也不具有优先受偿的正当性，只能作为普通破产债权等待统一清偿。但是，如前所述，买受人所拥有的只是一个商场中的一小部分商铺，单独对其进行处置不利于发挥其最大价值，难以获得合适的对价。值得注意的是，以此来计算可得利益损失，对双方而言都不是最好的结果。一方面，破产企业面临着更高的债务负担；另一方面，买受人所享有的只是普通债权，即使是再高的债权额，在进入破产程序后也将大打折扣，难以弥补其损失。因此，理想的解决办法应是与其他买受人协商，重新寻找统筹经营者，以发挥商铺的最大价值。

此外，有两个问题值得注意：一是解除售后包租协议的效果是否当然及于买卖合同；二是借售后包租之名行借贷之实应该如何处理。

第一个问题涉及合同联立理论。合同联立在我国实证法上付之阙如，唯有《商品房买卖合同解释》第 20 条关于房屋买卖合同解除后借贷合同的处理在一定程度上体现了合同联立的法理。在学理上，关于合同联立的定

---

① 参见崔建远：《论违约损害赔偿的范围及计算——对〈民法典合同编通则解释〉第 60 条至第 62 条的释评》，载《清华法学》2024 年第 1 期。

② 具体的计算方法、价格是否合理的证明责任，参见刘承韪、吴志宇：《违约损害赔偿中的替代交易规则解释论》，载《法治研究》2024 年第 1 期。

义也不尽相同。① 但是，两合同的效力存在依存关系，乃是无可争议的核心要素。而两合同的效力如何链接，对本问题有重要的意义。一种是效力直接关联的模式，一种是解除权发生模式。前一模式下，一合同效力的终结将直接影响另一合同的效力；而后一种模式下，只有当事人行使解除权方能终结另一合同的效力。② 《商品房买卖合同解释》第 20 条显然采用了解除权发生模式，其规定："因商品房买卖合同被确认无效或者被撤销、解除，致使商品房担保贷款合同的目的无法实现，当事人请求解除商品房担保贷款合同的，应予支持。"对于售后返租来说，且不论其关联性是否达到了效力依存的程度，即使认为其确实构成合同联立，为了保持法律内部逻辑的一贯性，也应坚持解除权发生的路径。此外，从后果考量的角度来看，解除权发生模式也更具合理性。在该类型案件中，商铺买受人本就处于劣势地位。如果认为买卖合同因租赁合同的解除而当然解除，买受人将只能获得债权性的保护（不当得利返还请求权）。而进入破产程序以后，债权（不当得利返还请求权）与物权（取回权）之间的差距将会被显著拉大。这对于买受人来说，是难以接受的后果。因此，将解除权交给买受人，由买受人自行决定是否解除买卖合同，是更为适宜的选择。

关于以售后包租为名，行融资之实的问题。依据最高人民法院、最高人民检察院、公安部《关于办理非法集资刑事案件适用法律若干问题的规定》第 2 条的规定："不具有房产销售的真实内容或者不以房产销售为主要目的，以返本销售、售后包租、约定回购、销售房产份额等方式非法吸收资金的，以非法吸收公众存款罪定罪处罚。"当开发商的行为构成犯罪时，财产返还的基础已经不再是民法的相关规定，而是《刑法》第 64 条所规定的"返还被害人合法财产"。即使融资的行为还不足以入罪，买卖合同与售后包租合同也可能因为意思表示不真实而无效或者被撤销。依据《民法典》第 146 条第 2 款，以虚假的意思表示隐藏的民事法律行为的效力，依照有关法律规定处理。也就是说，对于以售后包租为名的借贷法律关系，应当依照借贷合同的有关规范来进行处理。实践中，法官应当根据

---

① 关于合同联立的不同定义，参见陆青：《合同联立问题研究》，载《政治与法律》2014 年第 5 期。

② 参见潘重阳：《论联立合同的效力关联——以商品房买卖与借款合同联立为例》，载《政治与法律》2021 年第 11 期。

个案的具体情形来推断当事人的真实意思。从破产法的视角来看，借贷法律关系的一方的义务已经履行完毕，该合同不属于破产法上的待履行合同，管理人不享有破产解除权。而买受人所享有的只是欠款返还债权以及法律所允许的利息债权，两项债权均为普通债权。另一种情形是买受人不知情，即开发商存在欺诈的情形。在此种情形下，买受人可选择撤销该合同，并由此获得不当得利返还请求权。① 但是，欺诈的证明责任归买受人承担，也就是说，如果买受人无法证明开发商的欺诈行为，不利后果可能由其承担。综上，对于买受人来说，售后包租实为高风险行为，应当审慎对待。

【参考依据】

《民法典》

第 146 条 行为人与相对人以虚假的意思表示实施的民事法律行为无效。以虚假的意思表示隐藏的民事法律行为的效力，依照有关法律规定处理。

第 584 条 当事人一方不履行合同义务或者履行合同义务不符合约定，造成对方损失的，损失赔偿额应当相当于因违约所造成的损失，包括合同履行后可以获得的利益；但是，不得超过违约一方订立合同时预见到或者应当预见到的因违约可能造成的损失。

《刑法》

第 64 条 犯罪分子违法所得的一切财物，应当予以追缴或者责令退赔；对被害人的合法财产，应当及时返还；违禁品和供犯罪所用的本人财物，应当予以没收。没收的财物和罚金，一律上缴国库，不得挪用和自行处理。

《企业破产法》

第 18 条第 1 款 人民法院受理破产申请后，管理人对破产申请受理前成立而债务人和对方当事人均未履行完毕的合同有权决定解除或者继续履行，并通知对方当事人。管理人自破产申请受理之日起二个月内未通知

---

① 撤销如果发生于破产程序开始后，其是否属于共益债权在学理和实践中都有争议。参见娄爱华：《〈破产法〉第 42 条涉不当得利条款解释论》，载《社会科学》2013年第 4 期。

对方当事人,或者自收到对方当事人催告之日起三十日内未答复的,视为解除合同。

第 53 条　管理人或者债务人依照本法规定解除合同的,对方当事人以因合同解除所产生的损害赔偿请求权申报债权。

《民法典合同编通则解释》

第 60 条　人民法院依据民法典第五百八十四条的规定确定合同履行后可以获得的利益时,可以在扣除非违约方为订立、履行合同支出的费用等合理成本后,按照非违约方能够获得的生产利润、经营利润或者转售利润等计算。

非违约方依法行使合同解除权并实施了替代交易,主张按照替代交易价格与合同价格的差额确定合同履行后可以获得的利益的,人民法院依法予以支持;替代交易价格明显偏离替代交易发生时当地的市场价格,违约方主张按照市场价格与合同价格的差额确定合同履行后可以获得的利益的,人民法院应予支持。

非违约方依法行使合同解除权但是未实施替代交易,主张按照违约行为发生后合理期间内合同履行地的市场价格与合同价格的差额确定合同履行后可以获得的利益的,人民法院应予支持。

【参考案例】

临沂国成置业有限公司、张月梅商品房预售合同纠纷案【山东省临沂市兰山区人民法院(2020)鲁 1302 民初 8636 号民事判决书】

裁判要旨:原告主张合同为借贷合同而非买卖合同,但双方提供的证据都有缺陷,在此种情形下,法官根据现有的证据探究当事人的真实意思。根据回购条款、房屋价格以及双方均未积极办理过户登记等理由,认为双方的真实意思乃是借贷而非房屋买卖。基于此,法院判决房屋预售合同无效。①

（作者：胡慧泉）

---

① 实践中,这种拟制的证明门槛较高。例如,在崔金梁、鹤壁市鼎盛房地产开发有限公司合同纠纷案中,一审二审均认定该案的法律关系为借贷而非售后包租,但是再审法院以证据不足为由否认借贷法律关系,撤销了原审判决。参见河南省鹤壁市中级人民法院(2021)豫 06 民再 27 号民事判决书。

75.【解除合同所涉债权的认定】

(1)破产企业在破产受理前与承租方签订长期租赁协议,至破产受理之日租期仍未届满,且承租方已提前支付租金,如管理人依照破产法第18条解除租赁合同,预付租金是否应当认定为共益债务?

(2)对于破产受理前已签订的租赁协议,在破产资产处置过程中是否仍然适用"买卖不破租赁"原则?

(3)预付租金外的其他损失如何受偿?

【回答】

(1)预付租金应当认定为共益债务。

(2)对于破产受理前已签订的租赁协议,在破产资产处置过程中,仍然适用"买卖不破租赁"原则。

(3)预付租金外的其他损失按普通债权认定,在破产程序中与其他同顺位的普通债权人公平按比例受偿。

【理由】

一、预付租金应当认定为共益债务

(一)解除权行使与承租人保护的冲突

在非破产的情况下,立法侧重于保护房屋租赁合同中的承租人一方,譬如《民法典》第725条"买卖不破租赁"规则、第726条"承租人的优先购买权"、第731条"出租人对租赁物的瑕疵担保责任"等,以维护作为弱者的承租人的合理预期,稳定租赁关系,维护交易秩序和交易安全。

《企业破产法》第18条赋予了出租人破产情况下管理人对待履行合同的选择权,管理人可以选择为了债权人集体利益而行使法定解除权,这与承租人利益保护的价值取向相悖。因此有观点认为应当参照域外国家的做法,对管理人的解除权进行一定的限制,① 如美国以"沉重负担"标准、

---

① 参见陈本寒、陈超然:《破产管理人合同解除权限制问题研究》,载《烟台大学学报(哲学社会科学版)》2018年第3期。

"商业判断"标准约束管理人解除权的行使。① 但是，从解释论和司法审判角度看，管理人的法定解除权之设立意旨在于，通过解除租赁合同并顺利处分租赁物，摆脱债务人负担，实现破产财产的稳定或增值，从而增进全体债权人的利益。② "在法律已有明确规定的情况下，主张在我国司法实务中为保障个别承租人的利益而限制管理人的法定解除权，于法无据，不应得到支持"③，因此，应当允许破产管理人按照《企业破产法》的规定解除合同。

（二）合同解除与预付租金的返还

合同解除后，已经履行的部分，当事人可依据《民法典》第 566 条之规定主张返还请求权。但《企业破产法》中对于债权人的返还请求权性质并未明确，是属于类似损害赔偿请求权可进行债权申报还是属于共益债务，对于承租人而言有着天壤之别。对于已经履行债务性质的认识，一种观点为直接效果说，认为不动产租赁合同解除具有溯及力，尚未履行的债务免于履行，已经履行的部分发生返还请求权。另一种观点为折中说，认为尚未履行的债务自解除时归于消灭，已经履行的债务并不消灭，而是发生新的返还义务。④ 上述两种观点均足以说明预付租金返还之债属于共益债务。根据直接效果说，合同解除后，其效力溯及既往地消灭，预付租金因丧失合法根据而构成不当得利，根据《企业破产法》第 42 条属于共益债务。在折中说中，新的返还义务是互相的，如果破产管理人不返还承租人的预付租金，承租人可行使同时履行抗辩权，拒绝返还租赁物。而且，破产管理人为债权人集体利益返还预付租金从而取得租赁物属于执行职务的行为，符合共益债务的特征。因此，此时承租人的预付租金也应认定为共益债务。⑤

预付租金返还之债为共益债务这一观点也得到了最高人民法院的承认。

---

① 参见李永军：《论破产管理人合同解除权的限制》，载《中国政法大学学报》2012 年第 6 期。

② 参见王欣新、余艳萍：《论破产程序中待履行合同的处理方式及法律效果》，载《法学杂志》2010 年第 6 期。

③ 贺小荣主编：《最高人民法院第二巡回法庭法官会议纪要（第二辑）》，人民法院出版社 2021 年版，第 14 页。

④ 参见崔建远：《解除效果折衷说之评论》，载《法学研究》2012 年第 2 期。

⑤ 参见王池：《破产程序中对未到期不动产租赁合同解除权的限制》，载《人民司法》2020 年第 34 期。

最高人民法院认为，在租赁合同中，出租人、承租人的主给付义务分别是将房屋交付承租人使用收益和支付相应租金。在管理人行使选择权从而解除租赁合同的情况下，当事人尚未履行的合同义务得以免除和消灭，出租方债务人可以基于所有权人的身份主张返还房屋，承租人自然也不用继续支付相应的租金。预付租金是承租人为了将来居住使用房屋而预先支付的价款，出租人在收回房屋后继续占有预付租金缺乏法律依据，构成不当得利。由于出租人的该项不当得利债务发生于人民法院受理破产申请之后，根据《企业破产法》第42条属于共益债务，承租人有权要求随时优先清偿。①

（三）预付租金作为共益债务的限缩解释

但是，对预付租金属于共益债务应作限缩解释，以保证债权清偿的公平性。预付租金返还之债的基础须为真实的租赁关系。对于"以租代利""以租抵债""以租担保"等形式付清租金的情形，债权人与债务人之间真实的法律关系为投资或借贷或抵押担保关系，不能适用《企业破产法》第42条的规定，否则可能构成个别清偿。比如有法院认为，出租人将房屋租赁给承租人以抵偿借款之债，则预付的租金并不构成不当得利，应确认为普通债务。②

二、"买卖不破租赁"原则的适用

"买卖不破租赁"立法目的在于保护处于弱势地位的承租人，维护租赁合同的信赖利益。目前对于"买卖不破租赁"规则如何适用及适用范围仍然存在很多争议。在学界，买卖行为如何不影响租赁合同效力存在着"原租赁合同当事人约束说"③"有权占有说"④"并存的债务承担说"⑤及

---

① 参见贺小荣主编：《最高人民法院第二巡回法庭法官会议纪要（第二辑）》，人民法院出版社2021年版，第16页。

② 参见广西壮族自治区柳州市中级人民法院（2021）桂02民终3349号民事判决书。此外，江苏省靖江市人民法院（2019）苏1282民初6087号民事判决书也持类似观点，出租人将房屋租赁给承租人以抵偿合同之债，则预付租金应确认为普通债务。

③ 参见朱庆育：《"买卖不破租赁"的正当性》，载王洪亮等主编：《中德私法研究（第1卷）》，北京大学出版社2006年版，第32页。

④ 参见徐澜波：《"买卖不破租赁"规则的立法技术分析》，载《法学》2008年第3期。

⑤ 参见黄文煌：《论租赁权的对抗效力——兼论〈合同法〉第229条的缺陷与修改》，载《清华法学》2010年第2期。

"契约地位承受模式说"①。由《最高人民法院关于审理城镇房屋租赁合同纠纷案件具体应用法律若干问题的解释》第 14 条可见，"契约地位承受模式说"已经被我国司法实践采纳。这一学说的应用使得承租人在房屋所有权转移后仍然具有以下三方面的权利：第一，承租人可基于原不动产租赁合同占有、使用该不动产，不动产的受让人不得以其物权对抗承租人的权利。第二，租赁物的受让人不得擅自对租金进行更改，承租人仍按合同约定的租金支付。第三，租赁物的受让人与转让人对租赁物的修缮负连带义务。"买卖不破租赁"规则的制定使得租赁权具有了对抗物权的效力，且无论租赁权登记与否均不影响该权利的存在。故如果管理人未依据《企业破产法》第 18 条行使合同解除权，又将租赁物所有权转让给第三方，根据《民法典》第 725 条规定，租赁物在承租人按照租赁合同占有期限内发生所有权变动的，不影响租赁合同的效力。

不过，若管理人认为继续租赁会影响资产处置价格，可以先解除租赁合同，② 再处置资产，这样就回避了"买卖不破租赁"原则。承租人在合同解除后，可就已经缴纳的押金、预付租金、维修费用，装饰装修损失等，向管理人申报债权以弥补损失。

浙江省高级人民法院民事审判第二庭在《关于商事审判若干疑难问题理解》中也指出，对于正在履行的合同，管理人根据有利于破产财产增值的原则，可以决定解除，但依据民法关于买卖不破租赁的原则，通过变卖实现房屋价值不一定要破除房屋租赁。审判实践中，要注意把握保护债权人利益与保护承租人利益的平衡，对合同解除后的利益格局进行考量，既

---

① 参见周江洪：《买卖不破租赁规则的法律效果——以契约地位承受模式为前提》，载《法学研究》2014 年第 5 期。

② 我国司法实践多支持管理人对租赁合同的单方解除权。如最高人民法院在 (2020) 最高法民申 3299 号民事裁定书中认为，"王圣琼提出金凯进公司管理人区别对待不同承租人、其投入成本高、解除合同损害其合法权益、合同继续履行有利于保护金凯进公司债权人利益等，主张合同应继续履行，均不属于本案审查范围，本院不予支持"；湖南省高级人民法院在 (2017) 湘民再 461 号民事判决书中认为，"租赁合同只要在租赁期内，承租人与出租人的义务即均未履行完毕，千姿公司管理人单方解除该租赁合同有法律依据"。

可以解除房屋租赁关系后予以出卖，也可以考虑连同租赁客户一起转让。①

三、预付租金外其他损失的受偿

对于因解除合同产生的损害赔偿义务，根据《企业破产法》第53条，债权人有权以因管理人解除合同所产生的损害赔偿请求权作为普通债权申报并按比例受偿。这里"因合同解除所产生的损害赔偿请求权"要区别于因合同解除而产生的财产返还义务（属于共益债务）②，而因合同解除所产生的损害赔偿请求权则属于破产债权，这是解除未履行完毕租赁合同时保障公平处理的关键。损害赔偿的范围应尽可能以填补因合同解除而遭受的损失为原则，该损失应当包括承租人遭受的全部损失，包括实际损失和可得利益损失。③

【参考依据】

《企业破产法》

第18条　人民法院受理破产申请后，管理人对破产申请受理前成立而债务人和对方当事人均未履行完毕的合同有权决定解除或者继续履行，并通知对方当事人。管理人自破产申请受理之日起二个月内未通知对方当事人，或者自收到对方当事人催告之日起三十日内未答复的，视为解除合同。

管理人决定继续履行合同的，对方当事人应当履行；但是，对方当事人有权要求管理人提供担保。管理人不提供担保的，视为解除合同。

第42条　人民法院受理破产申请后发生的下列债务，为共益债务：（一）因管理人或者债务人请求对方当事人履行双方均未履行完毕的合同所产生的债务；（二）债务人财产受无因管理所产生的债务；（三）因债务

---

①　参见浙江省高级人民法院民事审判第二庭《关于商事审判若干疑难问题理解》问题16。

②　最高人民法院（2016）最高法民他93号答复函（答复函内容见湖南省高级人民法院（2017）湘民再461号民事判决书）："租赁合同如判解除，则预付租金构成不当得利应依法返还，根据《中华人民共和国企业破产法》第四十二条第三项的规定，该不当得利返还债务应作为共益债务，由破产企业财产中随时返还。"

③　参见王欣新、乔博娟：《论破产程序中未到期不动产租赁合同的处理方式》，载《法学杂志》2015年第3期。

人不当得利所产生的债务；（四）为债务人继续营业而应支付的劳动报酬和社会保险费用以及由此产生的其他债务；（五）管理人或者相关人员执行职务致人损害所产生的债务；（六）债务人财产致人损害所产生的债务。

第 53 条 管理人或者债务人依照本法规定解除合同的，对方当事人以因合同解除所产生的损害赔偿请求权申报债权。

《民法典》

第 725 条 租赁物在承租人按照租赁合同占有期限内发生所有权变动的，不影响租赁合同的效力。

第 726 条 出租人出卖租赁房屋的，应当在出卖之前的合理期限内通知承租人，承租人享有以同等条件优先购买的权利；但是，房屋按份共有人行使优先购买权或者出租人将房屋出卖给近亲属的除外。

出租人履行通知义务后，承租人在十五日内未明确表示购买的，视为承租人放弃优先购买权。

第 731 条 租赁物危及承租人的安全或者健康的，即使承租人订立合同时明知该租赁物质量不合格，承租人仍然可以随时解除合同。

《北京市高级人民法院审理民商事案件若干问题的解答之五（试行）》

51. 破产程序中，对破产企业出租的房屋土地如何处理？

破产企业出租的房屋土地无租赁期限的，可以随时解除租赁合同，但应留给承租人合理的时间。

破产企业出租的房屋土地有租赁期限但未到期的，应区别情况处理：

（1）如果承租人的各项财产情况表明可以继续使用，且该位置适于承租人发展的，则可以考虑继续履行租赁合同。继续履行的，拍卖时应向竞拍人做出说明，适用买卖不破租赁的原则。

（2）如果该地点作其他开发更有价值，解除合同更有利于财产变现的，应解除合同。解除合同的补偿属于共益债权性质，在解除合同时向承租人优先支付。

《最高人民法院关于审理城镇房屋租赁合同纠纷案件具体应用法律若干问题的解释》

第 14 条 租赁房屋在承租人按照租赁合同占有期限内发生所有权变动，承租人请求房屋受让人继续履行原租赁合同的，人民法院应予支持。

《美国破产法》①

第365条 待履行合同和未到期租约

（g）除本条的附条（h）（2）或（i）（2）另有规定外，拒绝确认债务人的待履行合同或未到期租约将在以下所述时点构成对该合同或租约的违约行为：

（1）若该合同或租约未曾依据本条或本篇第9、11、12或13章中得到批准的计划而被确认，则是在提交破产申请之日前；……

（h）（1）（A）若托管人拒绝确认债务人作为出租人的未到期不动产租约并且：

（i）若托管人拒绝确认的行为构成违约，并将使承租人可将该租约视为因该合约的条款、可适用的非破产法或承租人达成的任何协议而被终止，则该租约中的承租人可将该租约视为因拒绝确认而被终止；或

（ii）若该租期已被起算，则承租人可保留在剩余租期或被续租或延长的租期内，根据该租约而享有的在不动产上或附随于不动产的权利（包括与租金支付的金额、时间以及其他由承租人支付的金额相关的权利，以及使用、占有、享有安静环境、转租、转让或抵押的权利），但仅限于根据可适用的非破产法可行使的权利。

第502条 债权或权益的确认

（g）（1）因根据本篇第365条或本篇第9、11、12或13章中的计划，而拒绝确认债务人的尚未被确认的待履行合同或未到期租约而成立的债权，应被认定为在破产申请被提交前成立的债权，从而根据本条的附条（a）、（b）或（c）予以确认或根据本条的附条（d）或（e）不予确认。

《日本破产法》②

第53条 破产程序开始时，破产管理人与对方当事人尚未履行双边合同的，破产管理人可以解除合同或者通过履行破产人的义务要求对方履行债务。

前款情况下，对方可以请求破产管理人指定合理的期限，并确认是否

---

① 李曙光审定，申林平译：《美国破产法典》，法律出版社2021年版，第179、199页。

② 李飞主编：《当代外国破产法》，中国法制出版社2006年版，第738~739页。

在该期限内解除合同或者要求履行义务。在这种情况下，如果破产管理人未在该期限内给予确认，则视为合同已被解除。

前款规定比照适用于对方当事人或破产管理人依民法典第 631 条第 1 款规定申请解除的案件，或对方当事人或破产管理人依民法典第 631 条第 1 款的规定可以申请解除合同的案件，或依同法第 642 条第 1 项第(1)项规定可以解除合同的情况。

第 54 条 根据前一条第一款或第二款的规定解除合同的，合同相对人可就其损害赔偿行使作为破产债权人的权利。

在前一款规定的情形，若破产人所受领的给付现存于破产财团中时，合同相对人可以请求返还；若没有现存于破产财团中时，合同相对人可以就其价额行使作为财团债权人的权利。

第 56 条 第五十三条第(一)项和第(二)项的规定不适用于为使用和获利目的设立租赁权或其他权利的合同，如果破产人的另一方就该等权利要求第三方进行登记、登记或以其他方式反对。

在前款规定的情况下，对方当事人持有的债权为基金会债权。

《德国破产法》[①]

第 103 条 双务合同在破产程序开始时尚未为债务人和对方当事人履行或未完全履行的，破产管理人可以取代债务人履行合同并要求对方当事人履行。

破产管理人拒绝履行的，对方当事人只能作为破产债权人对因未履行所生的债权提出主张。对方当事人催告破产管理人行使其选择权的，破产管理人应当毫不迟延地对其是否要求履行作出意思表示。破产管理人不作出表示的，不得坚持要求履行。

第 108 条第 1 款 债务人关于不动产标的或房屋的使用租赁和收益租赁关系以及债务人的雇佣关系，以对破产财产具有效力的方式延续。对于债务人以出租人身份缔结的使用租赁关系和收益租赁关系，以及对于涉及其他标的的使用租赁关系和收益租赁关系，以上述标的的已作为担保而转移给为购买或制造此种标的的融资的第三人为限，也适用本规定。

第 111 条 破产管理人出让由债务人以使用租赁或收益租赁方式出租

---

① 李飞主编：《当代外国破产法》，中国法制出版社 2006 年版，第 45~49 页。

的不动产标的或房屋并且取得人取代债务人进入使用租赁或收益租赁关系的，取得人可以依照法定期限预告解除使用租赁或收益租赁关系。预告解除只能在准许预告解除的第一个期日作出。《强制拍卖及强制管理法》第57c条相应适用。

【参考案例】

（一）吴建泉与厦门唐人科技股份有限公司破产债权确认纠纷案【最高人民法院（2023）最高法民再250号民事判决书】①

裁判要旨：案涉房屋租赁合同系因甲公司进入破产程序而依法解除，解除租赁负担的房屋在破产处置中可获得更优的价值，以使全体债权人受益。依据《企业破产法》第四十二条第三项规定，在人民法院受理破产申请后，因债务人不当得利所产生的债务为共益债务。案涉合同依法解除，承租人预收租金丧失了法律依据，出租人应当负租金返还债务，该债务性质为不当得利债务，应当认定为共益债务。

（二）周智明、柳州市志宝机械有限公司破产债权确认纠纷案【广西壮族自治区柳州市中级人民法院（2021）桂02民终3349号民事判决书】

裁判要旨：对于志宝公司进入破产程序后，志宝公司管理人行使解除权解除志宝公司与周智明之间租赁合同的法律后果，因双方在《补充协议》的约定从客观上应解释为采取的是以借款债权分期逐年抵扣租金债权的方式。故志宝公司与周智明之间的《厂房租赁合同》被志宝公司管理人解除后，周智明对志宝公司享有的仍为在志宝公司进入破产程序之前就已确定的借款债权，而非《厂房租赁合同》被解除后产生的预付租金的返还请求权，该债权在性质上应认定为普通债权。

（三）北京摩力圣汇健身服务有限公司等房屋租赁合同纠纷案【北京市第三中级人民法院（2022）京03民终7819号民事判决书】

裁判要旨：刘建礼通过拍卖程序取得涉案房产后，基于买卖不破租赁，其与摩力圣汇公司继续租赁关系。

（作者：陈羽萱）

---

① 类似裁判可参见最高人民法院（2021）最高法民再194号民事判决书、湖南省高级人民法院（2017）湘民再461号民事判决书。

76.【车位抵债协议的认定】在破产受理前，房地产企业开发部分车位不能办理产权证，但为清偿到期借款债权，债务人以该类车位使用权与债权人签订抵债协议，并将车位交债权人实际占有的。破产程序中，债权人主张该以物抵债协议继续履行的，应否支持？

【回答】

　　破产受理前房地产开发商以车位抵债，已将车位交付占有但无法办理产权证的，房地产开发商破产后，债权人主张继续履行以物抵债协议的，不予支持。

【理由】

　　在停车位无法办理产权登记的地区以及对于不允许办理产权登记的停车位，如人防车位，房地产企业以停车位抵债，实际是以让渡停车位某一期间的占有、使用、收益权的形式用于抵债，类似于"以租抵债"，可比照"以租抵债"进行处理。由于此种抵债行为具有继续性的特点，在房地产企业破产时，抵债协议属于双方均未履行完毕的合同，如再继续履行就构成在破产程序中对个别债权人进行单独清偿。根据《企业破产法》第 16 条，该清偿行为无效。

　　人民法院在破产程序中应将债权人继续履行合同的请求转化为金钱之债，进而通过破产程序公平受偿。据此，基于破产程序维护全体债权人公平受偿原则及以物抵债协议新债旧债并存的债权本质，应当将以物抵债协议在破产程序中债权化，并按照债权人的原债权性质通过破产程序公平受偿，若债权人在破产程序中主张继续履行以物抵债协议则不予支持。所以，对涉及以停车位使用收益权抵债的，在进入破产程序后，管理人应根据《企业破产法》第 18 条第 1 款的规定，通知债权人解除抵债协议、收回停车位，抵债停车位的使用收益权自人民法院裁定受理破产后依法属于债务人，对未抵偿完毕的债权，债权人应依法向管理人申报。管理人、债权人、债务人应当根据抵债协议履行情况，对于已经履行的部分进行清理和结算，确保公平、公正地处理当事人之间的权利义务关系。

【参考依据】

《企业破产法》

第16条 人民法院受理破产申请后，债务人对个别债权人的债务清偿无效。

第18条 人民法院受理破产申请后，管理人对破产申请受理前成立而债务人和对方当事人均未履行完毕的合同有权决定解除或者继续履行，并通知对方当事人。

管理人自破产申请受理之日起二个月内未通知对方当事人，或者自收到对方当事人催告之日起三十日内未答复的，视为解除合同。

管理人决定继续履行合同的，对方当事人应当履行；但是，对方当事人有权要求管理人提供担保。

管理人不提供担保的，视为解除合同。

第53条 管理人或者债务人依照本法规定解除合同的，对方当事人以因合同解除所产生的损害赔偿请求权申报债权。

【参考案例】

卢德国、威海广信房地产开发有限责任公司破产债权确认纠纷案【最高人民法院（2019）最高法民申1529号民事判决书】

裁判要旨：债务人破产，管理人不能随意解除以物抵债协议，债权人亦无权请求继续履行以物抵债协议，抵债物应被列入债务人企业破产财产。当债务人破产且抵债物未发生物权变动的情况下，债权人无权仅基于以物抵债协议要求确认其对抵债物的所有权，更无权要求取回，抵债物应被列入债务人的破产财产。

（作者：胡敏）

五、重　　整

77.【预重整申请撤回】预重整期间，债务人请求撤回预重整申请的，如何处理？

【回答】

预重整期间，债务人请求撤回预重整申请时，由人民法院审查后作出是否准许的裁定，人民法院作出准许撤回裁定的，预重整程序终结。

【理由】

债务人申请撤回预重整的行为具有正当性，因为高度私法自治与适度司法干预，是预重整的基本法律特征和王牌规则。[①] 当债务人根据自己的意思表示请求撤回预重整申请时，一种观点认为，法院不需要审查而应当直接同意撤回的申请，另一种观点认为，法院应当在审查后作出是否准许撤回申请的裁定，本书支持第二种观点，理由如下：

第一，法院审查可避免司法资源的浪费。从当前各地区发布的关于预重整的工作指引中可以看出，预重整的启动需要由申请人向人民法院申请，符合启动条件的，人民法院以"破申"字号予以立案，其后由人民法院来指定临时管理人，并开展后续的执行中止、财产保全和债权申报等法定程序。由此可以看出，在预重整期间人民法院已经开展了相关的工作，许多事项需要经过人民法院的许可，因此，如果在债务人申请撤回预重整程序时无需经过法院的审查，那么将会出现先前的全部投入功亏一篑的现象，这是对司法资源的极大浪费。

第二，法院审查可更好保障预重整与重整程序的衔接。人民法院在收

---

① 参见柯善芳：《探索商事重组与司法重整有机结合的预重整制度》，载《人民司法》2020年第31期。

到临时管理人提交的预重整方案和预重整工作报告之日起的法定期间内，裁定是否受理重整申请。由此可以看出，法院在重整程序中起着决定启动程序和推进程序的作用。同时，重整期间内的诸多工作，均可在预重整阶段提前完成，这极大地降低了重整成本、提高了重整效率。而无论是预重整还是重整阶段，均存在法院的介入，所以由法院来审查债务人撤回预重整的申请，将会使其更加全面地了解债务人企业的经营状况和隐蔽风险，一旦进入正式重整程序后，能够更加充分地保障前后程序的一致性和连贯性。

第三，法院审查可保障全体债权人的利益。债务人申请撤回预重整的原因各异，其中不乏债务人为了自身利益而擅自申请撤回预重整程序，这种情况下如果不经过人民法院审查而允许其任意撤回，则极有可能损害全体债权人的利益。因此，人民法院从公正性的角度出发，也需要对债务人撤回预重整的申请予以必要性和可行性审查，防止出现债务人利用信息不对称优势来实施转移资产、逃避债务等违法行为，进而更加全面地保障全体债权人的利益。

【参考依据】

湖北省高级人民法院《关于规范破产案件预重整审理　服务经济高质量发展的工作指引（试行）》

第10条　……预重整申请审查期间，申请人请求撤回预重整和重整申请的，由人民法院审查后作出是否准许的裁定。……

第36条　预重整方案经包括全体债权人在内的各方预重整参与人一致同意并表决通过，无需继续转入重整程序的，预重整方案视为庭外重组方案，申请人请求撤回重整申请的，人民法院一般应当裁定准许。①……

【参考案例】

江建建设集团有限公司与武汉锦光置业有限公司建设工程施工合同纠纷案【湖北省武汉市蔡甸区人民法院（2024）鄂 0114 破申 19 号民事裁定书】

---

①　类似的地方法院裁判指引，参见《上海破产法庭预重整案件办理规程（试行）》第20条、《广州市中级人民法院关于破产重整案件审理指引（试行）》第39条第2款。

裁判要旨：蔡甸区人民法院在执行江建建设集团有限公司与武汉锦光置业有限公司建设工程施工合同纠纷一案中，被执行人武汉锦光置业有限公司作为申请人向蔡甸区人民院书面申请预重整。蔡甸区人民法院执行局作出(2024)鄂 0114 执 387 号执行决定书，决定将武汉锦光置业有限公司的执行案件移送破产审查。其后在审查过程中，作为债务人的武汉锦光置业有限公司于 2024 年 9 月 12 日向蔡甸区法院提出撤回预重整申请，蔡甸区人民法院经过审查后认为该撤回申请不违反法律规定，于是作出准许其撤回的裁定。

（作者：张涛）

78.【预重整营业】企业预重整阶段，因急需恢复生产，临时管理人可否借款帮助企业恢复经营？在企业账户均被冻结的情况下，进入重整程序前的经营期间收款及开票问题如何处理？

【回答】

预重整期间，经人民法院或临时债权人会议许可，临时管理人可以为继续营业而借款。受理重整申请后，该借款可以参照共益债务进行清偿。在企业账户均被冻结的情况下，经法院批准可开设预重整管理人账户，或由担任临时管理人的中介机构、债务人、主要债权人和投资人等共同以临时管理人的名义开设共管账户，对预重整期间的资金予以使用。开设该账户之后应及时向主管税务机关报告，其后按照正常的开票流程向主管机关申请开票。

【理由】

首先，由临时管理人经过人民法院或者债权人会议的许可后进行借款。这样做的优势在于：

(1)避免临时管理人滥用权利。临时管理人要进行借款必须经过临时债权人会议或者人民法院同意的前置程序，虽然这增加了临时管理人的借款成本，但是一方面临时管理人只是作为中立的第三方机构来辅助债务人企业的运营，另一方面临时管理人也不是企业最终权益和责任的承担者，对企业的经营事务没有最终决定权。所以，增加借款的同意前置程序可以避免因临时管理人误判而出现不利结果。

（2）更好保障债权人的利益。临时管理人借款经债权人会议决议，可使各债权人充分评估该借款行为可能对自身利益带来的各种影响，从而避免出现临时管理人的借款行为最终损害债权人的结局。从理性经济人的角度考虑，对于没有借款必要性的企业，债权人会议不会赞同该借款行为。同时，法院作为裁判机关和破产程序的主导者，可以从第三方角度充分分析该企业预重整时期的借款行为是否具有正当性，从而防止出现因个别债权人的拒绝借款行为最终损害其他债权人和债务人企业的情形。

（3）及时拯救困境企业。在高度自由化竞争的市场环境中，时机的把握对于企业经营来说至关重要，企业进入预重整程序本身就说明了当前的企业运营可能出现了一系列问题，如果适时的融资能够缓解企业当前所面临的运营困境，那么预重整阶段的借款就具有必要性和正当性，这对于拯救困境企业和优化营商环境起到积极的促进作用。

（4）提高重整效率和成功率。预重整程序作为庭外重组与庭内重整的衔接机制，具有节约重整成本、提高重整效率和提升重整成功率的优势。本应在重整阶段的借款行为如果在预重整阶段就提前实现，那么可以提前评估借款行为的合理性，预测将来会遇见的种种问题，进而简化重整程序本身，进一步提高企业在重整阶段的成功率。

其次，在企业账户均被冻结的情况下，临时管理人是否能开立专门账户，各地实践有所不同。郑州等地允许开设预重整临时管理人账户。武汉在近几年的实践中也出现开立临时管理人账户的情况。但是，在无法开设临时管理人账户的情况下，各方主体也可以临时管理人的名义开设共管账户并及时向主管税务机关报告，其后依旧按照正常的开票流程开具发票，其理由如下：

（1）共管账户的开设可以确保账户内资金的安全性。预重整期间由不同主体共同开设银行账户而非由单独主体开设，既可以通过不同主体之间的共同监督制约防止对账户内资金的滥用，又可以避免企业在当前账户均被冻结的情况下出现无法开票和损害正常经营的不利结果。

（2）共管账户的开设可以确保资金使用的合理性。因为临时管理人一般是由符合资质的律师事务所、会计师事务所担任，其更具有专业性和中立性。由临时管理人的名义开立账户而不是由其他主体的名义开设，既可以最大限度地取得债务人、债权人的信任，又可以避免债务人或者债权人为了自身利益而私自进行资金转移的现象。

（3）共管账户的开设可以体现预重整的阶段性特点。预重整期间开设临时共同管理账户而不是由临时管理人单独开设管理账户，这种做法区别于正式重整阶段的做法，因为此时的临时管理人具有临时性，不具有正式的管理人地位，所以开设共同管理账户会更加符合预重整的目的和价值。

【参考依据】

湖北省高级人民法院《关于规范破产案件预重整审理　服务经济高质量发展的工作指引（试行）》①

第 26 条　预重整期间，经临时债权人会议或人民法院批准，债务人或临时管理人可以为继续营业而借款。受理重整申请后，该借款参照企业破产法第四十二条第四项、最高人民法院关于适用《中华人民共和国企业破产法》若干问题的规定（三）第二条的规定作为共益债务优先清偿。

江西省高级人民法院《关于审理企业破产预重整案件工作指引》

第 15 条　预重整案件不另行开设预重整管理人账户。担任预重整管理人的中介机构可以该中介机构名义开设由债务人、主要债权人等共同监管或相关部门监管的银行账户。

预重整期间，投资人缴纳的保证金应汇入监管的银行账户。临时管理人应定期向债务人、主要债权人、投资人等报告账户收支情况。

《郑州市中级人民法院审理预重整案件工作规程（试行）》

第 12 条　预重整管理人可经人民法院批准刻制预重整管理人印章，开设预重整管理人账户。

预重整期间，投资人缴纳的保证金应汇入预重整管理人的银行账户。

《关于推动和保障管理人在破产程序中依法履职进一步优化营商环境的意见》②

（五）便利管理人账户开立和展期。管理人可以凭人民法院破产申请受理裁定书、指定管理人决定书及管理人负责人身份证明材料，向银行申

---

①　类似规范可参见深圳市中级人民法院《审理企业重整案件的工作指引（试行）》第 36 条、《杭州市中级人民法院审理企业预重整案件工作指南（试行）》第 14 条。

②　类似规范文件可参见安徽省高级人民法院、国家税务总局安徽省税务局《关于企业破产程序中有关涉税事项处理的意见》第一部分第（五）点。

请开立管理人账户。银行应当针对管理人账户的开立确定统一规程，在充分履行客户身份识别义务、确保风险可控的前提下，缩短账户开立周期，提升管理人账户权限，便利管理人操作使用。鼓励适当减免管理人账户开立使用的相关费用，优化账户展期手续办理流程，并在账户有效期届满前及时通知管理人。管理人应当在终止执行职务后，及时办理管理人账户注销手续。

（十一）保障破产企业必要发票供应。破产程序中的企业应当接受税务机关的税务管理，管理人负责管理企业财产和营业事务的，由管理人代表破产企业履行法律规定的相关纳税义务。破产企业因履行合同、处置财产或继续营业等原因在破产程序中确需使用发票的，管理人可以以纳税人名义到税务部门申领、开具发票。税务部门在督促纳税人就新产生的纳税义务足额纳税的同时，按照有关规定满足其合理发票领用需要，不得以破产企业存在欠税情形为由拒绝。

（作者：张涛）

79. 【重整程序中高管工资标准的确定】重整程序中，法院根据债务人申请批准破产企业自行管理，在需要高管参与继续经营的情况下，调整高管工资标准的法律依据和理论基础是什么？

【回答】

在重整程序中，债务人自行管理的情况下，管理人可结合其原有工资标准、职责能力、债务人经营收入现状、信义义务等因素，综合考量调整高管工资标准，并及时向人民法院和债权人会议报告。

【理由】

根据企业产权理论，企业所有权的核心为剩余控制权（Residual Right of Control）和剩余索取权（Residual Claim）两种权利，分别涉及对企业资源和利润的控制与分配。剩余权利的产生源于立法的不完备性（Incompleteness of Legislation）与契约的不完备性（Incompleteness of Contract）。① 契约因无法穷尽所有事由而不可避免地出现遗漏，立法的不完备性又导致合同能否

---

① 参见李建伟：《公司法学》（第六版），中国人民大学出版社 2024 年版，第294 页。

被法院准确识别和执行也处于不确定状态。① 因此，与这些未能在契约中完全规定的事项相关联的权利，便构成了剩余权，涉及公司控制权的分配时，便产生了剩余控制权；而具体到公司财产权的分配领域，则体现为剩余索取权。

在相机治理理论中，剩余控制权和剩余索取权由公司股东所有是公司治理的理想状态，而当企业无力偿债时，剩余索取权和剩余控制权则由公司股东转移至债权人，以确保债权人的利益得到保护。债权人对公司的控制通过破产清算或重整程序得以实现。因此，在破产重整期间即使由债务人自行管理，区别于正常经营的企业，重整企业的剩余控制权和剩余索取权仍应归于债权人，公司高管承担信义义务的对象向债权人扩张。此时，在需要高管参与继续经营的情况下，公司基于债权人剩余控制权在效率层面考虑的制度化表述，过高的高管薪酬会侵损债权人利益，因而破产债权人有权对债务人管理层的工资进行调整和限制。②

具体到法律层面，一方面，债务人的自行管理系在管理人监督下进行。根据《企业破产法》第 73 条的规定，管理人作为破产程序中的中立主体，旨在最大限度维护债务人财产、全体债权人利益以及社会公共利益，③ 因此，对于管理层薪酬标准的调整需结合其原有工资标准、职责能力、债务人经营收入现状、信义义务等因素，经由管理人审核通过，以保障薪酬标准调整的合理性。另一方面，依据《企业破产法》第 80 条，债务人自行管理财产和营业事务的，由债务人制作重整计划草案。调整高管工资标准事项应属于《企业破产法》第 81 条规定的"重整计划草案应当包括下列内容：……（七）有利于债务人重整的其他方案"，由债务人将高管工资标准调整纳入重整计划草案。随后，根据《企业破产法》第 84 条之规定，法院自收到重整计划草案之日起三十日内召开债权人会议，对包括高管工资标准调整在内的重整计划草案相关事项进行表决。

---

① 参见[美]奥利弗·哈特等：《不完全合同、产权和企业理论》，费方域、蒋士成译，上海三联书店 2016 年版，第 170 页。
② 参见李曙光：《我国破产重整制度的多维解构及其改进》，载《法学评论》2022 年第 3 期。
③ 参见郑伟华：《重整程序债务人自行管理模式下的职权义务》，载《人民司法（应用）》2020 年第 34 期。

【参考依据】

《企业破产法》

第 61 条　债权人会议行使下列职权：（一）核查债权；（二）申请人民法院更换管理人，审查管理人的费用和报酬；（三）监督管理人；（四）选任和更换债权人委员会成员；（五）决定继续或者停止债务人的营业；（六）通过重整计划；（七）通过和解协议；（八）通过债务人财产的管理方案；（九）通过破产财产的变价方案；（十）通过破产财产的分配方案；（十一）人民法院认为应当由债权人会议行使的其他职权。

债权人会议应当对所议事项的决议作成会议记录。

第 73 条　在重整期间，经债务人申请，人民法院批准，债务人可以在管理人的监督下自行管理财产和营业事务。

有前款规定情形的，依照本法规定已接管债务人财产和营业事务的管理人应当向债务人移交财产和营业事务，本法规定的管理人的职权由债务人行使。

第 80 条　债务人自行管理财产和营业事务的，由债务人制作重整计划草案。

管理人负责管理财产和营业事务的，由管理人制作重整计划草案。

第 81 条　重整计划草案应当包括下列内容：

（一）债务人的经营方案；（二）债权分类；（三）债权调整方案；（四）债权受偿方案；（五）重整计划的执行期限；（六）重整计划执行的监督期限；（七）有利于债务人重整的其他方案。

第 84 条　人民法院应当自收到重整计划草案之日起三十日内召开债权人会议，对重整计划草案进行表决。

出席会议的同一表决组的债权人过半数同意重整计划草案，并且其所代表的债权额占该组债权总额的三分之二以上的，即为该组通过重整计划草案。

债务人或者管理人应当向债权人会议就重整计划草案作出说明，并回答询问。

《美国破产法》

第 1107 条　（a）在不影响对根据本章在案件中服务的受托人的任何限制以及法院规定的限制或条件的情况下，留任的债务人（DIP）应拥有除根据本编第 330 条获得赔偿的权利外的所有权利和权力，并应履行受托人在本章案件中【除本编第 1106（a）（2）、（3）和（4）项定职责之外】的所有职能和职责。

（b）尽管有本编第 327（a）款的规定，任何人不得仅因为在案件开始前由债务人雇佣或代表债务人而被留任的债务人（DIP）根据本编第 327 条被取消雇佣资格。①

《德国破产法》

第 270 条　（1）如果破产法院在启动破产程序的裁定中命令自行管理，则债务人有权在破产监督人的监督下管理和变现破产财产。除非本部分另有规定，否则此类程序受一般法律规定的约束。

（2）本章的规定不适用于第 304 条规定的消费者破产程序。

第 270a 条　（1）债务人在提出进行债务人自行管理的请求时，应附带一份债务人自行管理计划，该计划包括以下内容：

1. 一份为期六个月的财务计划，以及关于在此期间如何继续正常业务运营和覆盖诉讼成本的资金来源的充分说明，

2. 一项破产程序进行策略，该策略基于危机性质、程度和原因的说明，阐述债务人自行管理的目标以及为实现该目标拟采取的措施，

3. 与债权人、债务人的利益相关方和第三方就未来措施进行的谈判所达成的状态的说明，

4. 债务人已采取的预防性措施的说明，以保障债务人履行破产法下的义务的能力，

5. 说明与正常程序相比，在自行管理过程中可能产生的与破产财产有关的任何额外费用或减少费用的理由。

（2）此外，债务人还需说明：

1. 是否、在多大程度上以及向哪些债权人违约，以履行因雇佣关系、养老金承诺或税务债务关系而产生的对社会保障机构或供应商的债务，

2. 在过去三年内，根据本法典或《公司稳定与重组法》，是否以及在哪些程序中针对债务人下达了禁止执行或禁止实现的禁令，

3. 债务人是否已满足信息披露要求，特别是《商法典》第 325 条至第 328 条或第 339 条所规定的要求，且这一要求适用于过去三个会计年度。

---

①　齐砺杰等编译：《五国破产法汇编：美国、英国、澳大利亚、新加坡、韩国》，法律出版社 2023 年版，第 172 页。

韩国《债务人重整与破产法》①

第 379 条 （1）官方受托人如确信破产财团或业务的性质或债权人的利益一般需要指定官方受托人以外的财团或业务的特别经理人的，可指定该财团或业务的经理人行使该权利等，包括官方受托人委托经理人行使的接管人的任何权利。

（2）破产人可以被任命为特别经理人。

（3）特别经理人必须按照官方受托人可能直接指示的方式提供此类担保和账户。

（4）特别经理人将获得官方受托人可能确定的报酬。

（作者：张宝诺）

80.【重整程序中职工劳动关系处理】企业重整案件对于企业在册职工一般应在何时解除劳动关系？在解除劳动关系前，除了确定的企业留守工作人员，应如何确定其他职工的薪酬社保待遇？

【回答】

在破产程序中，劳动合同的解除不存在基准日问题，管理人可根据重整目的在重整期间或重整计划执行期间解除劳动合同。在解除劳动关系前，确定其他职工薪酬待遇时，企业应当根据《工资支付暂行规定》和地方相关规定发放劳动者工资。

【理由】

第一，何时解除劳动关系。在破产程序中，劳动合同的解除不存在基准日问题，确定统一的劳动合同解除基准日既不符合实践中管理人解除部分员工劳动合同的通常程序，也不符合《劳动合同法》的原则。② 实践中，多由管理人依据企业财产与运营事务的实际需求以及所选择的重整策略等

---

① 齐砺杰等编译：《五国破产法汇编：美国、英国、澳大利亚、新加坡、韩国》，法律出版社 2023 年版，第 817 页。

② 参见王欣新：《谈破产企业劳动合同的终止问题》，载《人民法院报》2014 年12 月 17 日第 7 版。

多方面因素，综合评估后决定劳动合同的解除时间。根据重整目的，有的企业会在重整期间解除劳动合同，有的企业会在重整计划执行期间解除合同。① 如在某案中，管理人依法制定了职工安置方案，决定在重整期间与所有职工解除劳动合同。② 再如在某案中，公司解除劳动合同的时间为重整计划执行期间。该公司的重整计划如能成功实施会与全部职工解除劳动合同，并在重整计划执行期间以现金方式清偿结欠的工资和支付经济补偿金。③ 企业重整时，大多会根据《劳动合同法》第 41 条的规定开展经济性裁员。

第二，如何确定其他员工的薪酬社保待遇。如企业正常经营、员工正常劳动的，企业应当按照劳动合同约定的标准支付工资。如企业停工停产的，在解除劳动关系前，除了确定的企业留守工作人员，企业应当根据《工资支付暂行规定》第 12 条的规定发放工资。即企业因破产重整导致停工，停工在一个工资支付周期内的，企业应按照与职工签订的劳动合同支付劳动者工资。超过一个工资支付周期，若劳动者提供了正常劳动，则支付给劳动者的劳动报酬不得低于当地的最低工资标准；若劳动者没有提供正常劳动，处于停工状态，如何支付劳动者的工资，全国各地有不同的规定。广东、江苏、浙江等地规定用人单位没有安排劳动者工作的，应当按照不低于当地最低工资标准的 80% 支付劳动者生活费；陕西规定用人单位应当按照不低于当地最低工资标准的 75% 支付；北京、吉林、山东等地要求人单位没有安排劳动者工作的应当按照不低于当地最低工资标准的 70% 支付；贵阳规定企业没有安排劳动者工作的，应当按照约定的待岗工资支付计算标准支付生活费，支付的待岗工资标准不得低于当地最低工资标准的 60%；湖南则规定超过一个月，未安排劳动者工作的，用人单位应按不低于当地失业保险标准支付停工津贴；厦门规定未安排劳动者工作的，按照不低于本市当年度最低工资标准支付停工津贴。因此，员工的薪

---

① 参见王欣新：《重整制度理论与实务新论》，载《法律适用》2012 年第 11 期。
② 参见河南省新乡市中级人民法院(2020)豫 07 民终 2119 号民事判决书。
③ 参见福建省宁德市中级人民法院(2020)闽 09 破 2 号之四民事裁定书。

酬待遇应当根据企业所处地区的具体规定而确定。① 在劳动关系存续期间，企业都应按时足额缴纳社会保险费。

【参考依据】

《劳动合同法》

第 41 条　有下列情形之一，需要裁减人员二十人以上或者裁减不足二十人但占企业职工总数 10%以上的，用人单位提前三十日向工会或者全体职工说明情况，听取工会或者职工的意见后，裁减人员方案经向劳动行政部门报告，可以裁减人员：（一）依照企业破产法规定进行重整的；（二）生产经营发生严重困难的；（三）企业转产、重大技术革新或者经营方式调整，经变更劳动合同后，仍需裁减人员的；（四）其他因劳动合同订立时所依据的客观经济情况发生重大变化，致使劳动合同无法履行的。

裁减人员时，应当优先留用下列人员：（一）与本单位订立较长期限的固定期限劳动合同的；（二）与本单位订立无固定期限劳动合同的；（三）家庭无其他就业人员，有需要扶养的老人或者未成年人的。

用人单位依照本条第一款规定裁减人员，在六个月内重新招用人员的，应当通知被裁减的人员，并在同等条件下优先招用被裁减的人员。

《中华人民共和国社会保险法》

第 60 条　用人单位应当自行申报、按时足额缴纳社会保险费，非因不可抗力等法定事由不得缓缴、减免。职工应当缴纳的社会保险费由用人单位代扣代缴，用人单位应当按月将缴纳社会保险费的明细情况告知本人。

无雇工的个体工商户、未在用人单位参加社会保险的非全日制从业人员以及其他灵活就业人员，可以直接向社会保险费征收机构缴纳社会保险费。

《工资支付暂行规定》

第 12 条　非因劳动者原因造成单位停工、停产在一个工资支付周期

---

① 　参见《广东省工资支付条例》第 39 条、《江苏省工资支付条例》第 31 条、《浙江省企业工资支付管理办法》第 22 条、《陕西省企业工资支付条例》第 25 条、《北京市工资支付规定》第 27 条、《吉林省企业工资支付办法》第 22 条、《山东省企业工资支付规定》第 31 条、《贵阳市企业工资支付办法》第 24 条、《湖南省工资支付监督管理办法》第 23 条、《厦门市企业工资支付条例》第 24 条。

内的，用人单位应按劳动合同规定的标准支付劳动者工资。超过一个工资支付周期的，若劳动者提供了正常劳动，则支付给劳动者的劳动报酬不得低于当地的最低工资标准；若劳动者没有提供正常劳动，应按国家有关规定办理。

《法国劳动法典》

第 L143-11-1 条　凡具有商人、手工业者、农耕者身份或私法法人地位、雇用一名或数名受薪雇员的雇主，均应为其受薪雇员投保险，其中包括为派往国外的薪金劳动者或者第 L351-4 条所指的已回国的薪金劳动者投保险，以保证在其开始裁判重整程序的情况下，这些雇员执行劳动合同应得的款项免受不能支付的危险。

该项保险所补偿的是：（1）在开始任何裁判重整程序之判决作出之日所欠受薪雇员的款项；（2）在观察期内，在确定重整方案的判决作出后的一个月内，在清算判决作出后的 15 天内以及由裁判清算判决批准的暂时维持企业活动的整个期间因解除劳动合同而产生的债权。

建议其订立第 L322-3 条所指之换岗改行协定的受薪雇员，劳动合同被解除而产生的债权由保险予以补偿，但依具体情况，法定管理人、雇主或清算人应在以上所指的某一时期内即已向当事人提出了订立这种协定的建议。①

【参考案例】

（一）杨自波、河南新飞电器有限公司劳动争议案【河南省新乡市中级人民法院（2020）豫 07 民终 2119 号民事判决书】

裁判要旨：公司在重整期间解除劳动关系的行为合法有效，确定的补偿金计算方法完全依照《劳动合同法》中关于解除劳动合同经济补偿金标准的规定，经济补偿金数额计算合法有据。

（二）中投信用担保有限公司与赵昕劳动争议案【北京市第二中级人民法院（2018）京 02 民初 284 号民事判决书】

裁判要旨：因破产的中投公司原因导致员工该期间未提供劳动，法院判决中投公司参照《北京市工资支付规定》第 27 条的规定，按合同约定的月工资标准支付给劳动者一个月（2018 年 5 月 24 日至 2018 年 6 月 23 日）

---

①　罗结珍译：《法国劳动法典》，国际文化出版公司 1996 年版，第 111~112 页。

的工资，按照不低于本市最低工资标准的 70% 即 1400 元的月工资标准支付劳动者 2018 年 6 月 24 日至 2018 年 6 月 30 日的基本生活费。

（作者：张玉萍）

81.【共益债务融资】房地产企业破产重整案件中，为保交楼需要，债务人及管理人如何进行共益债务融资，需要履行哪些必要的程序？如果抵押债权人反对共益债务融资方案，该方案能否实施？

【回答】

破产申请受理后，为债务人企业继续经营等事由需要，管理人或者自行管理的债务人可以为债务人进行共益债务融资借款，但是须经债权人会议决议通过，或在第一次债权人会议召开前经人民法院许可。必要情况下可为融资设定担保。一般情况下，共益债务融资方案无需经过担保债权人同意，但如需将共益债权认定为"超级优先权"，则需要得到有担保债权人以及其他优先债权人的同意。

【理由】

依《破产法解释（三）》第 2 条第 1 款规定，破产申请受理后，经债权人会议决议通过，或者第一次债权人会议召开前经人民法院许可，管理人或自行管理的债务人可以为债务人继续营业而借款。发起重整融资属于破产程序中关系到债权人利益的重大事项，其决定权理应属于债权人会议，① 但是当债权人会议尚未召开而又存在紧迫的融资需求时，司法解释将审查的权力暂时交给法院，以监督管理人或自行管理的债务人的行为，并避免企业错失重整机会。

依我国现行法规定，担保债权人有权参加债权人会议且享有一定的表决权。但是，不同种类的债权人有不同的利益追求，在重整程序中，有担保债权人与其他债权人的利益冲突尤为明显。因为重整程序无法给有担保债权人带来任何额外的利益，反而可能延缓其债权的实现。为了保护债权

---

① 参见最高人民法院民事审判第二庭编著：《最高人民法院关于企业破产法司法解释（三）理解与适用》，人民法院出版社 2019 年版，第 46 页。

人的整体利益，如果有担保债权人的权益并未受到根本性的损害，但仍对重整计划持反对意见时，法院将强行裁定通过重整计划。我国《企业破产法》第 87 条第 2 款较为详细地规定了重整计划强裁制度。

但是，法律并未规定重整融资的强裁制度，当抵押债权人不同意重整融资时，法院应该如何应对，需要进一步解释。我国强制裁定通过重整计划的要件有三：其一，破产债权人在重整计划中得到的清偿不少于其在破产清算中得到的清偿；其二，重整计划应当具有可行性；其三，重整计划应当平等对待同顺位的债权人，顺位在先的债权人获得完全清偿前，在后的债权人不得获得任何清偿。① 依据反向解释，当破产债权人的权益未因该重整计划而受到减损时，其对重整计划的反对无法获得法院的支持。举重以明轻，如果重整计划这样重大的事项都可以在满足一定条件时限制其表决权，那么将重整借款融资认定为共益债务则是无需获得不受影响的破产债权人的同意。这一点可以在《企业破产法》第 59 条第 3 款中找到支撑。其规定略谓：有担保债权人对通过和解协议和破产财产的分配方案不享有表决权。之所以限制这两项表决权，显然是考虑了该事项与其根本利益无关的因素。因此，需要分两种情况讨论：仅认定为共益债务或赋予其优先于担保债权人和其他优先权人的地位。

如果仅认定为共益债务，担保债权人和其他优先权人的优先受偿权不会受到影响，则其表决权应当受到限制。当然，此处同样存在延期受偿的问题，但是延期受偿其实是重整程序导致的结果，并非将融资借款认定为共益债务导致的结果。也就是说，如果在重整计划的强裁中，该因素能通过检视，那么在此处也应当能通过检视。在具体的操作上，有两种选择，一是事先排除优先权人组对该事项的表决权，二是在优先权人组反对进行共益债务融资时请求法院裁定。在法律未作出明确规定时，本书认为后一种办法更为可取，应当将裁量权交给法院，由法院进行判断。另需注意的是，共益债权人之间的受偿权是平等的，共益债投资人无法获得优先于其他共益债权人的受偿地位。因此，在必要时，投资人可要求管理人或自行管理的债务人提供担保。

第二种情况，即赋予其超越其他优先债权人的超级优先权。该种情形

---

① 参见许德风：《破产法论——解释与功能比较的视角》，北京大学出版社 2015 年版，第 340 页。

将会影响其他优先债权人的优先受偿，故应当经由优先债权人表决通过。但是我国法尚不存在该制度，于法无据，且与我国的担保体系存在极大的冲突。① 现行法下可行的方案是与担保债权人进行协商，利用《民法典》第409条变更抵押权的顺位来实现。而对于其他优先债权人来说，同样需要经其同意后方能使其受偿顺位受到不利调整。

【参考依据】

《民法典》

第409条 抵押权人可以放弃抵押权或者抵押权的顺位。抵押权人与抵押人可以协议变更抵押权顺位以及被担保的债权数额等内容。但是，抵押权的变更未经其他抵押权人书面同意的，不得对其他抵押权人产生不利影响。

债务人以自己的财产设定抵押，抵押权人放弃该抵押权、抵押权顺位或者变更抵押权的，其他担保人在抵押权人丧失优先受偿权益的范围内免除担保责任，但是其他担保人承诺仍然提供担保的除外。

《企业破产法》

第59条第3款 对债务人的特定财产享有担保权的债权人，未放弃优先受偿权利的，对于本法第六十一条第一款第七项、第十项规定的事项不享有表决权。

第61条 债权人会议行使下列职权：（一）核查债权；（二）申请人民法院更换管理人，审查管理人的费用和报酬；（三）监督管理人；（四）选任和更换债权人委员会成员；（五）决定继续或者停止债务人的营业；（六）通过重整计划；（七）通过和解协议；（八）通过债务人财产的管理方案；（九）通过破产财产的变价方案；（十）通过破产财产的分配方案；（十一）人民法院认为应当由债权人会议行使的其他职权。

债权人会议应当对所议事项的决议作成会议记录。

第87条 部分表决组未通过重整计划草案的，债务人或者管理人可以同未通过重整计划草案的表决组协商。该表决组可以在协商后再表决一次。双方协商的结果不得损害其他表决组的利益。

---

① 参见陈景善：《重整融资之超级优先权模式：功能与构造》，载《政治与法律》2021年第9期。

未通过重整计划草案的表决组拒绝再次表决或者再次表决仍未通过重整计划草案，但重整计划草案符合下列条件的，债务人或者管理人可以申请人民法院批准重整计划草案：（一）按照重整计划草案，本法第八十二条第一款第一项所列债权就该特定财产将获得全额清偿，其因延期清偿所受的损失将得到公平补偿，并且其担保权未受到实质性损害，或者该表决组已经通过重整计划草案；（二）按照重整计划草案，本法第八十二条第一款第二项、第三项所列债权将获得全额清偿，或者相应表决组已经通过重整计划草案；（三）按照重整计划草案，普通债权所获得的清偿比例，不低于其在重整计划草案被提请批准时依照破产清算程序所能获得的清偿比例，或者该表决组已经通过重整计划草案；（四）重整计划草案对出资人权益的调整公平、公正，或者出资人组已经通过重整计划草案；（五）重整计划草案公平对待同一表决组的成员，并且所规定的债权清偿顺序不违反本法第一百一十三条的规定；（六）债务人的经营方案具有可行性。

人民法院经审查认为重整计划草案符合前款规定的，应当自收到申请之日起三十日内裁定批准，终止重整程序，并予以公告。

《破产法解释（三）》

第 2 条 破产申请受理后，经债权人会议决议通过，或者第一次债权人会议召开前经人民法院许可，管理人或者自行管理的债务人可以为债务人继续营业而借款。提供借款的债权人主张参照企业破产法第四十二条第四项的规定优先于普通破产债权清偿的，人民法院应予支持，但其主张优先于此前已就债务人特定财产享有担保的债权清偿的，人民法院不予支持。

管理人或者自行管理的债务人可以为前述借款设定抵押担保，抵押物在破产申请受理前已为其他债权人设定抵押的，债权人主张按照民法典四百一十四条规定的顺序清偿，人民法院应予支持。

《美国破产法》①

第 364 条【获取信贷】

（a）若根据本篇第 721、1108、1183、1184、1203、1204、1304 条托管人被授权经营债务人的商事业务，则除非法院作出其他裁定，否则托管

---

① 李曙光审定，申林平译：《美国破产法典》，法律出版社 2021 年版，第 169 页。

人可在常规营业范围内获得无担保信贷并承担无担保债务，以及根据本篇第 503 条(b)(1)将其确认为管理费用。

(b)法院经过通知和听证后可批准托管人获得除本条附条(a)外的其他无担保信贷或承担其他无担保债务，以及根据本篇第 503 条(b)(1)将其确认为管理费用。

(c)若托管人不能获得根据本篇第 503 条(b)(1)可将其确认为管理费用的无担保信贷，则法院经过通知和听证后，可为该信贷或债务提供以下待遇：

(1)为其提供本篇第 503 条(b)、507 条(b)中列明的部分或全部管理费用更优先的顺位；

(2)由未被设有财产上担保权的破产财产提供担保；或

(3)由已被设有财产上担保权的财产上的次级财产上担保权提供担保

(d)(1)法院经过通知和听证后，当且仅当以下情况发生时，才可准予为获得的信贷或承担的债务以其上设有财产上担保权的财产提供高级财产上担保权或同级财产上担保权：

(A)托管人无法通过其他方式获得该信贷；以及

(B)为在将要被设立高级财产上担保权或同级财产上担保权的财产上享有权益的财产上担保权人提供充分保护。

(2)在本附条所述的任何听证中，托管人应就是否提供了充分保护这一事项承担举证责任。

(e)就根据本条对获取信贷、承担债务的批准，或根据本条授予优先顺位或财产上担保权的批准提起的上诉，除非该批准、债务的成立或者该优先顺位或财产上担保权的设立在上诉案件审理期间已被冻结，否则其撤销或变更不影响与善意提供该信贷的实体间债务的成立或提供的任何优先顺位或财产上担保权的有效性，无论其对该上诉的审理是否知情。

(f)除本篇第 1145 条(b)所述的承销商外，《1933 年证券法》第 5 条、《1939 年信托契约法》以及任何要求对发行或出售证券进行注册或要求对证券发行人、承销商、经纪人或交易商进行注册或许可的州法或地方法律，均不适用于本条中非股本证券的发行或出售。

【参考案例】

(一)以未能证明该借款行为经《破产法解释(三)》所规定的程序确认

为由否认成立共益债务

湖南凌通供应链管理有限公司、杨远等其他案由执行复议案【湖南省郴州市中级人民法院(2022)湘 10 执复 13 号裁定书】

裁判要旨：凌通公司与金旺公司管理人于 2021 年 2 月 2 日签订的《协议》，系金旺公司管理人向凌通公司借款 1000 万元用于为金旺公司补缴原欠海关税款，凌通公司没有提交证据证实金旺公司管理人向凌通公司借款经过了债权人会议通过，或者在第一次债权人会议召开前已经人民法院许可，且所借款项并不是用于金旺公司继续营业，故该《协议》因违反上述法律规定而无效。

(二)在法院的支撑下，与优先债权人进行协商，成功进行共益债务融资

上海聚博房地产开发有限公司预重整转重整案【上海市第三中级人民法院 2023 年度典型案例】①

裁判要旨：上海三中院在受理预重整申请后，指导管理人引入复工续建共益债投资人，投资人提供借款 7.5 亿元，法院引导协助债务人与担保债权人、建设工程价款优先权人协商达成一致，约定共益债投资人获得优先于建设工程价款及担保债权的债权清偿顺位。该重整计划草案经债权人会议表决同意，破产企业得以成功融资。

(作者：胡慧泉)

82.【重整程序中的留债清偿】破产实务中，有案例在重整计划中设计了"留债清偿"方案，问题：(1)"留债期限"长于"重整计划执行期间"的，如果债务人不能按重整计划偿付债权，债权人可否另行提起诉讼，或请求法院宣告破产？(2)如果对应债务存在保证担保，在留债期间债务人不能按期偿付债权，债权人可否向保证人主张权利？

【回答】

重整计划执行期满后，债务人不能按照留债清偿方案的约定按期偿还

---

① 本案来自上海市第三中级人民法院发布的十起 2023 年度典型案例。

债权的，债权人可向人民法院起诉。留债清偿期限长于重整计划执行期间的，重整计划执行期限届满后债务人具备破产原因的，债权人可向人民法院申请债务人破产。"留债清偿"只是债务偿还具体履行方式的变更，不产生债务"清偿"的法律后果。债务人在留债期间不能按期偿付债权的，债权人可以向保证人主张担保债权。

【理由】

关于问题(1)，现行《企业破产法》对重整计划的性质并无明确规定，主流观点支持"契约说"，认为重整计划由各方当事人间协商订立，具有合同的外观。重整计划作为特殊性质的合同，具有利益冲突的团体性、非全自愿协商的约束性、法律性质多样的复合性以及经司法确认生效的强制性。① 留债清偿是拟进行破产重整的企业在重整计划中提出的对于已到期债务的具体偿还安排。通过变通"重整计划执行完毕的标准——留债债权必须在留债期内清偿完毕不作为重整计划执行完毕的标准之一"，而以"在较短时间内完成一定执行标准"视为重整计划执行完毕、监督期满，实现重整计划的执行、监督与留债期间执行的切割。由于变通后的重整计划执行期间较短，多数为6个月或1年，且执行期间留债债权一般得不到清偿，在重整计划执行完毕后，债务人才正式进入"留债期间"，按照重整计划留债安排或留债债权人与债务人达成的"留债协议"清偿债务。而留债清偿作为债务偿还的一种具体履行方式，并不改变经重整计划调整后债权人与债务人之间的法律关系，在留债清偿承诺无法履行时，留债债权无需再经过债权确认程序确认债权，债权人有权依据未清偿部分的债权向法院另行起诉或请求法院直接宣告债务人破产。

关于问题(2)，根据《企业破产法》第109条规定"对破产人的特定财产享有担保权的权利人，对该特定财产享有优先受偿的权利"以及《破产审判会议纪要》第25条"担保权人权利的行使与限制"规定在破产清算和破产和解程序中，对债务人特定财产享有担保权的债权人可以随时向管理人主张就该特定财产变价处置行使优先受偿权。担保债权人就担保物享有的优先清偿权，是一种不受破产清算程序限制的个别清偿权利，这是法律

---

① 参见王欣新：《谈重整计划执行中的协助执行》，载《人民法院报》2016年7月13日第7版。

适用的基本原则，而"留债清偿"本身作为重整计划执行完毕后的"债务履行方式"，无论重整计划中是否赋予留债债权人救济权，在留债清偿承诺无法履行时，担保债权人都可以直接向法院申请实现担保债权。

此外，如果保证人也被裁定进入破产程序，债权人有权申报其对保证人的保证债权。主债务未到期的，保证债权在保证人破产申请受理时视为到期。一般保证的保证人主张行使先诉抗辩权的，人民法院不予支持，但债权人在一般保证人破产程序中的分配额应予提存，待一般保证人应承担的保证责任确定后再按照破产清偿比例予以分配。

【参考依据】

《企业破产法》

第81条 重整计划草案应当包括下列内容：（一）债务人的经营方案；（二）债权分类；（三）债权调整方案；（四）债权受偿方案；（五）重整计划的执行期限；（六）重整计划执行的监督期限；（七）有利于债务人重整的其他方案。

第92条 经人民法院裁定批准的重整计划，对债务人和全体债权人均有约束力。

债权人未依照本法规定申报债权的，在重整计划执行期间不得行使权利；在重整计划执行完毕后，可以按照重整计划规定的同类债权的清偿条件行使权利。

债权人对债务人的保证人和其他连带债务人所享有的权利，不受重整计划的影响。

第93条 债务人不能执行或者不执行重整计划的，人民法院经管理人或者利害关系人请求，应当裁定终止重整计划的执行，并宣告债务人破产。

人民法院裁定终止重整计划执行的，债权人在重整计划中作出的债权调整的承诺失去效力。债权人因执行重整计划所受的清偿仍然有效，债权未受清偿的部分作为破产债权。

前款规定的债权人，只有在其他同顺位债权人同自己所受的清偿达到同一比例时，才能继续接受分配。

有本条第一款规定情形的，为重整计划的执行提供的担保继续有效。

第109条 对破产人的特定财产享有担保权的权利人，对该特定财产享有优先受偿的权利。

《民法典》

第 386 条　担保物权人在债务人不履行到期债务或者发生当事人约定的实现担保物权的情形，依法享有就担保财产优先受偿的权利，但是法律另有规定的除外。

第 392 条　被担保的债权既有物的担保又有人的担保的，债务人不履行到期债务或者发生当事人约定的实现担保物权的情形，债权人应当按照约定实现债权；没有约定或者约定不明确，债务人自己提供物的担保的，债权人应当先就该物的担保实现债权；第三人提供物的担保的，债权人可以就物的担保实现债权，也可以请求保证人承担保证责任。提供担保的第三人承担担保责任后，有权向债务人追偿。

第 393 条　有下列情形之一的，担保物权消灭：（一）主债权消灭；（二）担保物权实现；（三）债权人放弃担保物权；（四）法律规定担保物权消灭的其他情形。

第 577 条　当事人一方不履行合同义务或者履行合同义务不符合约定的，应当承担继续履行、采取补救措施或者赔偿损失等违约责任。

《民法典担保制度解释》

第 23 条　人民法院受理债务人破产案件，债权人在破产程序中申报债权后又向人民法院提起诉讼，请求担保人承担担保责任的，人民法院依法予以支持。

担保人清偿债权人的全部债权后，可以代替债权人在破产程序中受偿；在债权人的债权未获全部清偿前，担保人不得代替债权人在破产程序中受偿，但是有权就债权人通过破产分配和实现担保物权等方式获得清偿总额中超出债权的部分，在其承担担保责任的范围内请求债权人返还。

债权人在债务人破产程序中未获全部清偿，请求担保人继续承担担保责任的，人民法院应予支持；担保人承担担保责任后，向和解协议或者重整计划执行完毕后的债务人追偿的，人民法院不予支持。

《破产审判会议纪要》

25. 担保权人权利的行使与限制。在破产清算和破产和解程序中，对债务人特定财产享有担保权的债权人可以随时向管理人主张就该特定财产变价处置行使优先受偿权，管理人应及时变价处置，不得以须经债权人会议决议等为由拒绝。但因单独处置担保财产会降低其他破产财产的价值而应整体处置的除外。

【参考案例】

（一）兴业资产管理股份有限公司与四川化工控股（集团）有限责任公司保证合同纠纷案【四川省成都市中级人民法院（2018）川 01 民初 3471 号民事判决书】

裁判要旨：债权人在债务人重整后，向保证人主张担保债权，保证人抗辩称，"债权部分重新约定了还款期限分期偿还，债权债务关系主要内容已发生变更，保证人的保证责任内容应随之发生改变，川化公司承担保证人责任的条件尚未成就"。成都市中级人民法院根据破产法第 92 条第 2 款的规定，认定破产程序中留债协议对履行期限的变更，不影响债权人要求保证人承担保证责任。

（二）中国二十冶集团有限公司与溧阳申特型钢有限公司买卖合同纠纷案【安徽省淮南市八公山区人民法院（2015）八民二初字第 00048 号民事判决书】

裁判要旨：淮南市八公山区人民法院也倾向于"留债"不等同于"清偿"的观点，但认为"根据安徽省淮南市中级人民法院（2014）淮破字第 00001-6 号民事裁定书……该部分债权已在破产重整计划中予以安排且在执行之中，由于该部分债权的实现尚处于不确定状态，十二冶集团此时主张溧阳公司承担保证责任返还该部分货款，无事实依据，不予支持"，作出了否定保证人应承担保证责任的判决。

（作者：李静）

83.【清算式重整的适用】清算式重整一般如何操作？清算式重整中，若重整投资人通过出资取得重整企业股权，应如何规避破产程序中未清偿完毕的税收风险？

【回答】

司法实践中的清算式重整，是在保留原企业法人资格的前提下，对其具有重整价值的优质资源予以保留，同时对其他债务人财产进行清算式剥离，进而便捷地清偿债权，最大化地保留重整企业的壳资源、资质等。清算式重整中税收债权的清偿，应在重整计划中明确约定并予以执行。为防范重整企业的余债风险，对未列入重整计划，但可能仍需清偿的税收，可充分预留偿债资源。

【理由】

清算式重整作为一种破产重整方式，其核心目的是在保护债权人利益的同时，尽可能地保留企业的运营价值和法人资格。清算式重整的首要目标是清偿债务。在清算式重整中，会制定一个详细的清算计划，该计划将规定债务人财产的清算、变现和分配方式，通过债务减免、延期清偿、债转股等方式解决破产企业债务负担，改善企业经营管理，达到企业重建再生之目的，同时避免企业主体灭失，有效资源浪费以及社会矛盾加剧等问题。并且，与破产清算不同，清算式重整允许企业保留其法人资格。这意味着企业可以继续以其原有的法律人格进行运营，这对于维护企业的市场地位和客户关系至关重要。

清算式重整中，重整投资人受让的标的多为企业股权和相应特殊资质，如建筑企业资质，资产购买人受让标的一般则为其他资产，如实物资产等。清算式重整对企业资产进行剥离，并将其分为资质与资产。资质由于其特殊性，需要依附企业而生；资产则可独立出售，其所得资金将用于偿还债款。已经列入重整计划但还未清偿的税收债权，应严格按照重整计划偿付。虽然大多数情况下，税收债权的确认及时且到位，但仍可能出现的重整企业税收债权未清偿完毕，造成重整企业信誉状况受损的情形，可以在重整计划制定过程中，对未列入重整计划但可能仍需清偿的债权予以资金预留。

【参考依据】

《企业破产法》

第82条　下列各类债权的债权人参加讨论重整计划草案的债权人会议，依照下列债权分类，分组对重整计划草案进行表决：

（一）对债务人的特定财产享有担保权的债权；（二）债务人所欠职工的工资和医疗、伤残补助、抚恤费用，所欠的应当划入职工个人账户的基本养老保险、基本医疗保险费用，以及法律、行政法规规定应当支付给职工的补偿金；（三）债务人所欠税款；（四）普通债权。

人民法院在必要时可以决定在普通债权组中设小额债权组对重整计划

草案进行表决。

第 113 条　破产财产在优先清偿破产费用和共益债务后，依照下列顺序清偿：

（一）破产人所欠职工的工资和医疗、伤残补助、抚恤费用，所欠的应当划入职工个人账户的基本养老保险、基本医疗保险费用，以及法律、行政法规规定应当支付给职工的补偿金；（二）破产人欠缴的除前项规定以外的社会保险费用和破产人所欠税款；（三）普通破产债权。

破产财产不足以清偿同一顺序的清偿要求的，按照比例分配。

破产企业的董事、监事和高级管理人员的工资按照该企业职工的平均工资计算。

《财政部、国家税务总局关于企业清算业务企业所得税处理若干问题的通知》

五、企业全部资产的可变现价值或交易价格减除清算费用，职工的工资、社会保险费用和法定补偿金，结清清算所得税、以前年度欠税等税款，清偿企业债务，按规定计算可以向所有者分配的剩余资产。

被清算企业的股东分得的剩余资产的金额，其中相当于被清算企业累计未分配利润和累计盈余公积中按该股东所占股份比例计算的部分，应确认为股息所得；剩余资产减除股息所得后的余额，超过或低于股东投资成本的部分，应确认为股东的投资转让所得或损失。

被清算企业的股东从被清算企业分得的资产应按可变现价值或实际交易价格确定计税基础。

《欠缴税金核算管理暂行办法》

第 15 条　对于已发生欠缴税金的企业，各级税务机关要随时监控反映其变化情况，并全力清缴其欠缴税金。

（一）对于已发生呆账税金的关停和空壳企业，后因实行合资、合作、合并、租赁、承包等各种原因又恢复生产经营，原资产和债务未被分割的，如该企业的呆账税金已超过三年，应按"其他呆账税金"重新进行确认；如未超过三年，应及时将其转为"往年陈欠"。并且主管税务机关应根据其税源变化情况，及时制定清缴计划和落实清缴责任。

（二）对于实施兼并、重组、出售等改组的企业，主管税务机关应依法清算并追缴其欠缴的税金及滞纳金。改组时发生债随资走的，应及时根据企业资产和债务分配情况，落实清缴责任，将未清缴的欠缴税金及滞纳金转入应承担清缴义务的企业进行核算和管理。改组后企业承担的欠缴税金符合呆账税金范围的，应按本办法规定的要求报请确认。

（三）对于宣告破产、撤销、解散而准备进行资产、债务清算的企业，主管税务机关应及时向负责清算的机构提出欠缴税金及滞纳金的清偿要求，并按法律法规规定的清偿顺序依法追缴。对于破产、撤销企业经过法定清算后，已被国家主管机关依法注销或吊销其法人资格，纳税人已消亡的，其无法追缴的欠缴税金及滞纳金，应及时依照法律法规规定，根据法院的判决书或法定清算报告报省级税务机关确认核销。

（四）除上述情况外，企业发生其他变化情况而造成已确认的呆账税金成因发生变化的，也必须按规定的呆账税金确认程序重新上报确认机关核准。

【参考案例】

江苏南通六建建设集团有限公司重整案【江苏省如皋市人民法院（2021）苏 0682 破 1 号民事裁定书】

裁判要旨：2022 年 5 月 20 日经如皋市人民法院裁定：批准重整计划；终止重整程序。根据法院裁定批准的重整计划，南通六建实行的是"分离式处置、清算式重整"方案，即新设一个承接南通六建负债和部分资产的资债处置公司，进行破产财产与债务处置，与重整后的南通六建没有关系。重整后的南通六建轻装上阵，正进一步优化组织架构，强化风险管控，加强合规管理，在提升市场拓展能力、提升工作服务效能、提升创新创优品质、提升员工幸福指数等方面踔厉奋发，并取得了一定的成绩。

（作者：李静）

84.【重整计划裁定的救济】批准重整计划草案的裁定是否具有可诉性？利害关系人对法院批准重整计划是否有救济途径？如何救济？

【回答】

人民法院批准重整计划草案的裁定不具有可诉性。重整计划经人民法院裁定批准后，利害关系人主张撤销的，不予支持。在人民法院裁定批准前，债权人认为债权人会议通过重整计划的决议违反法律规定，损害其利益的，可自债权人会议作出决议之日起十五日内，请求人民法院裁定撤销该决议。

【理由】

根据《民事诉讼法》第 157 条规定，仅针对不予受理、管辖权异议、驳回起诉这三类裁定可以适用上诉。另根据《民事诉讼法解释》第 378 条规定，适用特别程序、督促程序、公示催告程序、破产程序等非讼程序审理的案件，当事人不得申请再审。可见当事人不得针对批准重整计划草案的裁定申请上诉或再审，该裁定不具有可诉性。重整计划经人民法院裁定批准后，债权人主张撤销的不予支持。

在该问题上，我国立法倾向于从事前角度进行保护而非事后救济，即我国立法通过严格法院强裁适用、赋予利害关系人广泛权利等方式，从事前角度加强对重整计划草案的审查力度，鼓励利害关系人积极参与程序并行使权利，从而防止重整计划草案对利害关系人权利损害，实现对利害关系人合法权益的维护。《企业破产法》第 59、64、65、66 条规定了债权人表决权、撤销权、申请复议权。债权人在参与债权人会议表决过程中可充分发表意见、行使表决权，债权人认为债权人会议通过重整计划的决议违反法律规定，损害其利益的，可自债权人会议作出决议之日起十五日内，请求人民法院裁定撤销该决议；且在符合特定条件下还可针对法院裁定申请复议。

但并非人民法院批准重整计划草案的裁定毫无纠错途径。虽然依据《民事诉讼法》第 157 条利害关系人不得申请上诉、再审，但仍可通过司法干预方式由法院启动审判监督程序。《民事诉讼法》第 209 条规定，各级人民法院院长对本院已经发生法律效力的判决、裁定、调解书，发现确有错误，认为需要再审的，应当提交审判委员会讨论决定。最高人民法院对地方各级人民法院已经发生法律效力的判决、裁定、调解书，上级人民法院对下级人民法院已经发生法律效力的判决、裁定、调解书，发现确有错误的，有权提审或者指令下级人民法院再审。上述规则在破产法领域同样可适用，也即利害关系人有证据能够证明人民法院批准重整计划草案的裁定确有错误的，可向本级人民法院或上级人民法院反映，由法院审查后决定启动审判监督程序。

应当注意，域外针对该问题的做法与我国不同。德国、美国均允许债权人等利害关系人针对该裁定抗告或者上诉。《德国破产法》第 253 条明确规定，债务人和各债权人有权对认可或不予认可重整计划的裁定提出即时抗告。《美国破产法》第 11 章规定重整计划批准裁定具有终局效力，但允许利害关系人对其提起上诉。后续《企业破产法》修订过程中是否需要针对现行重整计划裁定救济规则进行修改还需进一步论证分析。

【参考依据】

《企业破产法》

第 59 条　依法申报债权的债权人为债权人会议的成员，有权参加债权人会议，享有表决权。

债权尚未确定的债权人，除人民法院能够为其行使表决权而临时确定债权额的外，不得行使表决权。

对债务人的特定财产享有担保权的债权人，未放弃优先受偿权利的，对于本法第六十一条第一款第七项、第十项规定的事项不享有表决权。

债权人可以委托代理人出席债权人会议，行使表决权。代理人出席债权人会议，应当向人民法院或者债权人会议主席提交债权人的授权委托书。

债权人会议应当有债务人的职工和工会的代表参加，对有关事项发表意见。

第 64 条　债权人会议的决议，由出席会议的有表决权的债权人过半数通过，并且其所代表的债权额占无财产担保债权总额的二分之一以上。但是，本法另有规定的除外。

债权人认为债权人会议的决议违反法律规定，损害其利益的，可以自债权人会议作出决议之日起十五日内，请求人民法院裁定撤销该决议，责令债权人会议依法重新作出决议。

债权人会议的决议，对于全体债权人均有约束力。

第 65 条　本法第六十一条第一款第八项、第九项所列事项，经债权人会议表决未通过的，由人民法院裁定。

本法第六十一条第一款第十项所列事项，经债权人会议二次表决仍未通过的，由人民法院裁定。

对前两款规定的裁定，人民法院可以在债权人会议上宣布或者另行通知债权人。

第 66 条 债权人对人民法院依照本法第六十五条第一款作出的裁定不服的，债权额占无财产担保债权总额二分之一以上的债权人对人民法院依照本法第六十五条第二款作出的裁定不服的，可以自裁定宣布之日或者收到通知之日起十五日内向该人民法院申请复议。复议期间不停止裁定的执行。

《民事诉讼法》

第 157 条 裁定适用于下列范围：（一）不予受理；（二）对管辖权有异议的；（三）驳回起诉；（四）保全和先予执行；（五）准许或者不准许撤诉；（六）中止或者终结诉讼；（七）补正判决书中的笔误；（八）中止或者终结执行；（九）撤销或者不予执行仲裁裁决；（十）不予执行公证机关赋予强制执行效力的债权文书；（十一）其他需要裁定解决的事项。

对前款第一项至第三项裁定，可以上诉。

裁定书应当写明裁定结果和作出该裁定的理由。裁定书由审判人员、书记员署名，加盖人民法院印章。口头裁定的，记入笔录。

第 209 条 各级人民法院院长对本院已经发生法律效力的判决、裁定、调解书，发现确有错误，认为需要再审的，应当提交审判委员会讨论决定。

最高人民法院对地方各级人民法院已经发生法律效力的判决、裁定、调解书，上级人民法院对下级人民法院已经发生法律效力的判决、裁定、调解书，发现确有错误的，有权提审或者指令下级人民法院再审。

《民事诉讼法解释》

第 378 条 适用特别程序、督促程序、公示催告程序、破产程序等非讼程序审理的案件，当事人不得申请再审。

《最高人民法院关于正确审理企业破产案件为维护市场经济秩序提供司法保障若干问题的意见》

7. 人民法院适用强制批准裁量权挽救危困企业时，要保证反对重整计划草案的债权人或者出资人在重整中至少可以获得在破产清算中本可获得的清偿。对于重整计划草案被提请批准时依照破产清算程序所能获得的清偿比例的确定，应充分考虑其计算方法是否科学、客观、准确，是否充分保护了利害关系人的应有利益。人民法院要严格审查重整计划草案，综合考虑社会公共利益，积极审慎适用裁量权。对不符合强制批准条件的，不能借挽救企业之名违法审批。上级人民法院要肩负起监督职责，对利害关系人就重整程序中反映的问题要进行认真审查，问题属实的，要及时予以纠正。

《德国破产法》

第 253 条　债务人和各债权人有权对认可或不予认可重整计划的裁定提出即时抗告。

《美国破产法》①

第 1144 条　若利益相关方在批准裁定正式作出后 180 日内的任意时间内提出请求，经过通知和听证后，当且仅当该裁定系通过欺诈手段取得时，法院才可撤销该裁定。……

《美国联邦破产程序规则》

第 8002 条（a）　提交上诉通知书的时间：十四天期限。上诉通知书应在被上诉的判决、命令或法令生效之日起 14 天内提交给书记员。如果一方当事人及时提交了上诉通知，则任何其他当事人均可在提交第一份上诉通知之日起 14 天内提交上诉通知，或在本规则另有规定的时间内提交上诉通知，以最后届满的期限为准。在决定或命令宣布之后但在裁决、命令或裁定生效之前提交的上诉通知，应视为在该判决或命令生效后提交。

【参考案例】

河南华泰印业有限公司与河南龙翔包装有限公司合并重整案【河南省沁阳市人民法院（2021）豫 0882 破监 1 号民事裁定书】

裁判要旨：债权人认为裁定存在错误，经原审合议庭审查，由本院长提交本院审判委员会讨论决定，另行组成合议庭对本案进行监督。法院组织管理人听证，管理人书面申请删除自然人连带保证责任豁免条款，债务人的实际控制人书面表示愿意继续承担保证责任，投资人亦表示书面同意删除相关条款。沁阳法院裁定撤销原重整计划草案中的连带保证责任豁免条款。

（作者：朱建桦）

---

① 李曙光审定，申林平译：《美国破产法典：中英文对照本》，法律出版社 2021 年版，第 527 页。

85.【重整计划执行】重整计划执行期间，因投资人资金实力等因素，投资人无法按期支付投资款，使得重整计划无法顺利实施。如果投资人退出重整，是宣告重整失败直接转入破产清算，还是重新招募投资人继续重整？

【回答】

重整计划执行期间，投资人无法按期支付投资款导致重整计划无法执行的，可以按照重整计划变更程序重新招募投资人，也可由管理人或利害关系人申请终止执行并宣告破产。同时，债务人及管理人可以按重整投资协议约定向投资人主张违约责任。

【理由】

《企业破产法》第 93 条第 1 款规定："债务人不能执行或者不执行重整计划的，人民法院经管理人或者利害关系人请求，应当裁定终止重整计划的执行，并宣告债务人破产。"该条作为有关重整计划执行出现问题时解决途径的唯一法律规定，却并未提供变更的选项。[①] 2018 年《破产审判会议纪要》颁布，其中第 19 条将重整计划变更的条件限于"出现国家政策调整、法律修改变化等特殊情况，导致原重整计划无法执行的"，问题在于这两种明确列举的情况十分少见。是否应当对重整计划的变更条件作扩张解释，将投资人未能按约定支付投资款导致重整计划执行不能解释为"特殊情况"有待明晰。

学界普遍认为应当对重整计划的变更条件作扩张解释。如有观点认为在重整计划执行过程中，如果出现计划制定时没有预料到而影响计划执行的情况，并且这种变化可能最终导致重整计划因不具有可行性而不得不终止执行，此时法律应当允许重整计划进行适当的变更。[②] 也有观点认为客观情况发生重大变化，且只有对重整计划作适当修改才能实现企业拯救和保护债权人的利益，不能不加变更而坐等计划失败。[③] 还有观点认为如果

[①] 参见司伟：《重整计划执行变更规则检视》，载《政治与法律》2024 年第 2 期。

[②] 参见韩长印主编：《破产法学》（第二版），中国政法大学出版社 2016 年版，第 179 页。

[③] 参见孟凡麟、闫宝龙主编：《新编经济法教程》（第三版），中国政法大学出版社 2013 年版，第 127 页。

出现特殊事由，使得重整计划必须变更后方能实施的，计划执行人可申请法院变更重整计划。① 另有观点认为从法律与风险的关系、重整制度的价值追求以及重整计划的性质看，允许重整计划执行中的变更具有正当性。②

本书认为，《企业破产法》并未明文禁止重整计划的变更，而终止执行并入清算程序的启动条件是管理人或者利害关系人的"请求"，法院不能依职权强制宣告债务人破产，因此，在重整计划执行遇阻时，《企业破产法》实质上留下了解释的空间和回旋的余地。③ 重整所涉及的利益主体包括债务人、债权人以及原出资人，牵涉主体众多，使得其社会意义远大于原当事人范畴。尤其是大型企业的重整，其成功与否往往对于一地经济发展、金融秩序、就业稳定等方面具有重要影响。因此，为了实现重整保护多方权益，促进社会发展的目的，必须打破重整计划执行阶段投资人"刚性选任"这一特征，允许对引发重整计划变更的特殊情况作广义解释。此外，虽然从理论上讲，"等"前后的情况应当在性质与程度上大体相当。但是，导致原重整计划无法执行的，多是市场变化、债务人或战略投资者情况变化等情况，少有与国家政策调整、法律修改变化对等分量的其他特殊情况，因此建议对第 19 条作合目的性扩张解释，法官在裁量中应当适当放宽。涉及当事人对自身权益的判断与调整的，应当更多地尊重利害关系人的意愿。④

具体而言，投资人无法按期支付投资款，使得重整计划无法顺利实施的，重整计划预先设置重新招募投资人条款，债务人或管理人可以申请变更重整计划，并提交债权人会议表决。债权人会议同意由新投资人承继原投资人权利的，应当自决议之日起十日内提请人民法院批准。债权人会议决议不同意或者人民法院不批准变更申请的，人民法院经管理人或者利害关系人请求，应当裁定终止重整计划的执行，并宣告债务人破产。

① 参见李永军：《破产重整制度研究》，中国人民公安大学出版社 1996 年版，第 311~312 页。

② 参见司伟：《重整计划执行变更规则检视》，载《政治与法律》2024 年第 2 期。

③ 参见孙济民：《破产重整计划的变更：观念统合与规范重构》，载《法律方法》2023 年第 2 期。

④ 参见王欣新：《〈全国法院破产审判工作会议纪要〉要点解读》，载《法治研究》2019 年第 5 期。

重整计划本质上属于多方意思自治的体现，对各方当事人均具有拘束力，投资人有义务按照约定的期限完成重整计划，否则应当承担相应的损害赔偿责任。① 投资人放弃投资的原因决定其是否应承担损害赔偿责任，如原投资人系基于非自身原因(如客观原因或其他无法归责于投资人的原因)而放弃投资，那么该损害赔偿责任就不应由原投资人承担。如果系基于原投资人违约而给债权人造成损失的，债务人及管理人可以按重整投资协议约定向投资人主张继续履行、采取补救措施、赔偿损失等违约责任。

【参考依据】

《企业破产法》

第 93 条　债务人不能执行或者不执行重整计划的，人民法院经管理人或者利害关系人请求，应当裁定终止重整计划的执行，并宣告债务人破产。

人民法院裁定终止重整计划执行的，债权人在重整计划中作出的债权调整的承诺失去效力。债权人因执行重整计划所受的清偿仍然有效，债权未受清偿的部分作为破产债权。

前款规定的债权人，只有在其他同顺位债权人同自己所受的清偿达到同一比例时，才能继续接受分配。

有本条第一款规定情形的，为重整计划的执行提供的担保继续有效。

《破产审判会议纪要》

19. 债务人应严格执行重整计划，但因出现国家政策调整、法律修改变化等特殊情况，导致原重整计划无法执行的，债务人或管理人可以申请变更重整计划一次。债权人会议决议同意变更重整计划的，应自决议通过之日起十日内提请人民法院批准。债权人会议决议不同意或者人民法院不批准变更申请的，人民法院经管理人或者利害关系人请求，应当裁定终止重整计划的执行，并宣告债务人破产。

20. 人民法院裁定同意变更重整计划的，债务人或者管理人应当在六个月内提出新的重整计划。变更后的重整计划应提交给因重整计划变更而

---

① 参见王欣新：《破产法前沿问题思辨(上册)》，法律出版社 2017 年版，第 259~271 页。

遭受不利影响的债权人组和出资人组进行表决。表决、申请人民法院批准以及人民法院裁定是否批准的程序与原重整计划的相同。

《民法典》

第 577 条　当事人一方不履行合同义务或者履行合同义务不符合约定的，应当承担继续履行、采取补救措施或者赔偿损失等违约责任。

韩国《债务人重整与破产法》

第 282 条（重整计划的修改）　（1）在决定批准重整计划后，如有必要以不可避免的理由修改重整计划中规定的事项，法院可应管理人、已列入名册或仅在重整程序完成前已申报的债务人或重整债权人重整担保债权人、股东或权益持有人的请求而更改重整计划。

（2）当根据第（1）款的规定提出修改重整计划的申请时，该申请被视为基于该修改而损害任何重整债权人、重整担保债权人、股东或权益持有人的，有关提交重整方案的程序的规定应经修改后比照适用。但在这种情况下，上述程序不要求未因重整方案的任何修改而受到损害的合法债权人参与。

（3）第 246 条和第 247 条的规定应适用于决定修改重整方案的情形，

（4）有下列情形之一的，同意原重整方案的，视为同意修正后的重整方案：

1. 缺席要求表决修改重整方案的利害关系人会议的；

2. 未按书面决议程序答复的。①

《美国破产法》

第 1127 条（b）　重整计划的提出者或者重整后的债务人，可以在确认之后以及基本上完成该计划之前的任何时间修改此类计划，但不得使修改之后的计划超出本编第 1122 和 1123 条的要求。依照本条规定进行修改后的重整计划，只有在条件允许修改的情况下，被法院依据本编第 1129条的规定，经过通知和听证程序以后被确认其修改，才能成为新的重整

---

① 参见齐砺杰等编译：《五国破产法汇编：美国、英国、澳大利亚、新加坡、韩国》，法律出版社 2023 年版，第 944~945 页。

计划。①

【参考案例】

（一）宣告重整失败转入破产清算

德科码（南京）半导体科技有限公司破产案【南京中级人民法院（2020）苏 01 破 10 号民事裁定书】②

裁判要旨：因重整投资人退出重整，基于德科码公司现有的经营状况和财产状况，已缺乏挽救的可能性，不能清偿到期债务，且资产不足以清偿全部债务，根据德科码公司管理人的申请，法院裁定终止德科码公司重整程序并宣告德科码公司破产。

（二）重新招募投资人继续重整

南阳市锦寓置业有限公司破产重整案【河南省南阳市中级人民法院（2020）豫 13 民破 3 号之九民事裁定书】③

裁判要旨：在重整草案执行期间，由于原投资人中电天津公司的人员、资金无法满足美丽之都项目需求，经与政府专班研究沟通，并报请债委会和法院同意，管理人向中电天津公司送达《合同解除通知书》，要求中电天津公司离场。为继续执行重整计划，管理人重新发布意向投资人招募公告，之后与桐嘉公司签订框架协议，并将制定的《是否同意变更投资人》提交第六次债权人会议表决，获得通过。法院认为，管理人提交的《是否同意变更投资人》已经债权人会议表决通过，其内容符合相关法律规定。为有效化解该问题楼盘，切实维护相关群体利益，加快重整进程，故应予裁定认可，将重整投资人变更为河南桐嘉房地产开发有限公司。

（作者：崔梦也）

---

① 参见齐砺杰等编译：《五国破产法汇编：美国、英国、澳大利亚、新加坡、韩国》，法律出版社 2023 年版，第 185 页。

② 类似裁判可参见湖北省孝昌县人民法院（2020）鄂 0921 破 2 号民事裁定书、江苏省南京市六合区人民法院（2019）苏 0116 破 10 号民事裁定书。

③ 类似裁判可参见四川省大竹县人民法院（2020）川 1724 破 1 号之十一民事裁定书、北京市第一中级人民法院（2022）京 01 破 108 号之三民事裁定书、广东省广州市中级人民法院（2019）粤 0191 破 2 号之二十五民事裁定书。

86.【重整计划执行主体】在重整计划执行过程中，如果重整事务完全交由债务人执行，将弱化管理人的监督职能，特别是在房地产企业重整过程中，涉及项目招商引资、复工续建保交楼的问题。实务中能否指定管理人为重整计划的执行主体？

【回答】

重整计划一般由债务人负责执行。重整计划规定由管理人执行，或者重整计划执行期间债务人存在欺诈性转让债务人财产、怠于履行清偿义务等严重损害债权人利益情形的，经人民法院同意可由管理人负责执行。

【理由】

债务人由于其对企业的了解程度深，在企业运营方面具有天然的优势。但由于债务人高管的素质参差不齐及可能的道德风险，在重整计划执行阶段，债务人的自觉遵守和诚信执行并不可靠。即便有管理人、法院和债权人的监督，也难以避免债务人作出损害债权人利益的行为。而管理人虽然不是企业的直接经营者，但进入破产程序后，管理人需要对企业开展一系列工作，包括但不限于尽调工作、债权核查、资料交接等。[①] 在完成这些工作的过程中，管理人能对企业有整体的认识。并且，被法院选为管理人的团队大多已有较为丰富且成熟的经验，具备执行重整计划的能力。即使管理人自身就某些特殊行业的专业知识不熟悉，也可以聘请行业的专业管理人来对破产企业进行管理。

关于破产重整计划的执行主体，各国或地区因法律体系和价值观念的差异而有所不同。美国破产法第11章实行债务人主导的制度（DIP），原则上由债务人在重整过程中保持经营控制权，并主导重整计划的实施。但其也规定了例外情形，表示法院在有理由认为债务人存在欺诈、不正直、管理不当及无能力继续执行时，可以指定管理人接管企业经营。[②] 日本《公司更生法》规定由破产管理人负责执行重整计划，同时明确在特定情况下，

---

① 《中华全国律师协会律师担任破产管理人业务操作指引》第11、12条。

② U. s. c（2003 Edition），Title 11，section1141（b）[12].

允许将执行权委托给公司董事。① 法国原则上是由管理人执行，无管理人时，则由债务人执行；若法院单独任命重整人的，则由重整人执行计划。② 韩国法院裁定批准重整计划时，管理人有执行重整计划的义务。③ 印度在《资不抵债和破产法》中也提到临时管理人从被任命起到公司破产解决程序的剩余期间，一直享有对于公司经营管理的决策权。④ 在我国台湾地区，重整计划的执行通常由拥有经营控制权的重整人负责。⑤ 可见，多数国家和地区法律在面对执行主体无法或拒绝执行重整计划时，都设有相应的例外规定，允许在特定条件下更换执行主体。与此相比，我国采取的单一立法模式，即仅由债务人执行重整计划，是较为罕见的做法。

【参考依据】

《企业破产法》

第80条 债务人自行管理财产和营业事务的，由债务人制作重整计划草案。

管理人负责管理财产和营业事务的，由管理人制作重整计划草案。

第89条 重整计划由债务人负责执行。

人民法院裁定批准重整计划后，已接管财产和营业事务的管理人应当向债务人移交财产和营业事务。

第90条 自人民法院裁定批准重整计划之日起，在重整计划规定的监督期内，由管理人监督重整计划的执行。

在监督期内，债务人应当向管理人报告重整计划执行情况和债务人财务状况。

第91条 监督期届满时，管理人应当向人民法院提交监督报告。自监督报告提交之日起，管理人的监督职责终止。

管理人向人民法院提交的监督报告，重整计划的利害关系人有权查阅。

经管理人申请，人民法院可以裁定延长重整计划执行的监督期限。

---

① 日本《公司更生法》第 271 条。
② 《法国司法重整与司法清算法》第 147 条。
③ 韩国《关于债务人回生和破产的法律》第 257 条。
④ 印度《资不抵债和破产法》第 17 条。
⑤ 我国台湾地区"公司法"第 305 条。

《贵州省高级人民法院破产审判工作实务操作指引(试行)》①

第133条　债务人负责执行重整计划，并向管理人报告重整计划执行情况和债务人财务状况，管理人负责监督重整计划的执行，重整计划另有约定的除外。

（作者：李静）

87.【重整计划执行期间债权人委员会的地位】重整计划执行期间，原设立的债权人委员会是否仍然有效？具有怎样的法律地位？

【回答】

重整计划执行期间，由管理人监督重整计划执行，必要时可保留债权人委员会，其职权应当限于监督计划执行，不应直接干预债务人企业的经营管理。

【理由】

《企业破产法》第68条明确债权人委员会拥有监督债务人财产的管理和处分、监督破产财产分配、提议召开债权人会议、债权人会议委托的其他职权四项职权。管理人、债务人等有关人员违反法律规定拒绝接受监督的，债权人委员会有权就监督事项请求人民法院作出决定。可见债权人委员会的主要职能在于监督破产程序的公正进行，保护债权人利益。

《企业破产法》第90条规定由管理人监督重整计划的执行，并未针对债权人委员会在重整程序中的角色和功能作出特别规定。对此，学界普遍认为应当赋予债权人委员会对重整程序的监督权，加强其监督职能。有观点认为，由于《企业破产法》采取的是"一厅三室"的总分则立法模式，债权人委员会制度既然规定在总则中，当然适用于重整、和解与破产清算程序。而且，《企业破产法》亦明确"管理人、债务人的有关人员违反本法规定拒绝接受监督的，债权人委员会有权就监督事项请求人民法院作出决定"。② 也

---

① 类似规范可参见《广西破产管理人业务指引(试行)重整程序指引部分》。

② 参见许胜锋：《我国破产程序中债权人委员会制度的不足与完善》，载《中国政法大学学报》2018年第5期。

有观点认为，现行立法将监督权赋予管理人行使，而未设置债权人方面对重整计划执行情况的监督机制，不利于维护债权人利益。对此应当强化债权人委员会的监督职能，赋予其监督权。此外，虽然目前立法在出现"不能执行或不执行重整计划"之情形时，无法选择更换执行主体，若将来立法修订为允许一定条件下变更重整计划执行主体，如由管理人担任变更后的重整计划执行人，便会出现"管理人监督管理人"的尴尬局面。故法律仅赋予管理人监督权亦是不周延的。应当赋予债权人委员会监督重整计划的执行的权利。①

本书认为，重整期间，债权人会议曾通过设立"债权人委员会"这一专门机构来对管理人进行日常性监督，这种做法可以沿用至重整计划执行期间。债权人委员会作为债权人会议的常设机构，可以克服债权人会议监督费资、耗时的缺陷，对管理人监督重整计划执行过程中出现的问题进行及时、有效的监督，增加债权人维护其自身权利的可能性，避免因制度和组织缺陷而导致的监督权利行使缺位。重整程序涉及多方主体，各主体间利益平衡问题更加复杂，对于债权人意思自治要求更高，故更应重视债权人委员会作用的发挥。鉴于债权人委员会被置于总则部分，其职能理应贯穿整个破产流程，包括重整阶段。而现行法律并未针对债权人委员会在重整程序中的角色和功能作出特别规定，故债权人委员会的职权应当限于监督计划执行，而非直接介入重整程序的执行。

【参考依据】

《企业破产法》

第 23 条　管理人依照本法规定执行职务，向人民法院报告工作，并接受债权人会议和债权人委员会的监督。

管理人应当列席债权人会议，向债权人会议报告职务执行情况，并回答询问。

第 68 条　债权人委员会行使下列职权：(一)监督债务人财产的管理和处分；(二)监督破产财产分配；(三)提议召开债权人会议；(四)债权人会议委托的其他职权。债权人委员会执行职务时，有权要求管理人、债务人

---

① 参见崔明亮：《破产重整计划执行法律问题研究》，载《中国政法大学学报》2018 年第 2 期。

的有关人员对其职权范围内的事务作出说明或者提供有关文件。管理人、债务人的有关人员违反本法规定拒绝接受监督的，债权人委员会有权就监督事项请求人民法院作出决定；人民法院应当在五日内作出决定。

第90条 自人民法院裁定批准重整计划之日起，在重整计划规定的监督期内，由管理人监督重整计划的执行。

在监督期内，债务人应当向管理人报告重整计划执行情况和债务人财务状况。

《美国破产法》

第1103条(c)(2) 依照本编第1102条任命的委员会可以——调查债务人的行动、行为、资产、债务以及财务状况，债务人企业的经营和继续经营该企业的有利条件，以及与案件或计划制订有关的任何其他事项。①

【参考案例】

浙江省温州中城建设集团有限公司重整案【浙江省温州市瓯海区人民法院(2014)温瓯商破字第5-6号民事裁定书】②

裁判要旨：鉴于中城公司重整的复杂性，法院多次认真听取债权人、债务人的意见，综合管理人的考量，探索性地提出保留原公司存续经营、设立新公司方便清算为主要内容的"分离式处置、清算式重整"的指导意见，以图实现"无害化剥离资债，有效性利用资源，最大化保护权益"的目的。中城公司原有股东权益(含可能应收)、资产(含已确定及未发现之各项应收款)、负债(含确认及应确认之全部债务)，除存留清单列明之外，全部整体性移转至由中城公司全资设立较低注册资本的子公司，由中城公司委派管理人员，建立治理机构，完成清算债权债务的主要任务。新公司的运行由债权人会议参与决定，债权人委员会、管理人实行监督。

(作者：崔梦也)

① 齐砺杰等编译：《五国破产法汇编：美国、英国、澳大利亚、新加坡、韩国》，法律出版社2023年版，第169页。
② 类似裁判可参见浙江省杭州市中级人民法院(2008)杭商破字第1-4号民事裁定书。

88.【重整计划执行期间衍生诉讼管辖确定】重整计划执行期间，债务人将企业租赁给投资人经营，双方发生纠纷，应如何确定管辖法院？

【回答】

重整计划执行期间，因重整程序终止后新发生的事实或者事件引发的有关债务人的民事诉讼，不适用《企业破产法》第 21 条有关集中管辖的规定，应适用一般管辖的规定。除重整计划有明确约定外，上述纠纷引发的诉讼，不再由管理人代表债务人进行。

【理由】

《企业破产法》第 21 条规定："人民法院受理破产申请后，有关债务人的民事诉讼，只能向受理破产申请的人民法院提起。"该规定是对破产案件集中管辖的规定。该规定的主要目的在于协调破产案件与破产衍生诉讼的进程，避免因进程不一致导致破产案件的审理无法顺利进行。

但"重整期间"和"重整计划执行期间"是两个不同的法律概念。自人民法院裁定债务人重整之日起至重整程序终止为重整期间。在此期间，债务人由破产管理人接管，管理人代表债务人参加诉讼，有关民事诉讼也由受理破产申请的法院集中管辖。重整计划执行期间是重整企业从重整期间转向完全正常经营的过渡期，债务人企业可以逐步过渡到正常经营状态，此时若再由破产案件受理法院集中管辖有关债务人的民事诉讼，将会对民事诉讼法的管辖规则造成过度冲击，不符合谦抑性原理。① 因此，《九民纪要》第 113 条第 2 款规定，重整计划执行期间，因重整程序终止后新发生的事实或者事件引发的有关债务人的民事诉讼，不适用《企业破产法》第 21 条有关集中管辖的规定。除重整计划有明确约定外，上述纠纷引发的诉讼，不再由管理人代表债务人进行。即便存在破产重整计划不能执行而向清算程序转化的情况，也仅仅是一种可能性，并不意味着必然转化，亦不会因重整计划执行阶段的民事诉讼未集中管辖而受到影响。②

---

① 参见徐阳光、梁春瑾：《破产衍生诉讼集中管辖规则的解释论分析》，载《人民司法》2023 年第 7 期。
② 参见最高人民法院民事审判第一庭主编：《民事审判实务问答》，法律出版社 2021 年版，第 276~277 页。

因此，重整计划执行期间，因重整程序终止后新发生的事实或者事件引发的有关债务人的民事诉讼不适用《企业破产法》第21条有关集中管辖的规定。另外，除重整计划有明确约定外，上述纠纷引发的诉讼，也不再由管理人代表债务人进行。这也符合人民法院裁定批准重整计划后，已接管财产和营业事务的管理人应当向债务人移交财产和营业事务的要求。

【参考依据】

《企业破产法》

第21条　人民法院受理破产申请后，有关债务人的民事诉讼，只能向受理破产申请的人民法院提起。

《九民纪要》

113. 要依法确保重整计划的执行和有效监督。重整计划的执行期间和监督期间原则上应当一致。二者不一致的，人民法院在确定和调整重整程序中的管理人报酬方案时，应当根据重整期间和重整计划监督期间管理人工作量的不同予以区别对待。其中，重整期间的管理人报酬应当根据管理人对重整发挥的实际作用等因素予以确定和支付；重整计划监督期间管理人报酬的支付比例和支付时间，应当根据管理人监督职责的履行情况，与债权人按照重整计划实际受偿比例和受偿时间相匹配。

重整计划执行期间，因重整程序终止后新发生的事实或者事件引发的有关债务人的民事诉讼，不适用《企业破产法》第21条有关集中管辖的规定。除重整计划有明确约定外，上述纠纷引发的诉讼，不再由管理人代表债务人进行。

【参考案例】

江苏国安建筑安装工程有限公司与被告大庆油田建设集团有限公司等建设工程施工合同纠纷案【最高人民法院（2019）最高法民辖14号民事裁定书】①

裁判要旨：《企业破产法》第21条关于破产衍生案件集中管辖的规定，

---

① 类似裁判可参见最高人民法院（2019）最高法民辖终131号民事裁定书、最高人民法院（2018）最高法民辖171号民事裁定书、青海省西宁市中级人民法院（2024）青01民辖终9号民事裁定书。

其目的在于通过集中管辖确保破产程序的有序进行，避免在破产程序进行中发生的有关债务人的民事诉讼，由不同的法院审理导致其余破产案件的审理进度难以协调，影响破产程序的顺利进行。而国安建筑公司（即债务人）重整计划执行期间的主要工作是债务人执行重整计划，并由管理人进行监督和报告，并无证据表明大丰法院（即破产受理法院）有关破产重整案件的审理工作仍在进行。本案作为破产重整执行期间新发生的有关债务人的民事诉讼，并无与国安建筑公司破产重整案件审理相协调的必要，故不应适用《企业破产法》第 21 条的规定。

（作者：崔梦也）

89.【债转股重整计划执行】在有限责任公司破产重整案件中，重整计划规定了债转股方案。重整计划执行期间，因执行障碍被法院裁定终止执行并宣告破产清算。此时部分债权人已完成股权变更，其他债权人尚未完成股权变更。那么，两类债权人在破产清算程序中是否均可以恢复行使债权？

【回答】

　　破产重整失败后，未完成股权变更的债权人可以恢复行使债权；已完成债转股的债权人不能恢复行使债权。

【理由】

　　对于未完成股权变更的债权人。由于债转股手续未办理完毕，转股行为尚未生效，自然属于债权未受清偿的部分，可按照《企业破产法》第 93 条第 2 款的规定恢复行使。

　　对于重整计划失败后已转股股权能否回转，理论界有两种不同的声音。一种观点认为债转股后不能恢复行使债权。主要理由是，债转股具有债务清偿和债权出资的双重属性。债转股中"债"的关系主要受破产法调整，而"股"的关系则主要受公司法调整。依据《企业破产法》第 93 条第 2 款，即使法院裁定终止重整计划，债权人在计划执行过程中所获的清偿仍然有效，因而转股后的股权不能再恢复为原债权。从《公司法》的角度分析，债转股是以债权对公司出资，由于债权可估价并可依法转让，符合出资条件。股

· 354 ·

权变更登记手续若办理成功，债权就永久性地变为了股权，如若再允许股权回转为债权，就违反了《公司法》关于资本充实义务的相关规定。①

另一种观点认为债转股后可以恢复行使债权。主要理由为，债转股具有代物清偿属性，反对股权投资属性，从而否认《公司法》对其的调整。根据代物清偿的瑕疵担保规则，当代物清偿影响债权实现时，原有债的关系因为当初消灭债权的原因归于消灭而重新"复活"，债权人可以请求债务人再度负担原债务。同样，根据《企业破产法》第93条，在重整计划中作出的债权调整的承诺失去效力，仍属于破产债权。②

本书赞同第一种观点，即已完成股权变更的债权人不能恢复行使债权。理由如下：

从理论上，"代物清偿—瑕疵担保"观点的缺陷在于，所谓瑕疵担保责任，是指转让股份的权利瑕疵。如果在债转股过程中股权本身和转让程序并不存在瑕疵，转股行为已经完成并发生法律效力，那么重整失败后的债务风险就属于债权人应当承担的市场风险，而不属于股权代物清偿之瑕疵。要明确的是，债务履行完毕的节点在于股权变更登记手续完成之后，当重整企业依照重整计划规定的债转股条件，将确定的出资人权益交付于债权人，债权人取得出资人地位，此后其债权归于消灭，属于已经清偿完毕的债权（如果变更登记完成都不算完成清偿，那么有债转股方案的重整计划就永远无法执行完毕了）。因此，不论重整计划终止执行的原因为何，债权人因执行债转股重整计划取得的清偿利益应当按照《企业破产法》第93条第2款，认定为"债权人因执行重整计划所受的清偿仍然有效"，不存在应当恢复原债权状态的问题。③

从目的上，债转股的本质目的在于帮助重整企业消减目前债务，改善、

① 参见王欣新：《再论破产重整程序中的债转股问题——兼对韩长印教授文章的回应》，载《法学》2018年第12期。

② 参见韩长印：《破产法视角下的商业银行债转股问题——兼与王欣新教授商榷》，载《法学》2017年第11期；崔军：《代物清偿的基本规则及实务应用》，载《法律适用》2006年第7期；丁燕：《破产重整企业实施债转股的六个关键》，载《中国社会科学报》2018年第5期。

③ 参见邹海林：《透视重整程序中的债转股》，载《法律适用》2018年第19期。

优化财务结构，提高重整效率和成功可能。① 若将破产重整中的债转股定性为代物清偿，只单方面强调了债务清偿，无法体现债转股制度背后为企业和债权人创造经济价值的优越性。而且，若债转股可轻易回转，债转股于债权人而言将成为一笔稳赚不赔的买卖——若重整成功，债权人和公司一同获益；若重整失败，债权人可选择股权回转，重整企业信用风险反倒增加，这无疑违背了债转股的设立目的。

从操作可行性上，债转股作为出资行为，应当遵守《公司法》的规定。若将用资本公积金转增的股权回转为债权，应当经过减资程序，需要根据《公司法》第 224 条第 2 款的规定通知全体债权人，并可能被要求清偿债务或者提供相应的担保。但是破产企业已经陷入财务困境，根据《企业破产法》第 16 条、第 75 条，个别清偿和担保一般是被禁止的，减资程序在实践中很难进行。但若不履行减资程序，将违反《公司法》第 53 条规定的资本充实义务，构成抽逃出资。简言之，将已转股股权回转为债权的做法并无操作空间。

从法律后果上，允许股权回转也绝非明智之举——若允许已完成债转股的权利人在重整计划失败时随时撤资，甚至转换成与公司交易的第三人不知情的巨额债权，有损第三人的信赖利益，将不利于重整企业纾困。

有学者认为，不能将破产重整下债转股的风险完全转嫁到转股债权人身上，而应当赋予其股权回复为债权的法律效力，以提高债权人转股的积极性。② 但从吸引第三方投资人，降低重整企业信用风险的角度，在重整计划中增设债权人补偿条款(当重整转清算时，针对风险发生后的损失给予转股债权人一定的补偿)作为债权人同意债转股的附加条件，③ 或者在制定破产重整计划草案时为债转股债权人提供替代性清偿计划不失为更佳选择，④ 能够更好地衡平各方利益，推动重整企业重新回归市场。

---

① 参见丁燕：《破产重整企业实施"债转股"的法经济学分析》，载《经济法学评论》2018 年第 1 期。

② 参见李立勇：《破产重整中债转股法律问题研究》，中南财经政法大学 2021 年博士学位论文，第 117 页。

③ 参见孔昕暖：《破产重整程序中"债转股"债权人的法律保护》，载《南海法学》2022 年第 3 期。

④ 参见王峻峰：《破产重整中金融债权债转股法律问题研究》，载《经济研究导刊》2018 年第 4 期。

【参考依据】

《公司法》

第 53 条 公司成立后，股东不得抽逃出资。

违反前款规定的，股东应当返还抽逃的出资；给公司造成损失的，负有责任的董事、监事、高级管理人员应当与该股东承担连带赔偿责任。

第 224 条第 2 款 公司应当自股东会作出减少注册资本决议之日起十日内通知债权人，并于三十日内在报纸上或者国家企业信用信息公示系统公告。债权人自接到通知之日起三十日内，未接到通知的自公告之日起四十五日内，有权要求公司清偿债务或者提供相应的担保。

《企业破产法》

第 93 条 债务人不能执行或者不执行重整计划的，人民法院经管理人或者利害关系人请求，应当裁定终止重整计划的执行，并宣告债务人破产。

人民法院裁定终止重整计划执行的，债权人在重整计划中作出的债权调整的承诺失去效力。债权人因执行重整计划所受的清偿仍然有效，债权未受清偿的部分作为破产债权。

前款规定的债权人，只有在其他同顺位债权人同自己所受的清偿达到同一比例时，才能继续接受分配。

有本条第一款规定情形的，为重整计划的执行提供的担保继续有效。

中国台湾地区"消费者债务清理条例"

第 78 条 法院裁定开始更生程序后，债务人免责前，法院裁定开始清算程序，其已进行之更生程序，适于清算程序者，作为清算程序之一部；其更生声请视为清算声请。

前项情形，于更生程序已申报之债权，视为于清算程序已申报债权；更生程序所生之费用或履行更生方案所负之债务，视为财团费用或债务。

第 79 条 更生方案经法院裁定认可确定后，债务人尚未完全履行，而经法院裁定开始清算程序时，债权人依更生条件已受清偿者，其在更生前之原有债权，仍加入清算程序，并将已受清偿部分加算于清算财团，以定其应受分配额。

前项债权人，应俟其他债权人所受之分配与自己已受清偿之程度达同一比例后，始得再受分配。

《美国破产法》①

第 348 条（d） 若对破产实体或债务人主张的债权产生于破产救济令被作出后，根据本篇第 1112、1208 或 1307 条进行程序的转换前，则除本篇第 503 条（b）中所述债权外其余债权在所有情况中均应被视为在破产申请被提交前产生的债权。

【参考案例】

信达公司诉银河公司对已按债转股转化的原有债务仍应按债务予以清偿案【河南省高级人民法院（2022）辽 0711 执 225 号之一百三十五民事裁定书】②

裁判要旨：根据公司法的一般理论，股东的出资一旦投入公司，即成为公司的资产，该资产是公司运营和对外独立承担民事责任的物质基础，股东不得随意抽回。本案中，债权已转化为股权，成为法人财产的一部分后，发起人或股东不得退股、不得抽回股本。因此，该签章行为不具有否认银行投资行为的效力，亦不能产生债务人偿还已成为该公司股本的原贷款的义务。

（作者：陈羽萱）

90.【重整计划执行转清算】人民法院裁定终止重整计划执行，并宣告债务人破产的，对重整计划执行期间重整投资人已支付的偿债资金是否退还？如何退还？

【回答】

重整计划执行中，若重整投资人与重整企业为借贷关系，则债务关系形成，重整投资人已支付的偿债资金按照共益债务随时清偿。若重整投资人与重整企业为投资关系，投资资金已换取对价股权，则不应按共益债务处理。

---

① 李曙光审定，申林平译：《美国破产法典：中英文对照本》，法律出版社 2021 年版，第 125 页。

② 参见唐红新、郗捷、呼晓楠：《已按债转股转化的原有债务是否需要按债务予以清偿?》，载微信公众号"民商事疑难法律问题研究"，2017 年 12 月 14 日。

【理由】

重整投资人通常会通过股权投资、财务投资两种方式对重整企业进行投资。第一种方式为股权型，此模式下股份转让包括股东让渡其股份、资本公积金转增股本等方式。第二种方式为债权型，此模式下主要包括借款及发行债券，但重整中的债务人通过发行公司债券进行融资的难度较大，因此该模式主要为投资人向债务人提供借款。

共益债务是指进入破产程序后，为全体债权人共同利益以及破产程序顺利进行而负担的债务。共益债务在债务人财产中随时清偿的法理依据是共益债务系为了全体债权人利益而产生的债务，全体债权人均因该债务而获益，因此要求在债务人财产中随时清偿。第一种方式中，重整投资人支付偿债资金是为了获得重整企业的股权，而股权投资是为了长期收益，并不是为了破产程序的顺利进行，因此不符合共益债务的定义，继而对于这部分资金也不能按照共益债务的处理方式随时清偿。而第二种方式中，重整投资人向债务人提供借款来维持其生产、续建项目，债务人将生产、续建完成后的所得变现，以共益债务清偿或其他优先清偿的方式将本息支付给投资人。实践中，"共益债投资"常见于房地产企业的破产重整过程中的项目续建融资。债务人获得现金流后，能够使企业重生，重新激活生产建设，实现收益。投资者则可以从企业的恢复经营收益中收回借款本金及获得利息收益。而当债务人企业完成项目建设及经营后，其整体资产价值得到提升，将最大限度维护全体债权人的利益。

【参考依据】

《企业破产法》

第42条　人民法院受理破产申请后发生的下列债务，为共益债务：

（一）因管理人或者债务人请求对方当事人履行双方均未履行完毕的合同所产生的债务；（二）债务人财产受无因管理所产生的债务；（三）因债务人不当得利所产生的债务；（四）为债务人继续营业而应支付的劳动报酬和社会保险费用以及由此产生的其他债务；（五）管理人或者相关人员执行职务致人损害所产生的债务；（六）债务人财产致人损害所产生的债务。

第43条　破产费用和共益债务由债务人财产随时清偿。

债务人财产不足以清偿所有破产费用和共益债务的，先行清偿破产费用。

债务人财产不足以清偿所有破产费用或者共益债务的，按照比例清偿。

债务人财产不足以清偿破产费用的，管理人应当提请人民法院终结破产程序。人民法院应当自收到请求之日起十五日内裁定终结破产程序，并予以公告。

《破产法解释（三）》

第 2 条 破产申请受理后，经债权人会议决议通过，或者第一次债权人会议召开前经人民法院许可，管理人或者自行管理的债务人可以为债务人继续营业而借款。提供借款的债权人主张参照《企业破产法》第四十二条第四项的规定优先于普通破产债权清偿的，人民法院应予支持。但其主张优先于此前已就债务人特定财产享有担保的债权清偿的，人民法院不予支持。

管理人或者自行管理的债务人可以为前述借款设定抵押担保，抵押物在破产申请受理前已为其他债权人设定抵押的，债权人主张按照《民法典》第四百一十四条规定的顺序清偿，人民法院应予支持。

【参考案例】

沈阳机床股份有限公司破产重整案【辽宁省沈阳市中级人民法院（2019）辽 01 破 18 号】

裁判要旨：中国通用技术集团在重整期间向沈阳机床股份有限公司提供共益借款 2.8 亿元，此借款用于公司重整期间的生产经营费用和相关重整费用，包括维持企业生产经营的相关费用和支付职工薪酬及相关费用等。如果意向投资人未作为重整投资人或上市公司的破产重整程序转为破产清算程序，则其先前的投资可认定为共益债务。

（作者：李静）

91. 【重整计划执行期间新生债权的认定】重整计划执行失败后又转入破产清算的案件中，重整计划执行期间新形成的债权如何认定？重整计划执行期间新发生的建设工程债权与破产受理前产生的建设工程债权的清偿顺位如何确定？

【回答】

重整计划执行期间的新生债权一般应当认定为共益债务，按照共益债务的清偿顺位受偿。破产受理前产生的建设工程债权和重整计划执行期间发生的建设工程债权，应各自按照其对应的特定工程范围行使建设工程价款优先权。

【理由】

关于重整计划执行期间新形成的债权如何认定，先要明确重整计划执行期间是否属于重整程序。若认为重整计划执行期间属于重整程序，新生债权应当被认定为共益债务；反之则不应当被认定为共益债务。对此学界有两种观点：

否定观点认为重整计划执行期间独立于重整程序。由于《企业破产法》第86、87、88条规定了人民法院终止重整程序的情形，有观点认为重整程序终点的标志在于重整计划草案经债权人会议表决通过进入执行重整计划阶段或经债权人会议表决未通过进入破产清算程序。重整计划执行期间系受到重整计划契约效力约束的常态企业的运行阶段，具有相对独立性。重整计划执行期间的新生债务可以即时清偿，但如无约定则不属于共益债务。[1]（2022）鲁03民终2887号民事判决书中，人民法院认为重整计划执行期间，重整程序已经终止，企业开始重新回归市场，在此期间产生的债务是基于经营产生的一般性债务，不能作为共益债务清偿。[2]

肯定观点认为重整计划执行期间属于重整程序。《九民纪要》第114条第3款规定："重整程序因人民法院裁定批准重整计划草案而终止的，重整案件可作结案处理。重整计划执行完毕后，人民法院可以根据管理人等利害关系人申请，作出重整程序终结的裁定。"人民法院批准重整计划草案的裁定并不产生重整程序最终结束的法律效果，重整程序自重整计划执行完毕时结束。重整期间的最终目标是达成有效的重整计划，而重整计划执行

---

[1] 参见钱宁：《重整计划执行期间的独立性及规则完善》，载《华侨大学学报（哲学社会科学版）》2021年第1期。

[2] 参见山东省淄博市中级人民法院（2022）鲁03民终2887号民事判决书；同类案例：浙江省台州市中级人民法院（2020）浙10民终1679号民事判决书。

期间是对重整期间最终目标的落实与延续，理应属于重整程序。① 广东省高级人民法院《关于审理企业破产案件若干问题的指引》第 88 条也规定，重整期间或重整计划、和解协议的执行期间，债务人和管理人为债务人营业所负债务可以优先于普通债权受偿。

本书采纳肯定观点，即重整计划执行期间属于重整程序。比较法上，《日本民事再生法》第 188 条第 2 款规定，指定监督人的，在再生程序执行后或再生计划批准满三年后，法院才能终结程序。我国台湾地区"公司法"第 310 条第 1 款规定，重整完成时，应申请法院为重整完成之裁定。韩国大多数 DIP 融资都发生在重整程序开始后和重整程序批准后。② 本书认为，人民法院裁定重整程序终结才是重整程序结束的标志，重整程序的保护范围应当包含重整计划执行期间，重整计划执行期间的新生债权无须特别约定即可被认定为共益债务。然而，并非重整计划执行期间的所有新生债权都属于共益债务。《民法典》第 538、539 条规定了债权人撤销权，《企业破产法》第 33 条规定债务人隐匿财产、虚构债务的行为无效，《企业破产法》第 69 条及《破产法解释（三）》第 15 条第 1 款、第 2 款对重大财产处分行为规定了批准报告程序，新生债权很可能因无效、可撤销及违反重大财产处分程序而丧失其共益债优先清偿顺位。

关于重整计划执行期间的新生债权与破产受理前产生债权的清偿顺序如何确定的问题，本书认为清偿顺序主要取决于债权的性质和优先级别，而不是债权产生的时间。重整计划执行期间的债权性质上一般为共益债务，可以优先于普通债权清偿，但并不能优于消费者购房债权、建设工程款债权及有财产担保债权等法定优先债权的清偿顺位。破产案件受理前产生的建设工程债权和重整计划执行期间发生的建设工程债权，应各自按照其对应的特定工程范围行使建设工程价款优先权。《民法典》第 807 条规定，建设工程的价款系就该工程折价或者拍卖的价款优先受偿。通常破产受理前的建设工程款与重整计划执行期间新生的建设工程款所对应的不是同一个工程。即便为同一工程，前后承担的工程内容也并不相同，此时应各自就

---

① 参见陈晓星、彭东城：《重整计划执行期间新生债务的性质探究》，载《北京化工大学学报（社会科学版）》2022 年第 3 期。

② 参见亚洲商法研究所：《亚洲（亚太）企业重组与破产制度》，孟天一等译，法律出版社 2020 年版，第 489 页。

对应的工程行使优先权。若破产财产不足以清偿全部建设工程债务，且前后承担的工程内容价值在客观上无法分别计算，应根据《企业破产法》第113条第2款按比例清偿。

【参考依据】

《企业破产法》

第33条　涉及债务人财产的下列行为无效：（一）为逃避债务而隐匿、转移财产的；（二）虚构债务或者承认不真实的债务的。

第72条　自人民法院裁定债务人重整之日起至重整程序终止，为重整期间。

第86条　各表决组均通过重整计划草案时，重整计划即为通过。

自重整计划通过之日起十日内，债务人或者管理人应当向人民法院提出批准重整计划的申请。人民法院经审查认为符合本法规定的，应当自收到申请之日起三十日内裁定批准，终止重整程序，并予以公告。

第88条　重整计划草案未获得通过且未依照本法第八十七条的规定获得批准，或者已通过的重整计划未获得批准的，人民法院应当裁定终止重整程序，并宣告债务人破产。

《民法典》

第538条　债务人以放弃其债权、放弃债权担保、无偿转让财产等方式无偿处分财产权益，或者恶意延长其到期债权的履行期限，影响债权人的债权实现的，债权人可以请求人民法院撤销债务人的行为。

第539条　债务人以明显不合理的低价转让财产、以明显不合理的高价受让他人财产或者为他人的债务提供担保，影响债权人的债权实现，债务人的相对人知道或者应当知道该情形的，债权人可以请求人民法院撤销债务人的行为。

第807条　发包人未按照约定支付价款的，承包人可以催告发包人在合理期限内支付价款。发包人逾期不支付的，除根据建设工程的性质不宜折价、拍卖外，承包人可以与发包人协议将该工程折价，也可以请求人民法院将该工程依法拍卖。建设工程的价款就该工程折价或者拍卖的价款优先受偿。

《九民纪要》

114.【重整程序与破产清算程序的衔接】……重整程序因人民法院裁定

批准重整计划草案而终止的，重整案件可作结案处理。重整计划执行完毕后，人民法院可以根据管理人等利害关系人申请，作出重整程序终结的裁定。

《广东省高级人民法院关于审理企业破产案件若干问题的指引》

第88条【继续营业所负债务的处理】 重整期间或重整计划、和解协议的执行期间，债务人和管理人为债务人营业所负债务可以优先于普通债权受偿，重整计划、和解协议另有安排或担保债权人同意使用担保财产清偿的除外。

中国台湾地区"公司法"

第310条 公司重整人，应于重整计划所定期限内完成重整工作；重整完成时，应声请法院为重整完成之裁定，并于裁定确定后，召集重整后之股东会选任董事、监察人。

前项董事、监察人于就任后，应会同重整人向主管机关申请登记或变更登记。

《日本民事再生法》

第188条 再生程序的完成

(1)如果确认再生计划的命令成为具有约束力的最终命令，法院必须发布转再生程序完成命令，除非指定了监督人或受托人。

(2)如果指定了监督人，并且再生计划已经执行或自再生计划确认令成为最终和有约束力的命令起三年后，法院必须应受再生程序管辖的债务人或监督人的请求或根据其自身的权力发布再生程序完成令。

(3)如果指定了受托人，并且再生计划已经执行或法院认定再生计划肯定会执行，则法院必须根据受再生程序管辖的债务人或受托人的请求，或根据其自身的权力，发布完成再生程序的命令。

(4)再生程序完成时，监管令及管理令即不再有效。

(5)如果法院已下令完成再生程序，法院必须发布公告，公布命令的主要内容及其所附理由概要。

韩国《债务人重整与破产法》

第283条 停止康复程序

(1)当根据康复计划开始偿还款项时，法院应根据下列任何一人的请求或依职权决定停止康复程序，但当被认为妨碍了康复计划时，不适用此规定：

1. 托管人；

2. 被列入或报告的康复债权人或有康复担保的债权人。

(2)法院在作出第(1)款所述决定时，应公开通知该决定的执行部分及其理由要点。在这种情况下，无需送达。

(3)第 40 条第(1)款的规定应比照适用于作出第(1)款规定所述决定的情况。

【参考案例】

淄博铄杰化工销售有限公司、淄博得润生物科技有限公司与破产有关的纠纷案【山东省淄博市中级人民法院(2022)鲁 03 民终 2887 号民事判决书】

裁判要旨：重整程序终止后，在重整计划执行期间，企业已经开始重新回归市场，在此期间产生的债务是基于经营产生的一般性债务……重整计划执行期间，对于债务人新发生的有关继续营业，债务人如果没有经法院许可或者债权人会议决定，由此产生的债务属于债务人的一般经营性债务……

(作者：高野)

92.【重整分配中债权人开具发票义务的确定】A 公司破产重整中，B 公司作为供应商主张货款债权 1000 万元，且 B 公司一直未就供货款开具发票。B 公司最终按照普通债权 30% 的清偿率获得债权清偿 300 万元。重整计划执行期间，A 公司要求 B 公司按照全部供货金额 1000 万元开具发票，B 公司抗辩仅应按照受偿金额 300 万元开具发票。此时应如何确定其开具发票义务？

【回答】

根据重整计划规定，债权人应当先开具发票的，在债权人提交发票前，债务人或者管理人有权拒绝清偿债权。债权人开具发票时，可按实际获偿金额确定发票金额。

【理由】

重整分配中债权人开具发票义务的确定，本质上在于债权人和投资人之间利益的博弈与平衡。债务人重整程序中，债权人因可能无法全额获偿债权的心理预期对其开票义务产生强烈的抵触情绪，投资人又因增值税发票抵税对重整后的企业主体具有直接经济利益而将开具发票作为投资前提。双方利益及需求在企业破产法与税法交叉的场域中不可避免地出现了难以调和的矛盾，这也是管理人在实践中经常面临的现实难题。

本书认为，在有关法律规范未对该问题予以明确规定前，可从重整计划(草案)的条款设计、"先票后款"的法律效力及开票金额的实际确定等三个层面渐次展开。具体如下：

第一，债务人或管理人可在重整计划(草案)中设置"先票后款"条款。依据《民法典》第143条及目前实践中的主流观点，① 对债权人作为卖方，债务人已收到货物但未支付货款，债权人亦未开具发票的情形，债务人或管理人可在重整计划(草案)中约定欠付发票的债权人应当先开具发票，再由债务人或管理人根据重整计划对其分配清偿。在现行法律既未明确规定付款与开票先后顺序，亦未明确禁止当事人就该事项做出约定的情况下，债务人或管理人在重整计划(草案)中设置"先票后款"条款，将附随义务提升至与主合同义务对等的地位，并通过提交债权人会议表决、人民法院裁定批准的方式与债权人达成合意，既符合双方意思表示真实的要件，亦不违反法律、行政法规的强制性规定，也不违背公序良俗，相关约定应当合法有效。当然，考虑未开具发票而全额拒绝清偿债权存在引发债务人、管理人与债权人之间的矛盾风险，可探索设计分批发放清偿款的方案，以实现平衡各方利益、顺利执行重整计划的效果。故 A 公司或其管理人可在重整计划(草案)中设置"先票后款"条款。

第二，重整计划规定"先票后款"的，债务人或管理人可以债权人未开具发票为由行使先履行抗辩权。从法律规范层面看，依据《税收征收管理

---

① 类似裁判可参见最高人民法院(2017)最高法民申1675号民事裁定书、最高人民法院(2019)最高法知民终177号民事判决书、湖南省衡阳市中级人民法院(2024)湘04民终516号民事判决书等。相左观点认为付款义务为主合同义务，开具发票义务为从给付义务，开具发票义务不具备与付款义务相匹配的对待给付地位，先票后款的约定无效。类似裁判可参见最高人民法院(2019)最高法民申2588号民事裁定书、最高人民法院(2020)最高法民申4859号民事裁定书等。

法》第21条、《发票管理办法》第18条，开具发票系收款主体依法应当承担的税法义务。在一般民事合同领域，相较付款等主合同义务，开具发票一般是合同的附随义务，未履行附随义务不能作为拒绝履行主合同义务的抗辩理由，但仅限于双方未对付款与开票先后顺序予以明确约定的情形。① 依据《民法典合同编通则解释》第31条，当事人约定一方未开具发票，另一方有权行使先履行抗辩权并拒绝付款的，未开具发票可作为拒绝付款的抗辩理由。重整计划作为一种特别法上的特殊合同和契约行为，在破产法未特别规定时，其仍受民法调整。当债务人或管理人在重整计划中约定欠付发票的债权人应当先开具发票，再根据重整计划分配清偿的，在债权人交付发票前，债务人或者管理人有权拒绝清偿债务。从利益衡平角度看，尽管债务人在重整程序中由管理人完成债务清偿工作，且重整后股东和法人均会发生变更，但债务人公司仍具有独立的法人人格，仍有权索取发票且不受重整程序影响。另外，开具发票属于债权人作为出卖人应尽的从给付义务，若因债权可能无法获得全额清偿而拒绝开具发票，将会对投资人和重整后公司的后续经营造成极大的负面影响，不利于重整效果的实现。此时债权人权益应依法"让位"于债务人和投资人权益。② 故A公司重整计划规定债权应当先开具发票的，在B公司提交发票前，A公司或其管理人有权拒绝清偿其债权。

第三，发票金额应以债权人在重整分配中实际获偿金额为准。关于债权人开具发票的金额，实践中主要存在两种观点，一种观点认为应以实际货款金额为准，该观点以府院联动为视角，侧重对投资人权益的保护；另一种观点认为应以实际获偿金额为准，侧重对债权人权益的保障。本书倾向于支持后一种观点，一方面依据《增值税暂行条例》第6条，销售额为纳税人销售货物向购买者收取的全部价款和价外费用，即应以实际清偿的债权金额作为开具发票的销售额；另一方面在债权人清偿债权金额已产生减损的情形下，要求债权人按货款金额作为开具发票的销售额将使债权人在

---

① 参见最高人民法院民事审判第一庭编：《民事审判实务问答》，法律出版社2021年版，第152页；相关裁判可参见最高人民法院（2019）最高法民申2588号民事裁定书、最高人民法院（2017）最高法民申3960号民事裁定书等。

② 参见宋佳秋、朱长胜：《对一起企业破产重整中发票开具纠纷的分析》，载《税务与会计》2022年第9期。

重整程序中遭受"二次伤害",此时投资人权益应适度"让位"于债权人权益。故 B 公司可主张按实际获偿金额 300 万元确定发票金额。

【参考依据】

《税收征收管理法》

第 21 条 税务机关是发票的主管机关,负责发票印制、领购、开具、取得、保管、缴销的管理和监督。

单位、个人在购销商品、提供或者接受经营服务以及从事其他经营活动中,应当按照规定开具、使用、取得发票。

发票的管理办法由国务院规定。

《发票管理办法》

第 18 条 销售商品、提供服务以及从事其他经营活动的单位和个人,对外发生经营业务收取款项,收款方应当向付款方开具发票;特殊情况下,由付款方向收款方开具发票。

《增值税暂行条例》

第 6 条第 2 款 销售额为纳税人发生应税销售行为收取的全部价款和价外费用,但是不包括收取的销售项税额。

《民法典合同编通则解释》

第 31 条第 1 款 当事人互负债务,一方以对方没有履行非主要债务为由拒绝履行自己的主要债务的,人民法院不予支持。但是,对方不履行非主要债务致使不能实现合同目的或者当事人另有约定的除外。

【参考案例】

重庆通耀交通装备有限公司与重庆建工工业有限公司建设工程施工合同纠纷案【重庆市武隆区人民法院(2021)渝 0156 民初 385 号民事判决书】[①]

裁判要旨:依据《税收征收管理法》第 21 条、《发票管理办法》第 19 条[②],收取工程款后开具相应的增值税发票系承包方依法负担的税法义务。但在双方未就开具增值税发票作出明确约定时,开票义务仅系开票人基于

---

① 类案裁判可参见上海市浦东新区人民法院(2023)沪 0115 民初 80166 号民事判决书、山西省吕梁市中级人民法院(2016)晋 11 民初 114 号民事判决书等。

② 该行政法规已于 2023 年修订,该条文目前已变更为第 18 条。

上述税法规范而负担的附随义务，且开票金额应当以真实交易情况为基础，不得违背发票的真实性原则。本案中，对于通耀公司已付工程款的部分，建工公司应按实际收款金额开具发票；对于未付工程款的部分，因通耀公司现处于重整计划执行阶段，建工公司债权的实际偿付情况尚无法确认，应税收入具体数额亦无法确认，故就该部分款项要求开票的诉讼请求不予支持。

（作者：张欢欢）

93.【重整计划执行期间债权申报的处理】重整计划执行期间，债权人向管理人申报债权，被告知重整计划执行期间不得行使权利，重整计划执行完毕后可以按同类债权的清偿条件行使债权。重整计划执行完毕后，该债权人再次主张债权，并向法院提起诉讼。

(1)管理人可否要求该债权人支付逾期申报债权的费用，并在确认的债权中予以冲抵？

(2)如果该债权人系明知债权申报事宜而恶意在重整计划执行期间申报，则该笔债权应如何认定？对于重整计划执行完毕后补充申报债权是否可以在重整计划草案中做限制性规定？

【回答】

(1)管理人可以要求该债权人支付逾期申报债权的费用，且不宜在确认的债权中予以冲抵。

(2)对明知申报事宜而未申报的债权仍应予以认定。若有地方性法规等相关依据，则重整计划可限制未申报债权人的权利。若无相关依据，重整计划执行完毕后补充申报的债权仍应得到同等清偿，不可在重整计划草案中作限制性规定。

【理由】

一、债权人应支付逾期申报债权的费用

《企业破产法》第56条规定，为审查和确认补充申报债权的费用，由补充申报人承担。虽然《企业破产法》并未直接规定重整程序中未申报债权的收取，但是其与《企业破产法》第 56 条同为关于未申报债权的规定。在重整程序中，可以参照《企业破产法》第 56 条关于补充申报的规定收取补充申报费用，即申报费用由未申报债权人承担，由管理人收取。此处收取的费用是为了审查债权而支出的必要费用，可能会用于支付管理人报酬等其他用途，与确认的债权不可一概而论，故不可直接冲抵。

二、重整计划草案不可在于法无据情形下限制逾期申报债权人的权利

对于能否限制重整程序中未申报债权人权利的问题，有观点认为，可以通过重整计划或是根据未申报债权人的主观心态来限制未申报债权人的权利。主要理由如下：首先，根据《企业破产法》第 92 条第 1 款的规定："经人民法院裁定批准的重整计划，对债务人和全体债权人均有约束力。"虽然未申报债权人未参加重整计划的制定与表决，但重整计划仍然会对其产生效力，[①] 故重整计划中限制其权利的条款对其当然要发生效力；其次，限制或排除未申报债权人的权利有利于重整企业的重生，为确保重整企业能够拯救成功，应当认定其为有效；[②] 再次，《企业破产法》第 92 条第 2 款的用词为"可以"而非"应当"，从文义解释的角度，"可以"一词不具有强制性，即代表着重整案件中的管理人可以根据案件情况与债权人、债务人进行协商，提交法院或债权人会议或债权人委员会决定。这几点理由看似合理，但是其仅是希望达到限制未申报债权人权利所产生的效果，是一种实然角度的看法，其预设该类条款有效，才能产生约束未申报债权人的效力，而未解释限制权利的条款能否出现在重整计划中的问题。虽然重整计划对未申报债权人会产生效力已为学界共识，但这并不代表限制未申报债权人的权利具有足够的合法性。如果该类条款缺乏合法性，即使重整计划可约束未申报债权人，未申报债权人的权利也不会受到该条款的限制。理由如下：

第一，通过重整计划或其他方式限制未申报债权人的权利会违反《民法典》及《民事诉讼法》相关规定。破产受理时，未申报的债权可能是尚未提起

---

① 参见欧阳良宇：《重整程序未申报债权性质与清偿规则探析》，载《太原学院学报（社会科学版）》2022 年第 3 期。

② 参见程顺增：《规避企业破产法的重整计划条款有效》，载《人民司法》2019 年第 32 期。

诉讼或仲裁，或者正在进行诉讼或仲裁，或者已经进入执行程序的债权。对于未进入执行程序的债权而言，《民法典》第 188 条赋予了债权人为期 3 年的诉讼时效，① 如果重整计划在期限上进行限制，无异于改变了《民法典》第 188 条的规定。虽然《企业破产法》作为《民法典》的特别法，根据"特别法优先于一般法"的法律适用原则，在处理重整案件时，应当优先适用《企业破产法》。② 但是《企业破产法》并未对未申报债权的申报时限进行特别规定，不属于《民法典》第 188 条中"法律另有规定"的范畴。若是已经进入了执行程序的未申报债权，则应当遵守《民事诉讼法》第 239 条有关执行时效的规定，若未超过执行时效，未申报债权人当然有权利获得清偿。最高人民法院亦支持此种观点，认为重整计划执行完毕后，已经进入执行程序的未申报债权人可按照破产重整计划规定的同类债权的清偿条件行使权利，申请恢复执行。③

第二，限制未申报债权人的权利违反《企业破产法》第 92 条的规定。第 92 条第 2 款中的表述为"可以按照重整计划规定的同类债权的清偿条件行使权利"，故有学者认为，此处"可以"的非强制性代表着重整程序中可以通过重整计划来限制未申报债权人的权利。但是实际上该种观点是对《企业破产法》第 92 条的误读。《企业破产法》第 92 条第 2 款的主语是"未申报债权人"，故此处的"可以"所修饰主体为未申报债权人而非重整计划或重整计划的制定者。第 92 条第 2 款指的是未申报债权人在重整计划执行完毕之前不能行使权利，只有在重整计划执行完毕之后，才可以按照重整计划规定的同类债权清偿条件来选择行使权利或是放弃权利。故此处的"可以"一词并未赋予重整计划限制未申报债权人权利的权限，而是赋予了未申报债权人选择权。如果未申报债权人选择行使权利，按照第 92 条第 2 款的规定同等比例受偿，而不受到重整计划的限制。

第三，限制未申报债权人的权利有违公平原则。破产法作为市场经济

---

① 《民法典》第 188 条第 1 款："向人民法院请求保护民事权利的诉讼时效期间为三年。法律另有规定的，依照其规定。"

② 参见张善斌、钱宁：《论破产法修订应考量的几个重要关系》，载《宁夏社会科学》2022 年第 4 期。

③ 参见最高人民法院(2022)最高法执监 121 号执行裁定书。

法律体系的重要组成部分，应体现公平的理念，① 在对于债权人的保护上则体现为所有债权均需按照顺序与比例接受分配。相较于强制执行程序，破产程序重要功能之一便在于能够避免强制执行程序可能带来的债权人受偿上的不平等，可见公平对待正是破产程序的优势所在。重整程序作为破产程序的重要组成部分，以意思自治为其基本原则，② 但这并不代表重整计划可以随意剥夺未申报债权人的权利，而是同样需要受到公平原则的约束。未申报债权可能属于不同顺位的债权，重整计划作为重整参与人之间订立的一种协议，需要平等对待同一顺位的债权人，使之获得同等比例的清偿。不能因未申报债权数量数额较少或未及时申报为由以多数人的意思来剥夺少数未申报债权人的权利，或是无限度地牺牲未申报债权人的清偿利益而片面地强求拯救企业。除非债权人同意，否则破产重整方案不得将债权人置于较破产清算更为不利的地位。重整计划的批准条件之一亦是符合公平原则，③ 违反公平原则的重整计划即使得到了表决通过，也不应当获得法院的批准，更无法约束全体债权人。

综上所述，在现行法的框架下，在重整计划中限制或剥夺未申报债权人权利的做法不具有法理上的正当性，该类条款不应出现在重整计划中。需要说明的是，出于司法实践的需要，有地方通过司法文件限制重整程序中未申报债权人的权利。④ 本书认为，在这些地区，地方文件可以作为在重整计划中写入限制性条款的法律依据，但未推出此类法律文件的地区采用此种做法则没有正当性，应当认定限制性条款无效。

【参考依据】

《企业破产法》

第 92 条第 2 款 债权人未依照本法规定申报债权的，在重整计划执行

---

① 参见李永军：《破产法理论与规范研究》，中国政法大学出版社 2013 年版，第 8 页。

② 参见何旺翔：《破产重整制度改革研究》，中国政法大学出版社 2020 年版，第 15 页。

③ 参见肖金泉、刘红林：《破产重整——中国企业新的再生之路》，上海人民出版社 2007 年版，第 252 页。

④ 如《上海市浦东新区完善市场化法治化企业破产制度若干规定》《北京市高级人民法院企业破产案件审理规程》等。

期间不得行使权利；在重整计划执行完毕后，可以按照重整计划规定的同类债权的清偿条件行使权利。

《上海市浦东新区完善市场化法治化企业破产制度若干规定》

第6条　破产重整案件的已知债权人收到债权申报书面通知和失权后果告知后，无正当理由未在人民法院确定的期限内申报债权的，视为放弃债权，债务人不再向该债权人承担清偿责任。

《北京市高级人民法院企业破产案件审理规程》

第150条　在人民法院确定的债权申报期限内，债权人未申报债权的，可以在最后一次破产分配方案提交债权人会议表决之前或者和解协议或重整计划草案提交债权人会议表决之前补充申报。

《广东省高级人民法院关于审理企业破产案件若干问题的指引》

第64条　债权人未在确定的期限内申报债权的，可以在人民法院裁定认可最后分配方案之前，或者和解协议、重整计划草案执行完毕之前，补充申报。

韩国《债务人重整与破产法》

第152条(1)　重整债权人、重整担保债权人因不能归责于自己的事由，未在申报期内提出申报的，可以在该事由消失后一个月内补充申报。[1]

《德国破产法》[2]

第177条　(1)在审查期日，对于在申报期间届满后所申报的债权，亦应进行审查。但支付不能管理人或一名支付不能债权人对此种审查提出异议的，或一项债权是在审查期日之后才申报的，支付不能法院应当指定一个特别审查期日、或命令以书面程序进行审查，费用由迟延人负担。嗣后变更申报内容的，对于此种变更，准用第1句和第2句的规定。

（2）法院已经按第174条第3款的规定催告后顺序的债权人申报自己的债权，并且为此项申报所指定的期间迟于审查期日之前一周届满的，应当指定一个特别审查期间，或命令以书面程序进行审查，费用由支付不能财团负担。

---

[1]　齐砺杰等编译：《五国破产法汇编：美国、英国、澳大利亚、新加坡、韩国》，法律出版社2023年版，第908页。

[2]　杜景林、卢谌译：《德国支付不能法》，法律出版社2002年版，第94页。

(3)特别审查期日应当予以公告。在审查期日,特别是应当邀请已经申报债权的支付不能债权人、管理人和债务人到场。准用第 74 条第 2 款第 2 句的规定。

《美国破产法》①

第 1141(d)(1)条　除本附条、计划或批准计划的裁定中另有规定外,计划的批准将产生以下效力:(A)免除债务人在该批准作出前成立的任何债务以及本篇第 502(g)、502(h)或 502(i)条中列明的任何债务,无论……

【参考案例】

国家开发银行河南省分行申请执行监督案【最高人民法院(2022)最高法执监 121 号执行裁定书】

裁判要旨:对国开行河南省分行已经进入执行程序但未在破产程序中申报的债权,可通过执行程序处理。

首先,通过执行程序处理该未申报债权,与《企业破产法》第 92 条第 2 款规定"债权人未依照本法规定申报债权的,在重整计划执行期间不得行使权利;在重整计划执行完毕后,可以按照重整计划规定的同类债权的清偿条件行使权利"的文义相符。

其次,通过执行程序解决本案进入执行程序的债权人利益保护问题,有利于提高保护债权人利益的效率,避免本案债权人利益保护缺乏救济途径而影响其利益保护。

最后,由执行法院通过恢复执行程序处理,可以直接延续执行法院已开展的强制执行程序工作,节约司法资源,提高司法工作效率。

(作者:杨铭)

---

① 李曙光审定,申林平译:《美国破产法典:中英文对照本》,法律出版社 2021 年版,第 523 页。

六、强制清算

94.【强制清算程序债权认定】公司强制清算程序中，未到期的债权在强制清算申请受理时是否视为到期？附利息的债权，是否停止计息？

【回答】

公司强制清算程序中，未到期的债权，在强制清算申请受理时应当视为到期债权。附利息的债权不停止计息，利息应当计算至人民法院裁定确认清算方案之日。

【理由】

一、未到期的债权在强制清算申请受理时应视为已到期

《公司法》《公司法解释（二）》并未对此问题作出明确规定，理论界对此也没有较多关注。在实践中，各地法院基本达成共识，认为公司强制清算程序中未到期的债权应当视为到期债权，如《深圳市中级人民法院公司强制清算案件审理规程》第47条以及《海口市中级人民法院公司强制清算案件审理规程（试行）》第46条均规定，未到期的债权，应视为已到期，在强制清算程序中依法予以清偿。同时《北京市高级人民法院关于审理公司强制清算案件操作规范》第58条进一步规定了未到期的债权，在人民法院决定受理强制清算申请时视为到期。

本书认为，各地法院的做法是符合法律规定和实际的。根据最高人民法院《强清纪要》第39条："鉴于公司强制清算与破产清算在具体程序操作上的相似性，就公司法、公司法司法解释二，以及本会议纪要未予涉及的情形，如……可参照企业破产法及其司法解释的有关规定处理。"对于公司强制清算程序中，未到期的债权可以参照《企业破产法》的有关规定处理。根据《企业破产法》第46条："未到期的债权，在破产申请受理时视为到期。

附利息的债权自破产申请受理时起停止计息。"因此，公司强制清算程序中，未到期的债权在强制清算申请受理时应当视为到期债权。

二、附利息的债权不停止计息

《公司法》《公司法解释(二)》并未对此问题作出明确规定，理论界对此也没有较多关注。在实践中存在着多种观点，第一种观点认为，附利息债权自法院受理强制清算申请时停止计息。如《北京市高级人民法院关于审理公司强制清算案件操作规范》第 58 条第 2 款规定，"附利息的债权在人民法院决定受理强制清算申请时停止计息"。第二种观点认为，附利息债权的利息计算应截至财产分配之时。如《深圳市中级人民法院公司强制清算案件审理规程》第 47 条第 2 款规定："附利息的债权利息计至实际分配之日止。"第三种观点认为，停止计息的时点应由清算组与债权人协商规定。如杭州市中级人民法院课题组在《公司强制清算相关法律问题调研报告》中认为，在资产大于负债的前提下，停止计息无疑剥夺了债权人的财产权利。在强制清算程序中不宜明确规定债权自强制清算申请受理之日起停止计息，而应授权清算组与债权人自行协商确定债权利息的计付期间，以体现司法权的有限介入、兼顾股东与债权人利益原则。第四种观点认为，附利息的债权利息应自人民法院裁定确认清算方案时停止计息。因清算方案中需对债权、债务的清理作出规定，债权、债务数额需要确定，以此时点停止计息符合实际，易于操作。①

本书认为，附利息的债权利息应当计算至人民法院裁定确认清算方案之日。对于第一种观点，由于破产清算与强制清算存在实质区别，法院受理破产清算案件的前提是公司资不抵债，债权人债权无法得到全额清偿，故在裁定受理破产清算时停止计息并不影响债权人的受偿比例，且能够更好地促成债权人公平受偿。而强制清算程序中债务人能够全面清偿债务，如在裁定受理时便停止计算利息，则将导致该部分债权人实际获偿金额的减少。按照强制清算的相关规定，对于偿还全部债务后仍有剩余的应当向股东进行分配，实践中很可能导致原本应当偿还给债权人的利息成为股东的分配款，因而对债权人的合法权益造成侵害。破产清算的首要目的是债权人公平受偿，其次才是使公司注销。强制清算启动的前提就是债务人资

---

① 参见高春乾：《公司强制清算相关争议法律问题探究》，载《山东法官培训学院学报》2017 年第 33 期。

产足以清偿全部债务，债权人实现债权有一定保证，维护的是股东与债权人双方的利益，这两者存在本质上的不同，因此直接参照《企业破产法》确定附利息债权停止计息时点并不合理。第二种观点最大限度地维护了债权人的利益，使得债权人能够获得的利息最大化，然而却没有考虑到股东的利益，使得股东在偿还全部债务后获得的分配减少，同时在实践中财产分配时点并不确定，利息数额始终不确定，容易产生混乱。第三种观点虽然具有一定的合理性，但允许清算组与债权人个别协商确定计息期间，有可能因债权人的议价能力不同或者清算组的其他考虑，导致债权之间有不同的计息期间。在清算组与债权人协商未果时，清算组如何处理，成为新的难点。而且个别协商会大幅增加清算组的工作量，尤其是在债权人人数众多时，会导致清算周期延宕。因此本书更认可第四种观点，附利息的债权利息应自人民法院裁定确认清算方案时停止计息。人民法院裁定确认清算方案时停止计息既维护了债权人的利益，使得债权人附利息的债权不应法院受理申请而停止计息，又维护了股东的利益，使得股东能够获得的分配并不过分减少。同时，在人民法院裁定确认清算方案时停止计息及时固定了债权数额，使得附利息的债权在强制清算程序的数额不再变化，减少了清算组的工作量，符合实际，易于操作，不容易出现混乱。

【参考依据】

《企业破产法》

第 46 条 未到期的债权，在破产申请受理时视为到期。附利息的债权自破产申请受理时起停止计息。

《强清纪要》

39. 鉴于公司强制清算与破产清算在具体程序操作上的相似性，就公司法、公司法司法解释二，以及本会议纪要未予涉及的情形，如清算中公司的有关人员未依法妥善保管其占有和管理的财产、印章和账簿、文书资料，清算组未及时接管清算中公司的财产、印章和账簿、文书，清算中公司拒不向人民法院提交或者提交不真实的财产状况说明、债务清册、债权清册、有关财务会计报告以及职工工资的支付情况和社会保险费用的缴纳情况，清算中公司拒不向清算组移交财产、印章和账簿、文书等资料，或者伪造、销毁有关财产证据材料而使财产状况不明，股东未缴足出资、抽逃出资，以及公司董事、监事、高级管理人员非法侵占公司财产等，可参照企业破产法及其司法解释的有关规定处理。

《北京市高级人民法院关于审理公司强制清算案件操作规范》

第58条 未到期的债权，在人民法院决定受理强制清算申请时视为到期。

附利息的债权在人民法院决定受理强制清算申请时停止计息。

《上海市破产管理人协会强制清算案件清算组工作指引(试行)》

第49条(利息债权的审核) 债权人申报的债权涉及利息的，经债权人同意，可在人民法院受理强制清算申请时起，对其停止计息。

不符合停止计息条件的债权，利息应当继续计算。清算组在记录继续计息债权时，可以将利息暂时截止计算至案件裁定受理强制清算之日前一日，并注明继续计息的标准。

【参考案例】

青岛中石永固混凝土工程有限公司、青岛百川皓通贸易有限公司民间借贷纠纷案【山东省青岛市中级人民法院(2021)鲁02民终9418号民事判决书】[1]

裁判要旨：在强制清算具体程序操作上未予涉及的情形，可参照企业破产法及其司法解释的有关规定处理。而本案所涉及的逾期利息计算问题，并非程序事项。且强制清算与破产清算虽具有一定相似性，但具有不同的适用范围与制度价值。强制清算程序启动的前提是资产足以全额清偿债务，因此，为了保护债权人的合法权益，亦不宜认定自强制清算申请受理时起停止计息。

(作者：邓健祺)

95.【强制清算程序公告】公司强制清算案件审理中，人民法院是否需要发布债权申报公告？如需发布公告，有无法律依据？

【回答】

公司强制清算程序中，清算组应当自成立之日起十日内通知债权人，

---

[1] 另有法院认为利息计算至强制清算受理之日止。参见江苏省南京市中级人民法院(2020)苏01民初52号民事判决书、湖南省高级人民法院(2020)湘民终1211号民事判决书、江苏省淮安市中级人民法院(2015)淮中商初字第00070号民事判决书。

并于六十日内在报纸上或者国家企业信用信息公示系统公告。至于法院是否需要发布债权申报公告，暂无法律规定。为促进强制清算程序的稳健、有序推进，充分保障全体债权人的合法权益，人民法院可同步发布有关强制清算与债权申报事宜的公告。

【理由】

《公司法》第 235 条第 1 款规定："清算组应当自成立之日起十日内通知债权人，并于六十日内在报纸上或者国家企业信用信息公示系统公告。债权人应当自接到通知之日起三十日内，未接到通知的自公告之日起四十五日内，向清算组申报其债权。"因此，清算组应当及时将强制清算及债权申报等事宜通知债权人并公告。虽然法院是否需要同步发布债权申报公告暂无明确法律依据，但法院作为强制清算程序中不可或缺的监督和指导者，在必要时应当督促或帮助清算组发布相关债权申报公告。司法实务中，部分法院作出强制清算受理裁定后会将强制清算相关事宜（其中包含裁定受理决定、清算组成员构成、清算义务人之义务、债权申报事宜等）一并进行公告。在人民法院公告网、全国企业破产重整案件信息网等平台上，以"强制清算""债权申报""清算公告"为关键词进行检索，发现法院发布的公告数目呈增长趋势，法院同步发布债权申报公告已逐渐成为常态。

最高人民法院于 2023 年印发的《关于改革完善人民法院公告发布管理工作的通知》规定，各级人民法院应当严格落实相关规定，将公告发布工作纳入审判流程管理进行考核。法院的通知与公告是实现强制清算程序公开化、透明化，保障清算程序公平、清算结果公正，并为广大债权人所接受的重要程序环节。为确保强制清算程序的稳健、有序推进，充分保障全体债权人的合法权益，建议法院辅助清算组同步发布强制清算与债权申报事宜的相关公告。

域外法上，德国关于公司的解散与清算分散规定于《德国商法典》《德国有限责任公司法》以及《德国股份法》中，公司解散首先应进行解散登记和公告。法院须将解散及其事由依职权进行登记，解散公告则由清算人在公司公报上发布，清算人通过公告指明公司解散情况的同时催告公司债权人向公司申报债权。① 日本对于普通清算无法顺利进行的情形，针对性地

———————

① 参见胡晓静、杨代雄译：《德国商事公司法》，法律出版社 2014 年版，第 58、194 页。

制定了强制清算制度。① 在《日本公司法》第二编股份有限公司中的第九章清算之下独立设置了强制清算一节，系统性地规定了强制清算的开始、清算人的义务、法院的监督及调查、债权人会议、监督委员以及调查委员等内容。法院对强制清算过程实行较为严格的全程监控，《日本公司法》第 519 条规定清算股份有限公司的强制清算归属法院监督，第 520 条则进一步明确法院可随时命令清算股份有限公司报告清算事务及财产状况，以及进行其他清算监督所必要的调查。② 同时，日本特别规定了监察委员和调查委员对清算组的工作进行监督，督促清算人诚实、公正、勤勉地履行各项义务。对公司债权人的公告虽然是清算人的义务，但法院全程参与监督、监控，清算人应及时在政府公报上向债权人公告应在一定期间内主张其债权的意旨，且分别催告已知的债权人。但该期间不得少于 2 个月。③

【参考依据】

《公司法》④

第 234 条 清算组在清算期间行使下列职权：（一）清理公司财产，分别编制资产负债表和财产清单；（二）通知、公告债权人……

第 235 条第 1 款 清算组应当自成立之日起十日内通知债权人，并于六十日内在报纸上或者国家企业信用信息公示系统公告。债权人应当自接到通知之日起三十日内，未接到通知的自公告之日起四十五日内，向清算组申报其债权。

《海口市中级人民法院公司强制清算案件审理规程(试行)》

第 15 条 清算组应当自收到人民法院指定清算组决定书之日起十日内将强制清算事宜书面通知全体已知债权人，同时，根据公司规模和营业

---

① 学界对日本强制清算制度存在两种译法，一种译法为"特别清算制度"，另一种译法为"强制清算制度"，本书统一使用"强制清算制度"。

② 参见吴建斌编译：《日本公司法——附经典判例》，法律出版社 2017 年版，第 284 页。

③ 参见吴建斌编译：《日本公司法——附经典判例》，法律出版社 2017 年版，第 275 页。

④ 《企业注销指引》对于公司、合伙企业、个人独资企业、农民专业合作社(联合社)、非公司企业法人在清算中发布清算组信息和债权人公告分别进行了详细规定，相关规定基本与《公司法》一致。

地域范围，于十五日内在全国或者公司注册登记地省级主要报刊上进行公告。清算组通知已知债权人后又发现新的债权人的，自发现之日起十日内通知新发现的债权人。……

《上海市破产管理人协会强制清算案件清算组工作指引(试行)》

第 38 条(债权申报的公告) 人民法院发布债权申报公告的，清算组应当及时查阅并核实相关公告内容的准确性，并按照人民法院发布的公告内容履职。

人民法院未发布公告的，清算组应当自被指定之日起于六十日内根据企业规模和营业地域范围在全国或企业注册登记地省级有影响的报纸上或者全国企业破产重整案件信息网进行公告。人民法院、清算组在破产重整案件信息网发布的公告具有法律效力。

清算组一般应于公告中明确债权申报的期限、地点和清算组联系方式及不按期申报的法律后果等。

《德国有限责任公司法》①

第 65 条 解散的申报和登记

(1)公司解散应申报商事登记簿登记。此规定不适用于启动或者拒绝启动支付不能程序以及司法确认公司章程瑕疵的情形。在此情形，法院须将解散及其事由依职权进行登记。在公司注销[第 60 条第(1)款第 7 项]的情形，免于解散登记。

(2)公司解散应由清算人在公司公报上公告。通过公告同时催告公司债权人向公司申报债权。

《德国股份法》②

第 267 条 债权人的催告

清算人应在指明公司解散的情况下，催告公司债权人申报债权。该催告应在公司公报上公告。

《日本公司法》③

第 499 条 清算股份有限公司须在出现第 475 条各项所列情形后，及

---

① 胡晓静、杨代雄译：《德国商事公司法》，法律出版社 2014 年版，第 58 页。
② 胡晓静、杨代雄译：《德国商事公司法》，法律出版社 2014 年版，第 194 页。
③ 吴建斌编译：《日本公司法——附经典判例》，法律出版社 2017 年版，第 275、284 页。

时在政府公报上向债权人公告应在一定期间内主张其债权的意旨，且分别催告已知的债权人。但该期间不得少于 2 个月。

依前款规定的公告，须附注该债权人在该期间内未主张的，其债权被清算排除的意旨。

第 519 条第 1 款 已有开始特别清算命令的，清算股份有限公司的清算，归属法院监督。

第 520 条 法院可随时命令清算股份有限公司报告清算事务及财产状况，以及进行其他清算监督所必要的调查。

【参考案例】

重庆外滩黄沙溪渣场整治工程有限责任公司强制清算案【重庆市第五中级人民法院(2024)渝 05 强清 93 号民事裁定书】①

裁判要旨：重庆外滩黄沙溪渣场整治工程有限责任公司的债权人应在 2024 年 8 月 20 日前，向重庆外滩黄沙溪渣场整治工程有限责任公司清算组重庆金翰会计师事务所有限公司申报债权。

（作者：马雅俐）

96.【强制清算程序的终结】依照《强清纪要》第 28 条，人民法院以无法全面清算或无法清算为由终结强制清算程序后，清算组是否可以依据终结裁定申请注销公司？

【回答】

对于被申请人主要财产、账册、重要文件等灭失，或者被申请人人员下落不明的强制清算案件，以无法清算或者无法全面清算为由终结强制清算程序的，清算组可以依据终结裁定申请办理注销登记。

【理由】

人民法院以无法清算或者无法全面清算为由终结强制清算程序的，清

---

① 类似裁判可参见上海市第三中级人民法院(2024)沪 03 强清 431 号公告、广东省珠海市中级人民法院(2024)粤 04 强清 12 号公告、江苏省无锡市新吴区人民法院(2024)苏 0214 强清 13 号通知书。

算组可以依据终结裁定申请办理注销登记。理由如下：

第一，商事主体终止包括诱发终止的原因、去除商事主体经营资格的清算以及剥离商事主体资格的注销三个递进的节点，注销是最后的终端环节，彻底实现商事主体的终止。①《强清纪要》第 36 条规定："公司依法清算结束，清算组制作清算报告并报人民法院确认后，人民法院应当裁定终结清算程序。公司登记机关依清算组的申请注销公司登记后，公司终止。"该条规定并未区分全面清算、无法全面清算或无法清算等情形，在清算组制作清算报告并报人民法院确认后最终均以终结清算程序作为该司法程序之终点。除《强清纪要》第 37 条规定的公司强制清算后可以继续存续的法定情形之外，被申请人在强制清算程序终结后均应当办理注销工商登记，终止主体资格。

第二，《中华人民共和国市场主体登记管理条例》第 34 条规定："人民法院裁定强制清算或者裁定宣告破产的，有关清算组、破产管理人可以持人民法院终结强制清算程序的裁定或者终结破产程序的裁定，直接向登记机关申请办理注销登记。"该条规定表明办理注销登记时，清算组持法院出具的终结强制清算程序裁定即可直接申请，对于以何种理由裁定终结强制清算程序并无特殊要求。我国自 2017 年 3 月起在全国范围内全面实行企业简易注销登记改革，原国家工商行政管理总局作出的《关于全面推进企业简易注销登记改革的指导意见》亦明确人民法院裁定强制清算或裁定宣告破产的，有关企业清算组、企业管理人可持人民法院终结强制清算程序的裁定或终结破产程序的裁定，向被强制清算人或破产人的原登记机关申请办理简易注销登记。此外，市场监管总局、海关总署、税务总局发布的《企业注销指引》（2023 年修订）特殊情况办理指引部分指出人民法院裁定强制清算或裁定宣告破产的，企业清算组、破产管理人可持人民法院终结强制清算程序的裁定或终结破产程序的裁定，直接向登记机关申请办理注销登记。

第三，在司法实务中，部分法院在以无法全面清算或无法清算为由终结强制清算程序的相关裁定中直接载明："清算组持本裁定向公司登记机

---

① 参见张阳：《商事主体终止的制度检视及其结构优化》，载《交大法学》2022年第 2 期。

关办理注销登记。"如广州市新民供销公司强制清算案①、中航世新利宝地(沈阳)燃气轮机工程有限责任公司强制清算案等相关民事裁定书中均明确清算组可以持强制清算终结裁定向公司登记机关办理注销登记。②

【参考依据】

《中华人民共和国市场主体登记管理条例》

第 34 条　人民法院裁定强制清算或者裁定宣告破产的，有关清算组、破产管理人可以持人民法院终结强制清算程序的裁定或者终结破产程序的裁定，直接向登记机关申请办理注销登记。

《强清纪要》

36. 公司依法清算结束，清算组制作清算报告并报人民法院确认后，人民法院应当裁定终结清算程序。公司登记机关依清算组的申请注销公司登记后，公司终止。

《企业注销指引》(2023 年修订)

五、特殊情形办理指引

(二)存在无法自行组织清算问题。……人民法院裁定强制清算或裁定宣告破产的，企业清算组、破产管理人可持人民法院终结强制清算程序的裁定或终结破产程序的裁定，直接向登记机关申请办理注销登记。……

《北京市高级人民法院关于审理公司强制清算案件操作规范》

第 75 条　财产分配结束后，清算组应当制作清算报告并报人民法院确认后，人民法院裁定终结清算程序。

清算组应当在收到人民法院终结清算程序裁定后，持该裁定到税务登记机关办理被申请人税务注销登记，到工商登记机关办理被申请人企业法人注销登记，并公告被申请人终止。

【参考案例】

沈阳华泰实业有限公司强制清算案【(2018)辽 01 强清 1 号】③

裁判要旨：华泰公司停业关闭多年，有关工作人员下落不明，账册、

---

①　参见广东省广州市中级人民法院(2017)粤 01 强清 32-2 号民事裁定书。

②　参见辽宁省沈阳市中级人民法院(2020)辽 01 强清 6 号民事裁定书。

③　类似裁判可参见广东省广州市中级人民法院(2019)粤 01 强清 60-2 号民事裁定书、湖南省桑植县人民法院(2018)湘 0822 强清 1 号民事裁定书。

重要文件等灭失，但华泰公司尚有部分财产，清算组依据现有文件，对华泰公司财产进行部分分配和提存。根据《强清纪要》第 28 条规定，清算组请求终结强制清算程序有事实和法律依据，本院予以准许。裁定确认清算报告、终结清算程序、清算组持本裁定向公司登记机关办理注销登记。

（作者：马雅俐）

97.【强制清算程序中全资子公司的处置】强制清算中，被清算企业的全资子公司未实际经营，是否必须将其全资子公司纳入合并清算？

【回答】

母公司强制清算程序中，不必将其全资子公司纳入合并清算。可结合子公司的财务状况制定合理的处置方案，可包括将全资子公司单独解散清算收回资产，或将母公司持有的全资子公司股权通过拍卖、转让等方式予以变价。

【理由】

根据《公司法》第 233 条第 1 款的规定，公司应当清算而逾期不成立清算组进行清算或者成立清算组后不清算的，利害关系人可以申请人民法院指定有关人员组成清算组进行清算。人民法院应当受理该申请，并及时组织清算组进行清算。以司法强制力介入公司的清算事务中，有序结束公司存续期间的各种商事关系，合理调整众多法律主体的利益。强制清算的目的在于合法保障公司的债权人、公司股东特别是中小股东等利害关系人的利益及时得到实现，避免各种原因、事由推诿拒绝清算给利害关系人造成不必要的损失，维护正常的经济秩序。

《公司法》第 13 条规定公司可以设立子公司，子公司具有法人资格，依法独立承担民事责任。一般来说，在母公司被强制清算时，全资子公司也难逃被清算的命运。从财产归属的法理来看，母公司拥有全资子公司的全部股权。因此，母公司可以运用相应的操作手法依法处置全资子公司的财产。但是，全资子公司是独立法人，拥有独立的组织机构，对其财产拥有所有权。因此，母公司处置其全资子公司只能是对自己所拥有的股权的处置，或者将全资子公司单独解散清算注销收回资产。实践中，进行合并清算是为了防止分别清算对债权人整体清偿利益造成严重损害。在考虑是否合并清算时，主要考虑的因素在于是否存在高度混同情形，而全资子公司未实际经营并不表明母子公司之间存在合并清算的条件。

【参考依据】

《公司法》

第 233 条　公司依照前条第一款的规定应当清算，逾期不成立清算组进行清算或者成立清算组后不清算的，利害关系人可以申请人民法院指定有关人员组成清算组进行清算。人民法院应当受理该申请，并及时组织清算组进行清算。

公司因本法第二百二十九条第一款第四项的规定而解散的，作出吊销营业执照，责令关闭或者撤销决定的部门或者公司登记机关，可以申请人民法院指定有关人员组成清算组进行清算。

《破产法立法指南》

第三部分：破产企业集团对待办法　建议 220　破产法可以具体规定，如果建议 223 所规定的获准申请人提出请求，法院可以仅在下列几种有限情况下针对企业集团中两个或多个成员下令进行实质性合并：(a)法院确信企业集团成员的资产和债务相互混合，以至没有过度的费用或迟延就无法分清资产所有权和债务责任；或(b)法院确信企业集团成员从事欺诈图谋或毫无正当商业目的的活动，为取缔这种图谋或活动必须进行实质性合并。

【参考案例】

元源光电科技(昆山)有限公司申请淮安元源光电科技有限公司强制清算案【淮安市淮阴区人民法院(2022)苏 0804 清申 1 号民事裁定书】

裁判要旨：淮安元源光电科技有限公司系元源光电科技(昆山)有限公司全资子公司，现元源光电科技(昆山)有限公司因清收对外投资需要进行清算，但无法自行清算，故元源光电科技(昆山)有限公司申请对淮安元源光电科技有限公司进行强制清算，应予准许。

（作者：张俊茹）

98.【强制清算程序中法院的裁判方式】债权人已经对债务人提起给付之诉，强制清算申请受理后，人民法院在判定相关当事人实体权利义务时，可否采取具有给付请求内容的裁判表述方式？

【回答】

债权人已经对债务人提起的给付之诉，强制清算申请受理后，人民法院应当继续审理，无需变更为确认之诉。人民法院可以就该类诉讼作出具有给付请求内容的裁判结果。

【理由】

强制清算受理后，人民法院对受理前提起的给付之诉能否作出给付判决还是需要依法变更为确认判决，存在两种不同的观点。一种观点认为应当变更为确认之诉。① 该观点通常将强制清算程序认定为集体清偿程序，主张参照破产法的有关规定裁判。根据最高人民法院《强清纪要》第39条规定："鉴于公司强制清算与破产清算在具体程序操作上的相似性，就公司法、公司法司法解释二，以及本会议纪要未予涉及的情形，如……可参照企业破产法及其司法解释的有关规定处理。"《公司法》第235条规定了债权人应当向清算组申报债权，由清算组统一进行清偿。参照《九民纪要》第110条第1款后半句规定，债权人已经对债务人提起的给付之诉，破产申请受理后，人民法院应当继续审理，但是在判定相关当事人实体权利义务时，应当注意与企业破产法及其司法解释的规定相协调。《企业破产法》第16条、第19条规定，破产程序启动后，债务人的个别清偿和执行无效。《破产法解释（二）》第21、22条也规定，启动破产后不能再提出单独给付请求。因此，对于进入强制清算程序的公司也不应作出给付判决，债权人要实现债权的给付，只需获得法院的确认判决并申报债权通过公司解散清算的分配实现。同时，出于诉讼经济原则的考虑，因强制清算过程中可能发现公司处于资不抵债的状况，而如果作出给付判决、不禁止个别清偿和强制执行，破产受理后管理人需要通过个别清偿的撤销之诉归入债务人财产，浪费司法资源、增加破产清算的成本。因此，法院可以不

---

① 参见甘肃省高级人民法院（2021）甘民终64号民事判决书。

经释明直接作出确认判决。

另一种观点认为法院可以作出给付之诉的判决。① 该观点认为，虽然强制清算与破产清算具有相似之处，都是在法人资格丧失前集中清理债权债务关系的程序，但是强制清算与破产清算仍然存在较大差别。强制清算程序以全额清偿债务为前提，破产清算是因不能全额清偿债务而按照一定的先后顺序清偿债务，对同一顺序的债务按照比例进行清偿。由于强制清算程序启动的前提是公司财产尚足以偿还全部债务，因此，强制清算程序的启动不具有冻结清算中公司财产的效力，对于强制清算中公司的给付之诉和强制执行等原则上不具有停止功能。而破产清算因公司财产不足以偿还全部债务而启动。因此，破产清算程序一旦启动，一是所有针对破产企业的给付之诉不得再行提起，对于申报债权过程中所产生的争议只能提起破产债权的确认诉讼；二是所有针对破产企业的保全措施应当解除，执行程序应当中止，所有债权债务关系一并归入破产清算程序中一揽子解决，以保障全体债权人的公平受偿。② 在处理实体权利义务上，强制清算不能完全参照破产清算。因此，对于处于清算程序、尚未进入破产程序的公司不应当参照破产法的规定。同时，给付判决包括确认债权和判决给付债权两个部分，审查了债权的合法有效性。清算组根据给付判决同样可以确认债权人的债权，且当清算程序以一定原因终止后，给付判决可以继续执行。因而，人民法院可以作出具有给付内容的判决。

本书认为，《公司法》第 235 条第 3 款也只是规定"在申报债权期间，清算组不得对债权人进行清偿"，目的在于限制清算组在申报债权期间的主动清偿，并非完全禁止进入强制清算程序的公司对外清偿债务，强制清算程序的启动并不能产生执行程序中止、保全措施解除的法律效力，因而具有经强制执行对外清偿债务的可能。法律未规定强制清算期间债权人不得就争议债权另行起诉，也未规定法院应当变更为确认之诉作出确认判决。因此，法院可以采取具有给付内容的判决，同时该给付判决可以起到确认债权的作用。

---

① 参见江苏省宿迁市中级人民法院（2023）苏 13 民终 297 号民事判决书。

② 参见宋晓明、张勇健、刘敏：《〈关于审理公司强制清算案件工作座谈会纪要〉的理解与适用》，载《人民司法》2010 年第 1 期。

【参考依据】

《公司法》

第 235 条第 3 款　在申报债权期间，清算组不得对债权人进行清偿。

《九民纪要》

110.【受理后有关债务人诉讼的处理】人民法院受理破产申请后，已经开始而尚未终结的有关债务人的民事诉讼，在管理人接管债务人财产和诉讼事务后继续进行。债权人已经对债务人提起的给付之诉，破产申请受理后，人民法院应当继续审理，但是在判定相关当事人实体权利义务时，应当注意与企业破产法及其司法解释的规定相协调。……

【参考案例】

江苏通连国际物流有限公司、宿迁市公路运输有限公司民间借贷纠纷案【江苏省宿迁市中级人民法院(2023)苏 13 民终 297 号民事判决书】①

裁判要旨：首先，本案中通连公司系自行组织清算，并非破产清算，且法律、法规仅禁止破产清算的公司提前清偿债务，并不禁止进入自行清算程序的公司对外清偿债务，且并无法律规定对于普通清算债权人不得就争议债权另行起诉，故在法律无明文规定情况下，公路公司就涉案债权提起给付之诉并无不当。其次，根据《企业破产法》的规定，债权人已经提起给付之诉的，人民法院受理破产申请后，应当继续审理。人民法院没有必要向当事人释明让其更改为确认之诉，因为即使进入破产程序，管理人也能够根据给付之诉确认债权。

（作者：隆晓玲）

99.【强制清算案件衍生诉讼】强制清算案件中，对清算组核定的债权有异议，向法院提起诉讼，案由是什么？是否按债权确认纠纷之诉交纳案件受理费？

【回答】

强制清算程序中债权异议案件的案由可确定为"与公司有关的纠纷"。

---

①　类似裁判可参见四川省成都市中级人民法院(2020)川 01 民终 12199 号民事判决书、广东省东莞市中级人民法院(2019)粤 19 民终 13527 号民事判决书。

案件受理费可按异议债权金额为基数，以财产案件标准交纳，但职工债权争议案件除外。

【理由】

一、关于强制清算程序中债权异议案件的案由确定

目前理论界并未对该问题给予足够关注，实践中则发展出三种观点。第一种观点认为应将案由确定为"与公司有关的纠纷"。该观点认可此类纠纷本质上属于确认之诉，但亦认为在《民事案件案由规定》并未规定强制清算债权确认纠纷，且无法纳入破产债权确认纠纷范畴的情形下，应适用相应的第二级案由。① 第二种观点认为应将案由确定为"普通债权确认纠纷"。该观点指出此类纠纷提起的诉讼系债权人或利害关系人要求人民法院确认债权法律关系存在与否的诉讼，其基本法律属性为确认之诉。② 第三种观点认为案由应根据债权所涉的实体法律关系予以确定。该观点认为此类纠纷中有关债权人或利害关系人与债务人之间的争议仅是一般的合同或侵权纠纷，与一般的民事案件并无二致，按普通诉讼程序审理即可。③

本书认为，强制清算程序中债权异议案件的案由宜确定为"与公司有关的纠纷"。理由如下：

首先，强制清算程序与企业破产程序的逻辑起点不同，不宜完全照搬企业破产程序的相关规定。强制清算的前提是资可抵债，而破产清算的前提是资不抵债，该区别必然导致两类程序制度设计的差异化。④ 追溯破产债权确认纠纷的立法根源，可以发现破产程序集体清偿与诉讼方式个别清偿间的张力决定了破产债权确认诉讼应为确认之诉的正当性。反观强制清算程序，其逻辑前提系资可抵债，且当存在资不抵债的可能时，仍可转入企业破产程序，故公司法及相关法律规范性文件对个别清偿行为的禁止较

---

① 参见辽宁省大连市中级人民法院（2023）辽 02 民终 94 号民事裁定书。

② 参见刘春海：《Keep 律师谈公司股权之：公司清算程序也存在异议债权诉讼！》，载微信公众号"春海说法"，2022 年 7 月 4 日。

③ 参见广东省深圳市福田区人民法院（2015）深福法民二初字第 1309 号民事判决书。

④ 参见张冶钢：《公司非破产清算民事责任研究》，载《河北法学》2005 年第 11 期。

为克制，既未否定强制执行的效力，亦将禁止个别清偿的期间限制在债权申报期。由此观之，在个别清偿仍有适用空间的强制清算程序中，债权异议诉讼的性质认定为确认之诉的正当性随之丧失，故不宜将该类案件的案由确定为"普通债权确认纠纷"。

其次，相较合同或侵权等一般民事纠纷，强制清算程序中的债权异议纠纷具有特殊性。作为一种由公权力适度介入的市场主体退出程序，强制清算程序具有一定的独立性和强制性，并以有序结束公司存续期间的各种商事关系、合理调整众多法律主体利益、维护正常经济秩序为目的。该特殊性决定了强制清算案件审判与民事审判在调整的社会关系、价值取向与利益保护等方面的不同，也决定了强制清算案件审判的不可替代性。民事案件案由的准确识别是人民法院对立案受理的案件进行科学分类管理、公正司法审判和统一法律适用的前提，即使《民事案件案由规定》尚未明确规定强制清算程序中债权异议案件的具体案由，作为公司终止的一种独立程序，该程序中衍生的债权异议纠纷也具有相应的独立性和特殊性，不宜仅根据债权所涉的实体法律关系确定其案由。

最后，具体案由的确定应遵循严格依法原则，须具有相应的实体法与程序法依据。除法律规范明确规定外，任何组织或者个人不得根据主观理解"创设"民事案由，① 规范主义视角下，将强制清算程序中债权异议案件的案由确定为"与公司有关的纠纷"具有正当性与合理性。探究该案由的设立逻辑与边界，不难发现与公司有关的纠纷范围并非毫无界限，其更多关注的是公司、公司内部机构与公司人员间的纠纷，且此类纠纷伴随着公司的整个生命周期，以实现公司内部的自治与协调。处于公司生命周期末端的强制清算程序对公司"体面"退出市场至关重要，且其侧重处理股东与公司、股东与股东间的冲突，由此产生的纠纷完全适合纳入与公司有关的纠纷范畴。

二、关于强制清算程序中债权异议案件的案件受理费交纳标准

虽然目前理论界与实务界对强制清算程序中债权异议案件性质及案由的认识不尽统一，但在案件受理费交纳标准上，各地法院则统一适用《诉

---

① 参见曹建军：《民事案由的功能：演变、划分与定位》，载《法律科学》2018年第 5 期。

讼费用交纳办法》第 13 条，按照财产案件标准交纳。本书认为，肯定前述标准的同时，仍需进一步关注案件受理费计算基数及职工债权争议等特殊问题。理由如下：

一方面，该类案件涉及直接财产权益，以财产案件标准为原则交纳案件受理费具有正当性与合理性。尽管我国现行的诉讼费用交纳标准二分法备受诟病，① 在相关立法修订完善前，强制清算程序中债权异议案件的案件受理费交纳标准仍须依循《诉讼费用交纳办法》确立的二分法标准，识别案件的财产性与非财产性。强制清算案件中，当事人的权益主张围绕债权金额展开，且以从公司财产中分得或不分得相应财产权益为根本目的，与其他涉及直接财产权益的民事案件无异，原则上应按财产案件标准收取案件受理费。

另一方面，该类案件与其他财产案件存在差异，须在原则之外允许例外适用。关于劳动争议案件，《诉讼费用交纳办法》第 14 条第 4 款已明确规定劳动争议案件按件交纳案件受理费，另参照《民事诉讼法解释》第 200 条对职工破产债权确认纠纷案件受理费的规定，强制清算程序中涉及职工债权的异议案件也应依法按件交纳案件受理费。关于案件受理费计算基数，强制清算案件中，诉讼的争议金额实际上是债权人认为清算组未确认的部分或者其他利害关系人认为清算组确认的超出部分，故在具体计算诉讼请求金额基数时应按有争议部分的债权金额为准，而不宜按争议债权总额计算案件受理费。

【参考依据】

《公司法解释(二)》

第 12 条 公司清算时，债权人对清算组核定的债权有异议的，可以要求清算组重新核定。清算组不予重新核定，或者债权人对重新核定的债权仍有异议，债权人以公司为被告向人民法院提起诉讼请求确认的，人民法院应予受理。

最高人民法院《关于印发修改后的〈民事案件案由规定〉的通知》

五、适用修改后的《案由规定》应当注意的问题

---

① 诉讼费用交纳标准二分法系指区分财产案件与非财产案件并分别确定交纳标准，其具体表现在《诉讼费用交纳办法》第 13 条与第 14 条。

1. 在案由横向体系上应当按照由低到高的顺序选择适用个案案由。确定个案案由时，应当优先适用第四级案由，没有对应的第四级案由的，适用相应的第三级案由；第三级案由中没有规定的，适用相应的第二级案由；第二级案由没有规定的，适用相应的第一级案由。这样处理，有利于更准确地反映当事人诉争的法律关系的性质，有利于促进分类管理科学化和提高司法统计准确性。

【参考案例】

孙平与大连熵华节能科技有限公司与公司有关的纠纷案【辽宁省大连市人民法院(2023)辽02民终94号民事裁定书】①

裁判要旨：本案系熵华公司被法院裁定受理强制清算申请后，孙平向熵华公司清算组申报主张职工债权未被确认而产生的纠纷，该诉讼应为确认之诉。但案涉纠纷并不属于企业破产程序中债权人、债务人及管理人因相关事宜引发的纠纷，而系双方当事人在公司清算过程中发生的争议，故本案案由确定为与公司有关的纠纷为宜。本案案件受理费按财产案件标准交纳。

(作者：张欢欢)

---

① 类案裁判可参见湖南省高级人民法院(2023)湘民终375号民事裁定书、广东省梅州市中级人民法院(2022)粤14民终793号民事判决书、重庆市渝中区人民法院(2021)渝0103民初37363号民事判决书等。此外，有观点认为此类案件的案由应确定为"普通债权确认纠纷"，具体可参见广东省从化市人民法院(2020)粤0117民初4699号民事判决书；亦有观点认为应根据债权所涉实体法律关系确定案由，具体可参见广东省深圳市福田区人民法院(2015)深福法民二初字第1309号民事判决书。

七、其 他

100.【破产程序中配合清算义务及责任的认定】破产程序中企业相关人员不配合清算的民事责任应当如何认定与追究？如何确定诉讼主体、责任范围及诉讼时效？

【回答】

配合清算义务人承担的民事责任为侵权责任，应当依据侵权责任的构成要件进行判断。违反配合清算义务应当承担的责任形式为损害赔偿责任，责任范围以造成财产状况不明或妨碍管理人履行职务给债权人造成的损失为限。破产程序中及破产程序终结后二年内，原则上由管理人起诉并将损害赔偿纳入债务人财产，在管理人怠于履行职责时可以由部分债权人提起代表之诉。

【理由】

一、关于破产程序中不配合清算民事责任的认定

第一，破产企业有关人员不配合管理人完成清算民事侵权责任的构成要件包括：

(1)行为主体是负有配合清算义务的人员。配合清算义务人，是指在公司破产清算程序中负有配合协助管理人清算工作义务的公司内部人员（而非公司外部的股东）。① 根据《企业破产法》第15条的规定，在破产程序中负有配合清算义务的人员是指企业的法定代表人；经人民法院决定，可以包括企业的财务管理人员和其他经营管理人员。司法实践中，有法院

---

① 参见王欣新：《论清算义务人的义务及其与破产程序的关系》，载《法学杂志》2019年第12期。

认为公司实际控制人亦负有配合破产清算的义务。① 由此可见，确定企业配合清算义务人应结合是否参与公司经营管理的实质加以判断，享有经营权和决策管理权的主体负有配合清算义务。

（2）实施了不履行配合清算义务的违法行为。不配合清算义务是一种不作为的侵权，而不作为侵权的义务来源于法律规定、合同约定或其他先行行为、特殊职业要求等。在此情形下，行为人的不作为包括未按照《企业破产法》第15条的规定妥善保管其占有和管理的财产、印章和账簿、文书等资料，未列席债权人会议并如实回答债权人的询问，未如实告知人民法院、管理人真实公司情况，未经人民法院许可离开住所地，未经许可则担任新任其他企业的董事、监事、高级管理人员等。实践中较为常见的不配合清算情形，主要是在收到接管通知要求向管理人移交公司财产及相关资料后，相关人员不予回复，或虽与管理人联系但以各种理由拖延移交、不完全移交等。

（3）配合清算义务人具有过错。不配合破产清算属于一般侵权行为，采过错责任原则，因此要求行为人具有过错。过错在其本质意义上是一种主观心理状态，而行为在很大程度上是人的主观心理活动的外部表现，过错作为支配和控制人的行为的一种主观心理状态通过行为人的行为得以表现。② 因此，我国民法通说采取客观过错说，过错即注意义务的违反，不作为侵权中，行为人若能够履行而未履行作为义务则推定其存在过错。若因不可抗力等不可归责于配合清算义务人的客观原因导致其无法履行义务，则不能认定其存在主观过错。③

（4）造成损害后果。配合清算义务人不履行作为义务的损害后果为公司无法展开清算因而可能造成债权人损失。对于公司能否清算之事实的查明，有赖于公司主要财产、账册、重要文件等存在与否，要求管理人和债权人对债务人已清算不能之消极事实的证明达到高度盖然性的证明标准强人所难，因而应当采取举证责任倒置的证明规则，由配合清算义务人承担

① 参见上海市第三中级人民法院（2021）沪03民初127号民事判决书。
② 参见吴祖祥：《论侵权责任法中过错的概念》，载《前沿》2010年第21期。
③ 参见广东省深圳市中级人民法院（2021）粤03民初2093号民事判决书。

举证责任。①

(5)因果关系。因配合清算义务人不配合清算的行为导致管理人未能接管公司资产、账册等资料，使得管理人无法开展清查和追收公司资产工作，导致破产企业的财务状况不明，则配合清算义务人的不作为与债权人受损害之间具有因果关系。但是，如果进入破产程序以前公司已经没有财产，例如经过强制执行而不能清偿债务、企业在进入破产程序前已经因为资不抵债而停止经营等，则配合破产清算人不配合清算不会影响破产程序的结果，与损害后果之间不具有因果关系。②

第二，责任范围。根据《九民纪要》第 118 条第 4 款，管理人请求配合清算义务人承担的民事责任形式为损害赔偿责任，同时承担责任范围为"相应损害赔偿责任"，区别于《公司法》中清算义务人承担连带责任。根据差额说，配合清算义务人不配合清算的责任范围应当为因配合清算义务人不履行《企业破产法》第 15 条关于文书印鉴移交、信息披露、列席会议回应询问等法定义务使得财产状况不明或管理人无法履行破产管理职务，给债权人利益造成的损失。但是在实践中，对于造成财产状况不明给债权人利益造成的损失由于管理人或个别债权人无法了解公司具体情况，且企业财产不仅包括银行存款、原料、半成品、成品、固定资产等管理人可以借助政府机关等查明的资产，还包括企业对外享有的债权、应收账款等，具有完全清偿债权人的可能性。因此绝大部分管理人或者债权人以破产清算不能清偿的债权总额作为诉讼标的额，而法院将责任范围的举证责任分配给配合清算义务人，若其能够举证证明损失并非其未履行配合清算义务造成的，法院可以予以剔除，否则法院将认可。而对于违反列席接受询问、不得擅自离开居住地等义务虽然给破产程序造成了阻碍，但难以从经济意义上明确损失，管理人应当向破产法院提起相应诉讼，由法院酌定损害赔偿范围。

二、关于破产程序中不配合清算民事责任追究的程序问题

第一，诉讼主体。关于提起侵权之诉的适格主体为管理人还是债权

---

① 参见赵吟：《公司清算义务人侵权责任的体系解构——兼论〈民法典〉第 70 条与〈公司法司法解释二〉相关规定的适用关系》，载《法治研究》2020 年第 6 期。

② 参见广东省深圳市中级人民法院(2021)粤 03 民初 2093 号民事判决书。

人，根据《九民纪要》第 188 条第 4 款，《最高人民法院关于债权人对人员下落不明或者财产状况不清的债务人申请破产清算案件如何处理的批复》第 3 款规定的"有权提起诉讼请求配合清算义务人承担民事责任的'有关权利人'系指管理人，管理人未主张上述赔偿，个别债权人可以代表全体债权人提起上述诉讼。因为，法律后果为"将获得的赔偿归入债务人财产"，属于管理人追收权的范围，而债权人则基于民法上的代位权可以在管理人怠于履行职责时提起代表之诉。

第二，诉讼时效。管理人及债权人对配合清算义务人的赔偿请求权在性质上属于债权请求权，因此应当受到诉讼时效制度的约束。《民法典》规定一般民事权利的诉讼时效期间为 3 年，但是允许特别法进行特殊规定。根据《企业破产法》第 123 条，请求配合清算义务人赔偿损失是行使破产财产的追收权、归入权，应当在破产程序中及破产程序终结之日起 2 年内行使该权利。

【参考依据】

《企业破产法》

第 15 条 自人民法院受理破产申请的裁定送达债务人之日起至破产程序终结之日，债务人的有关人员承担下列义务：(一)妥善保管其占有和管理的财产、印章和账簿、文书等资料；(二)根据人民法院、管理人的要求进行工作，并如实回答询问；(三)列席债权人会议并如实回答债权人的询问；(四)未经人民法院许可，不得离开住所地；(五)不得新任其他企业的董事、监事、高级管理人员。

前款所称有关人员，是指企业的法定代表人；经人民法院决定，可以包括企业的财务管理人员和其他经营管理人员。

第 127 条 债务人违反本法规定，拒不向人民法院提交或者提交不真实的财产状况说明、债务清册、债权清册、有关财务会计报告以及职工工资的支付情况和社会保险费用的缴纳情况的，人民法院可以对直接责任人员依法处以罚款。

债务人违反本法规定，拒不向管理人移交财产、印章和账簿、文书等资料的，或者伪造、销毁有关财产证据材料而使财产状况不明的，人民法院可以对直接责任人员依法处以罚款。

《九民纪要》

118.【无法清算案件的审理与责任承担】人民法院在审理债务人相关人员下落不明或者财产状况不清的破产案件时，应当充分贯彻债权人利益保护原则，避免债务人通过破产程序不当损害债权人利益，同时也要避免不当突破股东有限责任原则。

人民法院在适用《最高人民法院关于债权人对人员下落不明或者财产状况不清的债务人申请破产清算案件如何处理的批复》第3款的规定，判定债务人相关人员承担责任时，应当依照企业破产法的相关规定来确定相关主体的义务内容和责任范围，不得根据《公司法司法解释(二)》第18条第2款的规定来判定相关主体的责任。

上述批复第3款规定的"债务人的有关人员不履行法定义务，人民法院可依据有关法律规定追究其相应法律责任"，系指债务人的法定代表人、财务管理人员和其他经营管理人员不履行《企业破产法》第15条规定的配合清算义务，人民法院可以根据《企业破产法》第126条、第127条追究其相应法律责任，或者参照《民事诉讼法》第111条的规定，依法拘留，构成犯罪的，依法追究刑事责任；债务人的法定代表人或者实际控制人不配合清算的，人民法院可以依据《出境入境管理法》第12条的规定，对其作出不准出境的决定，以确保破产程序顺利进行。

上述批复第3款规定的"其行为导致无法清算或者造成损失"，系指债务人的有关人员不配合清算的行为导致债务人财产状况不明，或者依法负有清算责任的人未依照《企业破产法》第7条第3款的规定及时履行破产申请义务，导致债务人主要财产、账册、重要文件等灭失，致使管理人无法执行清算职务，给债权人利益造成损害。"有关权利人起诉请求其承担相应民事责任"，系指管理人请求上述主体承担相应损害赔偿责任并将因此获得的赔偿归入债务人财产。管理人未主张上述赔偿，个别债权人可以代表全体债权人提起上述诉讼。

上述破产清算案件被裁定终结后，相关主体以债务人主要财产、账册、重要文件等重新出现为由，申请对破产清算程序启动审判监督的，人民法院不予受理，但符合《企业破产法》第123条规定的，债权人可以请求人民法院追加分配。

《美国破产法》①

第 543 条　保管人的财产移交义务

（a）若保管人知悉本篇债务人破产案件的启动，则不得从其占有、保管或控制的债务人财产及该财产的收益、产品、产物、租金或利润或破产财产中支出任何款项或对其采取任何措施进行管理，除非该措施对于维护该财产是必要的。

（b）保管人应履行以下义务：

（1）在保管人获知本案件启动的当日，应将其占有、保管或控制的，任何被转让给保管人或由其持有的债务人财产或者该财产的收益、产品、产物、租金或利润移交给托管人；并且

（2）应提交在任意时间内归其占有、保管或控制的债务人财产或者该财产的收益、产品、产物、租金或利润的账目。……

【参考案例】

（一）深圳市高斯宝电气技术有限公司、许锦如等股东损害公司债权人利益责任纠纷案【广东省深圳市中级人民法院（2020）粤 03 民终 27005 号民事判决书】

裁判要旨：破产程序中，管理人通过邮件、公告等方式，告知博海公司股东清算责任，要求其配合清算，但是许锦如、高巍作为公司法定代表人、经营管理人员理均未与管理人办理接管事宜，没有履行配合清算义务。鉴于企业财产不仅包括银行存款、原料、半成品、成品、固定资产等，还包括企业对外享有的债权、应收账款等，管理人未曾从许锦如、高巍处接管到财务账册、重要文件等，导致管理人无法查明博海公司成立以来的财产状况，且未能接管到财产，继而给债权人利益造成损害，许锦如、高巍应向债权人赔偿相应损失。

（二）深圳市铜锣湾百货有限公司、陈智等与破产有关的纠纷案【广东省深圳市中级人民法院（2021）粤 03 民初 2093 号民事判决书】

裁判要旨：铜锣湾公司因拖欠租金与出租方之间产生纠纷，导致办公场所突然被锁，包括财务资料在内的公司物品均未及时取回，因此各被告

---

① 李曙光审定，申林平译：《美国破产法典：中英文对照本》，法律出版社2021 年版，第 317 页。

在破产程序中无法向管理人提交相应的财务账册、资料、文件等存在客观原因，现有证据无法证明各被告存在主观过错。且原告主张各被告构成侵权责任，应当证明债权人的损失及其范围与各被告行为之间存在因果关系。本案中，铜锣湾公司在 2008 年时已经处于资不抵债的状况，因此原告现有证据不足以证明铜锣湾公司的债权人未获清偿系由各被告未向破产管理人移交公司财务账册所致。

（作者：隆晓玲）

101.【债务人通过执行和解清偿的撤销】在破产受理前六个月内，债权人就其债权申请强制执行，在法院主持下达成执行和解，债务人据此向债权人进行单独的货币清偿。破产受理后，管理人是否可以主张撤销该笔债权的个别清偿？

【回答】

破产受理前六个月内，债权人就其债权申请强制执行并与债务人达成执行和解后所进行的单独清偿，管理人主张撤销的，不予支持。但是，债务人与债权人恶意串通损害其他债权人利益的除外。

【理由】

《企业破产法》第 32 条规定，人民法院受理破产申请前六个月内，债务人出现不能清偿到期债务，且资不抵债或者明显缺乏清偿能力，仍对个别债权人进行清偿的，管理人有权请求人民法院予以撤销。破产撤销制度的目的一方面在于为了保证破产财产的最大化，避免债务人通过无偿或者低价交易等方式突击转移财产，损害债权人的整体利益；另一方面在于保护全体债权人平等受偿的权利，避免债务人基于个人喜好优先清偿个别债权人。同时还需要进行充分的利益衡量，以期不过分损害善意受偿人的利益和干扰市场的正常交易秩序。① 为了实现尽可能保护善意第三人及市场秩序的目的，《破产法解释(二)》第 15 条规定，债务人经诉讼、仲裁、执行程序对债权人进行的个别清偿，管理人依据《企业破产法》第 32 条的规

---

① 参见许德风：《破产法论——解释与功能比较的视角》，北京大学出版社 2015 年版，第 371~372 页。

定请求撤销的，人民法院不予支持。但是，债务人与债权人恶意串通损害其他债权人利益的除外。

对于通过执行和解协议个别清偿是否可以撤销，目前存在肯定说以及否定说。肯定说认为，执行程序中的个别清偿，本质上仍然是一种清偿，只是其原因为国家强制性的清偿而非当事人自愿，其行为在实质上仍然是债务人的财产转让行为，应当属于可撤销行为。同时，如果不承认这种行为的可撤销性，实践中容易产生当事人相互串通通过司法判决以规避撤销权的行使。① 而否定说则认为，执行程序中的撤销，属于司法介入行为，将其撤销则会削弱司法的权威性。②

本书认为，管理人对于破产受理前六个月内，债权人与债务人达成执行和解并清偿能否撤销，需要依据实际情况进行分析，当满足两个要件时，管理人不能够对此进行撤销。第一，债务人已进入破产程序且不存在债务人与债权人恶意串通的情形。当事人双方恶意串通时，经执行程序的个别清偿，在实践中同样会被法院认定为可撤销。③ 第二，执行和解协议履行完毕。实务中，破产受理前六个月内，当债权人与债务人双方达成执行和解协议并履行完毕时，法院通常认为构成经执行程序的个别清偿，管理人不能进行撤销。④ 执行和解协议本身属于当事人双方协商一致所达成的民事合同，在达成执行和解协议后，尚未履行完毕前，当事人双方产生的债权债务关系并不具有执行力。⑤ 此时，往往个别清偿尚未完成，该部分财产应当认定为债务人财产，并随着破产程序的展开而变成破产财产，管理人能够对此进行撤销。而当执行和解协议履行完成后，其所确定的债权债务关系得到确认，使得当事人双方权利义务发生改变，消灭当事人之间原生效裁判文书的内容。执行和解协议具有诉讼上的效力，当执行和解

---

① 参见李志强：《论破产法上的偏颇性清偿》，载《政法学刊》2008 年第 2 期。
② 参见最高人民法院民事审判第二庭编著：《〈全国法院民商事审判工作会议纪要〉理解与适用》，人民法院出版社 2019 年版，第 611 页。
③ 参见最高人民法院(2021)最高法民申 3911 号民事裁定书。
④ 参见江苏省无锡市中级人民法院(2019)苏 02 民终 4700 号民事判决书。
⑤ 参见徐继军：《论执行和解协议的效力与性质》，载《法律适用》2006 年第 9 期。

协议履行完毕后，能够产生阻却执行的效果，① 这种效果实质上与其他执行制度并无较大差异，此时，应当认定构成执行程序中的个别清偿。

【参考依据】

《企业破产法》

第 32 条 人民法院受理破产申请前六个月内，债务人有本法第二条第一款规定的情形，仍对个别债权人进行清偿的，管理人有权请求人民法院予以撤销。但是，个别清偿使债务人财产受益的除外。

《民事诉讼法》

第 241 条 在执行中，双方当事人自行和解达成协议的，执行员应当将协议内容记入笔录，由双方当事人签名或者盖章。

申请执行人因受欺诈、胁迫与被执行人达成和解协议，或者当事人不履行和解协议的，人民法院可以根据当事人的申请，恢复对原生效法律文书的执行。

《破产法解释（二）》

第 15 条 债务人经诉讼、仲裁、执行程序对债权人进行的个别清偿，管理人依据企业破产法第三十二条的规定请求撤销的，人民法院不予支持。但是，债务人与债权人恶意串通损害其他债权人利益的除外。

《美国破产法》②

第 547 条（b） 除本条的附条（c）和（i）另有规定外，基于对案件情况的合理尽职调查并考虑到当事人已经了解或有理由相信其可以了解根据附条（c）可主张的积极抗辩托管人可撤销就债务人财产权益所作的以下转让：

（1）向债权人所作或为其利益所作；

（2）该转让系基于作此转让前债务人所欠的债务或为清偿该债务；

（3）作此转让时债务人已经资不抵债；

（4）系在以下时间内作出：

---

① 参见陈杭平：《论民事"执行和解"制度以"复杂性"化简为视角》，载《中外法学》2018 年第 5 期。

② 李曙光审定，申林平译：《美国破产法典：中英文对照本》，法律出版社2021 年版，第 327 页。

（A）破产申请被提交前 90 日内（含第 90 日）；或

（B）若债权人在该转让被作出时系内部人士，则系破产申请被提交前 90 日至 1 年内；并且

（5）该转让使得该债权人获得的清偿额多于假设发生下列情形时该债权人本将获得的清偿额：

……

《日本破产法》①

第 162 条　下列行为（仅限于就已经存在的债务而提供的担保或清偿存量债务的行为），在破产程序开始后，可以为破产财团拒绝：

1. 破产人在无力偿债后或破产程序开始的申请之后所进行的行为。但是，仅限于债权人在该行为的当时，根据以下类别分别了解的事实：

（a）若该行为是在该人无力偿债后实施的，则该行为无力偿债或付款被暂停；

（b）如果该行为是在提交启动破产程序的申请后实施的，则提交了启动破产程序的申请。

2. 不属于破产人义务的行为，或其时间不属于破产人义务的行为，且行为是在破产前三十天内实施的；但是，如果债权人在行为发生时不知道该行为会损害其他破产债权人，则此规定不适用。

关于前款第一项规定的适用，在下列情况下，推定债权人在该行为的当时，依照同项所列的分类，已经得知相对应的无力偿债且被暂停付款的事实：

1. 债权人是上条第二款各项所列人员之一；

2. 前款第一项所列的行为不属于破产人的义务或该做法或该时间不属于破产人义务的情况。

关于第一款各项规定的适用，暂停付款后（仅限于在破产程序开始的申请之前一年以内的付款），推定为资不抵债。

《德国破产法》②

第 130 条　（1）授予或使破产债权人能够获得担保或清偿的法律行为

---

① 《日本破产法》，https://laws.e-gov.go.jp/law/416AC0000000075#Mp-Ch_6-Se_2-At_162，访问日期：2024 年 8 月 10 日。

② 《德国破产法》，https://www.gesetze-im-internet.de/inso/__130.html，访问日期：2024 年 7 月 10 日。

应在以下情况下可以被撤销：

1. 该行为是在申请启动破产程序之前的最后三个月内作出的，且债务人在行为发生时无力偿债，同时债权人当时知道破产，或

2. 如果该行为是在申请启动程序之后提出的，并且债权人在行为发生时知道破产或破产申请。这不适用于法律行为基于担保协议的情况，该协议包含提供《德国银行法》第1(17)节所指的金融抵押物、其他或额外金融抵押物的义务，以恢复担保负债的价值与担保协议中规定的抵押物价值之间的关系(保证金担保)。

(2)知悉破产或申请启动破产，应等同于知悉必然导致得出结论认为可以推断出破产或申请启动破产程序的情况。

(3)在行为发生时与债务人关系密切的人(第138条)，应推定已经知道破产或申请启动破产。

【参考案例】

洛阳市郑叶成套电器有限公司与洛阳金鹏集团有限公司管理人与破产有关的纠纷案【最高人民法院(2021)最高法民申3911号民事裁定书】

裁判要旨：《最高人民法院关于适用〈中华人民共和国企业破产法〉若干问题的规定(二)》(法释〔2013〕22号)第15条规定，债务人经诉讼、仲裁、执行程序对债权人进行的个别清偿，管理人依据《企业破产法》第32条的规定请求撤销的，人民法院不予支持。但是，债务人与债权人恶意串通损害其他债权人利益的除外。

一审人民法院以金鹏公司无财产可供执行而终结本次执行的裁定，足以表明金鹏公司缺乏清偿能力的事实。郑叶公司作为申请执行人对此明知且申请金鹏公司破产清算。在此情况下，金鹏公司在人民法院裁定受理破产申请前清偿郑叶公司债务的行为，显属双方串通损害其他债权人利益的行为。郑叶公司申请再审称其债权获偿系经执行程序并援引前述法律规定质疑原审判决，依法不予支持。

(作者：吴晓)

102.【和解协议表决与执行】和解程序中，债权人会议对和解协议草案的表决，是否应当采用债权人分组表决的方式？债权人会议通过和解协议并经人民法院裁定认可的，是否应实施管理人监督下的执行？

【回答】

在和解程序中，债权人会议对和解协议草案的表决不应当采用分组表决的方式，而应当集体表决。债权人会议通过和解协议并经人民法院裁定认可的，可以由管理人监督执行。

【理由】

一、和解程序中债权人会议对和解协议草案的表决不应采用分组表决方式

第一，在法律依据层面，《企业破产法》规定重整计划草案需要债权人会议依照担保债权、职工债权、税收债权和普通债权的类别进行分组表决。而对于和解协议草案，法律只规定了表决通过所需的债权人人数及债权份额条件，并未规定按债权类别分组后表决。因此，和解协议草案分组表决缺乏法律依据。

第二，在制度目的层面，联合国国际贸易法委员会于 2004 年出台的《破产法立法指南》指出："对债权实行分类的首要目的是达到给予债权人公平和公正待遇的要求，对类似情形的债权同等处理，确保重整计划对某个特定类别的所有债权人给予一系列同样的条件。"关于重整计划草案表决，我国立法除规定四类债权人分组表决外，还特别规定出资人、小额债权人的表决权。有学者指出，不同组别的债权人的法律地位、清偿顺位、权益调整方案有所差异，分组表决能够更准确地体现不同的利益诉求，保障表决结果公正。① 例如，重整期间权利受限的担保债权人、可能需要让渡权益的出资人有权通过分组表决保护其利益。普通债权人因所持债权的数额或性质不同，对债务人产生的影响各异，分组表决仍符合公平理

---

① 参见王欣新：《破产法》（第四版），中国人民大学出版社 2019 年版，第 313 页。

念。① 譬如设立小额债权组有助于平衡同大额债权人的利益，推动重整计划通过。总之，重整计划草案分组表决有利于实现"兼顾效率和公平"，具有其制度价值。

　　破产和解的本质是通过让渡无担保债权人的利益来解决债务问题，避免债务人进入破产清算程序。在和解程序中，和解协议的表决通过具有单一性。《企业破产法》规定未放弃优先受偿权的担保债权人没有和解协议的表决权。因担保债权的清偿已有担保财产作保障，担保债权人不必也不应干预和解协议的表决。同时，职工债权、税收债权不属于和解债权，该类债权人不参与表决，不受和解协议约束。② 原因在于：一方面，只有依法申报债权的债权人才能参加债权人会议，享有表决权。而职工债权无需申报，理论上职工债权人无权参与重整计划草案以外的其他表决。职工和工会代表虽能就有关事项发表意见，但对通过和解协议不具有表决权。③ 另一方面，根据法定清偿顺序，职工债权和税收债权均优先于普通债权清偿。该类债权人不受和解协议的约束，自然不必也不应参加表决。若确实需要减免或延期清偿，则应依据劳动法另行协商，或由国家税务机关依法处理。④ 原则上，只有普通债权人能够参与该表决，和解协议对所有参与表决的债权人的利益进行统一调整。分组表决既无必要也无实际法律意义，不能达成其原有的制度目的，反而会增加程序负担，影响和解效率。

　　二、经债权人会议通过且经人民法院裁定认可的和解协议可由管理人监督执行

　　根据《企业破产法》的规定，人民法院认可债权人会议通过的和解协议后，和解程序即告终止，管理人应当向债务人移交财产和营业事务。⑤理论上，管理人自此不再干预，也不具备监督的责任。然而，上海市高级

---

　　① 参见汪世虎：《重整计划与债权人利益的保护》，载《法学》2007 年第 1 期。
　　② 参见王欣新：《破产法》（第四版），中国人民大学出版社 2019 年版，第 275 页；黄金华：《破产全流程实务操作指引》，中国法制出版社 2020 年版，第 302 页。
　　③ 参见李国光主编：《新企业破产法条文释义》，人民法院出版社 2006 年版，第 335 页。
　　④ 参见王欣新：《破产法原理与案例教程》（第三版），中国人民大学出版社 2024 年版，第 327 页。
　　⑤ 参见王欣新：《破产法》（第四版），中国人民大学出版社 2019 年版，第 275 页。

人民法院发布的《破产审判工作规范指引(试行)》规定,在和解协议草案中可规定由管理人监督协议执行。实践中管理人监督下和解协议顺利执行的案例,也验证了该监督模式的有效性。

和解程序终止后,债务人恢复对企业的控制管理,难免产生与债权人之间信息不对等的问题。为防止债务人侵害债权人利益,急需熟悉债务人企业具体状况的专业组织负责监督。法院事务繁忙,无暇兼顾协议执行监督;债权人会议非常设机构,由其产生的债权人委员会在规模较小的破产案件甚至不设立;另设专业监督人又面临机构冗杂、成本增加等问题。相比之下,破产管理人具备天然优势。管理人熟知债务人债权债务关系、经营和财产状况。进入协议执行阶段后,若由管理人负责监督,可要求债务人及时报告和解协议执行情况、企业财务状况、重大经营决策以及资产处置等事项。因此,在这个阶段延续管理人的监督职责,有利于降低和解成本,落实和解协议,推动债权清偿。以苏州首例破产和解案"春焱电子科技(苏州)有限公司破产和解案"为例,管理人的监督可助推和解协议按期执行,并最终实现债权高比例清偿。①

有观点认为,管理人监督和解协议执行虽具优势,但管理人代拟和解协议草案并监督协议执行的做法合法性存疑,且实际监督或受协议内容制约。② 建议立法明确管理人破产和解监督职责,包括监督和解协议的执行,并向人民法院报告工作。③ 具体可以借鉴重整计划执行的监督制度,规定管理人监督期限、债务人报告义务并明确管理人的职责等。同时,由债权人会议监督管理人,管理人不尽职监督的,债权人会议可向法院申请更换。

除管理人监督和解协议执行外,实务中也有其他方式。如江苏省高级人民法院发布的《破产案件审理指南》指出,和解协议可在债权人监督下执行。设立债权人委员会的,可以要求债务人定期报告协议执行情况。债

---

① 参见吴欢:《常熟审结首例破产和解案》,载《江苏经济报》2017年9月20日第B01版。转引自张善斌主编:《破产法实务操作105问》,武汉大学出版社2020年版,第293页。

② 参见薛恒:《我国破产法上和解协议执行监督规则续造》,载《法律研究》集刊2023年第2卷。

③ 参见邹杨、丁玉海:《破产和解制度的反思:价值、规范与实践的统一》,载《海南大学学报人文社会科学版》2013年第6期。

务人不能执行或不执行和解协议的，债权人可请求法院裁定终止和解协议并宣告债务人破产。当然，专业监管组监督仍是部分学者推崇的做法。监管组成员可由债务人指定并经法院审查批准，或由法院与债务人、债权人会议和管理人协商确定。①

【参考依据】

《企业破产法》

第 59 条第 3 款 对债务人的特定财产享有担保权的债权人，未放弃优先受偿权利的，对于本法第六十一条第一款第七项、第十项规定的事项不享有表决权。

第 82 条 下列各类债权的债权人参加讨论重整计划草案的债权人会议，依照下列债权分类，分组对重整计划草案进行表决：（一）对债务人的特定财产享有担保权的债权；（二）债务人所欠职工的工资和医疗、伤残补助、抚恤费用，所欠的应当划入职工个人账户的基本养老保险、基本医疗保险费用，以及法律、行政法规规定应当支付给职工的补偿金；(三)债务人所欠税款；（四）普通债权。

人民法院在必要时可以决定在普通债权组中设小额债权组对重整计划草案进行表决。

第 85 条第 2 款 重整计划草案涉及出资人权益调整事项的，应当设出资人组，对该事项进行表决。

第 97 条 债权人会议通过和解协议的决议，由出席会议的有表决权的债权人过半数同意，并且其所代表的债权额占无财产担保债权总额的三分之二以上。

《破产法解释(三)》

第 11 条第 2 款 根据企业破产法第八十二条规定，对重整计划草案进行分组表决时，权益因重整计划草案受到调整或者影响的债权人或者股东，有权参加表决；权益未受到调整或者影响的债权人或者股东，参照企业破产法第八十三条的规定，不参加重整计划草案的表决。

---

① 参见张善斌、翟宇翔：《破产和解制度的完善》，载《河南财经政法大学学报》2019 年第 5 期。

《上海市高级人民法院破产审判工作规范指引（试行）》

八、重整、和解

14. 和解协议草案。债务人申请和解，应当提出和解协议草案。该草案一般包括：……

和解协议草案可以规定监督条款，由债权人或管理人对债务人执行和解协议情况进行监督。

《日本民事再生法》①

第 54 条第 1 款　再生程序开始的申请被提起后，法院认为有必要的，经利害关系人或者依职权可以作出由监督人进行监督的处分命令。

第 172 条第 3 款第 1 项　再生计划草案在取得下列各项所有同意的情形之下获得成立。

（一）表决权人（限于出席债权人会议，或者实施第一百六十九条第二款第二项规定的书面投票的人）的过半数同意；

（二）表决权人的表决权总额的一半以上的同意。

第 186 条第 2 款　前款规定的情形，选任监督人的，该监督人应当监督再生债务人执行再生计划。

【参考案例】

西王集团有限公司破产和解案【山东省邹平市人民法院（2020）鲁 1626破 1 号民事裁定书】②

裁判要旨：本院主持召开第一次债权人会议，对和解协议（草案）进行表决。出席债权人会议享有表决权的债权人 374 人，经表决，同意和解协议的 335 人，同意的人数占出席会议有表决权的人数比例为 89.57%，其所代表的债权额占无财产担保债权总额的比例为 86.41%。该表决符合

---

①　[日]山本和彦：《日本倒产处理法入门》，金春等译，法律出版社 2016 年版，第 271、316、322 页。

②　类似裁判可参见上海市第三中级人民法院（2022）沪 03 破 237 号民事裁定书之六，"现经债权人会议表决，在共计参会有表决权的 11 户债权人中，有 8 户债权人表决同意，表决同意的债权人人数占 72.73%，其所代表的债权金额占无财产担保债权总额的 90.19%，表决同意的债权人人数过半，且其所代表的债权额占无财产担保债权总额超过三分之二，《上海朗阁电力科技有限公司和解协议草案》经债权人会议表决通过"。

《企业破产法》对人数比例和债权额比例的要求，且该和解协议内容不违反法律法规强制性规定，该决议合法有效，本院予以认可。

松原市兴佰亿粮油贸易有限公司破产和解案【吉林省松原市中级人民法院（2019）吉 07 民破 5 号民事裁定书】①

裁判要旨：本院认为，……和解协议内容符合法律规定。依照《中华人民共和国企业破产法》第 98 条规定，裁定如下：

一、认可松原市兴佰亿粮油贸易有限公司和解协议；

……

和解协议内容：和解协议由兴佰亿负责执行，管理人负责监督。兴佰亿应接受管理人的监督，对于和解协议执行情况、公司财务状况、重大经营决策以及资产处置等事项，应及时向管理人和松原中院报告。

（作者：吕永誉）

103.【破产费用性质认定与承担】破产程序中诉讼费用的性质，是否一律认定为破产费用？破产申请受理前提起的诉讼，破产申请受理后产生的应由破产企业承担的诉讼费用，是破产费用，还是法院作为债权人的普通债权？

【回答】

以破产受理时间为节点，破产申请受理前已发生应由债务人承担的诉讼费，作为普通债权清偿。破产申请受理后发生的诉讼费，依据《企业破产法》第 41 条之规定，作为破产费用随时清偿。

【理由】

一、关于破产申请受理前产生的诉讼费用

首先，从时间上判断。破产费用是指发生于破产受理后破产程序终结前、为全体破产债权人的共同利益、推进破产程序所必须而支出的费用。

---

① 类似裁判可参见贵州省贵阳市云岩区人民法院（2023）黔 0103 破 36 号民事裁定书之三，"本院认为，现经管理人监督确认，贵州宇创雄展商贸有限公司已按照和解协议履行完毕全部义务"。

结合我国《企业破产法》的相关规定也可以看出，破产费用的产生期间原则上是：破产受理后破产程序终结前。

其次，从功能上判断。诉讼费用的功能属性在于防止滥用诉权、制裁违法行为。在破产案件中，虽然诉讼费用较少，但它最终总是要从破产财产中去支付。因此降低诉讼活动对破产财产"分一杯羹"的做法成为共识。司法实践中对任何可以获得优先偿付债权或者费用应当保持谨慎克制的态度。对破产申请前发生的诉讼费用，不宜扩张解释，所以不作为破产费用更为妥当。

再次，从实质上判断。直接或间接为全体债权人共同利益发生，是破产费用的本质和判断标准，也是其应当优先清偿的依据。一般而言，债权人或债务人在破产受理前所提起并已完结的诉讼，其目的多为实现其个别债权，难说是为债权人的共同利益。因此，个案诉讼费若被认定为符合"共益"目的显然牵强。① 因破产受理前进行的公司强制清算、执行评估、公告、保管，其工作成果可以在破产程序中体现，已经进行的程序、评估的数据等在破产程序中亦都有价值，故可以认为是在为破产程序做准备工作，因此列为破产费用可以随时清偿；而此前尚未支付的案件受理费，不管支付对象是债权人还是人民法院，其本质只是债务人负债的一部分，而非有利于破产进程和清偿率，故不宜纳入破产债权。

二、关于破产申请受理后发生的诉讼费用

对破产申请受理后破产企业发生的诉讼费用，根据《企业破产法》第41条的规定，为破产费用，由破产财产随时支付。开始破产程序的目的是清偿债务，是一种民事纠纷解决方式，故法院对其处理不能是无偿的，法院要收取适当的裁判费用和其他费用。债务人进入破产程序后，并非立刻消亡，而是要经过清收财产和清偿债务的过程。在这个过程中，债务人并非处于真空状态，还需要在市场经济条件下了结原有的法律关系或者为破产所需建立新的法律关系。为此，破产程序进行期间必然对债务人主体或者债务人财产发生相应的费用或债务。无论是费用还是债务，都是为了全体债权人的利益，都需要从债务人财产中支付。②

---

① 参见王利萍、杜佳鑫、胡小烨等：《诉讼费追缴执行在破产程序中的保障》，载《人民司法（应用）》2021 年第 25 期。

② 参见付翠英：《论破产费用和共益债务》，载《政治与法律》2010 年第 9 期。

【参考依据】

《企业破产法》

第 41 条 人民法院受理破产申请后发生的下列费用，为破产费用：（一）破产案件的诉讼费用；（二）管理、变价和分配债务人财产的费用；（三）管理人执行职务的费用、报酬和聘用工作人员的费用。

《破产法解释（三）》

第 1 条 人民法院裁定受理破产申请的，此前债务人尚未支付的公司强制清算费用、未终结的执行程序中产生的评估费、公告费、保管费等执行费用，可以参照企业破产法关于破产费用的规定，由债务人财产随时清偿。

此前债务人尚未支付的案件受理费、执行申请费，可以作为破产债权清偿。

《诉讼费用交纳办法》

第 6 条 当事人应当向人民法院交纳的诉讼费用包括：（一）案件受理费；（二）申请费；（三）证人、鉴定人、翻译人员、理算人员在人民法院指定日期出庭发生的交通费、住宿费、生活费和误工补贴。

第 42 条 依法向人民法院申请破产的，诉讼费用依照有关法律规定从破产财产中拨付。

【参考案例】

乐山众信资产评估有限公司、四川川眉特种芒硝有限公司破产债权确认纠纷二审案【四川省眉山市中级人民法院（2024）川 14 民终 522 号民事判决书】

裁判要旨：《破产法解释（三）》第 1 条规定发生在执行过程中的评估费用参照破产费用得到清偿。该条款并非认为所有发生在执行过程中的评估费用都应当参照破产费用得到清偿，因破产费用最高的清偿优先级，故应当严格限缩适用，避免不当减损其他债权人的清偿利益。此外，该司法解释规定允许参照适用，故此，能够参照破产费用得到清偿的在执行过程中发生的评估费用，仍然应当满足破产费用的实质要件和目的要件，须在破产程序中被实际采用，且符合破产程序推进的实际需要。

（作者：胡敏）

104. 【破产程序中赃款赃物的处置】破产程序中，因债务人或他人涉及刑事犯罪，由债务人占有的赃款赃物应如何处置？刑事被害人应如何主张权利？对于刑事被害人申报的债权应如何认定？如果在破产受理前，涉及刑事案件赃款直接汇入债务人企业基本账户，并与账户中少量合法资金混同，是否已不再具备"特定化"？如果该账户中的部分资金又转出用于投资或置业，形成的财产中如何确定合法财产与赃款分别对应的份额？

【回答】

债务人善意取得赃款赃物的，该赃款赃物应作为破产财产处理，刑事被害人无法对其主张权利；反之，债务人因刑事犯罪或恶意取得赃款赃物的，若该赃款赃物能够特定化，则刑事被害人应在刑事程序中主张退赔；若该赃款赃物无法或无必要特定化，则应当允许刑事被害人在破产程序中申报债权，该债权在性质上为普通债权。涉案赃款与合法资金发生混同，丧失其特定性。对于涉案赃款与合法资金共同投资或置业的情形，赃款份额的确立通常是在投资本金的基础上计算收益，按照赃款本金与合法资金的比例计算收益比例，并将赃款本金与所得赃款收益一同视为赃款对应的份额。

【理由】

第一，刑民交叉案件的兴起与我国刑民事领域法律规范的逐渐完善以及社会经济纠纷的复杂化趋势有关。刑民交叉，即刑事法与民事法的交叉，包含实体法与程序法两个方面，涉及民法、民事诉讼法、刑法、刑事诉讼法四个部门法。① 实体法上侧重于刑事犯罪与民事不法的区分问题，程序法上侧重于刑事程序与民事程序的顺位问题，即先刑后民、先民后刑或刑民并行的程序选择问题。

对于刑民交叉案件较为系统的处理方式，可追溯至1998年最高人民法院发布的《关于在审理经济纠纷案件中涉及经济犯罪嫌疑若干问题的规

---

① 参见陈兴良：《刑民交叉案件审理的司法规则——实体法与程序法的双重考察》，载《中国刑事法杂志》2024年第2期。

定》（以下简称"98 解释"）。"98 解释"第 1 条与第 10 条分别以"同一法律事实""同一法律关系"作为处理刑民交叉案件的判断标准，由此逐渐形成"同一事实，先刑后民；不同事实，刑民并行"的实践传统。

然而，对于"同一事实"内涵的界定尚不清晰，是否应当以"先刑后民"为处理刑民交叉案件的原则亦存在争议。有学者认为"同一事实"即指"同一法律事实"或"同一法律关系"的说法并不科学，因为所谓法律事实是一种对事实本身的法律评价，是人们的观念形象。民事法律关系与刑事法律关系是不同的法律关系，不可能在"法律关系"上存在"同一"，此处的"同一事实"应当仅指民、刑事案件在自然事实上的同一。① 亦有观点认为，对于"同一事实"应当从行为实施主体、法律关系、要件事实三个角度予以认定，即在判断过程中应当考察是否为同一主体实施的行为、刑事案件的受害人是否为民事法律关系的相对人、民事案件的要件事实是否构成刑事案件的要件事实等因素。② 司法实践中，对于"同一事实"的认定与上述观点类似。③

不可否认，以"先刑后民"作为处理刑民交叉案件的原则能够在一定程度上借助公权力机关全面调取案件证据、减轻当事人的举证责任，进而提高诉讼效率，但如果对实际情况不加区分地适用"先刑后民"，则会产生不少消极影响。④ 例如，债务人利用"先刑后民"恶意拖延债务履行，导致债务纠纷一拖数年，给债权人债权的实现带来极大的风险，债权人的合法权益难以获得保护。⑤ 因此，有学者认为，对于"先刑后民"的适用，

---

① 参见张卫平：《民刑交叉诉讼关系处理的规则与法理》，载《法学研究》2018年第 3 期。

② 参见刘贵祥：《关于审理民刑交叉案件的几个问题》，载微信公众号"最高人民法院司法案例研究院"，2023 年 9 月 21 日。

③ 参见最高人民法院（2017）最高法民申 2903 号民事裁定书、最高人民法院（2020）最高法民申 1571 号民事裁定书、最高人民法院（2015）民申字第 1778 号民事裁定书。

④ 参见王利明：《刑民并行：解决刑民交叉案件的基本原则》，载《中国刑事法杂志》2024 年第 2 期。

⑤ 参见王昭武：《经济案件中民刑交错问题的解决逻辑》，载《法学》2019 年第4 期。

除满足"同一事实"外，还需符合以下要件①：（1）依赖公权力查明事实；（2）在民事案件审理中"基本事实"无法查清或者依据民事证据规则认定事实会严重背离客观真实的情况下，如果刑事案件的处理结果更有利于查明事实真相，更有利于所认定的民事案件"基本事实"最大限度地接近于客观真实，则有必要中止民事诉讼；②（3）证明标准基本相同。

综上，具体到破产程序涉刑事纠纷的案件时，不可盲目使用"先刑后民"的处理程序，必须结合案件事实，并权衡刑事被害人与申报债权人之间的利益，作出正确的程序选择。

第二，需要考量刑事追赃与善意取得之间的联系。我国司法实践对赃款赃物能否适用善意取得经历了一个从全面否定到例外适用，再到原则上适用的发展过程。③《最高人民法院关于刑事裁判涉财产部分执行的若干规定》（以下简称《刑事裁判财产执行规定》）第11条第2款规定："第三人善意取得涉案财物的，执行程序中不予追缴。作为原所有人的被害人对该涉案财物主张权利的，人民法院应当告知其通过诉讼程序处理。"对于刑事"涉案财物"的性质，一种观点认为涉案财物是指司法机关依据其职权确认的与刑事案件有关并应依法予以追缴、没收、责令退赔的财物；④另一种观点认为涉案财物是指与刑事诉讼直接相关和间接相关的具有财产价值并受到法律保护的权利的总称。⑤事实上，对于"涉案财物"的定性差异仅在于观察视角的不同，赃款赃物是涉案财物的一种特殊类型，对于赃款赃物善意取得的情形可以适用上述条款。因此，对于刑事被害人而言，其无法通过刑事执行程序对赃款赃物进行追缴。而在破产程序中，基于债

---

① 参见王利明：《刑民并行：解决刑民交叉案件的基本原则》，载《中国刑事法杂志》2024年第2期。

② 参见张卫平：《民刑交叉诉讼关系处理的规则与法理》，载《法学研究》2018年第3期。

③ 参见王利明：《论赃物的善意取得——以刑民交叉为视角》，载《清华法学》2024年第1期。

④ 参见李长坤：《刑事涉案财物处理制度研究》，上海交通大学出版社2012年版，第52页；杨胜荣：《刑事诉讼中涉案财物的认定与处理》，载《湘潭大学学报（哲学社会科学版）》2015年第3期。

⑤ 参见闫永黎：《刑事诉讼中涉案财产的基本范畴》，载《中国人民公安大学学报（社会科学版）》2013年第3期。

权的相对性，因刑事被害人并非善意债务人的债权人，其也无法以申报债权的形式获得赔偿，此时的赃款赃物将作为善意债务人的破产财产处置。

第三，以"赃款赃物特定化与否"为程序选择的判断依据。在破产程序中，债务人因刑事犯罪或恶意取得赃款赃物的情形是典型的刑民交叉问题。对于此类问题，司法程序上究竟是适用"先刑后民"还是"刑民并行"，应当取决于民事案件的审理是否依赖于犯罪行为的界定或刑事案件的判决结果。如果民事案件的审理依赖于犯罪行为的界定或刑事案件的判决结果，则应当按照"先刑后民"处理。① 申言之，即使是非基于同一事实而采取"刑民并行"的案件，也可能因为民事案件查明的事实与刑事案件事实存在牵连关系，虽不影响刑民案件分别审理，而面临程序上的先后问题。② 结合《刑法》第 64 条与《企业破产法》第 38 条之规定，债务人因刑事犯罪或恶意占有的赃款赃物并非破产财产，应当以刑事退赔方式归还刑事被害人。但这一方式能够适用的前提在于赃款赃物能够特定化，③ 使其区别于破产财产。因此，刑事裁判对于这一事实的认定影响到破产程序的进行，对于此类问题，应当采取"先刑后民"的程序处理。

对刑事被害人而言，若赃款赃物能够特定化，则刑事被害人可以通过刑事退赔的方式主张权利；若赃款赃物无法特定化或无必要特定化，如赃款赃物之原物不存在或与其他财产发生混同等情形，在刑事退赔无法维护刑事被害人权利的情况下，刑事被害人作为债权人享有在破产程序中申报债权的权利。对于涉刑破产债权在破产程序中是否具有优先性的问题，存在肯定说与否定说两种观点。肯定说以《刑事裁判财产执行规定》第 13 条为依据，认为涉刑破产债权具有优先性。本书支持否定说，其理由在于：若无法律规定的特别情形，债权具有平等性。《企业破产法》第 113 条所规定的不同债权的清偿顺序中并未提及涉刑破产债权，结合破产法上的公平清偿原则，刑事被害人所申报债权应与其他普通债权性质一致，不具有优先性。实践中，四川省高级人民法院发布的《关于审理破产案件若干问

① 参见袁碧华、袁继尚：《完善民间借贷中刑民交叉程序衔接机制的建议》，载《法治论坛》2021 年第 1 期。

② 参见刘贵祥：《关于审理民刑交叉案件的几个问题》，载微信公众号"最高人民法院司法案例研究院"，2023 年 9 月 21 日。

③ 参见最高人民法院：《法答网精选答问（第一批）》，载微信公众号"最高人民法院"，2024 年 2 月 29 日。

题的解答》对于此类问题也作出了相似的处理。

第四，涉案赃款与合法资金混同丧失其特定性。本质上看，涉案赃款属于货币。货币作为具有较强流通属性的一般等价物，是物权法上的种类物。因此，当涉案赃款与合法资金发生混同时，其将丧失特定性。依前述观点，刑事被害人无法通过退赔的方式追回赃款。而根据"货币占有即所有"之法理，① 刑事被害人亦无法采取民法上原物返还请求权的方式追回赃款。此时刑事被害人所享有的财产已转化为金钱债务，其可参照《破产法解释（二）》中的相关规定向管理人申报债权，与其他债权按照损失的性质（通常为普通债权）有序受偿。目前破产实务中依据这种方式处理的较多，浙江等省份也有类似的指导性意见。

赃款为货币，通常具有明确的数额。根据《刑法》第 64 条以及《刑事裁判财产执行规定》第 10 条第 3 款的规定，赃款及其孳息以及将赃款用于置业、投资所获取的租金、股金等物质利益，应当一并追缴。在赃款与企业合法财产发生混同后，又将混同后的财产转出或用于投资置业，此时赃款份额的确立通常是在投资本金的基础上计算收益，按照赃款本金与合法资金的比例计算收益比例，并将赃款本金与所得赃款收益一同视为赃款对应的份额。

【参考依据】

《刑法》

第 64 条　犯罪分子违法所得的一切财物，应当予以追缴或者责令退赔；对被害人的合法财产，应当及时返还；违禁品和供犯罪所用的本人财物，应当予以没收。没收的财物和罚金，一律上缴国库，不得挪用和自行处理。

《企业破产法》

第 38 条　人民法院受理破产申请后，债务人占有的不属于债务人的财产，该财产的权利人可以通过管理人取回。但是，本法另有规定的除外。

第 113 条　破产财产在优先清偿破产费用和共益债务后，依照下列顺

---

① 参见梁慧星、陈华彬：《物权法》，法律出版社 2020 年版，第 267 页。

序清偿：

（一）破产人所欠职工的工资和医疗、伤残补助、抚恤费用，所欠的应当划入职工个人账户的基本养老保险、基本医疗保险费用，以及法律、行政法规规定应当支付给职工的补偿金；（二）破产人欠缴的除前项规定以外的社会保险费用和破产人所欠税款；（三）普通破产债权。

破产财产不足以清偿同一顺序的清偿要求的，按照比例分配。

破产企业的董事、监事和高级管理人员的工资按照该企业职工的平均工资计算。

《最高人民法院关于刑事裁判涉财产部分执行的若干规定》

第 10 条 对赃款赃物及其收益，人民法院应当一并追缴。

被执行人将赃款赃物投资或者置业，对因此形成的财产及其收益，人民法院应予追缴。

被执行人将赃款赃物与其他合法财产共同投资或者置业，对因此形成的财产中与赃款赃物对应的份额及其收益，人民法院应予追缴。

对于被害人的损失，应当按照刑事裁判认定的实际损失予以发还或者赔偿。

第 11 条 被执行人将刑事裁判认定为赃款赃物的涉案财物用于清偿债务、转让或者设置其他权利负担，具有下列情形之一的，人民法院应予追缴：（一）第三人明知是涉案财物而接受的；（二）第三人无偿或者以明显低于市场的价格取得涉案财物的；（三）第三人通过非法债务清偿或者违法犯罪活动取得涉案财物的；（四）第三人通过其他恶意方式取得涉案财物的。

第三人善意取得涉案财物的，执行程序中不予追缴。作为原所有人的被害人对该涉案财物主张权利的，人民法院应当告知其通过诉讼程序处理。

第 13 条 被执行人在执行中同时承担刑事责任、民事责任，其财产不足以支付的，按照下列顺序执行：（一）人身损害赔偿中的医疗费用；（二）退赔被害人的损失；（三）其他民事债务；（四）罚金；（五）没收财产。

《破产法解释（二）》

第 2 条 下列财产不应认定为债务人财产：（一）债务人基于仓储、

保管、承揽、代销、借用、寄存、租赁等合同或者其他法律关系占有、使用的他人财产；（二）债务人在所有权保留买卖中尚未取得所有权的财产；（三）所有权专属于国家且不得转让的财产；（四）其他依照法律、行政法规不属于债务人的财产。

《最高人民法院关于适用〈中华人民共和国刑事诉讼法〉的解释》

第176条　被告人非法占有、处置被害人财产的，应当依法予以追缴或者责令退赔。被害人提起附带民事诉讼的，人民法院不予受理。追缴、退赔的情况，可以作为量刑情节考虑。

四川省高级人民法院《关于审理破产案件若干问题的解答》①

四、债权申报与审查

13. 在破产案件中，债务人或相关人员因涉嫌非法集资类刑事犯罪，相关刑事案件的被害人能否在破产程序中主张权利？

答：破产程序中涉及非法集资类犯罪问题时，首先应把刑事案件的涉案财产与破产财产进行区分。对于应返还给刑事案件被害人的特定财产，不属于破产财产，应通过在刑事程序中退赔等方式返还给受害人；对于已无法区分或者无区分必要的财产，则应当纳入破产财产在破产程序中一并处理。鉴于非法集资与民间借贷，均是以借款合同为基础而形成的法律关系，只是前者因人数、情节、影响达到了需要刑事法律调整的范围而受到刑法的否定性评价，为公平保护刑事被害人的权利，应允许刑事被害人在破产程序中以申报债权的方式行使权利。在债权数额认定上，相较于因与债务人正常交易而产生债权的债权人，刑事案件被害人作为非法金融活动的参与者，其往往本身也具有一定的过错，其享有的权利依法不能优于合法的普通民事债权人，对其债权通常按民间借贷规则进行调整。

《美国破产法》

第523条（a）　本编第727、1141、1192条，第1228（a）、1228（b）或

---

①　类似规范可参见浙江省高级人民法院2013年发布《关于在审理企业破产案件中处理涉集资类犯罪刑民交叉若干问题的讨论纪要》第4点：在涉集资类案件刑事侦查终结后，未列入受害人范围的相关机构和个人可以以民间借贷债权人名义申报债权；列入集资犯罪受害人的，可作为破产债权人申报债权，同时给予受害人在破产程序中的临时表决权。

1328(b)款下的破产免责排除个人的任何下列债务：

……

(4)以受信人身份行事时的欺诈或挪用公款、贪污或盗窃；

……

(6)债务人对另一实体或另一实体财产的故意或恶意损害。

《英国支付不能法》

第 281 条 免责的效力(4)免责不免除破产人关于因犯罪而对其施加的罚款债务或者保证书规定的任何责任。但是（在根据关于财政收入的法令，该罚款是因犯罪施加的惩罚或者在保证书的情况下）有财政部门同意的除外。

第 327 条 刑事破产下的分配 凡破产令是根据第 264(1)(d)项(刑事破产)的申请发出的，且只要针对作为申请依据的刑事破产令据以作出的对破产人的任何犯罪行为的定罪上诉在待决中（在第 277 条的含义内），则不得根据第 324 条至第 326 条作出分配。

《澳大利亚破产法》

第 108 条 除法律特殊规定外，被证明的债权地位平等

除本法另有规定外，破产债权一律平等，破产财产的变现所得不足以全部清偿的，应当按比例支付。

第 114 条 A 犯罪所得令的影响

(1)如果破产人的财产在破产之日或之后被限制令或者没收令所包括，则在此期间，该命令所包括的财产收益不得根据第 A 小节被使用。

(2)如果破产之日或之后对破产人作出罚款令，则在该命令有效期间，破产人的任何财产收益不得根据第 A 小节被使用。

（第 A 小节为澳大利亚《破产法》第 6 部分"财产管理"第 2 节"债务清偿顺序"概述）

《联合国反腐败公约》

第 31 条 冻结、扣押和没收

……

四、如果这类犯罪所得已经部分或者全部转变或者转化为其他财产，则应当以这类财产代替原犯罪所得而对之适用本条所述措施。

五、如果这类犯罪所得已经与从合法来源获得的财产相混合，则应当

在不影响冻结权或者扣押权的情况下没收这类财产，没收价值最高可以达到混合于其中的犯罪所得的估计价值。

六、对于来自这类犯罪所得、来自这类犯罪所得转变或者转化而成的财产或者来自已经与这类犯罪所得相混合的财产的收入或者其他利益，也应当适用本条所述措施，其方式和程度与处置犯罪所得相同。

【参考案例】

（一）赃款赃物的善意取得

张某某、张某某不服天津市高级人民法院等执行监督案【最高人民法院（2023）最高法执监167号执行裁定书】

裁判要旨：《最高人民法院关于刑事裁判涉财产部分执行的若干规定》第十一条第二款规定，第三人善意取得涉案财物的，执行程序中不予追缴。作为原所有人的被害人对该涉案财物主张权利的，人民法院应当告知其通过诉讼程序处理。本案中，根据天津高院、天津二中院查明的情况，张某某提交的购房合同材料证明：对于袁某某名下涉案房产是否属于赃物，是否属于应予没收的财产或者追缴、责令退赔的财物范围，张某某对涉案房产的取得是否有事实依据，是否为善意，属于本案的基本事实，应予查明，并在此基础上判断张某某所提异议是否成立。天津二中院、天津高院未对上述情况审查查明，属于基本事实不清。

（二）赃款丧失"特定化"，刑事被害人申报债权

河南金石投资管理有限公司、康达精密齿轮股份有限公司一般取回权纠纷案【河南省高级人民法院（2020）豫民终405号民事判决书】

裁判要旨：破产取回权是指在破产程序中，对不属于债务人财产而由其占有或支配的财产，所有人或者其他权利人不依照破产程序，通过破产管理人直接将该财产取回的权利。《企业破产法》第38条规定："人民法院受理破产申请后，债务人占有的不属于债务人的财产，该财产的权利人可以通过管理人取回。"根据上述规定，取回权作为破产法上的一项特殊权利，其基础是民法上的物的返还请求权。权利人向破产企业主张行使取回权时，前提条件是其对要求取回的标的物享有所有权，且该标的物应当特定化地客观存在，在此基础上才可能通过取回权的行使获得标的物的返还。反之，权利人只能依据有关事实向破产企业主张债权。

（三）涉刑破产债权不具备优先性

徐州强盛城市煤气有限公司与蒋志强、黎耀金追缴违法所得执行复议案【江苏省无锡市中级人民法院（2019）苏 02 执复 121 号执行裁定书】

裁判要旨：现行破产法并未规定因刑事追赃对赃款流向单位所形成的债权具有优先受偿的权利。当义务主体进入破产程序时，对其责任财产的分配不再依据一般执行程序的清偿规则进行，而应依照破产法规定的特殊规则分配。现行破产法并未规定因刑事追赃对赃款流向单位所形成的债权具有优先受偿的权利。

（四）赃款赃物与合法资产混同用于共同投资或置业

鲍红、王尔发申请承认与执行法院判决、仲裁裁决案件执行审查案【安徽省高级人民法院（2020）皖执复 4 号执行裁定书】

裁判要旨：根据《最高人民法院关于刑事裁判涉财产部分执行的若干规定》第 10 条第 3 款规定，被执行人将赃款赃物与其他合法财产共同投资或者置业，对因此形成的财产中与赃款赃物对应的份额及其收益，人民法院应予追缴。……合肥中院对涉案房产的执行符合法律规定，鲍红申请复议的理由没有法律依据，合肥中院的异议裁定结果正确，可以维持。

（作者：黎源）

105.【关联企业破产协同审理程序】在关联企业协同审理程序中，各企业由不同法院分别受理破产的，对于关联企业之间的资金往来如何审核认定？数个破产案件的破产程序相互之间如何协调？

【回答】

多个关联企业成员不符合实质合并条件，人民法院可根据相关主体的申请对多个破产程序进行协调审理，对于关联企业之间的资金往来形成的债权债务应分别审核认定。

【理由】

一、关于关联企业在不同法院分别受理破产时资金往来的审核

首先，需要对关联企业之间的资金往来进行详细的审计和评估，以确

定资金流动的性质和目的。要区分合法与非法交易，区分正常的商业交易和可能存在的不正当交易，如内部转移资产、逃避债务等行为。要确保债权人的利益不受损害，对于不正当的交易可能需要追回资产或进行相应的调整。

其次，关联企业往来款的款项性质，一般需要根据具体的交易背景、合同约定以及相关的法律法规进行综合判断。以下是一些可能的情况：（一）正常借款。在这种情况下，关联公司往来款的性质就是借款。（二）关联交易。关联公司之间可能存在关联交易，包括购买、销售商品、提供或接受劳务等。在这些交易中，可能产生资金往来。该往来款的性质可能是关联交易中的应收应付款项。（三）其他性质。除了上述两种情况外，关联公司往来款的款项性质还可能是其他形式，如投资款、分红款、担保金等。这些款项的性质需要根据具体的交易背景和合同约定进行判断。

二、关于数个关联企业破产案件破产程序的协调

根据《破产审判会议纪要》的规定，关联企业破产案件的审理应当根据关联关系的不同程度和模式，区别适用实质合并审理或协调审理。对于适用实质合并审理的，《破产审判会议纪要》第35条规定由关联企业中的核心控制企业所在地法院管辖。如果无法识别或确认核心控制企业的，由企业主要财产所在地法院管辖。由于关联企业关系复杂，如果多个法院之间对管辖权产生争议，根据《民事诉讼法》第37条第2款的规定，在不能协商解决的情况下，应当报共同的上级法院指定管辖。

在协调审理时，要注意把握以下几个环节：

（1）案件集中管辖。多个关联企业成员破产案件，依据《企业破产法》的规定由同一家法院受理的，可以由同一审判庭审理和同一管理人管理；由不同法院受理的，基于程序协调的需要，可以综合考虑破产申请的先后顺序、成员负债规模大小、核心控制企业住所地等因素，由共同的上级法院确定一家法院集中管辖。对此，《破产审判会议纪要》第38条有明确规定。当然，实践中也存在关联企业破产由不同法院管辖、协商处理实体和程序问题，共同推进破产程序的案例。

（2）联席会议机制。在集中管辖的情况下，可以采用债权人委员会联席会议的机制，就企业拯救、资产处置的总体方案和其他涉及共同利益的问题进行协商，但债权人会议的表决仍以各关联企业成员为单位，分别就各自的重整计划或者破产变价方案、分配方案进行表决。

（3）管理人合作机制。除了在集中管辖情况下可以指定单一管理人外，无论是集中管辖还是分别管辖，如果有多个管理人分别管理不同企业，都要尽可能地建立管理人之间的合作机制。

（4）协同制定计划或方案。对进入破产程序的关联企业，可以在协调审理和管理人合作的基础上，统筹制定重整计划，共同引进投资人，或者以"打包"方式处置数家企业（特别是具有技术配套或产业链关系的企业）的经营性资产。

（5）债权分别清偿。《破产审判会议纪要》第 39 条规定，协调审理不得消灭关联企业成员之间的债权债务关系，不得对关联企业成员的财产进行合并，各关联企业成员的债权人仍以该企业成员财产为限依法获得清偿。但关联企业成员之间不当利用关联关系形成的债权，应当劣后于其他普通债权顺序清偿，且该劣后债权人不得就其他关联企业成员提供的特定财产优先受偿。

【参考依据】

《民事诉讼法》

第 37 条 人民法院发现受理的案件不属于本院管辖的，应当移送有管辖权的人民法院，受移送的人民法院应当受理。受移送的人民法院认为受移送的案件依照规定不属于本院管辖的，应当报请上级人民法院指定管辖，不得再自行移送。

《破产审判会议纪要》

35. 实质合并审理的管辖原则与冲突解决。采用实质合并方式审理关联企业破产案件的，应由关联企业中的核心控制企业住所地人民法院管辖。核心控制企业不明确的，由关联企业主要财产所在地人民法院管辖。多个法院之间对管辖权发生争议的，应当报请共同的上级人民法院指定管辖。

38. 关联企业破产案件的协调审理与管辖原则。多个关联企业成员均存在破产原因但不符合实质合并条件的，人民法院可根据相关主体的申请对多个破产程序进行协调审理，并可根据程序协调的需要，综合考虑破产案件审理的效率、破产申请的先后顺序、成员负债规模大小、核心控制企业住所地等因素，由共同的上级法院确定一家法院集中管辖。

39. 协调审理的法律后果。协调审理不消灭关联企业成员之间的债权债务关系，不对关联企业成员的财产进行合并，各关联企业成员的债权人仍以该企业成员财产为限依法获得清偿。但关联企业成员之间不当利用关联关系形成的债权，应当劣后于其他普通债权顺序清偿，且该劣后债权人不得就其他关联企业成员提供的特定财产优先受偿。

《美国破产法》

第 105 条（a） 法院有权发出任何对于本法规定有必要或者适当的命令、程序或者裁定。任何允许一方当事人对本法质疑的规定都不能用来解释为什么主动将法庭排除在采取必要行动、作出必要或正确的决定、执行法庭的裁定或规定，或防止程序的滥用等手段以外。

《澳大利亚公司法》

579E 资产合并命令（Poolingorders）

资产合并命令的作出：

（1）如法院认为两家或两家以上公司的团体符合下列条件：

（a）集团中的每一家公司都在被清盘；

（b）以下任何一项均适用：

（i）集团内各公司均为集团内各公司的关联法人团体；

（ii）除本节外，集团内的公司共同承担一项或多项债务或债权的责任；

（iii）集团内的公司共同拥有或经营在集团内的公司共同进行的业务、计划或承诺中使用或使用的特定财产；

（iv）集团内的一家或多家公司拥有集团内的任何或所有公司与业务、计划或承诺有关的公司共同使用或使用的特定财产；

如法院认为这样做是公正和公平的，法院可借命令裁定，就本条而言，该团体是一个合并团体。

【参考案例】

重庆金江印染有限公司、重庆川江针纺有限公司破产管理人申请实质合并破产清算案【（2015）津法民破字第 00001 号之六】

裁判要旨：1. 人民法院审理关联企业破产清算案件，应当尊重关联企业法人人格的独立性，对各企业法人是否具备破产原因进行单独审查并适用单个破产程序为原则。当关联企业之间存在法人人格高度混同、区分各关联企业财产的成本过高、严重损害债权人公平清偿利益时，破产管理人可以申请对已进入破产程序的关联企业进行实质合并破产清算。

2. 人民法院收到实质合并破产清算申请后，应当及时组织申请人、被申请人、债权人代表等利害关系人进行听证，并综合考虑关联企业之间资产的混同程度及其持续时间、各企业之间的利益关系、债权人整体清偿利益、增加企业重整的可能性等因素，依法作出裁定。

（作者：刘秋奕）

106.【关联企业合并破产】核心控制企业进入破产程序，关联企业不具备破产条件，能否纳入实质合并破产？

【回答】

关联企业成员之间存在法人人格高度混同、区分各关联企业成员财产的成本过高、严重损害债权人公平清偿利益时，为保障关联企业的全体债权人公平清偿，在核心控制企业进入破产程序后，个别关联企业不具备破产原因的，仍可以纳入实质合并破产。

【理由】

目前处理实质合并破产问题的直接依据为最高人民法院印发的《破产审判会议纪要》，其并未将所有的关联企业均具备破产原因作为启动实质合并破产程序的前提条件。

关联企业之间存在控制和被控制关系，各自享有独立的法律地位又以关联关系组成联合体，其破产与一般企业相比具有特殊性。所以，当核心控制企业进入破产程序，不具备破产条件的关联企业能否纳入实质合并破产，不能仅以关联企业自身不符合破产条件予以否定，应当对关联企业和核心控制企业间的实质关系进行审查，根据具体情况判断。

法人人格高度混同是目前适用实质合并破产程序的一个公认标准。所以关联企业实质合并破产的范围可以包括集团企业中所有存在法人人格高度混同的企业，即使该关联企业本身不具备破产原因。① 当法人人格高度混同时，借鉴公司法上的"法人人格否认"制度，破产法可将不符合破产条件关联企业和已经进入破产程序的核心控制企业视为一个单一法律实体，

---

① 参见王欣新：《关联企业的实质合并破产程序》，载《人民司法》2016 年第 28 期。

对其实质合并破产，关联企业形式上不具备破产条件不是实质合并破产的障碍。而在 2012 年最高人民法院就《关于适用实体合并规则审理关联企业破产清算案件的若干规定(第四稿)》广泛征求意见，该征求意见稿第 2 条规定："关联企业成员虽未达到破产法第二条第一款规定的条件，但因其与前款规定的关联企业成员之间法人人格高度混同或者系出于欺诈目的成立，从而在实际上符合破产法第二条第一款规定的，可以依照本规定适用实质合并规则进行清算。"[1]尽管该文件至今没有发布，但其认可人格混同情况下不符合破产条件的关联企业纳入实质合并破产程序，可资借鉴。

关于关联企业是否构成人格混同的认定，是一个实体法上的判断，要有充分的事实根据和法律依据，由此有必要经过公开透明的司法程序进行审理。关联企业之间常以集团结构经营方式降低交易成本与商业风险、优化资源配置，符合社会化生产要求。但企业集团关联关系及内部交易的隐蔽性，使得关联企业可能不当利用企业控股股东、实际控制人及其直接或者间接控制的企业之间的关系，造成关联企业成员之间法人人格高度混同，损害债权人利益。人民法院在审理关联企业破产案件时，当关联企业成员之间存在法人人格高度混同、区分各关联企业成员财产成本过高、严重损害债权人公平清偿利益的情形时，可例外适用关联企业实质合并破产清算方式进行审理。即在破产程序中将高度混同的关联企业视为一个企业，对各关联企业成员间的资产、负债合并计算，消除各关联企业成员间的债权债务和保证担保关系，将合并后的破产财产分配给关联企业的全体债权人，以优化破产财产整体处置效益，弥补不当关联关系对各企业债权人的利益损害，实现破产法的公平和效率价值。[2]

【参考依据】

《企业破产法》

第 2 条　企业法人不能清偿到期债务，并且资产不足以清偿全部债务或者明显缺乏清偿能力的，依照本法规定清理债务。

企业法人有前款规定情形，或者有明显丧失清偿能力可能的，可以依

---

[1]　转引自曹文兵：《供给侧改革背景下实质合并破产制度的构建与完善——以 16 件关联企业实质合并破产案件为分析样本》，载《理论月刊》2019 年第 7 期。

[2]　参见上海市第三中级人民法院(2020)沪 03 破 9 号之二十民事裁定书。

照本法规定进行重整。

《公司法》

第 21 条　公司股东应当遵守法律、行政法规和公司章程，依法行使股东权利，不得滥用股东权利损害公司或者其他股东的利益；不得滥用公司法人独立地位和股东有限责任损害公司债权人的利益。

公司股东滥用股东权利给公司或者其他股东造成损失的，应当承担赔偿责任。

第 22 条　公司的控股股东、实际控制人、董事、监事、高级管理人员不得利用其关联关系损害公司利益。

违反前款规定，给公司造成损失的，应当承担赔偿责任。

《破产审判会议纪要》

32. 关联企业实质合并破产的审慎适用。人民法院在审理企业破产案件时，应当尊重企业法人人格的独立性，以对关联企业成员的破产原因进行单独判断并适用单个破产程序为基本原则。当关联企业成员之间存在法人人格高度混同、区分各关联企业成员财产的成本过高、严重损害债权人公平清偿利益时，可例外适用关联企业实质合并破产方式进行审理。

33. 实质合并申请的审查。人民法院收到实质合并申请后，应当及时通知相关利害关系人并组织听证，听证时间不计入审查时间。人民法院在审查实质合并申请过程中，可以综合考虑关联企业之间资产的混同程度及其持续时间、各企业之间的利益关系、债权人整体清偿利益、增加企业重整的可能性等因素，在收到申请之日起三十日内作出是否实质合并审理的裁定。

《美国破产法》

第 105 条(a)　法院有权发出任何对于本法规定有必要或者适当的命令、程序或者裁定。任何允许一方当事人对本法质疑的规定都不能用来解释为什么主动将法庭排除在采取必要行动、作出必要或正确的决定、执行法庭的裁定或规定，或防止程序的滥用等手段以外。

《新西兰公司法》①

271　关联公司的资产合并程序(Poolingofassetsofrelatedcompanies)

---

①　《新西兰公司法》，https://www.legislation.govt.nz/act/public/1993/0105/latest/DLM319570.html，访问日期：2024 年 8 月 21 日。

（1）应清算人或债权人或股东的申请，法院如信纳这样做是公正和公平的，可命令——

（a）与清算公司有关的公司必须向清算人支付在清算中提出的任何或全部索赔的全部或部分；

（b）如有两家或两家以上的有关公司正在进行清算，则有关每家公司的清算必须在法院如此命令的范围内，一并进行，并须遵守法院可能施加的条款和条件。

《澳大利亚公司法》

579E　资产合并命令（Poolingorders）

资产合并命令的作出：

（1）如法院认为两家或两家以上公司的团体符合下列条件：

（a）集团中的每一家公司都在被清盘；

（b）以下任何一项均适用：

（i）集团内各公司均为集团内各公司的关联法人团体；

（ii）除本节外，集团内的公司共同承担一项或多项债务或债权的责任；

（iii）集团内的公司共同拥有或经营在集团内的公司共同进行的业务、计划或承诺中使用或使用的特定财产；

（iv）集团内的一家或多家公司拥有集团内的任何或所有公司与业务、计划或承诺有关的公司共同使用或使用的特定财产；

如法院认为这样做是公正和公平的，法院可借命令裁定，就本条而言，该团体是一个合并团体。

【参考案例】

海航集团有限公司等 321 家公司实质合并重整案【海南省高级人民法院（2021）琼破 1 号之一民事裁定书】

裁判要旨：根据本案查明的事实，海航集团等 321 家公司在运营过程中，并没有遵循《公司法》规定的独立治理制度，股东会、董事会和监事会形同虚设，单个公司目前的资产和负债状况并非股东出资、公司独立运营的客观结果，不能反映每个公司真实的资产及负债情况。在海航集团等 321 家公司的破产原因认定上，应坚持整体认定的原则。

海航集团与大新华航空有限公司等 320 家关联公司整体上具备破产重整法定原因，公司之间法人人格高度混同，区分关联企业成员财产的成本过高，对其合并重整有利于保护全体债权人的公平清偿利益，海航集团等 7 家公司管理人申请将海航集团等 321 家公司进行实质合并重整，具有事实和法律依据。

（作者：刘秋奕）

107.【实质合并中撤销基准日】实质合并破产案件中，可撤销行为期间起算日如何确定，是以实质合并破产企业中最先受理破产的时间为准，还是以分别进入破产程序的时间为准？

【回答】

实质合并破产案件中，可撤销行为期间起算日应以各企业分别进入破产程序的时间为准。

【理由】

企业破产程序中，为保证各债权人的债权得到公平清偿，《企业破产法》第 31 条和第 32 条规定了破产撤销权，对于债务人在破产前 6 个月和破产前 1 年内的个别清偿、偏颇清偿等行为，管理人有权请求人民法院予以撤销。在单个企业的破产程序中，可撤销期间的确定较为简单，自破产申请受理之日向前倒推 6 个月或者 1 年即可。但是，在实质合并破产程序中，因各企业进入破产程序的时间不同，且裁定适用实质合并破产的时间不确定，导致实践中对于实质合并破产案件中，可撤销行为期间起算日如何确定存在争议。

实践中，主要有以下几种做法：第一，以首个进入破产程序的企业的破产受理日计算。各关联企业既已被裁定实质合并进行破产，意味着各关联企业之间存在着资产、人员、财务混同等情况，实质合并破产后各关联企业的资产、负债成为一个整体，对合并债务人享有债权的债权人均可以从破产财产中获得清偿，为了保障绝大多数合并债权人的利益，以最先进入破产重整程序企业的破产申请受理日为破产撤销权的期间的起算日。① 第二，以各关联企业进入破产程序的破产受理日分别计算。以各关联企业分别进入破产程序的破产申请受理日分别确定撤销权的基准日，不仅符合破产法的一般规定，也更有利于维护外部交易环境和市场经济秩序的稳定。② 第三，以法院裁定实质合并破产之日计算。实质合并破产是指在破产程序中，否定关联企业的独立人格，将多个关联企业视为一个整体，各关联企业实质合并后其资产、负债以及财产的分配作为一个整体，而不再关注引起债权的某一特定主体，那么破产撤销权期间的起算日应以人民法院作出实质合并破产裁定的日期为准。

本书认为，以各关联企业进入破产程序的破产受理日分别计算的做法较为合理，理由如下：

其一，以裁定实质合并之日计算的做法，无法维护大多数债权人的利益。裁定实质合并之日往往晚于法院受理关联企业破产申请之日，相当于延后了可撤销行为的起算时间。实践中，存在破产企业利用关联企业进入破产程序的时间差恶意损害债权人利益的情形，例如利用关联企业陆续进入破产程序的时间差，企图把普通债权转变为有担保财产的债权，损害其他债权人公平清偿利益。因而，以裁定实质合并之日计算的做法并不合适。

其二，以首个进入破产程序的企业的破产受理日计算的做法，一定程度上忽视了对后进入破产程序企业的交易相对人的保护。实质合并破产中各关联企业之间及投资人、控股人之间的利益交错，某一关联企业的清偿行为，会影响到其他众多关联企业债权人的利益，以最先进入破产程序的企业的破产受理之日作为可撤销行为起算日的做法似乎合理。但是，各关联企业进入破产程序时间存在先后差异，若以首个进入破产程序的企业的破产受理日计算可撤销期间，相当于变相提前了后进入破产程序的企业的可撤销行为的计算期间，将原本应为正常交易的行为也纳入可撤销的范围之中，损害了正常交易相对人的利益。

其三，从《企业破产法》规定撤销权的立法目的和初衷出发，以各企业分别进入破产程序的时间作为可撤销行为起算日较为合适。撤销权的设

---

① 参见辽宁省盘锦市中级人民法院（2022）辽 11 民终 264 号民事判决书、辽宁省沈阳市中级人民法院（2021）辽 01 民初 3312 号民事判决书。

② 参见辽宁省沈阳市中级人民法院（2021）辽 01 民终 12491 号民事判决书。

立，是为了防止债务人在丧失清偿能力时，通过无偿转让、非正常交易或者偏袒性清偿债务等方法损害全体或多数债权人的利益，破坏破产法的公平清偿原则。① 《企业破产法》规定破产撤销权的立法目的和初衷，在于撤销债务人破产前一定期间内不正当的行为，维护交易安全，保障市场经济秩序的稳定。以各关联企业分别进入破产程序的破产申请受理日分别确定撤销权期间的起算日，不仅符合破产法的一般规定，也更有利于维护外部交易环境和市场经济秩序的稳定。此观点在实务中也被一些地方法院以文件的形式确定，如《四川省高级人民法院关于审理破产案件若干问题的解答》第六部分第 5 点与《北京市第一中级人民法院关联企业实质合并重整工作办法(试行)》第 36 条等。

综上所述，在实质合并破产程序中，应以各企业破产申请受理日分别确定破产撤销权的计算日，在保证公平清偿的基础上，维护交易安全，真正发挥破产撤销权的作用。

【参考依据】

《企业破产法》

第 31 条 人民法院受理破产申请前一年内，涉及债务人财产的下列行为，管理人有权请求人民法院予以撤销：(一)无偿转让财产的；(二)以明显不合理的价格进行交易的；(三)对没有财产担保的债务提供财产担保的；(四)对未到期的债务提前清偿的；(五)放弃债权的。

第 32 条 人民法院受理破产申请前六个月内，债务人有本法第二条第一款规定的情形，仍对个别债权人进行清偿的，管理人有权请求人民法院予以撤销。但是，个别清偿使债务人财产受益的除外。

《四川省高级人民法院关于审理破产案件若干问题的解答》

第六部分第 5 点 人民法院裁定采用实质合并方式审理破产案件的，各关联企业成员之间的债权债务归于消灭，各成员的财产作为合并后统一的破产财产，由各成员的债权人在同一程序中按照法定顺序公平受偿。在处理债权审查时的止息日以及在处理可撤销行为、追回财产时，应当按照债务人与关联企业各自进入破产程序的时间分别确定，并在债权人会议中

---

① 参见王欣新：《破产法》(第四版)，中国人民大学出版社 2019 年版，第 131页。

予以释明。重整计划草案的提交期限应从人民法院裁定合并重整之日起计算。

《北京市第一中级人民法院关联企业实质合并重整工作办法（试行）》

第 36 条【解除权和撤销权起算】　管理人依照企业破产法第十八条行使解除或者继续履行合同的决定权，以及依照该法第三十一条、第三十二条行使不当行为撤销权的期限，自对相应关联企业成员的破产申请受理之日起计算。

【参考案例】

盘锦鼎隆房地产开发有限公司、辽宁创信企业管理有限公司管理人等破产撤销权纠纷案【辽宁省沈阳市中级人民法院（2021）辽 01 民终 12491 号民事判决书】

裁判要旨：在实质合并破产案件中，应以债务人与关联企业各自进入破产程序的时间分别确定破产撤销权的起算时点。

（作者：翟宇翔）

108.【一人公司与股东财产混同的处理】一人有限公司破产案件中，已有数份生效判决认定，该公司与其股东存在财产混同情形。管理人该如何履职？能否追收股东个人财产，以保障债权人的合法权益？

【回答】

一人有限公司破产程序中，在生效判决认定企业与股东存在财产混同的情形下，若股东为法人，管理人可以申请一人有限公司与其法人股东合并破产。若股东为自然人，管理人应追回该自然人的财产。

【理由】

在一人有限公司破产程序中，如果生效判决认定该公司与其股东存在人格混同或财产混同的情况，那么管理人应当根据股东的不同类型采取不同的处理措施。

如果该股东为法人股东，管理人则应当基于"保证全体债权人公平清偿"的要求向法院申请关联企业实质合并破产，由法院裁决是否将股东财产纳入破产财产统一分配。根据《破产审判会议纪要》第 32 条的规定，人民法院在审理企业破产案件时，应当尊重企业法人人格的独立性，以对关联企业成员的破产原因进行单独判断并适用单个破产程序为基本原则。但是，当关联企业成员之间满足法人人格高度混同、区分各关联企业成员财产的成本过高、严重损害债权人公平清偿利益等要件时，可例外适用关联企业实质合并破产方式进行审理。

如果该股东为自然人股东，管理人则应当向其主张连带清偿责任，将追收财产纳入破产程序统一清偿。对此，最高人民法院的相关案例支持债权人向股东主张相关权利。如某案中，最高人民法院认为，鉴于当前我国破产法律制度仅限于规范企业法人的破产程序，关联企业实体合并破产制度，也仅适用于破产企业的股东为企业法人的场合。在破产企业的股东为自然人等非企业法人的情形下，债权人有权依据《公司法》第 23 条第 1 款关于"公司股东滥用公司法人独立地位和股东有限责任，逃避债务，严重损害公司债权人利益的，应当对公司债务承担连带责任"的规定，向破产企业的自然人等非企业法人股东主张相关权利。① 然而，这种做法也存在局限性。自然人股东的财产与公司财产混同，导致公司的责任财产减损、清偿能力受限，损害的是公司全体债权人的利益，若由股东向提起诉讼的个别债权人清偿，恐有违公平受偿原则。此外，构建个人破产制度是我国破产法律制度完善的必然趋势，不少地区也已经开始了个人债务集中清理制度的试点。故而在前述案例之后，实践中地方法院仍然倾向于将自然人股东的个人财产纳入破产财产中对债权人予以一并清偿，以免去债权人在破产程序之外请求清偿的累诉之苦，实现破产程序的公平、高效分配功能。如在浙江锅炉有限公司申请破产清算案②和沈阳金美达陶瓷有限公司破产案③中，法院均不同程度地将与公司发生混同的部分个人财产纳入破产财产，以用于清偿破产债务。

---

① 参见最高人民法院(2015)民申字第 541 号民事裁定书。
② 参见浙江省德清县人民法院(2018)浙 0521 破 3-2 号民事裁定书。
③ 参见辽宁省沈阳市中级人民法院(2020)辽 01 民终 9131 号民事判决书。

【参考依据】

《公司法》

第 23 条 公司股东滥用公司法人独立地位和股东有限责任，逃避债务，严重损害公司债权人利益的，应当对公司债务承担连带责任。

股东利用其控制的两个以上公司实施前款规定行为的，各公司应当对任一公司的债务承担连带责任。

只有一个股东的公司，股东不能证明公司财产独立于股东自己的财产的，应当对公司债务承担连带责任。

《最高人民法院关于民事执行中变更、追加当事人若干问题的规定》

第 20 条 作为被执行人的一人有限责任公司，财产不足以清偿生效法律文书确定的债务，股东不能证明公司财产独立于自己的财产，申请执行人申请变更、追加该股东为被执行人，对公司债务承担连带责任的，人民法院应予支持。

《破产审判会议纪要》

32. 关联企业实质合并破产的审慎适用。人民法院在审理企业破产案件时，应当尊重企业法人人格的独立性，以对关联企业成员的破产原因进行单独判断并适用单个破产程序为基本原则。当关联企业成员之间存在法人人格高度混同、区分各关联企业成员财产的成本过高、严重损害债权人公平清偿利益时，可例外适用关联企业实质合并破产方式进行审理。

《美国破产法》

第 1123 条（a）款第 5 项（c） 法院应当提供充分的救济手段以促进重整计划的实施，例如将一个或多个债务人合并。

《破产法立法指南》

第三部分：破产企业集团对待办法 建议 220 法院可以仅在下列几种有限情况下针对企业集团中两个或多个成员下令进行实质性合并：

（a）法院确信企业集团成员的资产和债务相互混合，以至于没有过度的费用或迟延就无法分清资产所有权和债务责任；或

（b）法院确信企业集团成员从事欺诈图谋或毫无正当商业目的的活动，为取缔这种图谋或活动必须进行实质性合并。

【参考案例】

（一）一人有限责任公司的股东为自然人

湖南鑫凯房地产开发有限公司破产上诉案【湖南省高级人民法院（2023）湘破终 3 号民事裁定书】

裁判要旨：鑫凯公司是孙国民持股 100% 的一人有限责任公司，如孙国民不能证明公司财产独立于其自身财产的，应当依据企业破产法和公司法的相关规定对公司债务承担连带责任。也即在此情况下，鑫凯公司的现有财产、依法追回的财产及将来取得的财产均应纳入破产财产，向全体债权人清偿，孙国民的个人财产也应作为全体债权人的偿债财产，其个人对破产企业的债务负无限连带责任。

（二）一人有限责任公司的股东为法人

上海华信集团财务有限公司与中国华信能源有限公司等申请破产清算案【上海市第三中级人民法院（2020）沪 03 破 9 号之二民事裁定书】

裁判要旨：锦恒公司作为一人有限责任公司与其股东华信泰如公司之间，财产未能相互独立，双方存在人格混同……在实质合并破产清算情形下，不排除部分关联企业的债权人的清偿率可能降低的情况，但这种差异的根源正在于"华信系"关联企业之间滥用关联关系，正是基于关联企业所获资产系由中国华信统一调配和安排的结果，所以该企业的债权人可能获得高于其他"华信系"企业的清偿率。而实质合并破产清算正是对该种滥用关联关系的纠正，是公平清理债权债务的宗旨之所在。其次，实质合并衡量的是全体债权人的整体利益，而非个别债权人的个体利益。适用实质合并破产清算的目的并非要确保每一位债权人的清偿利益均高于分别破产，而是指不明显损害或有益于大多数债权人利益。

（作者：张子慧）

主要法律法规全称与简称对照表

《中华人民共和国宪法》(2018年修正)	《宪法》
《中华人民共和国企业破产法(试行)》(已失效)	《企业破产法(试行)》(已失效)
《中华人民共和国民法典》	《民法典》
《中华人民共和国海商法》	《海商法》
《中华人民共和国担保法》(已失效)	《担保法》(已失效)
《中华人民共和国合同法》(已失效)	《合同法》(已失效)
《中华人民共和国企业破产法》	《企业破产法》
《中华人民共和国物权法》(已失效)	《物权法》(已失效)
《中华人民共和国劳动合同法》(2012年修正)	《劳动合同法》
《中华人民共和国侵权责任法》(已失效)	《侵权责任法》(已失效)
《中华人民共和国治安管理处罚法》(2012年修正)	《治安管理处罚法》
《中华人民共和国国家赔偿法》(2012年修正)	《国家赔偿法》
《中华人民共和国税收征收管理法》(2015年修正)	《税收征收管理法》
《中华人民共和国立法法》(2023年修正)	《立法法》
《中华人民共和国保险法》(2015年修正)	《保险法》
《中华人民共和国商业银行法》(2015年修正)	《商业银行法》
《中华人民共和国民事诉讼法》(2023年修正)	《民事诉讼法》
《中华人民共和国民法总则》(已失效)	《民法总则》(已失效)
《中华人民共和国刑法》(2023年修正)	《刑法》
《中华人民共和国律师法》(2017年修正)	《律师法》
《中华人民共和国行政复议法》(2023年修订)	《行政复议法》

续表

《中华人民共和国公司法》(2023 年修订)	《公司法》
《中华人民共和国民用航空法》(2021 年修正)	《民用航空法》
《中华人民共和国劳动法》(2018 年修正)	《劳动法》
《中华人民共和国法官法》(2019 年修订)	《法官法》
《中华人民共和国档案法》(2020 年修订)	《档案法》
《中华人民共和国票据法》	《票据法》
《中华人民共和国消费者权益保护法》(2013 年修订)	《消费者权益保护法》
《最高人民法院关于贯彻执行〈中华人民共和国企业破产法(试行)〉若干问题的意见》(法[经]发[1991]35 号)(已失效)	《企业破产法(试行)意见》(已失效)
《最高人民法院印发关于适用〈中华人民共和国民事诉讼法〉若干问题的意见》(法发[1992]22 号)(已失效)	《民诉意见》(已失效)
《最高人民法院关于适用〈中华人民共和国合同法〉若干问题的解释(一)》(法释[1999]19 号)(已失效)	《合同法解释(一)》(已失效)
《最高人民法院关于适用〈中华人民共和国合同法〉若干问题的解释(二)》(法释[2009]5 号)(已失效)	《合同法解释(二)》(已失效)
《最高人民法院关于适用中华人民共和国担保法若干问题的解释》(法释[2000]44 号)(已失效)	《担保法解释》(已失效)
《最高人民法院关于审理企业破产案件若干问题的规定》(法释[2002]23 号)	《审理破产案件规定》
《最高人民法院关于建设工程价款优先受偿权问题的批复》(法释[2002]16 号)(已失效)	《建设工程优先受偿权批复》(已失效)
《最高人民法院关于审理企业破产案件指定管理人的规定》(法释[2007]8 号)	《指定管理人规定》
《最高人民法院关于审理企业破产案件确定管理人报酬的规定》(法释[2007]9 号)	《管理人报酬规定》
《关于审理公司强制清算案件工作座谈会纪要》(法发[2009]52 号)	《强清纪要》

续表

《最高人民法院关于适用〈中华人民共和国公司法〉若干问题的规定（一）》（法释〔2020〕18号）	《公司法解释（一）》
《最高人民法院关于适用〈中华人民共和国公司法〉若干问题的规定（二）》（法释〔2020〕18号）	《公司法解释（二）》
《最高人民法院关于适用〈中华人民共和国公司法〉若干问题的规定（三）》（法释〔2020〕18号）	《公司法解释（三）》
《最高人民法院关于适用〈中华人民共和国公司法〉若干问题的规定（四）》（法释〔2020〕18号）	《公司法解释（四）》
《最高人民法院关于适用〈中华人民共和国公司法〉若干问题的规定（五）》（法释〔2020〕18号）	《公司法解释（五）》
《最高人民法院关于适用〈中华人民共和国企业破产法〉若干问题的规定（一）》（法释〔2011〕22号）	《破产法解释（一）》
《最高人民法院关于适用〈中华人民共和国企业破产法〉若干问题的规定（二）》（法释〔2020〕18号）	《破产法解释（二）》
《最高人民法院关于适用〈中华人民共和国企业破产法〉若干问题的规定（三）》（法释〔2020〕18号）	《破产法解释（三）》
《第八次全国法院民事商事审判工作会议（民事部分）纪要》（法〔2016〕399号）	《八民纪要》
《最高人民法院关于执行案件移送破产审查若干问题的指导意见》（法发〔2017〕2号）	《执转破意见》
《全国法院破产审判工作会议纪要》（法〔2018〕53号）	《破产审判会议纪要》
《全国法院民商事审判工作会议纪要》（法〔2019〕254号）	《九民纪要》
《关于推进破产案件依法高效审理的意见》（法发〔2020〕14号）	《破产案件高效审理意见》
《最高人民法院关于审理商品房买卖合同纠纷案件适用法律若干问题的解释》（法释〔2020〕17号）	《商品房买卖合同解释》
《最高人民法院关于审理融资租赁合同纠纷案件适用法律问题的解释》（法释〔2020〕17号）	《融资租赁合同解释》

续表

《最高人民法院关于人民法院办理执行异议和复议案件若干问题的规定》(法释〔2020〕21 号)	《异议复议规定》
《最高人民法院关于适用〈中华人民共和国民法典〉物权编的解释(一)》(法释〔2020〕24 号)	《民法典物权编解释(一)》
《最高人民法院关于审理建设工程施工合同纠纷案件适用法律问题的解释(一)》(法释〔2020〕25 号)	《建工合同解释(一)》
《最高人民法院关于适用〈中华人民共和国民法典〉有关担保制度的解释》(法释〔2020〕28 号)	《民法典担保制度解释》
《最高人民法院关于适用〈中华人民共和国民法典〉总则编若干问题的解释》(法释〔2022〕6 号)	《民法典总则编解释》
《最高人民法院关于适用〈中华人民共和国民事诉讼法〉的解释》(法释〔2022〕11 号)	《民事诉讼法解释》
《最高人民法院关于商品房消费者权利保护问题的批复》(法释〔2023〕1 号)	《商品房消费者批复》
《最高人民法院关于适用〈中华人民共和国民法典〉合同编通则若干问题的解释》(法释〔2023〕13 号)	《民法典合同编通则解释》
《欧盟理事会破产程序规则》	《欧盟规则》
《联合国国际贸易法委员会跨国界破产示范法》	《跨国破产示范法》
《联合国国际贸易法委员会破产法立法指南》	《破产法立法指南》

主要参考文献

著作类：

李曙光：《破产法二十讲》，法律出版社 2024 年版。

韩长印主编：《破产疑难案例研习报告（第 3 辑）》，法律出版社 2024 年版。

陈夏红：《企业破产法注释》，北京大学出版社 2021 年版。

张善斌主编：《破产法研究综述》，武汉大学出版社 2018 年版。

李建伟：《公司法学》（第六版），中国人民大学出版社 2024 年版。

王卫国：《破产法精义》（第 3 版），法律出版社 2023 年版。

王泽鉴：《民法物权》（第二版），北京大学出版社 2023 年版。

程东跃、杨柳勇、陈龙飞：《融资租赁法律实战指南》，中国金融出版社 2022 年版。

贺小荣主编：《最高人民法院第二巡回法庭法官会议纪要（第三辑）》，人民法院出版社 2022 年版。

杨临萍主编，最高人民法院第六巡回法庭编：《最高人民法院第六巡回法庭裁判规则》，人民法院出版社 2022 年版。

贺小荣主编：《最高人民法院第二巡回法庭法官会议纪要（第二辑）》，人民法院出版社 2021 年版。

李少平主编：《最高人民法院第五巡回法庭法官会议纪要》，人民法院出版社 2021 年版。

最高人民法院民事审判第一庭编著：《最高人民法院新建设工程施工合同司法解释（一）理解与适用》，人民法院出版社 2021 年版。

最高人民法院民事审判第一庭主编：《民事审判实务问答》，法律出版社 2021 年版。

李少平主编：《最高人民法院第五巡回法庭法官会议纪要》，人民法院出版社 2021 年版。

杨万明主编：《最高人民法院新民事案件案由规定理解与适用》，人民法院出版社 2021 年版。

最高人民法院民事审判第二庭：《最高人民法院民法典担保制度司法解释理解与适用》，人民法院出版社 2021 年版。

最高人民法院民事审判第一庭主编：《民事审判实务问答》，法律出版社 2021 年版。

程啸、高圣平、谢鸿飞主编：《最高人民法院新担保司法解释理解与适用》，法律出版社 2021 年版。

贺小荣主编：《最高人民法院第二巡回法庭法官会议纪要（第二辑）》，人民法院出版社 2021 年版。

黄薇主编：《中华人民共和国民法典总则编释义》，法律出版社 2020 年版。

崔建远：《中国民法典释评·物权编（下卷）》，中国人民大学出版社 2020 年版。

韩长印主编：《破产法教程》，高等教育出版社 2020 年版。

韩长印主编：《破产疑难案例研习报告（2020 年卷）》，中国政法大学出版社 2020 年版。

何旺翔：《破产重整制度改革研究》，中国政法大学出版社 2020 年版。

黄薇主编：《中华人民共和国民法典合同编释义》，法律出版社 2020 年版。

梁慧星、陈华彬：《物权法》（第七版），法律出版社 2020 年版。

石宏主编：《〈中华人民共和国民法典〉理解与适用（合同编）（上册）》，人民法院出版社 2020 年版。

王利明主编：《中国民法典释评·总则编》，中国人民大学出版社 2020 年版。

黄金华编著：《破产全流程实务操作指引》，中国法制出版社 2020 年版。

张善斌主编，张亚琼副主编：《破产法实务操作 105 问》，武汉大学出版社 2020 年版。

最高人民法院第一巡回法庭编著：《最高人民法院第一巡回法庭民商事主审法官会议纪要（第 1 卷）》，中国法制出版社 2020 年版。

最高人民法院民法典贯彻实施工作领导小组主编：《中华人民共和国民法典总则编理解与适用(上)》，人民法院出版社 2020 年版。

冯坚主编：《破产程序中利息债权审查问题研究》，法律出版社 2019 年版。

孙兆晖：《破产撤销权制度研究——制度功能视角下的一种比较法进路》，中国政法大学出版社 2019 年版。

王欣新：《破产法》(第四版)，中国人民大学出版社 2019 年版。

最高人民法院民事审判第二庭编著：《〈全国法院民商事审判工作会议纪要〉理解与适用》，人民法院出版社 2019 年版。

最高人民法院民事审判第二庭编著：《最高人民法院关于企业破产法司法解释(三)理解与适用》，人民法院出版社 2019 年版。

韩世远：《合同法总论》(第四版)，法律出版社 2018 年版。

刘家兴、潘剑锋主编：《民事诉讼法学教程》(第五版)，北京大学出版社 2018 年版。

李永军、王欣新、邹海林、徐阳光：《破产法》(第二版)，中国政法大学出版社 2017 年版。

王欣新：《破产法前沿问题思辨》，法律出版社 2017 年版。

江必新、刘贵祥主编：《最高人民法院〈关于人民法院网络司法拍卖若干问题的规定理解与适用〉》，中国法制出版社 2017 年版。

杜万华主编：《民事审判指导与参考(第 1 辑)》，人民法院出版社 2016 年版。

韩长印主编：《破产法学》(第二版)，中国政法大学出版社 2016 年版。

何欢、韩长印译：《美国破产法协会美国破产重整制度改革调研报告》，中国政法大学出版社 2016 年版。

朱庆育：《民法总论》(第二版)，北京大学出版社 2016 年版。

邹海林：《破产法——程序理念与制度结构解析》，中国社会科学出版社 2016 年版。

许德风：《破产法论——解释与功能比较的视角》，北京大学出版社 2015 年版。

沈达明、郑淑君编著：《比较破产法初论》，对外经济贸易大学出版社 2015 年版。

李永军：《破产法理论与规范研究》，中国政法大学出版社 2013 年版。

孟凡麟、闫宝龙主编：《新编经济法教程》（第三版），中国政法大学出版社 2013 年版。

李成文：《中国上市公司重整的内在逻辑与制度选择》，中国法制出版社 2012 年版。

郑志斌、张婷：《公司重整制度中的股东权益问题》，北京大学出版社 2012 年版。

李长坤：《刑事涉案财物处理制度研究》，上海交通大学出版社 2012 年版。

王艳华主编：《破产法学》，郑州大学出版社 2009 年版。

丁文联：《破产程序中的政策目标与利益平衡》，法律出版社 2008 年版。

王东敏：《新破产法疑难解读及实务操作》，法律出版社 2007 年版。

肖金泉、刘红林：《破产重整——中国企业新的再生之路》，上海人民出版社 2007 年版。

邢立新编著：《最新企业破产法实务精答》，法律出版社 2007 年版。

李飞主编：《当代外国破产法》，中国法制出版社 2006 年版。

李国光主编：《新企业破产法条文释义》，人民法院出版社 2006 年版。

付翠英编著：《破产法比较研究》，中国人民公安大学出版社 2004 年版。

张严芳：《消费者权益保护法研究》，法律出版社 2003 年版。

杜景林、卢谌译：《德国支付不能法》，法律出版社 2002 年版。

史尚宽：《债法总论》，中国政法大学出版社 2000 年版。

史尚宽：《债法各论》，中国政法大学出版社 2000 年版。

李永军：《破产重整制度研究》，中国人民公安大学出版社 1996 年版。

邹海林：《破产程序与破产法实体制度比较研究》，法律出版社 1995 年版。

翻译著作：

亚洲商法研究所：《亚洲（亚太）企业重组与破产制度》，孟天一等译，法律出版社 2020 年版。

[日]山本和彦:《日本倒产处理法入门》,金春等译,法律出版社2016 年版。

[德]奥拉夫·穆托斯特:《德国强制执行法》(第二版),马强伟译,中国法制出版社 2019 年版。

[德]乌尔里希·福尔斯特:《德国破产法》(第七版),张宇晖译,中国法制出版社 2020 年版。

[美]查尔斯·J. 泰步:《美国破产法新论》(第三版),韩长印、何欢译,中国政法大学出版社 2017 年版。

[美]奥利弗·哈特等:《不完全合同、产权和企业理论》,费方域、蒋士成译,上海三联书店 2016 年版。

[德]迪特尔·梅迪库斯:《德国债法总论》,林景林、卢谌译,法律出版社 2004 年版。

[日]石川明:《日本破产法》,何勤华、周桂秋译,中国法制出版社2000 年版。

[日]谷口安平主编:《日本倒产法概述》,佐藤孝弘等译,中国政法大学出版社 2017 年版。

论文类:

蔡嘉炜:《破产债权交易的理论构造及规制路径》,载《齐鲁学刊》2024 年第 1 期。

曹明哲:《论非典型担保在破产程序中的效力——基于裁判实践的类型化分析》,载《中国政法大学学报》2024 年第 4 期。

翟宇翔:《消费购房者优先权的解释论展开》,载《暨南学报(哲学社会科学版)》2024 年第 9 期。

张善斌、翟宇翔:《重整计划强制批准中担保权人保护规则的检视与完善》,载《宁夏社会科学》2024 年第 3 期。

杜启顺、彭涛林:《清偿型以物抵债协议探赜索隐》,载《学习论坛》2024 年第 4 期。

王利明:《论和解协议与原合同之间的关系》,载《环球法律评论》2024 年第 3 期。

郁琳、李忠鲜:《我国提升营商环境的破产法应对》,载《中国应用法学》2024 年第 1 期。

刘俊海：《论注册资本认缴制的兴利除弊：兼论期限利益与交易安全的动态平衡》，载《学术论坛》2024 年第 1 期。

彭冰：《新〈公司法〉中的股东出资义务》，载《中国应用法学》2024 年第 3 期。

王萌：《组织法视域下的股权让与担保及其效力体系》，载《法学家》2024 年第 2 期。

韩玥：《破产程序中的回迁安置债权属性及其清偿顺位研究》，载《法律适用》2024 年第 4 期。

崔建远：《论违约损害赔偿的范围及计算——对〈民法典合同编通则解释〉第 60 条至第 62 条的释评》，载《清华法学》2024 年第 1 期。

刘承韪、吴志宇：《违约损害赔偿中的替代交易规则解释论》，载《法治研究》2024 年第 1 期。

司伟：《重整计划执行变更规则检视》，载《政治与法律》2024 年第 2 期。

陈兴良：《刑民交叉案件审理的司法规则——实体法与程序法的双重考察》，载《中国刑事法杂志》2024 年第 2 期。

王利明：《刑民并行：解决刑民交叉案件的基本原则》，载《中国刑事法杂志》2024 年第 2 期。

王利明：《论赃物的善意取得——以刑民交叉为视角》，载《清华法学》2024 年第 1 期。

张善斌、余江波：《破产法中不当减损财产行为限制制度的一元化》，载《中南大学学报（社会科学版）》2023 年第 5 期。

侯毅、舒静：《论融资租赁担保功能主义下破产法适用之因应》，载张善斌主编：《新发展理念下破产制度上的改革与完善》，武汉大学出版社 2023 年版。

韩长印：《重整程序中灵活分组模式的法理检视与规则构建》，载《中国法律评论》2023 年第 5 期。

李志刚：《功能主义担保立法语境下融资租赁出租人的物权性质与救济——"变性"抑或"增容"？》，载《经贸法律评论》2023 年第 5 期。

李玉林：《论以物抵债协议的类型化适用》，载《法律科学（西北政法大学学报）》2023 年第 4 期。

梁平、马大壮：《法治化营商环境的司法评估及其实践进路》，载《法学杂志》2023年第6期。

刘贵祥：《关于金融民商事审判工作中的理念、机制和法律适用问题》，载《法律适用》2023年第1期。

石一峰：《〈民法典〉下破产管理人待履行合同选择权的双重限制》，载《法学家》2023年第2期。

武诗敏：《破产法视野中的以房抵债问题研究》，载《法学家》2023年第4期。

高圣平：《论融资租赁交易中出租人的权利救济路径》，载《清华法学》2023年第1期。

范佳慧：《论融资租赁交易中的权利冲突与利益实现》，载《法学家》2023年第5期。

余冬生：《论破产法中待履行合同的解除权》，载《北方法学》2023年第1期。

俞巍、吴泽均、王亚萌：《破产衍生诉讼主体之错位与调适》，载《人民司法》2023年第7期。

李学尧：《网络拍卖的法律适用研究：以指导性案例125号为参照》，载《中国应用法学》2023年第1期。

林一英：《公司注册资本认缴登记制的完善》，载《国家检察官学院学报》2023年第6期。

郑臻：《拍卖人瑕疵说明义务认定与标准——以2012—2020年已判决案例为样本的分析》，载《山东大学学报(哲学社会科学版)》2023年第4期。

房绍坤：《实体与程序双重视角下优先购买权在强制拍卖中的适用》，载《政法论坛》2023年第3期。

姚宝华：《迟延履行利息刍议》，载《中国应用法学》2023年第3期。

崔建远：《论建设工程价款优先受偿权》，载《法商研究》2022年第6期。

黄忠顺：《破产财产网络拍卖的深度透析》，载《法治研究》2022年第2期。

吴光荣：《〈民法典〉背景下破产财产的范围及其认定》，载《法律适用》2022年第1期。

李运杨:《〈民法典〉动产担保制度对功能主义的分散式继受》,载《华东政法大学学报》2022 年第 4 期。

徐阳光、韩玥:《重整计划中的债权分组规制研究》,载《法治研究》2022 年第 4 期。

徐子良、蒯本清:《将破产衍生诉讼纳入破产终结后追加分配程序之研究——以提升破产案件审理效率、促进优化营商环境为背景》,载《人民司法》2022 年第 31 期。

朱慈蕴:《股东出资义务的性质与公司资本制度完善》,载《清华法学》2022 年第 2 期。

朱绚凌:《破产强制接管制度的构建与路径优化——以强化管理人履职保障为视角》,载《法律适用》2022 年第 9 期。

黄忠顺:《破产财产网络拍卖的深度透析》,载《法治研究》2022 年第 2 期。

李曙光:《我国破产重整制度的多维解构及其改进》,载《法学评论》2022 年第 3 期。

吴训祥:《约定优先购买权的类型化与规则构建》,载《政治与法律》2022 年第 6 期。

张淞纶:《承租人优先购买权制度的解释论》,载《吉林大学社会科学学报》2022 年第 6 期。

赵峰:《论反担保的从属性及其限度》,载《中国法律评论》2022 年第 3 期。

陈景善:《重整融资之超级优先权模式:功能与构造》,载《政治与法律》2022 年第 9 期。

孔昕瞳:《破产重整程序中"债转股"债权人的法律保护》,载《南海法学》2022 年第 3 期。

陈晓星、彭东城:《重整计划执行期间新生债务的性质探究》,载《北京化工大学学报(社会科学版)》2022 年第 3 期。

宋佳秋、朱长胜:《对一起企业破产重整中发票开具纠纷的分析》,载《税务与会计》2022 年第 9 期。

欧阳良宇:《重整程序未申报债权性质与清偿规则探析》,载《太原学院学报(社会科学版)》2022 年第 3 期。

张善斌、钱宁:《论破产法修订应考量的几个重要关系》,载《宁夏社会科学》2022 年第 4 期。

张阳:《商事主体终止的制度检视及其结构优化》,载《交大法学》2022 年第 2 期。

王卫国:《关联企业破产的审理方式探讨》,载《民商法金融法前沿新探》2022 年 8 月。

陈科林、郭若涵:《破产企业档案处置的困境与对策》,载《档案学研究》2021 年第 5 期。

李建星:《〈民法典〉第 807 条(建工价款的优先受偿权)评注》,载《南京大学学报(哲学·人文科学·社会科学)》2021 年第 4 期。

李伟群、尤冰宁:《从"融资"走向"融物"——新监管体系下融资租赁合规展业的实现路径》,载《华侨大学学报(哲学社会科学版)》2021 年第 5 期。

李玉林:《〈民法典〉预告登记制度的司法适用——以效力问题为中心》,载《法律适用》2021 年第 8 期。

宋会谱:《建设工程价款优先受偿权疑难问题研究》,载《法律适用》2021 年第 6 期。

刘毅凡、鲁尚君:《企业法人债务破产程序清收探析》,载《现代商贸工业》2021 年第 2 期。

倪斌:《破产财产网络拍卖税费承担问题探究》,载《上海法学研究》集刊 2021 年第 9 卷。

常鹏翱:《〈民法典〉"房随地走、地随房走"的规范要义》,载《中国高校社会科学》2021 年第 4 期。

龙俊:《民法典时代保证金的双重属性》,载《法学杂志》2021 年第 4 期。

高圣平:《〈民法典〉房地一体抵押规则的解释与适用》,载《法律适用》2021 年第 5 期。

潘重阳:《论联立合同的效力关联——以商品房买卖与借款合同联立为例》,载《政治与法律》2021 年第 11 期。

钱宁:《重整计划执行期间的独立性及规则完善》,载《华侨大学学报(哲学社会科学版)》2021 年第 1 期。

王利萍、杜佳鑫、胡小烨等:《诉讼费追缴执行在破产程序中的保障》,载《人民司法(应用)》2021 年第 25 期袁碧华、袁继尚：《完善民间借贷中刑民交叉程序衔接机制的建议》，载《法治论坛》2021 年第 1 期。

刘保玉、张烜东：《论动产融资租赁物的所有权登记及其对抗效力》，载《中州学刊》2020 年第 6 期。

谢鸿飞：《〈民法典〉实质担保观的规则适用与冲突化解》，载《法学》2020 年第 9 期。

云晋升：《民商二元视角下"售后回租"之分析》，载《社会科学》2020 年第 8 期。

周春梅：《借名贷款中担保追偿权的行使对象》，载《人民司法》2020 年第 11 期。

南京破产法庭课题组、姚志坚、王静：《破产企业对外长期股权投资处置的类型化研究》，载《人民司法》2020 年第 34 期。

杨玉泉：《执行转破产工作机制探索》，载《人民司法（应用）》2020 年第 1 期。

张元华：《论网络司法拍卖的制度优势与未来选择》，载《法律适用》2020 年第 3 期。

郑伟华：《重整程序债务人自行管理模式下的职权义务》，载《人民司法（应用）》2020 年第 34 期。

郑臻：《拍卖人瑕疵说明义务认定与标准——以 2012—2020 年已判决案例为样本的分析》，载《山东大学学报（哲学社会科学版）》2023 年第 4 期。

王坤：《转包人破产不影响实际施工人向发包人主张权利》，载《人民司法（案例）》2020 年第 20 期。

王池：《破产程序中对未到期不动产租赁合同解除权的限制》，载《人民司法》2020 年第 34 期。

柯善芳：《探索商事重组与司法重整有机结合的预重整制度》，载《人民司法》2020 年第 31 期。

赵吟：《公司清算义务人侵权责任的体系解构——兼论〈民法典〉第 70 条与〈公司法司法解释二〉相关规定的适用关系》，载《法治研究》2020 年第 6 期。

洪燕：《共益债务的理论重构及其实践》，载《四川理工学院学报（社会科学版）》2019 年第 3 期。

刘文辉、周坚、杨帆等：《公司高级管理人员非正常收入的认定》，载《人民司法》2019 年第 8 期。

荣明潇：《股权代持行为的司法效力认定》，载《法律适用（司法案例）》2019 年 2 月。

吴金水、刘金妗：《论股权受让人履行资本充实义务后的追偿规则》，载《法学》2019 年第 5 期。

娄永、胡哲：《买卖型以房抵债合同的性质及效力》，载《人民司法（案例）》2019 年第 29 期。

庄加园、段磊：《待履行合同解除权之反思》，载《清华法学》2019 年第 5 期。

唐倩：《实际施工人的建设工程价款优先受偿权实证研究》，载《中国政法大学学报》2019 年第 4 期。

刘文辉、周坚、杨帆、韩冰：《公司高级管理人员非正常收入的认定》，载《人民司法（案例）》2019 年第 8 期。

唐倩：《挂靠施工合同的效力分析》，载《法律适用》2019 年第 5 期。

戴孟勇：《论优先购买权中的通知义务》，载《云南社会科学》2019 年第 4 期。

姚宝华：《迟延履行利息刍议》，载《中国应用法学》2023 年第 3 期。

王欣新：《〈全国法院破产审判工作会议纪要〉要点解读》，载《法治研究》2019 年第 5 期。

程顺增：《规避企业破产法的重整计划条款有效》，载《人民司法》2019 年第 32 期。

张善斌、翟宇翔：《破产和解制度的完善》，载《河南财经政法大学学报》2019 年第 5 期。

王欣新：《论清算义务人的义务及其与破产程序的关系》，载《法学杂志》2019 年第 12 期。

王昭武：《经济案件中民刑交错问题的解决逻辑》，载《法学》2019 年第 4 期。

曹文兵：《供给侧改革背景下实质合并破产制度的构建与完善——以 16 件关联企业实质合并破产案件为分析样本》，载《理论月刊》2019 年第 7 期。

房绍坤、纪力玮：《论以租抵债》，载《山东警察学院学报》2018 年第

30 期。

黄忠顺:《论有财产担保的债权之强制执行——以有抵押物担保的债权之强制执行为中心》,载《法律适用》2018 年第 15 期。

王邦习:《破产程序终结后民事权利救济的现实考量与破解路径——基于 222 个案例的实证分析》,载《政法论坛》2018 年第 6 期。

郑彧:《民法逻辑、商法思维与法律适用》,载《法学评论》2018 年第 4 期。

姚宝华:《迟延履行利息刍议》,载《中国应用法学》2023 年第 3 期。

山东省青岛市中级人民法院课题组:《论执行和解协议对原生效裁判文书执行力的替代》,载《人民司法(应用)》2018 年第 19 期。

陈本寒、陈超然:《破产管理人合同解除权限制问题研究》,载《烟台大学学报(哲学社会科学版)》2018 年第 3 期。

许胜锋:《我国破产程序中债权人委员会制度的不足与完善》,载《中国政法大学学报》2018 年第 5 期。

崔明亮:《破产重整计划执行法律问题研究》,载《中国政法大学学报》2018 年第 2 期。

王欣新:《再论破产重整程序中的债转股问题——兼对韩长印教授文章的回应》,载《法学》2018 年第 12 期。

丁燕:《破产重整企业实施债转股的六个关键》,载《中国社会科学报》2018 年第 5 期。

邹海林:《透视重整程序中的债转股》,载《法律适用》2018 年第 19 期。

丁燕:《破产重整企业实施"债转股"的法经济学分析》,载《经济法学评论》2018 年第 1 期。

王峻峰:《破产重整中金融债权债转股法律问题研究》,载《经济研究导刊》2018 年第 4 期。

陈杭平:《论民事"执行和解"制度以"复杂性"化简为视角》,载《中外法学》2018 年第 5 期。

曹建军:《民事案由的功能:演变、划分与定位》,载《法律科学(西北政法大学学报)》2018 年第 5 期。

张卫平:《民刑交叉诉讼关系处理的规则与法理》,载《法学研究》2018 年第 3 期。

陈超然：《管理人的合同解除权限制问题之探讨》，载张善斌主编：《破产法的"破"与"立"——〈企业破产法〉施行十周年纪念文集》，武汉大学出版社 2017 年版。

陈伟：《共益债务的认定：从"绝对程序标准"到"双重标准"》，载《南京航空航天大学学报》2017 年第 1 期。

郭瑞：《商事思维模式下破产财产变现问题研究》，载《西南政法大学学报》2017 年第 3 期。

黄晓林、杨瑞俊：《融资租赁中破产取回权的基础和限制》，载《山东科技大学学报（社会科学版）》2017 年第 1 期。

李冀：《司法实践中股权代持协议效力的认定问题研究——以〈司法解释三〉出台后最高法股权代持案例为视角》，载《金融发展研究》2017 年第 12 期。

郁琳：《破产程序中管理人职责履行的强化与监督完善——以管理人的法律地位和制度架构为视角》，载《法律适用》2017 年第 15 期。

章恒筑、王雄飞：《论完善执行程序与破产程序衔接协调机制的若干问题——基于浙江法院的实践展开》，载《法律适用》2017 年第 11 期。

朱晓喆：《诉讼时效制度的价值基础与规范表达——〈民法总则〉第九章评释》，载《中外法学》2017 年第 3 期。

徐阳光：《依法推进市场化破产重整程序的有效实施》，载《人民法治》2017 年第 11 期。

章恒筑、王雄飞：《论完善执行程序与破产程序衔接协调机制的若干问题——基于浙江法院的实践展开》，载《法律适用》2017 年第 11 期。

韩长印：《破产法视角下的商业银行债转股问题——兼与王欣新教授商榷》，载《法学》2017 年第 11 期。

冀宗儒、钮杨：《破产管理人民事诉讼地位错位之分析》，载《河北法学》2016 年第 4 期。

李后龙、潘军锋：《建设工程价款优先受偿权审判疑难问题研究》，载《法律适用》2016 年第 10 期。

林芳、金玉：《瑕疵出资股权转让时受让人的责任承担及救济》，载《长春理工大学学报（社会科学版）》2016 年第 6 期。

刘颖：《反思〈破产法〉对合同的处理》，载《现代法学》2016 年第 3 期。

张玉海:《登记对抗主义下未登记抵押权在抵押人破产时的效力》,载《法律科学(西北政法大学学报)》2016 年第 5 期。

徐阳光、叶希希:《论建筑业企业破产重整的特性与模式选择——兼评"分离式处置"模式》,载《法律适用》2016 年第 3 期。

张鹏:《按份共有人优先购买权制度的经济分析》,载《法商研究》2016 年第 1 期。

鄢焱:《再论执行和解——以执行和解协议的性质论争为中心展开》,载《河北法学》2016 年第 4 期。

夏正芳、李荐:《房地产开发企业破产债权的清偿顺序》,载《人民司法(应用)》2016 年第 7 期。

王欣新:《关联企业的实质合并破产程序》,载《人民司法》2016 年第 28 期。

任一民:《既存债务追加物保的破产撤销问题》,载《法学》2015 年第 10 期。

孙国祥:《刑事诉讼涉案财物处理若干问题研究》,载《人民检察》2015 年第 5 期。

王欣新、乔博娟:《论破产程序中未到期不动产租赁合同的处理方式》,载《法学杂志》2015 年第 3 期。

杨胜荣:《刑事诉讼中涉案财物的认定与处理》,载《湘潭大学学报(哲学社会科学版)》2015 年第 3 期。

陆青:《合同联立问题研究》,载《政治与法律》2014 年第 5 期。

赵旭东:《资本制度变革之下的资本法律责任——公司法修改的理性解读》,载《法学研究》2014 年第 5 期。

肖建国、黄忠顺:《执行和解协议的类型化分析》,载《法律适用》2014 年第 5 期。

陆青:《合同联立问题研究》,载《政治与法律》2014 年第 5 期。

周江洪:《买卖不破租赁规则的法律效果——以契约地位承受模式为前提》,载《法学研究》2014 年第 5 期。

李建华、王国柱:《商品房假按揭司法处理的法律适用及规则完善》,载《山东社会科学》2013 年第 10 期。

路君平、李炎萍、糜云:《我国住房公积金制度的发展现状与对策研究》,载《中国社会科学院研究生院学报》2013 年第 1 期。

孙科峰、杨遂全：《建设工程优先受偿权主体的争议与探究——〈合同法〉第 286 条之分析》，载《河北法学》2013 年第 6 期。

唐军：《论破产撤销权》，载《社会科学研究》2013 年第 1 期。

王欣新、杨涛：《破产企业职工债权保障制度研究——改革社会成本的包容与分担》，载《法治研究》2013 年第 1 期。

许德风：《论偏颇清偿撤销的例外》，载《政治与法律》2013 年第 2 期。

赵旭东：《股东优先购买权的性质和效力》，载《当代法学》2013 年第 5 期。

许德风：《论破产债权的顺序》，载《当代法学》2013 年第 2 期。

娄爱华：《〈破产法〉第 42 条涉不当得利条款解释论》，载《社会科学》2013 年第 4 期。

邹杨、丁玉海：《破产和解制度的反思：价值、规范与实践的统一》，载《海南大学学报（人文社会科学版）》2013 年第 6 期。

闫永黎：《刑事诉讼中涉案财产的基本范畴》，载《中国人民公安大学学报（社会科学版）》2013 年第 3 期。

吴春岐：《论预告登记之债权在破产程序中的法律地位和保障》，载《法学论坛》2012 年第 1 期。

许德风：《论民法典的制定与弱者保护》，载《广东社会科学》2012 年第 1 期。

郑臻：《拍卖人瑕疵说明义务认定与标准——以 2012—2020 年已判决案例为样本的分析》，载《山东大学学报（哲学社会科学版）》2023 年第 4 期。

李永军：《论破产管理人合同解除权的限制》，载《中国政法大学学报》2012 年第 6 期。

崔建远：《解除效果折衷说之评论》，载《法学研究》2012 年第 2 期。

王欣新：《重整制度理论与实务新论》，载《法律适用》2012 年第 11 期。

江河：《"假按揭"案件之民事法律适用》，载《法律适用》2011 年第 5 期。

肖泽晟：《论行政强制执行中债权冲突的处理》，载《法商研究》2011 年第 3 期。

谢增毅：《劳动法上经济补偿的适用范围及其性质》，载《中国法学》2011 年第 4 期。

李江鸿：《论破产管理人的民事责任——以英美法之借鉴为视角》，载《政治与法律》2010 年第 9 期。

郑瑞平：《论隐名股东利益之法律保护》，载《中国政法大学学报》2010 年第 5 期。

徐朋、李华玉：《管理人合同解除权的法理分析》，载《人民司法》2010 年第 12 期。

王欣新、余艳萍：《论破产程序中待履行合同的处理方式及法律效果》，载《法学杂志》2010 年第 6 期。

黄文煌：《论租赁权的对抗效力》，载《清华法学》2010 年第 2 期。

丁国峰：《试论我国破产重整计划制度之完善》，载《法治研究》2010 年第 1 期。

宋晓明、张勇健、刘敏：《〈关于审理公司强制清算案件工作座谈会纪要〉的理解与适用》，载《人民司法》2010 年第 1 期。

付翠英：《论破产费用和共益债务》，载《政治与法律》2010 年第 9 期。

陈涛：《"假按揭"法律风险防范》，载《中国集体经济》2009 年第 4 期（下）。

许德风：《破产法基本原则再认识》，载《法学》2009 年第 8 期。

范小华：《执行和解协议的效力分析及完善立法建议》，载《河北法学》2008 年第 6 期。

董保华：《劳动合同法中经济补偿金的定性及其制度构建》，载《河北法学》2008 年第 5 期。

徐澜波：《"买卖不破租赁"规则的立法技术分析》，载《法学》2008 年第 3 期。

李志强：《论破产法上的偏颇性清偿》，载《政法学刊》2008 年第 2 期。

王欣新：《破产法撤销权研究》，载《中国法学》2007 年第 5 期。

汪世虎：《重整计划与债权人利益的保护》，载《法学》2007 年第 1 期。

朱庆育：《"买卖不破租赁"的正当性》，载王洪亮等主编：《中德私法研究(第 1 卷)》，北京大学出版社 2006 年版。

崔军：《代物清偿的基本规则及实务应用》，载《法律适用》2006 年第 7 期。

徐继军：《论执行和解协议的效力与性质》，载《法律适用》2006 年第 9 期。

安钢、刘忠庆、李秀强：《破产企业划拨土地使用权列入破产财产的思考》，载《财政监督》2005 年第 11 期。

王欣新：《论新破产立法中债权人会议制度的设置思路》，载《法学家》2005 年第 2 期。

林嘉、杨飞：《劳动合同解除中的经济补偿金、违约金和赔偿金问题研究》，载《劳动法评论》2005 年第 1 卷。

张冶钢：《公司非破产清算民事责任研究》，载《河北法学》2005 年第 11 期。

李新天、李承亮：《论票据不当得利的返还与抗辩——兼论票据的无因性》，载《法学评论》2003 年第 4 期。

王利明：《消费者的概念及消费者权益保护法的调整范围》，载《政治与法律》2002 年第 2 期。

李永军：《重申破产法的私法精神》，载《政法论坛》2002 年第 3 期。

梁慧星：《合同法第 286 条的权利性质及其适用》，载《山西大学学报(哲学社会科学版)》2001 年第 3 期。

许建字：《完善消费者立法若干基本问题研究》，载《浙江学刊》2001 年第 1 期。

赵旭东：《论合同的法律约束力与效力及合同的成立与生效》，载《中国法学》2000 年第 1 期。

傅静坤：《劳动合同中的解约金问题研究》，载《现代法学》2000 年第 5 期。

陈运雄：《论消费者的概念》，载《求索》1998 年第 4 期。

佐藤铁男、陈银发：《日中比较破产法概论》，载《环球法律评论》1993 年第 3 期。

江平：《民法中的视为、推定与举证责任》，载《政法论坛》1987 年第 4 期。

报纸类：

常鹏翱：《商品房消费者交房请求权优先地位的法理分析》，载《人民法院报》2023 年 6 月 1 日第 2 版。

王欣新：《管理人合同选择履行权规定中"视为解除合同"的剖析》，载《人民法院报》2023 年 3 月 30 日第 7 版。

王玲芳、孙立尧：《破产程序中债务人财产处置面临的困境及应对建议》，载《人民法院报》2021 年 10 月 14 日第 7 版。

王晨：《关于〈中华人民共和国民法典（草案）〉的说明——二〇二〇年五月二十二日在第十三届全国人民代表大会第三次会议上》，载《人民日报》2020 年 5 月 23 日第 6 版。

余建华、胡剑飞：《绍兴判决首例破产拍卖多人悔拍纠纷案》，载《人民法院报》2018 年 8 月 16 日第 3 版。

吴欢：《常熟审结首例破产和解案》，载《江苏经济报》2017 年 9 月 20 日第 B01 版。

王欣新：《论"对没有财产担保的债务提供财产担保"行为的认定》，载《人民法院报》2016 年 1 月 27 日第 7 版。

王欣新：《谈重整计划执行中的协助执行》，载《人民法院报》2016 年 7 月 13 日第 7 版。

邹玉玲：《我国破产法中债权补充申报制度的完善》，载《法制日报》2015 年 12 月 31 日第 12 版。

王欣新：《谈破产企业劳动合同的终止问题》，载《人民法院报》2014 年 12 月 17 日第 7 版。

法典类：

王爱群译：《日本民法》，法律出版社 2023 年版。

齐砺杰等编译：《五国破产法汇编：美国、英国、澳大利亚、新加坡、韩国》，法律出版社 2023 年版。

李曙光审定，申林平译：《美国破产法典：中英文对照本》，法律出版社 2021 年版。

潘琪译：《美国统一商法典》，法律出版社 2020 年版。

刘志强译：《埃及新破产法》，知识产权出版社 2020 年版。

陈卫佐译注：《德国民法典》（第 5 版），法律出版社 2020 年版。

徐久生译:《德国刑法典》,北京大学出版社 2019 年版。

台湾大学法学院、台大法学基金会编译:《德国民法典》,北京大学出版社 2017 年版。

吴建斌编译:《日本公司法——附经典判例》,法律出版社 2017 年版。

戴永盛译:《瑞士民法典》,中国政法大学出版社 2016 年版。

罗结珍译:《法国商法典》,北京大学出版社 2015 年版。

胡晓静、杨代雄译:《德国商事公司法》,法律出版社 2014 年版。

陈卫佐译注:《德国民法典》,法律出版社 2010 年版。

罗结珍译:《法国民法典》,北京大学出版社 2010 年版。

唐晓晴译:《葡萄牙民法典》,北京大学出版社 2009 版。

杜景林、卢谌译:《德国支付不能法》,法律出版社 2002 年版。

后　　记

　　《破产法实务操作 105 问》自 2020 年出版以来已加印数次，市场反响不错。但随着时间推移，该书对有关问题的解读可能略显过时，且破产实务中又出现了新问题，需要对其进行修订和增加。当然，如果不是武汉大学出版社社科分社陈帆副社长的提议和督促，可能不会有本书的问世，至少不会这么快问世。当时湖北省破产法学研究会正在为第三届破产法实务研讨会征集、筛选问题，截至 4 月中旬，研究会从征集的 228 个问题中挑选出了 73 个问题，加上第二届湖北省破产法实务研讨会会议纪要中的 35 个问题，正好 108 问。于是，我们将书名定为《破产法实务操作 108 问》。

　　本书的编写过程主要分为三个阶段。2024 年 6 月至 8 月是写作阶段。我们成立了写作小组，成员来自武汉大学、华中科技大学、中南财经政法大学和华中师范大学的硕士和博士研究生，以及张亚琼律师团队的年轻律师。这些年轻的法律学者不仅研究视角新颖，而且理论功底扎实。这段时间里，大家夜以继日地查阅资料，撰写研究综述，为后续工作打下了坚实的基础。历经两个半月的辛勤工作，我们完成了初稿。9 月初至 10 月初，我们进入了打磨阶段。在这一阶段，中南财经政法大学陈晓星老师、武汉市中级人民法院破产法庭程继伟庭长和华中科技大学钱宁老师参与进来，使得本书更具学术深度和实践指导意义。我们组织了多次研讨会，对书稿内容进行修改与打磨，此过程不仅加深了我们对问题的认知深度，更全方位提升了本书的质量。定稿阶段，我们对每个问题进行了最后的校对和润色，确保内容的准确性和逻辑的严谨性。

　　与《破产法实务操作 105 问》相比，本书有以下特点。一是本书凝聚了更多人的智慧。除了本书作者参与研究外，参加第二届、第三届破产法实务研讨会的来自湖北、四川、重庆、湖南、贵州、广东、河南、安徽、浙江等省份的学者、法官、管理人也对相关问题提出了宝贵意见，为本书的编写奠定了坚实的基础。二是本书内容更加丰富。本书不仅注重理论研究，详细介绍了各种破产法理论，还增加了大量案例，并提供了参考依据，包括地方法院的司法性文件和域外立法。这些内容极大地提升了本书的理论深度和实践可操作性。三是对争议问题采多数观点。在本书编写过程中，我们始终尊重作者的意见。对于存在争议的问题，我们在充分讨论的基础上，采取少数服从多数的原则，最终按照多数人的观点回答并给出相应的理由。

本书的编写分工如下（以撰写问题先后为序）：朱建桦，第 1、2、84 问；朱程涛，第 3、27、32、69 问；刘舒心，第 4、6、7 问；张俊茹，第 5、67、97 问；王硕，第 8、16、18、19、20、46 问；刘秋奕，第 9、12、37、45、105、106 问；覃莉雯，第 10、15、70 问；周雨词，第 11、44、48、57 问；黎源，第 13、14、104 问；翟宇翔，第 17、29、51、54、107 问；吕永誉，第 21、102 问；邓健祺，第 22、42、68、94 问；胡敏，第 23、43、76、103 问；张子慧，第 24、108 问；马雅俐，第 25、26、95、96 问；刘心怡，第 28、39 问；高野，第 30、52、91 问；张宝诺，第 31、35、37、47、50、79 问；隆晓玲，第 33、34、40、42、98、100 问；王盈韬，第 36、38、40、63 问；张涛，第 41、49、77、78 问；党馨梓，第 53、56、58、59、62 问；杨铭，第 55、73、93 问；吴晓，第 60、61、65、66、101 问；陈羽萱，第 64、75、89 问；张玉萍，第 71、72、80 问；胡慧泉，第 74、81 问；李静，第 82、83、86、90 问；崔梦也，第 85、87、88 问；张欢欢，第 92、99 问。本书由主编、副主编统稿，钱宁、翟宇翔参与校对。由于写作群体人数较多，理论水平和写作能力参差不齐，个别问题的研究可能不够透彻，论证不够充分。我们期待读者们的反馈，以便后期不断完善和提高。

最后，感谢破产审判法官、管理人和参会嘉宾提出的实务问题与宝贵意见，感谢所有参与本书编写的作者的努力和付出，感谢陈晓星老师、程继伟庭长、钱宁老师为本书作出的重要贡献，感谢张亚琼律师团队为本书的写作、打磨、定稿、出版提供的有力保障。同时，还要着重感谢武汉大学出版社的特别协助，没有你们的鼎力支持，本书不可能在如此短的时间内顺利出版。

张善斌

2024 年 11 月